中信改革发展研究基金会
中国道路丛书·改革史

艰难的变革

国有企业改革的回顾与思考

邵宁 著

中信出版集团｜北京

图书在版编目（CIP）数据

艰难的变革：国有企业改革的回顾与思考 / 邵宁著. --
北京：中信出版社，2024.12. -- ISBN 978-7-5217
-6748-3

Ⅰ.F279.241

中国国家版本馆 CIP 数据核字第 2024E93A89 号

艰难的变革——国有企业改革的回顾与思考
著者：　邵宁
出版发行：中信出版集团股份有限公司
　　　　　（北京市朝阳区东三环北路 27 号嘉铭中心　邮编 100020）
承印者：　三河市中晟雅豪印务有限公司

开本：787mm×1092mm 1/16　　印张：28.25　　字数：373 千字
版次：2024 年 12 月第 1 版　　　　印次：2024 年 12 月第 1 次印刷
书号：ISBN 978-7-5217-6748-3
定价：79.00 元

版权所有·侵权必究
如有印刷、装订问题，本公司负责调换。
服务热线：400-600-8099
投稿邮箱：author@citicpub.com

图1　邵宁

图2　2005年5月,邵宁视察中国建材集团北新建材公司新型住宅样板房及生产线

图3 2010年3月,邵宁在中国发展高层论坛上发言

图4 2010年9月20日,邵宁在中国建材集团首次社会责任报告发布会上讲话

图 5　2012 年，邵宁（左二）在时任中铝公司董事长熊维平（左一）陪同下到西南铝业公司调研

图 6　2014 年 2 月，邵宁带领全国人大财经委调研组在山西、陕西开展《安全生产法》修订专项调研

图7 2014年2月,邵宁带领全国人大财经委调研组在山西、陕西开展《安全生产法》修订专项调研

图8 2015年12月,邵宁在河南郑州调研

"中国道路丛书"学术委员会

学术委员会主任： 孔　丹

委　员（按姓氏笔画排序）：

丁　耘	马　戎	王小强	王绍光	王海运	王维佳
王湘穗	尹韵公	甘　阳	卢周来	史正富	冯　象
吕新雨	乔　良	刘　仰	刘小枫	刘纪鹏	苏　力
李　玲	李　彬	李希光	李若谷	杨凯生	何　新
汪　晖	张　宇	张文木	张宇燕	张维为	陈　平
武　力	罗　援	季　红	金一南	周和平	周建明
房　宁	赵汀阳	赵晓力	贺雪峰	聂庆平	高　梁
黄　平	曹　彤	曹和平	曹锦清	崔之元	彭光谦
韩毓海	程曼丽	温铁军	强世功	蒲　坚	熊　蕾
潘　维	霍学文	戴锦华			

编　委　会

主　　任： 孔　丹
执行主任： 季　红

"中国道路丛书"总序言

中华人民共和国成立六十多年以来,中国一直在探索自己的发展道路,特别是在改革开放三十多年的实践中,努力寻求既发挥市场活力,又充分发挥社会主义优势的发展道路。

改革开放推动了中国的崛起。怎样将中国的发展经验进行系统梳理,构建中国特色的社会主义发展理论体系,让世界理解中国的发展模式?怎样正确总结改革与转型中的经验和教训?怎样正确判断和应对当代世界的诸多问题和未来的挑战,实现中华民族的伟大复兴?这些都是对中国理论界的重大挑战。

为此,我们关注并支持有关中国发展道路的学术中一些有价值的前瞻性研究,并邀集各领域的专家学者,深入研究中国发展与改革中的重大问题。我们将组织编辑和出版反映与中国道路研究有关的成果,用中国理论阐释中国实践的系列丛书。

"中国道路丛书"的定位是:致力于推动中国特色社会主义道路、制度、模式的研究和理论创新,以此凝聚社会共识,弘扬社会主义核心价值观,促进立足中国实践、通达历史与现实、具有全球视野的中国学派的形成;鼓励和支持跨学科的研究和交流,加大对中国学者原创性理论的推动和传播。

"中国道路丛书"的宗旨是:坚持实事求是,践行中国道路,发展中国学派。

始终如一地坚持实事求是的认识论和方法论。总结中国经验、探讨中国模式，应注重从中国现实而不是从教条出发。正确认识中国的国情，正确认识中国的发展方向，都离不开实事求是的认识论和方法论。一切从实际出发，以实践作为检验真理的标准，通过实践推动认识的发展，这是中国共产党的世纪奋斗历程中反复证明了的正确认识路线。违背它就会受挫失败，遵循它就能攻坚克难。

毛泽东、邓小平是中国道路的探索者和中国学派的开创者，他们的理论创新始终立足于中国的实际，同时因应世界的变化。理论是行动的指南，他们从来不生搬硬套经典理论，而是在中国建设和改革的实践中丰富和发展社会主义理论。我们要继承和发扬这种精神，摒弃无所作为的思想，拒绝照抄照搬的教条主义，只有实践才是真知的源头。"中国道路丛书"将更加注重理论的实践性品格，体现理论与实际紧密结合的鲜明特点。

坚定不移地践行中国道路，也就是在中国共产党领导下的中国特色社会主义道路。我们在经济高速增长的同时，也遇到了来自各方面的理论挑战，例如，将改革开放前后两个历史时期彼此割裂和截然对立的评价，再如极力推行西方所谓"普世价值"和新自由主义经济理论等错误思潮。道路问题是大是大非问题，我们的改革目标和道路是高度一致的，因而，要始终坚持正确的改革方向。历史和现实都告诉我们，只有社会主义才能救中国，只有社会主义才能发展中国。在百年兴衰、大国博弈的历史背景下，中国从积贫积弱的状态中奋然崛起，成为世界上举足轻重的大国，成就斐然，道路独特。既不走封闭僵化的老路，也不走改旗易帜的邪路，一定要走中国特色的社会主义正路，这是我们唯一正确的选择。

推动社会科学各领域中国学派的建立，应该成为致力于中国道路探讨的有识之士的宏大追求。正确认识历史，正确认识现实，积极促进中国学者原创性理论的研究，那些对西方理论和价值观原教旨式的顶礼膜拜的学风，应当受到鄙夷。古今中外的所有优秀文明成果，我们都应该兼收并蓄，但绝不可泥古不化、泥洋不化，而要在中国道路的实践中融会贯通。以实践创新推动理论创新，以理论创新引导实践创新，从内容到形式，从理论架构到话语体系，一以贯之地奉行这种学术新风。我们相信，通过艰苦探索、努力创新得来的丰硕成果，将会在世界话语体系的竞争中造就立足本土的中国学派。

"中国道路丛书"具有跨学科及综合性强的特点，内容覆盖面较宽，开放性、系统性、包容性较强。其分为学术、智库、纪实专访、实务、译丛等类型，每种类型又涵盖不同类别，例如，在学术类中就涵盖文学、历史学、哲学、经济学、政治学、社会学、法学、战略学、传播学等领域。

这是一项需要进行长期努力的理论基础建设工作，这又是一项极其艰巨的系统工程。基础理论建设严重滞后，学术界理论创新观念不足等现状是制约因素之一。然而，当下中国的舆论场，存在思想乱象、理论乱象、舆论乱象，流行着种种不利于社会主义现代化事业和安定团结的错误思潮，迫切需要正面发声。

经过六十多年的社会主义道路奠基和三十多年的改革开放，我们积累了丰富的实践经验，迫切需要形成中国本土的理论创新和中国话语体系创新，这是树立道路自信、理论自信、制度自信、文化自信，在国际上争取话语权所必须面对的挑战。我们将与了解中国国情，认同中国改革开放发展道路，有担当精神的中国学派，共同推动这项富有战略意义的出版工程。

中信集团在中国改革开放和现代化建设中曾经发挥了独特的作用，它不仅勇于承担大型国有企业经济责任和社会责任，同时也勇于承担政治责任。它不仅是改革开放的先行者，同时也是中国道路的践行者。中信将以历史担当的使命感，来持续推动中国道路出版工程。

2014年8月，中信集团成立了中信改革发展研究基金会，构建平台，凝聚力量，致力于推动中国改革发展问题的研究，并携手中信出版社共同进行"中国道路丛书"的顶层设计。

"中国道路丛书"的学术委员会和编委会，由多学科多领域的专家组成。我们将进行长期的、系统性的工作，努力使"中国道路丛书"成为中国理论创新的孵化器，中国学派的探讨与交流平台，研究问题、建言献策的智库，传播思想、凝聚人心的讲坛。

孔丹

2015年10月25日

目 录

引言   V

第一部分
国有企业改革的简要回顾

第一章　启步阶段的国有企业改革　　003
　　一、放权让利与企业承包经营责任制　　003
　　二、国有小企业改革的探索　　009
　　三、国有困难企业破产的尝试　　012
　　四、国有企业内部改革的最初努力　　017
　　五、国有大中型企业改革的初步实践　　020
　　六、渐进式改革：国有企业改革启步阶段的评述　　027

第二章　攻坚阶段的国有企业改革　　031
　　一、三年改革脱困目标的提出和改革氛围的形成　　033
　　二、三年改革脱困工作的组织和相关政策　　038
　　三、国有中小企业改革　　046
　　四、国有困难企业的政策性关闭破产　　055
　　五、再就业中心和社会保障制度建设　　066

六、断臂求生：国有企业改革攻坚阶段的评述　　072

第三章　国资委成立后的国有企业改革　　079
　　一、国务院国资委成立的体制背景　　079
　　二、党的十六大与国务院国资委的组建　　085
　　三、国务院国资委组建初期的制度建设　　090
　　四、规范各地的国有企业改革　　098
　　五、中央企业的合并与重组　　104
　　六、中央企业的公众公司改革　　117
　　七、中央企业的董事会试点　　126
　　八、分离国有企业办社会职能　　141
　　九、主辅分离、辅业改制　　152
　　十、建立国有资本经营预算制度　　158
　　十一、推进企业内部改革和加强企业管理　　164
　　十二、职责所在：国资委成立后国有企业改革的评价　　174

第四章　结语：中国国有企业改革的前景展望　　181
　　一、关于分类改革和监管　　181
　　二、国有企业改革的两个"终极问题"　　185

第二部分
事件回顾与问题探讨

　　一、转轨时期的结构性矛盾　　189
　　二、中国重汽集团的重整与下放　　197

三、转制科研院所问题 　　201

四、三九企业集团的危机 　　209

五、企业退休教师上访事件 　　214

六、华源集团的危机与重组 　　219

七、"央企地王"风波 　　229

八、参与处理的群体性事件 　　238

九、要关注政府机关的干部人事制度改革 　　253

十、世行报告与国有企业改革的思路之争 　　260

十一、国有企业和政府的关系 　　274

十二、国有企业的垄断问题 　　282

十三、国有企业的经济效益问题 　　289

十四、"一股独大"等问题的讨论 　　292

十五、"国进民退"问题 　　301

十六、国有企业改革要从国情和实际出发 　　309

十七、问题导向与实际改革的推进 　　320

十八、管人、管事、管资产一体化问题 　　326

十九、关于混合所有制改革 　　343

二十、国有企业负责人的薪酬问题 　　350

二十一、国有企业领导人员的管理问题 　　363

二十二、关于外派监事会制度 　　372

二十三、重建集中统一的企业国有资产管理体制 　　383

二十四、企业国资监管机构的专业化建设 　　394

参考文献 　　403

附录：你的任务已经完成了 　　407

后记 　　421

引 言

国有企业改革在很长一段时间中，被定义为中国经济体制改革的中心环节，这个提法非常有道理。

中国经济体制改革的目标是从计划经济体制转向社会主义市场经济体制。一般认为，从计划经济转向市场经济是资源配置方式的转变，从政府通过国家计划配置资源转到通过市场机制进行资源配置，因而属于宏观层面经济管理体制的改革。

但是，计划经济是有实体的，计划经济的实体就是按照计划经济的模型或要求建成的国有企业和集体企业的总和。这些国有和集体企业数量众多、职工人数众多，构成了计划经济的微观基础。把如此多的企业和职工由计划经济的轨道转到市场经济的轨道，工作量巨大、难度巨大、社会风险巨大，是整个经济体制改革中最为艰难的一项工作，搞不好会"堵"在这里拖累整体的改革。因此，经济体制改革中心环节的判断和位置是恰如其分的。

我国长期是一个计划经济国家。新中国成立后，依靠政府集中资源投资建立国有企业，我们进行了大规模的经济建设。经过二十多年的不懈努力，中国建成了一个独立的、比较完整的工业体系，奠定了国家工业化的基础，也培育了数以千万计的具有较高素质的一代工业人才。在这个历史阶段上，国有企业的功绩无可置疑；但同时，也给日后市场导向的国有企业改革留下了一系列难度很大的课题。

中国国有企业改革的难度主要在于两个方面。第一，庞大的规模。在改革初期，中国的国有企业加上城镇集体企业超过百万家，职工总数将近1亿人，是我国除农民之外最大的一个社会群体。第二，计划经济的初始定位。中国的国有企业大部分是计划经济时期建设的，或是按照计划经济的模式建设的，性质上属于计划经济的实体部分。因而这些企业的初始定位具有非常鲜明的计划经济属性，与市场经济、市场竞争属于两个完全不同的体系。

这种初始定位的计划经济属性是全方位的，主要表现在以下几个具体方面。

其一，体制定位。在计划经济体制下，国有企业是计划经济中的生产单元，是国家计划在生产环节中的延伸。企业按照国家指令性产品计划组织生产，生产条件由计划保证，产品由国家收购或调拨；在财务上也不是一个独立主体，盈利全部上交、亏损由政府补贴。这样的体制定位使国有企业完全是政府经济管理部门的附属物和下级生产单位，没有生产和发展的自主权，在经济上也没有发展的动力。

其二，结构定位。在计划经济时期，我国长期处于市场短缺的状态，对国际市场和外部资源是封闭的，建设国有企业主要是解决国内供给短缺的问题和完成国家计划。由于企业的亏损由政府负责补贴，企业的具体产业定位有没有比较优势、生产成本高低都不重要，而且有些国有企业的建立并非完全出于经济方面的考虑。

其三，社会定位。在计划经济时期，国有企业是一级社会组织，因而承担了大量的社会职能。社会上有人需要就业，国有企业就要招工；政府要发展教育事业，国有企业就要办学校；政府要发展卫生事业，国有企业就要办医院。尤其是独立工矿区的大型国有企业，不但"办社会"职能是完整的，甚至地方政府也由企业承办。

其四，职工定位。计划经济时期一直强调职工是企业的主人，这是一个政治的概念；从管理的角度，企业真正的主人是政府，而职工的确是不承担风险的。只要进了国有企业，不犯错误就不可能被解雇，这家企业不需要了政府还要重新为职工安排工作。职工的社会保障也由企业承担，包括退休金、公费医疗、住房分配等。

这几个方面的初始定位表明，中国国有企业历史形成的计划经济属性非常完整，是一种配套的、系统性的制度安排。因此，要转到市场经济的轨道、参与市场竞争，中国的国有企业改革不仅仅是企业的改制，还需要进行全方位的彻底转型，包括结构的调整、企业定位的改造、职工身份的转变，还涉及国有企业与政府关系的重构。这种全方位的转型，不但会触动一个庞大社会群体多方面的利益格局，而且会波及政府自身的观念和现实权力；既是经济问题和社会问题，也涉及政府自身的调整。

在我国经济体制改革和国有企业改革的过程中，人们关注较多、研究较多的是新体制的构造和建设，原有经济系统的处置和改造不是重点。这种情况当然可以理解。但是，原有经济系统涉及上百万家企业和上亿职工，如果改造不了、处置不好，会酿成巨大的经济和社会问题，造成极严重的后果。中国经济体制改革尤其是国有企业改革最大的挑战可能就在于此。推进这个庞大系统的处置和改造是一项极艰难的任务，其过程必然会非常复杂、非常困难、非常痛苦。如果中国的国有企业改革最终成功了，历史将会证明，这是一场史诗级的变革。

第一部分

国有企业改革的简要回顾

第一章 启步阶段的国有企业改革

一、放权让利与企业承包经营责任制

中国的国有企业改革从1978年扩大企业自主权开始，目的是打破计划经济体制对企业的束缚，调动企业和职工发展生产的积极性。

国有企业改革值得记叙的历史事件包括：1978年10月，经国务院批准，四川省选择了重庆钢铁公司、宁江机械厂等6家国营工业企业开始扩大企业自主权试点；1979年4月，国家经委等6部门发出通知，在全国选出8户工业企业进行扩大企业经营自主权改革试点；1979年7月，国务院印发了《关于扩大国营工业企业经营管理自主权的若干规定》，一年后全国试点工业企业达到6000多户；1984年5月，国务院印发《关于进一步扩大国营工业企业自主权的暂行规定》，从生产经营计划、产品销售、物资选购、资金使用、工资奖金等10个方面进一步扩大企业经营管理权限。

这一轮扩权基本是在计划体制之外的增量部分进行的。企业在完成国家的指令性计划后，可以根据国家和市场的需要，自主安排生产、在市场上销售产品；在利益分配上，企业可以按照国家规定的比例提取企业基金，大部分用于发展生产，少部分可用于职工奖励。"保计划内、放计划外、利润少量分享"，这样的调整并未伤及计划体制，但是却在计划管理把企业完全管死的状态中打开了一个面向市场的口子，立竿见影地调动了企业和职工发展生产的积极性。

放权让利的改革措施在当时是一个热点，地方政府和企业参与的积极性都很高。但是随着改革试点的面不断扩大，另一个问题却日益凸显，最直接的矛盾是蛋糕做大的速度低于企业留利份额的增长速度，财政承受的压力越来越大，以致国家不得不要求限制试点企业的数量进一步扩大。这样的局面让大家认识到，单向、无限制地让利是不可持续的，需要规范国家和企业的财务关系。同时，也要加大企业方的责任，平衡好国家、企业和职工在利益分配上的关系。

利改税将原先国营企业向国家上交利润的制度改为征收企业所得税，是规范国家与企业分配关系的一项重大改革。1983年1月，第一步利改税改革出台，主要是对盈利的国营大中型企业征收企业所得税，税率为利润的55%，税后利润再在国家和企业之间进行分配。1984年10月开始实施第二步利改税，进一步细化了税种税制，对企业缴纳所得税后的利润开征调节税，税率一户一定，调节税征收后的利润将为企业留利。分两步走的利改税对于规范国家和企业的分配关系意义重大，但由于税率过高，企业大部分利润都上交给了国家，一度争议很大，也挫伤了企业的积极性。但这项改革确实为我国的财政体制改革打下了最初的基础。

"拨改贷"政策在相当大的程度上也是为了缓解财政的压力，当然也希望借此给企业施压，以提高建设资金的使用效益。1980年，国家开始对独立核算、有还贷能力的基本建设项目由财政拨款改为建行贷款，并于1985年在全国推开。"拨改贷"的办法改变了财政资金无偿使用、投资效率低下、建设项目吃国家投资"大锅饭"的弊端，减轻了财政负担。但这项政策客观上也切断了国家对国有企业注入资本金的制度渠道，以致一些由基本建设项目竣工投产转成的国有企业完全没有国家资本金，成为负债率畸高、难以生存的企业。

从 1981 年开始，国有企业改革从扩大企业自主权的方向转为实行经济责任制。1981 年 11 月，国务院批转国家经委、国务院体改办《关于实行工业生产经济责任制若干问题的暂行规定》，要求全面实行经济责任制。文件强调，工业生产经济责任制是国家计划指导下以提高经济效益为目的，责、权、利紧密结合的生产经营管理制度。

经济责任制更多地强调了企业一方的责任，基本原则是国家、集体、个人利益相统一。企业实行经济责任制后，必须保证全面完成国家计划，首先要保证完成财政上交任务。应该说，实行经济责任制是对过往企业单方向放权让利的一种政策回调，力图在扩大自主权与承担经济责任之间取得平衡。

受到农村家庭联产承包责任制成功经验的影响和启发，实行经济责任制的改革在实践中不断改进、完善，最终演进成为国有企业承包经营责任制，时称"包字进城"。其中，首钢公司的承包制全国闻名，成为那个时期国有企业改革的一面旗帜。

1981 年，首钢第一次实行上交利润定额包干的制度，原则是包死基数、确保上交、超包全留、欠收自负；当年在实现上交利润基数 2.7 亿元后，获得留利 4600 万元。1982 年，首钢开始实行上交利润递增包干，即以 1981 年上交利润 2.7 亿元为基数，每年上交利润递增 6%。1983 年，首钢主动把递增率提高到每年 7.2%，超额利润由首钢自主支配；超额利润中 60% 用于发展生产、20% 用于集体福利、20% 用于职工工资奖励，承包期到 1995 年。

除了促进生产发展、确保财政增收外，首钢承包制的试点还产生两个非常有价值的改革效应。第一，企业有了投资的自主权。首钢用留利进行的技术改造项目不需要层层报批，可以自主地、根据企业发展的需要进行装备改造或扩大生产能力。这对于当时投资审批的管理体制是一个很大的突破。第二，企业内部的管理机制实现了重大转变。为实现承包指标，企业内部建立了一整套层层责、权、利相结合的内部承包体系，并通过"包、保、核"落实到位，每个职工的收入按照承包任务的完成情况分配，实行多劳多得。首钢的承包制改革极大地调动了企业和职工发展生产的积极性，降低了成本、提高了效率，企业的技术装备水平不断提高，产量实现了大幅度增长。

首钢承包制的成功经验在全国形成了很大影响，国有企业纷纷学习效仿，1983年国家开始在全国工业企业中推广首钢经验。1987年8月，国家经委、国家体改委印发了《关于深化企业改革完善承包经营责任制的意见》。1988年2月，国务院颁布了《全民所有制工业企业承包经营责任制暂行条例》（以下简称《暂行条例》），承包制的全面推行有了明确的政策依据。

《暂行条例》明确提出：承包经营责任制，是按照所有权与经营权分离的原则，以承包经营合同形式，确定国家与企业的责权利关系，使企业做到自主经营、自负盈亏的经营管理制度。实行承包经营责任制，按照包死基数、确保上交、超收多留、欠收自补的原则，确定国家与企业的分配关系。承包经营责任制的主要内容是：包上交国家利润，包完成技术改造任务，实行工资总额与经济效益挂钩。

这个《暂行条例》的正式发布极大地促进了承包制的推行，国有大中型工业企业实行承包制的比例很快就超过了80%。企业承包经营责任制成为这一阶段国有企业改革的主要模式。

企业承包经营责任制的一大特点是多种形式，因而适应性比较强。《暂行条例》直接列举了几种具体形式：对生产状态比较好的盈利企业可实行上交利润递增包干或上交利润基数包干、超收分成的办法，对微利企业可实行上交利润定额包干，对亏损企业可实行减亏包干或补贴包干。在实际工作中，各地根据不同企业的情况，创造出许多衍生的承包形式。例如，对实行厂长负责制的企业实行厂长任期目标承包责任制，结合经营者选聘机制改革的招标承包制，加大风险约束的全员风险抵押承包制，对小型企业或集体企业实行租赁承包经营责任制，对外贸企业实行出口创汇基数承包经营责任制，等等。

企业的承包指标也日益丰富，除了上交利润、技术改造投资等基本指标外，很多地方加入了经济效益指标、发展后劲指标、企业管理指标等方面的要求。基本上是政府认为某家企业应该加强哪个方面的工作，就可以设置某一方面的指标，以致企业承包指标过多、过杂成为当时出现的一个问题。企业承包经营责任制的实施范围也在不断扩大，从一开始的国有工业企业扩展到交通企业、建筑施工企业、商贸企业，甚至科研机构等。

在国有企业改革启步的阶段中，企业承包经营责任制的全面推行具有重要的积极意义。

第一，实现了企业从计划导向转向市场导向。企业承包经济责任制的核心指标由以往完成国家的产品计划逐步转为实现利润，随着国家指令性计划的不断缩减，利润指标在承包中的位置日益重要。这就促使企业的关注点从国家计划转向市场，生产市场所需要的产品。

第二，有利于实现政企分开，保障企业的生产经营自主权。承包制以合同的形式来明确政府与企业间的权责利关系。承包合同一旦签订，在承包期内政府部门很难再对企业的生产经营活动进行干预，企业具有了承包合同所规定的一系列自主权。

第三，短期内有利于保证财政收入的稳定和增长。无论什么形式的承包制，包死基数、确保上交都是一个最重要的前提；财政收入由此相对有所保障，因而促进了当时各级政府财政收入的增长。

第四，推动了企业内部经营机制的改革。承包合同签订后，所有企业都会把承包指标在内部层层分解，对下属单位直至职工考核使奖惩到位，以传递责任的压力、确保承包指标的完成。这方面的实践成为我国企业内部经营管理机制改革的开始。

上述具有积极意义的改革实践对于当时国有企业的管理体制和内部机

制而言，都是重大的突破和进步。

企业承包经营责任制作为国有企业改革启步阶段最具典型意义的改革形式，并没有改变大的体制格局；改变的只是政府对国有企业的管理办法，属于在原有体制框架内的改革，因而自身的局限性也很明显。操作层面大致是以下这样几个方面的问题。

一是承包指标很难做到科学公正。签订承包合同是政府和企业间一对一的谈判、讨价还价的结果，这对于双方都是巨大的工作量。由于信息不对称，双方利益诉求的强度不一样，承包指标要做到科学公正非常困难，实行中老实人吃亏、鞭打快牛的情况很难避免。

二是企业的经营行为期限化。为避免承包主体的短期行为，《暂行条例》明确企业的承包期限一般不得少于三年。但三年或以上也是有期限的，承包者按期限经营是很自然的选择。有的企业在一个承包期结束时，已经是吃干榨净、弹尽粮绝，很难再有持续发展的能力。

三是承包合同难以适应市场的变化。承包合同签订之时很难预测到市场可能出现的变化，承包期限越长则受到市场变化的影响越大。一些企业由于原材料大幅度涨价或市场需求变化要求调整承包指标，在这种情况下，调整与不调整都是非常困难的选择。此外，在一些大型企业内部，层层承包形成了众多的利益主体，相互之间利益矛盾和冲突不断，大企业内部原有的协同性被切割破坏，管理的难度大大增加。

除了在操作层面遇到的难题外，企业承包经营责任制还面临两个更根本性的问题。

第一，企业不可能自负盈亏，政府仍要兜底。尽管正式文件一直强调，企业承包经营责任制是企业自主经营、自负盈亏的一条重要途径，承包制的一条基本原则也是企业"欠收自补"。但企业亏损了只能由其所有者承担损失，企业自身和承包者都不具备经济赔偿的能力。《暂行条例》对此也只能规定：完不成承包经营合同时，应当扣减企业经营者的收入，直至只保留其基本工资的一半。因此承包制的结果必然是：企业完成了承包指标皆大欢喜，财政增收、经营者和职工得益；企业完不成承包指标或是亏损了，政府仍不得不出手收拾残局，兜底的责任仍然解除不掉。

其二，承包制难以适应结构调整的要求。企业承包经营责任制特别适合于短缺经济，市场是现成的、产品基本不变，努力增加生产就可以了。承包制客观上把每一个企业的结构都包死了，一旦国民经济整体或是某个行业转入买方市场，社会需求发生变化，承包体制很难做出相应的调整。生产可以承包，结构调整无法承包。这一点决定了，企业承包经营责任制能够适应国民经济发展的时间段是有限的。

企业承包经营责任制的全面推行是中国国有企业改革一个重要的标志性阶段。承包制对国有企业改革的推动效应巨大，自身的局限性也十分明显。在大的体制格局没有改变、大的结构调整没有展开、大量历史问题完全没有触及的现实条件下，承包制尽可能地调动企业和职工的积极性，并通过多种形式尽可能适应各类企业的不同情况。在原有的体制、结构和社会定位的框架内，承包制已把能做的改革做到了极致。企业承包经营责任制是中国国有企业改革启步阶段所能达到的顶峰，也是中国国有企业改革历史进程中的一座里程碑。

在1998年之前，中国国有企业改革主导的形式是企业承包经营责任制，但这一时期也进行了多项改革的试点和探索。这些试点和探索有些是中央政府组织的，更多的是地方政府自发进行的。这些改革的探索性实践虽然范围都不是很大，但为之后改革的大规模推进提供了宝贵的实践基础。

二、国有小企业改革的探索

国有小企业改革属于典型的被倒逼出来的改革。国有小企业是国有企业中最先陷入困境的群体，在20世纪90年代初，国有小型企业盈亏相抵已处于净亏损的状态。

当时多种所有制经济尤其是乡镇企业开始大发展。这些新企业完全没有历史负担，由于产业层次十分接近而体制效率和生产成本的差异巨大，这些企业的兴起对国有小型企业造成了非常直接的冲击。虽然推行企业承包经营责任制在一段时间内缓解了部分国有小企业的困境，但问题并没有真正解决。国有小企业整体的经营状况仍在持续恶化，越来越多的困难企业、困难职工引发了大量社会问题。

这种严峻的局面给地方政府，尤其是市县级政府造成了极大的经济和社会压力，困难企业的职工围住政府机关要求发工资和退休金的情况越来越多。虽然当时国有银行还没有进行改革，但县级政府的级别不够高，对银行的影响力有限，向银行施压给困难企业贷款发工资这件事力所不能及。在很多市和县，国有小企业一直是地方财政的支柱；财政的支柱变成了政府的包袱和社会的麻烦，迫使地方政府不得不急切地在承包制之外寻找解决问题的办法。

这类改革的探索在很多地方以多种形式自发地进行，例如，福建省泉州市政府在 1992 年上半年把 37 户国有小企业一揽子出售给外资，曾经引发了很大争议。其中在全国知名度最高、影响最大的当数山东诸城的改革模式。

诸城的国有小企业改革从 1992 年开始。诸城市的经济基础并不很差，但企业的状态不好，当年全市 150 户国有工商企业亏损面为 68.7%，净亏损 1.47 亿元，已经到了维持不下去、不采取措施不行的状态。1992 年 9 月，诸城市政府做出了进行股份制改革试点的决定。

诸城的国有小企业改革是多种形式的。最主要的形式是由职工全部买断本企业的经营性国有净资产，改制成为内部员工持股的股份制公司。改制时为降低改制成本，土地未计入企业净资产，转为改制企业通过缴纳土地使用费有偿使用；改制企业承担原企业的全部债权债务，基本保障了银行债权的安全；改制企业建立了新的领导体制，由全体职工股东选出董事会和监事会,使一批善经营、懂管理的人走上了领导岗位;改制企业要做到全部接收职工,但实行全员合同制,工资制度实行岗位职能工资制和计件工资制。

由于政府的全力推动,诸城市的企业改革力度空前,不到两年时间改制面达到了 85%。股份制改革极大地激发了企业的活力,调动了经营者和职工的积极性,改变了企业的管理体制和内部机制,因而取得了明显的成效。1992 年到 1996 年改革的 4 年间,诸城市工业产值年均递增 31.7%,销售收入年均递增 46.9%,实现利税年均递增 48.8%;企业亏损面下降到 1%,改制企业上交税金年均递增 36%,职工的工资收入不计股权分红增长了近 1 倍。

诸城国有小企业的股份制改革在国内产生了很大影响,也引发了很大争议。批评意见主要指向两个方面:一是"姓社姓资"的问题,认为诸城的做法是走了资本主义道路;二是国有资产流失。

面对巨大的社会争议,1996 年 2 月国务院派出了联合调查组赴诸城调研。经过 8 天深入调研后,调查组认为,诸城的改革方向正确、措施有力、效果显著、群众满意,给予了高度肯定。联合调查组回京后向中央政治局进行了汇报。同年 3 月,朱镕基副总理带队到诸城进行了为期 3 天的考察,调研了企业、召开了座谈会,对诸城多种形式搞活国有小企业的做法给予了肯定。朱镕基副总理的诸城之行在全国产生了极大震动,为受困于承包制而难以深化的国企改革打开了一片全新的空间。之后,全国各地纷纷到诸城考察学习,诸城改革的经验和做法传遍了全国。

诸城国有小企业改革的实践,在中国国有企业改革的历史进程中也具有标志性的意义。当然,从企业改制的具体层面看,诸城的股份制改革,尤其是开始阶段的第一次改制,不是没有值得商榷的地方。职工持股过于平均、分散,对企业的关切程度会逐渐弱化;经营者所持的股份太少,缺乏足够的责任感和压力;职工花钱购买了股份后,企业分红的压力很大,高分红使企业可用于发展的资金不足；股权相对封闭，外部投资者难以进入；等等。

这种局限性很大程度上源于改革起动的现实需要。平均持股、人人有份，能够得到大部分职工的拥护和支持，这对于一项涉及许多职工切身利益的改革来说至关重要。从 1997 年起，针对第一次改制中存在的问题，诸城市又推动企业进行了"二次改制"，主要内容是拉大公司内部员工持股比例的差距，鼓励经营者和骨干员工持大股，以解决对这些核心人员的激励和约束问题。

诸城的模式对于国有企业改革的标志性意义主要在于：它为国有企业打开了产权制度改革之路。产权问题在之前的国有企业改革中比较敏感，一直没有触及。把一家国有企业改制成为非国有企业，在政治上会涉及私有化问题，在经济上会有国有资产流失的嫌疑，由此产生的后果在当时非同小可。因此，之前的国企改革只能在国有体制下不断调整政府对国有企业的管理办法，在收与放、调动积极性与加强约束之间反复循环。在企业承包经营责任制把这条路走到了极致之后，国有企业改革，尤其是国有小企业改革实际上已经束手无策、无路可走了。在面临全面净亏损、企业和职工已极度困难的形势下，诸城的改革办法，尤其是国务院对诸城实践的肯定，为处于困境中的改革开拓了一条新的道路。

三、国有困难企业破产的尝试

出现困难企业是市场竞争的必然结果。让那些因经营不善造成严重亏损、不能清偿到期债务的企业通过破产退出，是市场经济通行的做法，是每天都在发生的事情，也是一个经济系统自我更新和结构优化的需要。但在很长的一段时间中，我国企业的破产，尤其是国有企业的破产，是各方面都在刻意回避的问题。

我国第一部企业破产法于 1986 年 12 月公布。在这之前的 1986 年 8

月，沈阳市一家小型集体企业"沈阳市防爆器械厂"成为新中国第一家破产企业。这个企业破产案曾在全国引起轰动，成为中国经济体制改革进程中的一个历史性事件，也使这家名不见经传的小企业留名青史。但在这之后，企业破产工作实际上处于停顿的状态，尤其是国有企业的破产几乎完全没有进行。

国有困难企业破产的停滞，源于一系列很难解决的现实问题。

一是职工的抵制。企业破产会使所有职工失去工作岗位和生活来源，他们是最直接的受损群体。一家国有企业之所以要破产，可能源于几十年前的历史问题，或是经营管理方面的问题，而职工往往是没有直接责任的。因而，国有企业职工对企业破产有极大的抵触情绪，出现反弹几乎不可避免。

二是缺乏社会保障制度的支撑。计划经济体制下，国有企业、集体企业职工的生活保障完全是由其工作单位承担的，除保证工资发放外，还有退休金、公费医疗、住房分配等。企业破产后工作单位消失了，职工的管理主体、保障主体都不存在了。要保障职工的基本生活，不但需要有新的载体，而且需要大量的保障资金。

三是再就业困难。当时我国农村的剩余劳动力正在大规模进入城市寻找工作。国有企业的职工一旦因为企业破产而失去岗位，其年龄、观念、就业成本完全没有竞争优势，在市场上找到新的工作非常困难，这会造成很大的社会问题。

我国第一部企业破产法主要着眼于规范企业破产相关的司法程序，这方面内容显然大量借鉴了其他国家的法律；法条中对职工保障方面的规定甚少，是因为这方面内容其他国家的破产法中基本没有，即使有也无法照抄照搬。因而1986年的企业破产法只是在第四条提出了原则性的要求，"国家通过各种途径，妥善安排破产企业职工重新就业，并保障他们重新就业前的基本生活需要"。这样的原则性要求在实际工作中要能够落地实施，还需要解决许多非常具体的问题。

沈阳市防爆器械厂是一家规模很小的集体企业，在职职工只有71个人，除破产前自行调离和办理了提前退休手续的职工外，企业破产后只有29名职工领取了破产救济金。此后这些职工被转入沈阳市的劳动部门按待业人员管理，并安排他们重新就业。这种职工人数不多的小企业在沈阳市尚可消化，大一些的企业就很难承受了。正因为如此，各地都把国有企业破产看成一个火药桶，绕着走、别给自己找麻烦是一个很自然的选择。

当时各地不愿操作国有企业的破产还有一个重要的背景。维持一家困难企业不破产需要大量资金，并且地方政府拿不出这笔钱。但是当时国有银行还没有开始改革，如果当地政府的级别足够高、影响足够大，还是可以向银行施压，并晓以维护社会稳定的政治责任。在这种情况下，尽管不愿意，但银行对"父母官"也不能完全没有表示，贷一点款让企业发工资也算是尽到了责任。从地方官员的角度，有人出钱企业就可以不破产，问题就可以拖下去，最好能拖过自己的任期。

困难企业无法通过破产退出市场，不但使中国的市场经济体制建设缺少了一块重要的内容和机制，而且随着困难企业越来越多，困难企业和困难职工已经成为各级政府最为头疼的经济和社会难题。

1993年8月，时任国务院副总理的朱镕基同志要求国家经贸委就《企业破产法》实施的有关问题进行研究。经过对多省市的调研和座谈，国家经贸委起草了《关于企业破产实施的若干规定（初稿）》，并提出选择一些城市进行"优化资本结构"的试点，试点的主要内容是"增资、改造、分离、破产"。这个文件经反复修改后，形成了《关于在若干城市试行国有企业破产有关问题的通知》，由国务院于1994年10月下发，即"国发〔1994〕59号"文件（以下简称"国发59号文件"）。第一批"优化资本结构"试点城市确定为18个。

国发59号文件是国务院关于国有企业破产问题发布的第一个政策文

件。文件第一条就明确提出，实施企业破产必须首先安置好破产企业职工。对职工安置所需费用，文件明确企业土地使用权拍卖或转让收入首先用于职工安置，不足部分从处置其他破产财产所得中拨付，仍然不足的由所在地市、县人民政府负担。破产企业职工由企业所在地市、县人民政府通过转业培训、介绍就业、生产自救、劳动输出等措施帮助重新就业，并保证他们在重新就业前的基本生活需要；对自谋职业的职工由政府发放一次性安置费，破产企业职工失业期间享受失业保险待遇。

为做好国有企业破产的组织工作，由试点城市一名政府负责人牵头、相关部门组成工作机构，负责组织、协调和解决问题。文件还对企业向职工借款的处理、企业担保的处理、银行贷款损失的处理、企业离退休职工的管理及相关费用发放等问题作了规定。

国发59号文件明确了国有企业破产工作最初的政策框架。由于企业破产涉及的问题非常之多、非常具体和复杂，这个文件不可能是完备的。但有了这个文件，国有企业的破产工作至少具备国家认可的启动条件了。

优化资本结构的城市试点工作开始后，尽管国务院反复强调要有领导、有组织、有步骤地按照法律程序进行，但试点不久就出现了问题。银行方面反映，各地出现了不规范行为，一些地方在刮"破产风"，一些所谓的企业破产实际上是为了逃债。国务院高度重视银行系统反映的问题，要求国家经贸委会同有关部门进行一次全面深入的调查研究，实事求是地提出调查报告。国务院领导同志强调：要刹住这股歪风，否则会扰乱企业间正常的经济关系和市场秩序，是很危险的。

这次国有企业破产工作的调研从1996年8月开始，发现存在的问题确实很多。一是，一些非试点地区擅自使用了试点城市的破产政策，而且破产企业的数量很多；二是，一些企业操作破产后，企业领导班子没有变、职工身份没有变、厂房装备没有变，只是在继续生产经营中换了一块牌子，具有明显逃债的特征；三是，一些企业在破产前，未经债权银行同意，将有效存量资产分离出去重组独立法人，致使原企业的银行债权悬空等。调研中还发现，即使是破产操作比较规范的试点城市，也存在着资产变现难、职工安置难、银行呆坏账冲销难等现实问题，工作的推进十分艰难。

出现这些问题在某种程度上具有必然性。当时企业的融资渠道单一，国有企业破产主要是破银行的产；无债一身轻，企业方面有减少负债的内在动力。地方政府为支持本地企业的发展，也往往默许甚至纵容企业的逃债行为，因为银行的损失是中央政府的事，与地方政府无关。国有企业破产的口子不开则已，一开就可能泥沙俱下，这样的利益博弈格局使国有困难企业的破产工作面临极大的考验。如果不能加强对工作过程的控制、有效抑制住各种不规范的行为，势必引发其他方面更加严重的问题，这项工作很可能要半途而废。

1997年1月，国务院召开了全国国有企业职工再就业工作会议，就国有企业破产的相关工作进行了部署。1997年3月，国务院下发了《国务院关于在若干城市试行国有企业兼并破产和职工再就业有关问题的补充通知》，即"国发〔1997〕10号文件"（以下简称"国发10号文件"）。

国发10号文件的要点包括：成立由国家经贸委任组长单位的全国企业兼并破产和职工再就业工作领导小组，负责全国工作的组织领导和协调；各省（区、市）及试点城市成立协调小组，负责本地工作的组织实施。全国领导小组负责编制年度"全国企业兼并破产和职工再就业工作计划"，主要的控制指标是预分配的银行呆坏账准备金核销规模，经国务院审批后下达。试点城市协调小组要在债权银行的参与下编制本市的工作计划，提出对应的破产企业名单并组织实施。非试点城市擅自使用试点城市破产政策的要依法纠正，其形成的呆坏账损失银行不予核销。文件还对企业破产预案的制定、破产财产的处置、妥善安置破产企业职工及相关费用的筹集使用、简化银行呆坏账核销手续等相关问题做出了比较具体的规定。

国发10号文件的总体精神，是强化对工作过程的规范和管控，提高债权人的参与程度。这个文件的发布实施，标志着国有企业的破产工作进入了一个相对可控、比较规范的阶段。

从1994年开始的"优化资本结构"城市试点，在中国国有企业改革的进程中有着重大的突破性意义。在需要破产的困难企业已经积累了很多，社会稳定的压力极大、各方面的利益关系非常复杂的背景下，能够使国有困难企业的破产工作相对规范和可控地启动起来，这本身就是一个了不得的贡献。

通过这项试点，我们打通了国有困难企业通过破产机制退出市场的通道。这个通道如果打不开，不但市场竞争优胜劣汰的机制无法形成、国家的产业结构无法优化，而且随着市场竞争的日益激化，困难企业会越积越多，由此形成一个巨大而危险的"堰塞湖"。这个"堰塞湖"一旦决口，经济、社会和政治后果不堪设想。这项试点的启动无异于开拓了一条疏通导渠，实现了"堰塞湖"的成功引流，避免了一场国家和社会难以承受的次生灾害。

四、国有企业内部改革的最初努力

"破三铁"（三铁指铁饭碗、铁工资、铁交椅）是一项持续时间很短，而且并没有大范围推进的改革。但在当时这项改革造成的社会反响非常之大，而且对以后的国有企业改革影响深远。

国有企业以往最让人诟病的弊端就是"大锅饭"体制。具体来说包括劳动用工制度的"铁饭碗"，工资分配制度的"铁工资"，干部人事制度的"铁交椅"。在改革开放后多种所有制经济快速发展的背景下，乡镇企业、民营企业表现出的十足活力，更反衬出国有企业内部体制机制的僵化和效率的低下。而且，由于"三铁"体制下，国有企业的员工事实上是不承担风险的，调动积极性只能靠单向激励，导致激励的成本越来越高、激励的边际效果越来越差。

所有的人都看得很清楚：国有企业的内部机制如果不改革、"大锅饭"的体制如果不打破，员工不干活、干部不做事、领导管不住下面，那么国有企业在市场竞争中绝无生存的可能，也没有可以生存下去的道理。

"破三铁"也是一场地方自发启动的改革。1991年，徐州市在全国率先提出了"破三铁、转机制"的改革任务。这项改革从一个区域发动起来完全合理。国有企业内部的机制改革涉及众多员工的切身利益，因而推进的阻力很大、社会风险很大，单个企业往往推不动，也承受不了后果，需要在一个区域内形成改革推进的氛围。如果一个区域的党委、政府认识高度一致，统一组织推动，左邻右舍的企业都在推进同样的改革，阻力和潜在的社会风险会大大减小。

徐州是苏北地区国有企业比较集中的老工业基地，但企业的经营状态持续下滑。到1991年5月，全市470家地方工业企业盈亏相抵已净亏损2047万元，亏损面达到43%，有28户企业已经停产，大量职工围住政府机关上访要求发工资。面对严峻的局面，市委、市政府组织了全市性的调研，对困难企业逐一解剖分析。最后的结论是：企业的情况各不相同，共性的问题在于企业内部经营机制僵化，"三铁"扼杀了干部的责任心和工人的积极性，"大锅饭"吃垮了企业。这个调研结果促使徐州市委、市政府下定决心，要"破三铁、转机制"。

徐州市的工作推动都是采用常规的行政办法。在市委和政府层面，先后召开了市委工作会议、市工业经济工作会议和扭亏增盈会议，形成了很大的工作声势；市政府与一些工业主管局和公司负责人签订扭亏增盈责任状，达不到目标就要下浮领导的工资；市属各新闻单位对工作情况进行了大量报道，营造舆论氛围。

具体的工作措施包括：对企业先破"铁交椅"，亏损企业实行干部冻结，经营性亏损企业主要负责人在本企业扭亏前一律不准调动，限期内完不成扭亏指标的厂长就地免职或降职，同时还选拔了一批政治素质好的经营管理人才到亏损企业担任领导；对"铁工资"以企业收益定收入，亏损企业扭亏期间工资总额下浮，直至扭亏为盈之月起恢复原工资水平；对"铁饭碗"以个人技能工效定岗位，实行定额定员、定期考核、择优上岗、动态组合，精减下来的员工建立"厂内退养""厂内待业"制度，鼓励企业搞多种经营安置富余人员。为帮助亏损企业转换经营机制，市委、市政府下发了4个文件93条改革措施，派出了500多名机关干部到企业蹲点帮助工作。同时，筹集了3000万元的扭亏专项资金，亏损企业必须拿出包含"破三铁"措施的扭亏增盈方案，论证通过后才能有偿使用。

徐州市"破三铁、转机制"的改革由于措施实、力度大，很快见到了成效。到1991年底，徐州市地方国有工业企业实现利润由上半年的净亏损转为盈利近7000万元，上半年9个亏损行业中有4个到年底扭亏为盈。

对徐州市这场声势很大的改革，各方面给予了高度的关注。《经济日报》从1992年2月份开始连续刊发了30多篇"破三铁、看徐州"的组合报道，产生非常大的社会影响。各地纷纷到徐州考察、学习，徐州的经验和做法迅速传遍了全国，这反映出当时全社会的一种共识和期待。"破三铁"成为1992年国有企业改革中的一个标志性事件。

"破三铁"的改革在全国只持续了半年左右的时间，到1992年中就基本停止了。这项改革推进不下去的原因是多方面的。

短期原因可能与宣传声势过大、推广速度过快有关，尽管舆论宣传都是新闻媒体和各地自发进行的，并没有人去刻意组织。但"破三铁"是一项非常"伤人"的改革，利益冲突很难避免。徐州由于市委、市政府的工作扎实，改革的氛围已经形成，推进过程中并未出现大的不稳定状况，但是推广到其他地方还是引发了一些问题。推进改革推出了事，谁也不愿承担这样的责任。而且这项改革也引发了一些争议，"铁饭碗"曾被认为是我们制度的优越性之一，在当时社会观念还没有很大转变的情况下，改革砸了"主人翁"的"饭碗",在意识形态上会有很多不同的说法。

更深层次的原因在于,推进这项改革所需要的外部条件尚不具备。当时,社会化的社会保障制度还没有建立,国有企业对本企业的职工事实上还承担着无限责任。在这种情况下,"铁饭碗"不可能真正被破掉,职工和企业很难分离;徐州市推行厂内待业是无奈之举,但厂内待业人数过多也会引发其他问题。另外,所有的国有企业无疑都需要转变内部机制,但是"破三铁"只能解决一部分企业的问题;对一些结构需要进行彻底调整,甚至需要破产退出的企业,仅仅换班子、压责任、转机制也不可能起死回生。

"破三铁"是国有企业内部经营机制改革的先声。由于种种历史和现实条件的限制,这并不是一项成功的改革尝试,但回溯其过程可以看到,当年徐州市委、市政府的领导层强烈的责任心和敢于作为的担当精神,其气当赞、其志可嘉。

国有企业内部机制和观念僵化的弊端大家都看得很清楚,不进行彻底的改革绝对不行。"破三铁"是第一次在一个区域范围内有组织地对这些弊端进行冲击,第一次把国有企业内部改革的课题提上了日程,其具体的操作办法也给以后的改革提供了可借鉴的实践财富。在日后国有企业全面推进内部三项制度改革的过程中,人们似乎可以经常看到当年徐州市"破三铁"工作的影子。

五、国有大中型企业改革的初步实践

1992年10月,党的十四大正式明确了我国经济体制改革的目标是建立社会主义市场经济体制。对于国有企业改革来说,这就需要探索如何建立与之相适应的企业制度。

1993年11月,党的十四届三中全会审议通过了《中共中央关于建立社会主义市场经济体制若干问题的决定》,明确提出建立现代企业制度是我国国有企业改革的方向，并指出现代企业制度的特征是"产权清晰、权责明确、政企分开、管理科学"。1993年12月，《中华人民共和国公司法》正式颁布，使以公司制为主要形式的现代企业制度有了法律依据，为现代企业制度建设提供了法律保障。

为了落实党的十四届三中全会精神，国务院建立了由李铁映国务委员兼任组长的试点工作协调会议制度，组成了由12个部门参加、20多人的试点文件起草小组，对试点的相关问题进行研究、起草试点文件。国务院领导多次听取文件起草小组的汇报，研究解决试点准备工作遇到的问题。

1994年11月，国务院召开了全国建立现代企业制度试点工作会议，会上发布了《关于选择一批国有大中型企业进行现代企业制度试点的方案》(以下简称《试点方案》)，宣布了100户试点企业名单。会议提出，"到本世纪末，使国有大中型企业基本建立起与社会主义市场经济体制相适应的经营机制和现代企业制度"。由此，这项在国有企业改革中影响很大的试点工作正式启动。

现代企业制度试点工作是自上而下推动的，规格非常高、覆盖面相当大。除中央一级的100户试点企业外，到1994年底，各省市选定的现代企业制度试点企业将近2000家。试点工作明确的几条基本原则中有两条非常重要：一是不靠优惠政策，重在制度建设；二是既要对试点企业提出要求，还要有相关配套改革措施密切配合。体制建设加上配套改革，使人们对这项高规格试点有可能带来的体制效应充满期待。

试点的内容主要包括：完善企业法人制度，清产核资、界定产权，办理工商登记；明确试点企业的国有资产投资主体，应是国家授权投资的机构或国家授权的部门；确立企业改建为公司的组织形式，包括国有独资公司、有限责任公司、股份有限公司等；建立科学、规范的公司内部组织管理机构，权力机构、决策机构、执行机构、监督机构互相独立；改革企业的劳动、人事、工资制度，实行全员劳动合同制，取消企业管理人员的国家干部身份，高级管理人员与董事会签订聘用合同；健全企业财务会计制度，依法科学设置财务会计机构；发挥党组织的政治核心作用，参与重大决策，坚持党管干部的原则；完善工会工作和职工民主管理，维护职工合法权益等。对试点企业的上述要求，完全符合《公司法》的规范。

根据国务院的安排，现代企业制度试点工作由国家经贸委牵头负责，对具体试点企业的联系指导由国家经贸委和国家体改委分别进行。为更好地协调试点工作，国家经贸委建立了现代企业制度试点部际协调会议制度。部际协调会议安排了12个配套文件的起草工作，包括试点企业国有资产投资主体确定办法，拨改贷债务转为国家资本金的办法，分离国有企业办社会职能，产权交易管理办法，试点企业董事会、监事会成员的管理办法，等等。

同时，部际协调会议还明确了试点工作的时间表：1995年1月至1996年6月为实施阶段，要求试点企业完成改制的相关工作，改制后的企业要按照《公司法》规范运作；1996年下半年为总结完善阶段，要求总结试点经验、起草试点工作的总结报告，在此基础上提出在全国范围内推进建立现代企业制度的意见。

试点工作的时间表排得很紧，试点工作抓得也很紧。国家经贸委为指导试点工作，在1995年连续下发了《关于国务院确定的百户现代企业制度试点工作的组织实施意见》《关于国务院确定的百户现代企业制度试点企业（实施方案）论证、审批工作的指导意见》《关于国务院确定的百户现代企业制度试点工作操作实施阶段的指导意见》，1996年3月又下发了《国务院确定的百户现代企业制度工作试点阶段目标要求》。为交流经验、推动工作，国家经贸委在1995年5月、10月、1996年3月分别在上海、青岛、大连召开了三次现代企业制度试点工作会议。试点期间，中央和各地政府举办了800多期现代企业制度建设方面的培训班，参训人数接近9万人次。

在各级政府的强力组织推动下，各试点企业一方面按照《公司法》的要求进行规范的改制，另一方面对本企业存在的问题进行了全面梳理，明确在试点中要着力解决的重点问题，由此确定有针对性的试点内容、制定试点实施方案。试点方案一般包括这样几部分内容：企业按照《公司法》改制并规范运作的相关内容；企业"三改一加强"（改革、改组、改造和加强管理）的目标和措施；分流企业富余人员、分离企业办社会职能的目标和措施；加强企业党组织建设与加强党的领导；发挥工会组织的作用及职工参与民主管理；需要政府部门协调解决的问题；等等。

1996年6月，百户试点企业除一户解散、一户被兼并外，其余98户的试点方案全部完成了批复，企业层面的试点工作进入了实施阶段。1996年6月，国务院决定将中国航空工业总公司、中国石油化工总公司和中国有色工业总公司作为国家控股公司纳入试点范围，试点安排起草的12个配套文件也大都按时发出。应该说，试点文件所要求的规定动作基本上已经按期完成。

国有企业建立现代企业制度试点是针对国有大中型企业的一次重大的改革探索，其规格之高、范围之广、声势之大前所未有。在这之前，国有大中型企业的改革还处在实施承包经营责任制的阶段，还在政府和企业中放与管、激励与约束之间徘徊。现代企业制度试点的确为改革开拓出一个全新的领域。

但是，当所有试点规定的任务都已经完成的时候，人们却发现，在试点开始时各方面所热切期待的体制效应和业绩效果并没有出现。试点企业全部从工厂制改为公司制，但经营行为并没有明显的变化，董事会和监事会都没有发挥出应有的法定作用，以致"翻牌公司"成为当时一个很流行的说法。尤其是，试点并没有带来企业经营状态的改善，国有大中型企业的经济效益仍在继续下滑；在当时国有企业已经面临非常严峻的生存危机的背景之下，这种状况严重挫伤了人们对国有企业以及国有企业改革的信心，也给现代企业制度试点的总结工作带来了极大的困难。

从1997年初开始，根据既定的日程安排，国家经贸委即着手对试点工作进行总结，前后反复修改了11稿仍难以出手。原因主要在于两个方面：第一，从试点实践中难以总结出有说服力的体制效应，当然有一些试点企业的经营状态还不错，但分辨不出是体制的效应还是经营者个人的作用。第二，试点企业汇总出来的经营业绩数据不理想，难以支持试点已取得了成功的结论。在这种情况下，用我们以往写总结报告的传统方式已经很难把试点工作分析透彻。直至1997年下半年，建立现代企业制度试点的总结报告还未及定稿报出，中国的国有企业改革已经转入以"三年改革脱困"工作为标志的攻坚阶段了，试点总结的事再无人提及。

我们一直不习惯对以往制定的政策、推动的工作进行后评估。实际上，客观深入的反思会使我们受益匪浅，尤其对这样一项中央高度重视、几乎举全国之力、覆盖面非常之大的改革实践，无论试点是否实现了我们最初的预期。

现在回过头去看，这种重在制度建设的改革试点与以往基于优惠政策的试点不同，不大可能在短时间内见到成效，因为新体制需要磨合和适应的过程。而且，这种性质的试点也不大可能在短时间内明显改变企业的经营状态，因为改革内容并不包含结构调整、减轻负担等能够减亏增效的"硬"措施。因此，这种性质的试点很可能是长期效应大于短期效应，但这在当期很难看得清楚。

从制度建设加上配套改革的试点内容出发，试点的收获可能既在于我们做成了什么，也在于我们没做成什么。未能实现的目标恰恰反映出我们工作思路的缺陷、体制建设的短板或尚不具备的条件，这些恰恰是下一步深化改革需要解决的问题。

从"做成了"的角度，现代企业制度试点给我们带来的收获主要在于两个方面。

第一，对国有大中型企业进行了一次全面的公司制启蒙教育。在试点之前，国有大中型企业大都是按《企业法》注册的国有独资企业，在领导体制上是党委领导下的厂长负责制。在试点中，中央加地方一共两千多家国有大中型企业按照《公司法》进行了改制，其中90%以上的企业设立了董事会、80%以上的企业成立了监事会，并努力按《公司法》的要求规范运作。这样大范围的实践等于对国有大中型企业进行了一次"全员培训"，公司制的治理构架和运作规则逐渐为企业所熟知，各级政府部门也对公司制加深了理解和认识。这就为以后国有大中型企业进行公司制、股份制改革，在境内外资本市场上市、推进股权多元化，打下了很好的工作基础和认知基础。

第二，对国有大中型企业改革涉及的多方面问题进行了一次全面梳理。为准备好试点工作，相关政府部门对可能涉及的相关问题进行了深入的排查和研究。在试点之初，试点方案起草小组给国务院的报告中就9个重点难点问题进行了汇报。除企业改制涉及的相关问题外，还包括改革企业劳动人事工资制度、调整企业资产负债结构、加快建立社会保险制度、减轻企业办社会负担、发挥企业党组织政治核心作用等问题。这些重点难点问题在试点中都进行了探索，有些取得了进展，有些遇到了障碍。这些研究和实践，都为日后这些领域的专项改革提供了重要的实践和政策参考。

从"没做成"的角度，现代企业制度试点给我们带来的启示可能主要是以下几点。

第一，国有资产出资人到位是国有大企业改革首先要解决的问题。以公司制为主要形式的现代企业制度是我们从国外引进来的。西方国家对公司制有长期的深入研究，但一般不涉及所有者问题，重点关注的是如何提高委托代理关系的有效性。西方不研究所有者问题是有道理的，这些国家是私有制，所有者是天然到位的，对自己的资产天然地具有关切度。但是这套制度引入中国后面临这样一个问题：我们是要在国有企业中建立现代企业制度，而国有资产的出资人并不是天然到位的，并不必然对国有资产具有关切度。

在试点期间，在政府层面由哪个机构对国有企业中的国有资产负责是不清晰的。《试点方案》提出，"国家授权投资的机构"是国有资产的投资主体，并明确了四种形态，即国家投资公司、国家控股公司、国有资产经营公司和具备条件的企业集团公司。但是，这几类公司都是国有独资公司，本身也有一个出资人是谁、如何到位、发挥什么作用的问题。由于企业国有资产出资人代表机构不明确，更谈不上到位，国有企业改制后的董事会、监事会完全由企业内部人员组成，并没有人真正代表国家所有者对经营者施加压力、提出要求，所以即使企业搞坏了也没有人会去追究董事或监事的责任。

出资人要得到回报是公司发展最基本的动力源，如果这种动力源缺失了，公司的运作必然趋于表面化和形式化。试点企业按照要求认真部署，该有的机构都有了，程序上也都做到了，但就是"形似而神不似"。所以，国有企业要改革好、发展好，必须首先解决国有资产出资人的问题，并且不能是抽象的、概念上的，否则不会有实质性的效果。

第二，国有大中型企业改革需要有一系列重要的配套改革进行支撑。国有大中型企业在我国政治、经济体制中处在一个重要的交叉点上，牵一发而动全身的效应非常明显。企业国有资产出资人制度的建立涉及党和政府机构职能的改革，改变企业负责人的选任机制涉及干部管理体制，企业经营决策自主权的确立需要改变政企关系和行政审批的管理办法，员工能进能出的改革有待于社会保障制度的建立，企业激励制度的形成需要分配制度改革的配合，等等。这些方面的改革需要统筹考虑，至少要为国有企业的改革留出足够的空间，否则在企业层面很难有实质性的作为。

其中，企业国有资产管理体制改革很可能是中国国有企业建立现代企业制度最重要的内在组成部分。以往我们对国有企业建立现代企业制度的理解偏窄，认为仅仅是企业层面的改制，这显然是不完整的。中国国有企业建立现代企业制度的完整内涵应当是：企业国有资产管理体制的改革加上国有企业的公司制改革。

第三，对我国国有大中型企业改革的复杂性和长期性要有足够的思想准备。在试点中，我们对国有大中型企业改革的难度和长期性明显估计不足，试点的时间周期过短、时间表排得过紧，急于求成的心态非常明显，"到本世纪末"使国有大中型企业基本建立现代企业制度的目标显然过于乐观了。

中国国有企业改革的长期性主要体现于：国有企业改革所要调整的不仅是企业自身的各种关系，还涉及企业与出资人、企业与政府、企业与债权人、企业与市场、企业与社会、企业与企业之间一系列复杂的外部关系。而这些关系的规范化和法治化，正是我国社会主义市场经济体制整体建设的内涵。

国有大中型企业建立现代企业制度与社会主义市场经济体制建设之间，很可能存在某种深刻的内在关联。很难设想，在我国社会主义市场经济体制建成之前，国有大中型企业就已经单独地建成了现代企业制度。从改革推进的思想方法而言，我们总是希望设计出一种理想化的模式推行下去，然后坐收"点石成金"的效果。给优惠政策、调动积极性的改革也许可以，而制度建设的改革可能不行，国有大中型企业的改革应该属于后者。

六、渐进式改革：国有企业改革启步阶段的评述

我国国有企业改革的启步阶段历经了相当长的时间。如果从对企业放权让利开始算起，持续了近20年；如果从1984年城市经济体制改革启动时算起，也有14年的时间。这种漫长的改革进程是由改革的推进方式所

决定的。

一般认为，中国经济体制改革的成功在于渐进式改革的模式，这当然是对整个经济体制改革而言。但这个阶段的国有企业改革也具有鲜明的渐进式特征，因而这种推进方式的长处和局限性都可以看得非常清楚。

启步阶段的国有企业改革基本是在原有体制框架内进行的。以企业承包经营责任制为主导模式的改革，主要是调整政府对国有企业的管理方式和分配关系，以调动企业和职工发展生产的积极性；在发现单方向的激励措施不可持续后，也力图加大企业和职工一方的责任，尽管加得非常勉强，也很难真正到位。

在改革的具体办法上，一是体制外启动：最初的承包制规定在完成国家指令性计划后才可以面向市场组织生产和销售，随着国家指令性计划不断减少，企业才开始逐渐转向市场；二是增量分享：企业承包首先要确保财政上交，好一些的企业上交利润还有递增的要求，之后的留利企业和职工才可参与分享；三是不触动既得利益：国有企业主要的利益相关方的权利都没有触动，企业不会破产、职工不会下岗，两者都没有承担实质性风险，政府部门仍是企业的管理者，只不过管理方式从下达计划变为主导承包谈判。这样的改革推进方式保证了原有计划体制和财政格局的基本稳定，宏观上不会造成很大冲击，同时避开了实质性的利益调整，微观上减少了社会摩擦和冲突。

这样的推进方式使这个阶段改革的动力机制很容易确立：推进改革在经济方面收益可期、风险不大；由于高层一再强调不争论、大胆地试，探索改革属于响应中央的号召，政治上也没有大的风险。因此，这个阶段改革的推进并没有遇到很大阻力。

作为启步阶段的国有企业改革，这种推进方式非常明智和务实，改革、发展、稳定较好地实现了内在的统一，改革的成效也非常明显。从体制上讲，这个阶段的改革使国有企业逐步从计划导向转为市场导向，初步确立了市场意识；从一个消极的计划执行主体变为一个积极的商品生产者，并初步形成了动力机制。从发展效果上讲，这一时期的短缺经济客观上为渐进式改革提供了很大的、相对较长的空间和时间，国有企业也为这一时期中国经济的高速增长和市场短缺的消除做出了自己的贡献。

但是随着改革的持续和市场的变化，渐进式改革的局限性也日益凸显。不触碰存量问题矛盾已不可能化解，结果是难题越积越多、改革的空间越来越小、改革的推进越来越力不从心。企业和职工都不承担风险使责任的约束难以真正到位，僵化的机制体制和沉重的历史负担使国有企业的成本越来越没有竞争力，买方市场逐步形成使结构调整变成一个绕不过去的难题。这些深层次的矛盾日积月累，导致越来越多的国有企业陷入了困境；地方政府首当其冲，面临着巨大的经济和社会压力。

改革进入了深水区，以往改革中讳莫如深、不愿触碰的一些难题已经躲不过去了，必须找出真正能够解决问题的办法。这一时期，除了现代企业制度试点是中央政府直接组织的之外，国有小企业改革、"破三铁"、企业破产都是形势倒逼出来的、由地方政府为主进行的改革探索。在国有企业改革的启步阶段，这些探索的范围都不是很大，但在国内产生的影响都非常大。这种"一石激起千层浪"的效应反映出一种全社会的共鸣。

这些第一线的改革探索非常重要、极具价值，为日后相关改革的全面展开奠定了最初的实践基础。但另一方面，这些改革探索都属于解决存量问题的性质，包含着幅度很大的利益调整，这意味着一个痛苦的社会过程，有相当大的现实风险，也会面临很多争议，大范围推动需要特定的氛围和环境，而这种氛围和环境是渐进式改革阶段所无法提供的。

第二章 攻坚阶段的国有企业改革

1997年前后是中国国有企业最困难的时期。在这之前，国有企业的改革一直在推动，但国有企业经营状态下滑的趋势一直未能扭转，实质性缓解的迹象都未曾出现。

表1–1是1990年以后国有工业企业亏损的情况，表1–2是1994年以后国有大中型工业企业亏损的情况[①]，两个表中的数据反映出当时国有企业面临的严峻形势。

表1–1 国有工业企业亏损基本情况

年份	1990	1991	1992	1993	1994	1995	1996	1997
亏损额（亿元）	348.76	367.00	369.27	452.64	482.59	639.57	790.68	830.95
亏损面（%）	27.55	25.84	23.36	28.78	30.89	33.53	37.70	38.22

表1–2 国有大中型工业企业亏损情况

年份	1994	1995	1996	1997
企业数	14517	15668	15763	16874
亏损企业数	4220	5151	5885	6599
亏损企业亏损额（亿元）	322.12	440.54	555.22	665.90
亏损面（%）	29.07	32.88	37.33	39.11

① 由于1998年之前相关的统计数据不完整，表1–1和表1–2中的数据是国家统计局专门为企业脱困工作整理提供的。

到 1997 年底，全国 31 个省（区、市）的国有及国有控股工业企业盈亏相抵，有 12 个省（区、市）为净亏损；全国纺织、有色、军工、建材四大行业为全行业亏损，其中纺织行业净亏损最为严重，达到 44.7 亿元，煤炭行业则从 1998 年转为净亏损。从区域上看，东北老工业基地的问题最为突出。到 1997 年，辽宁省国有工业企业已连续三年净亏损，省内 926 户国有大中型企业中账面亏损的企业有 491 户，亏损面达到 53%，当时已经被称为"辽宁现象"。

在 20 世纪 90 年代，国有企业经营状态之所以持续恶化，除了自身多方面的问题外，其他所有制企业的快速发展和买方市场的逐步形成是两个重要的外部原因。

与当时发展迅速的民营企业、乡镇企业和外资企业相比，国有企业僵化的体制机制、沉重的历史包袱和社会负担，效率和成本完全没有竞争力，导致市场份额不断缩小。从 1985 年到 1997 年的 12 年间，国有工业企业占全国工业产值的比重由 65% 下降到 27%。买方市场的形成使市场竞争加剧、结构调整加快，客观上要求经济系统和企业有能够适应结构调整的体制机制，而这恰恰是当时国有体制和企业承包制的短板，困难企业难以退出市场更使得矛盾不断积累并激化。

问题的严重性还在于，由于之前国有和集体企业并没有做实质性的退出，还维持着庞大的企业数量和职工人数，而之前的改革又未能改变其经营状态不断恶化的趋势，导致越来越多的停产、半停产企业出现，很多企业不能正常发放工资，离退休人员拿不到退休金，大量职工的生活极为困难，由此引发的社会问题越来越多。

到 1997 年前后，中国的国有企业问题已经到了矛盾非常尖锐而危险的程度。如果扭转不了这个颓势，如果这个庞大的经济系统轰然倒下，经济、社会和政治后果不堪设想。

一、三年改革脱困目标的提出和改革氛围的形成

1997年7月，时任国务院副总理的朱镕基同志在辽宁考察时提出，必须坚定信心，扎实工作，用三年左右时间使大多数国有大中型企业走出困境。具体要从三个方面入手：一是继续加强国有企业领导班子建设，尤其是要选好企业的厂长、经理；二是必须坚决走"鼓励兼并、规范破产、下岗分流、实施再就业工程"的路子；三是要利用多种方式，包括直接融资的办法，帮助国有企业增资减债。这是朱镕基同志第一次提出三年改革脱困的工作设想。

1997年9月，党的十五大和党的十五届一中全会明确了国有企业改革脱困的"三年两大目标"，即用三年左右的时间，通过改革、改组、改造和加强管理，使大多数国有大中型亏损企业摆脱困境，力争到20世纪末大多数国有大中型骨干企业初步建立现代企业制度。

党的十五大后，国有企业三年改革脱困目标列入了政府的工作安排。在1997年12月召开的中央经济工作会议上，朱镕基副总理明确提出要求：今后三年的工作，就是要按照中央确定的一系列方针政策，通过改革、改组、改造和加强管理，综合治理国有大中型工业企业，基本淘汰长期性亏损企业。会议还提出了三个具体措施：一是把纺织行业作为国有企业改革和摆脱困境的突破口，并逐步扭转煤炭、兵器等特殊困难行业的亏损状况；二是鼓励兼并、规范破产、下岗分流、减员增效，实施再就业工程；三是积极推进配套改革，加快建立健全社会保障体系。至此，国有企业三年改革脱困目标由党中央确认，并正式列入了政府的工作日程。

1997年前后，经过国有企业在改革中多方向的探索，各方面对国有企业存在的弊端和应解决的问题大致已经看得比较清楚了，改革的措施办法也经过了初步的实践。但真正出手解决问题仍然面临现实的障碍。

一是意识形态方面的争议。社会上对国有企业"私有化""国有资产流失"的批评对各级政府造成的压力很大，加之相关政策并不完善，也不

明确，大家都不愿做这种政策界限说不清楚、以后可能被"翻后账"的事。二是社会稳定方面的风险。当时困难企业、困难职工中的不稳定因素已是一触即发，如果推动改革激化了矛盾、引发了群体性事件，责任无可推卸。这两点都是各级政府官员非常现实的顾虑，只要还有回旋和拖延的余地，谁也不会主动去触碰这个危险地带。

1998年3月，刚刚当选国务院总理的朱镕基同志在回答香港记者提问时说了一句著名的话："不管前面是地雷阵还是万丈深渊，我将勇往直前、义无反顾、鞠躬尽瘁、死而后已。"朱镕基总理所说的"地雷阵"里不仅有国有企业这颗雷，还有其他的艰巨任务。1998年，国务院正式启动了当年的财政体制改革和金融体制改革。这两项宏观层面的改革都不是直接针对国有企业的，但对当时国有企业的经营状态影响非常之大。

1997年底召开的全国财政工作会议明确了建立公共财政体制的改革方向。其要点之一是要减少和淡化财政在竞争性领域的活动，而这些活动很多都与国有企业有关。① 具体的改变主要是：财政停止对经营性国有企业的亏损补贴，停止对国有企业注入资本金。这一改变在2000年财政部长向全国人大的报告中是这样讲的，"要逐步减少对竞争领域的直接投入，为企业的公平竞争创造良好的环境"。②

实际上，在国有企业经营状态不断恶化的形势下，我国的财政系统一直在努力与国有企业在资金方面进行切割，用于国有企业的财政性资金持续减少。1998年的财政体制改革则完全终结了国家财政对经营性国有企业的体制责任。

1997年底召开了中央金融工作会议。为了防范亚洲金融危机波及中

---

① 杨志勇.中国财政体制改革与变迁（1978~2018）[M].北京：社会科学文献出版社，2018.
② 财政部部长 项怀诚：关于1999年中央和地方预算执行情况及2000年中央和地方预算草案的报告——2000年3月6日在第九届全国人民代表大会第三次会议上 [EB/OL]. (2000-03-06). https://www.gov.cn/gongbao/content/2000/content_60064.htm.

国，会议将1998年明确为"防范金融风险年"，并出台了一系列力度很大的改革措施，核心目标是实现国有银行的商业化[①]。而国有银行商业化改革第一位要解决的问题，就是各级政府对银行贷款行为的行政性干预。

在这个方向上采取的改革措施是全方位的：取消国有商业银行分行的独立经营主体地位，建立一级法人制度；硬化银行内部的责任约束，形成坏账要追究相关人员的终身责任；强化政府对商业银行的考核，重点考核不良资产比重；等等。为减少地方政府对银行的干预，中国人民银行在1998年撤销了31个省级分行，改按大区设置分行。应该说，银行并不愿意给困难的国有企业贷款，但受到地方政府的压力不得不如此。这些改革措施到位后，国有银行的商业主体地位基本确立，外部很难再对银行的贷款行为进行干预。

这一轮财政、金融体制改革对国有企业的影响是：切断了政府对国有企业所有的输血渠道，硬化了国有企业的预算约束。

以往某个地方出现了困难的国有企业，地方党政领导首先会让财政安排一点亏损补贴应急，更多的是对银行施压给困难企业贷款发工资。当年非常温暖人心的"过年贷款""吃饺子贷款""安定团结贷款"都属于这种性质，其结果可能暂时缓解了企业的危机，但增加了银行的坏账，而且这种性质的坏账还无法追究责任。在这一轮财政、金融体制改革到位后，再出现困难的国有企业，已经没有任何一个系统会为企业花钱买平安了。

企业如果亏损了可以享受政府的补贴、可以继续从银行贷款发放工资，则企业永远不可能成为真正的市场竞争主体。从这个角度讲，预算约束被硬化是中国国有企业改革迈出的关键一步。但迈出这一步非常痛苦，以往被财政亏损补贴、银行"安定团结贷款"所掩盖的矛盾也会突然表面化、尖锐化，国有企业改革战线所面临的压力骤然增加。

[①] 吴晓灵. 中国金融体制改革30年回顾与展望[M]. 北京：人民出版社，2008.

例如，政策性关闭破产工作中出现重大群体性事件的辽宁杨家杖子矿务局原是冶金工业部的直属企业，是一家有色金属矿山，建矿于1899年，职工近两万人。经过几十年的开采，20世纪70年代初资源已经枯竭，从1971年起该矿务局就成为亏损企业。一家亏损企业之所以能维持近30年，靠的是财政的亏损补贴，更多的是银行贷款的支持。财政和金融体制改革实施后，外部的资金来源瞬间断绝，矿务局只能进入破产程序处理。1999年破产工作启动后，职工的反应极其强烈，并最终酿成了严重的群体性事件。职工不能理解和接受的是：企业虽然一直在亏损，但职工的工资都从未被拖欠过，为什么突然之间就宣布企业要破产、职工要下岗？

所以，1998年之后的国有企业改革与之前是不一样的。1998年之后的国有企业改革是国有企业被断掉后路的改革，是国有企业预算约束被硬化后的改革。由于宏观经济体制的变化，国家在几十年大规模工业建设中积累起来的问题、以往被财政补贴和银行贷款掩盖着的矛盾会在短时间突然爆发；问题可能是几十年前造成的，但急切地要求现在去化解所有的后果。国有企业改革被推到了背水一战的境地，完全没有了可退之路。

国有企业改革以往在重要文件中一直被称为"中国经济体制改革的中心环节"，但在具体工作中只是一项部门工作。在一个省，往往是工业副省长牵头，省经贸委、省体改委负责组织实施。工业副省长当时一般都不是省委常委，影响力和协调能力都很有限。但国有企业改革三年两大目标被党的十五大正式写入中央文件之后，完成这项任务就成了地方党委和政府要向中央交账的一项重要工作，工作的位置瞬间提升。

党的十五大之后，各省（区、市）都成立了国有企业改革脱困领导小组，多数地方是由省（区、市）的党委书记出任组长。省委书记、市委书记出马挂帅后，国有企业改革的工作位置与以往完全不同了，它已成为一项真正的中心工作和"一把手工程"。书记牵头之后，各个党政部门会主动跟进，为实现目标制订出台配套的政策，使改革的政策环境大大改善；

各级党委、政府的号召和推动，各层级的积极响应，宣传部门的深度介入，营造出一种理解和支持改革，甚至可以为改革做出必要牺牲的舆论氛围。工作重要程度的提升、政策条件的改善、舆论氛围的形成，对国有企业改革的大规模推进都是非常必要的条件。

当时中央还对地方党委和政府提出了一条非常重要的要求，即"地方党委政府要对本地社会稳定负总责"。这是一条很"硬"的责任约束。各省市普遍把这个要求分解贯彻下去，地、市、县级党委和政府要对本地的社会稳定承担同样的责任。

1998年的财政和金融体制改革激化了国有企业方面的矛盾，但客观上形成了一种新的改革推进的动力机制。

财政和金融体制改革硬化了国有企业的预算约束，也连带性地硬化了地方政府的预算约束，因为当时我国的地方政府还没有被赋予发债权。对于本地出现的国有困难企业，地方财政没有钱、银行系统不给钱的状况，使之变成了一个再也无法回避的问题，拖下去会出乱子，地方党政领导自身将不得安宁。因此，国有企业的问题能不能解决好，就与地方党委和政府保一方平安的政治责任直接挂在一起了。另一方面，由于地方党委和政府的主要负责人进入改革的第一线牵头，对改革的正向激励逐渐形成，社会对改革风险的承受能力也在上升。

这一正一反的激励约束机制促成了一场空前规模的、以地方政府为主体的、倒逼出来的改革。

这一阶段改革最引人注目的现象是地方政府改革行为的变化。在1998年之前，国有企业改革给人的感觉是内容非常丰富、创新方式很多，各地不断有新的模式、新的经验出现。这种情况往往是地方官员追求政绩的表现。只要本地有一种新的改革办法，短期看效果还不错，请专家学者帮助总结，组织新闻媒体进行报道，是不是真能解决问题以后再说，至少先有了宣传效应。在1998年之后，这样的事地方政府都不做了，相反走到了另一个极端，只做不说，怕引起争议影响工作的推进。以往一些有效的、但没有大范围推开的改革探索也越来越受到重视，各地自发进行的考察、学习和交流活动很多，都希望学到真能解决问题的办法。

因此，1998年之后财政和金融体制的变化把地方政府逼到了一种非改革不可的境地，改革推进的动力非常之大，而且是真改革、真要解决问题，不是在做表面文章。当然，这个阶段地方政府推动的改革比较急，工作相当粗糙，有明显"甩包袱"的倾向。但毕竟，改革被大规模地发动起来了，改革的氛围已经形成，后面的问题是尽可能把工作组织好、推动好。

二、三年改革脱困工作的组织和相关政策

根据部门的职责和国务院的要求，国家经贸委负责国有企业三年改革脱困的组织实施工作。

党的十五届一中全会正式提出的国有企业改革和脱困的目标是，"从1998年起，用三年左右的时间，通过改革、改组、改造和加强管理，使大多数国有大中型亏损企业摆脱困境，力争到本世纪末大多数国有大中型骨干企业初步建立起现代企业制度"。作为第一线的工作机构，国家经贸委需要把中央的方向性要求形成一套具体的、可以操作的工作方案。

第一是目标设定。"初步建立起现代企业制度"的目标基本延续了现代企业制度试点时的提法，是不能不说的，但很难将目标定量化；各方面更加关注的是，"大多数"需要摆脱困境的国有大中型亏损企业如何具体化。

这一问题在国家经贸委内部的争论就很大。有一种意见非常激进，提出要使国有大中型企业的亏损面下降到20%，上报国务院后没有得到答复；另一种意见认为，当时国有大中型企业不计潜亏的亏损面是39.1%，其他所有制大中型企业约为30%，要把国有大中型企业的亏损面压到比其他所有制企业还低是做不到的，目标设定要留有余地。

经过上上下下、反反复复的沟通，最后在吴邦国副总理的主持下，明确了国有企业脱困的具体目标。所谓"大多数国有大中型亏损企业"，是指1997年底的6599户国有及国有控股大中型亏损企业中的大多数。这个目标尚有一定的弹性和余地。

第二是建立工作的组织体系。为加强对企业脱困工作的组织领导，国家经贸委专门成立了一个临时机构——国有企业脱困工作办公室。由于没有行政编制，除办公室主任由企业改革司司长兼任外，其他人员都是借调的。

这个办公室的主要职责是：统一负责全国国有企业脱困的组织、指导、协调及督促检查工作，综合掌握分析全国企业脱困工作的进展情况，及时总结并组织交流企业脱困工作的典型经验，提出企业脱困工作的有关意见和建议。随之，各省市也相应成立了由省市主要领导为组长的国有企业脱困工作领导小组，在省市经贸委设立了专门的工作机构。由此形成了一套自上而下完整的工作体系。

第三是建立相关的工作制度。为把脱困工作落到实处，企业脱困工作办公室制定了几项基本的工作制度在全国范围内推行。

一是脱困工作的指导责任制度。在与地方政府、各行业管理部门和企业协商的基础上，根据企业的隶属关系，为每一户重点脱困企业明确了一个政府部门作为指导单位。地方企业由地方政府负责指导、中央企业由行业主管部门负责指导；负责指导的政府部门要帮助企业制定脱困方案，落实脱困措施。建立这项制度的主要目的是弥补国有资产出资人不到位的制度缺口，用行政的办法强化对亏损企业的督导，同时压实政府一方的责任。

二是脱困工作联席会议制度。国有企业脱困涉及多方面的政策和许多政府部门，必须建立制度化的协调机制以形成政策合力。从国家经贸委到各省市都建立了企业脱困工作联席会议制度，经贸委、财政、银行、劳动、组织、人事、税务等部门参加，定期通报情况、分析问题，研究和完善相关政策。

三是脱困工作跟踪监测和定期通报制度。为实现三年脱困目标，各省市和各行业主管部门都编制了自己的三年脱困规划，并逐级分解了责任。为及时掌握工作的进展情况，国家经贸委和国家统计局经过协商，对6599户国有大中型亏损企业的脱困进度和国有及国有控股大中型新增亏损企业的动态变化进行跟踪。国家经贸委按月将情况分析汇总报送国务院，同时向各省市通报。跟踪监测和定期通报制度可以及时掌握脱困工作的进展情况，也大大增强了各级政府和企业的责任和动力。

这样一套工作系统的建立，把中央对国有企业改革脱困的原则性要求转化成为一套目标明确、边界清晰、责任到位、进度可测的工作机制，保证了企业改革脱困工作的有序推进。

为支持国有企业三年改革脱困工作，国务院制定并实施了积极的财政政策和稳健的货币政策，创造出相对宽松的宏观经济环境。在1998—2000年的三年间，中央政府共发行了3600亿元的长期建设国债，主要用于扩大基础设施投资以扩大内需；中央银行在这期间连续降息，降低了企业的融资成本，同时也分流了部分储蓄资金进入消费，拉动了国内消费市场。1998年，国家开始严打走私、整顿市场秩序，一些受走私货冲击的商品价格逐步回升，使国内相关行业和企业的生产经营环境得到改善。上述宏观经济政策都从不同的角度支持了国有企业的改革脱困工作。

与国有企业改革脱困工作直接相关的国家政策大致可分为两种类型：专项政策和普适性政策。专项政策主要是中央政府出台的纺织压锭、行业性的企业下放、债转股、技改贴息、减员增效等，是针对特定困难行业和特定类型企业的政策。

1. 纺织压锭

国有企业改革脱困首先从已经连续6年全行业亏损的国有纺织行业

展开。1998年2月，国务院发布了《国务院关于纺织工业深化改革调整结构解困扭亏工作有关问题的通知》，即"国发〔1998〕2号"文件（以下简称"国发2号文件"）。文件提出的主要目标是：从1998年起，用3年左右时间压缩淘汰落后棉纺锭1000万锭，分流安置下岗职工120万人，到2000年实现全行业扭亏为盈。

国发2号文件明确的支持政策主要是：对压锭企业给予财政补贴和银行贴息贷款，资金主要用于新产品开发和分流安置下岗职工；全国用于企业兼并破产的银行呆坏账准备金核销规模向国有大中型纺织工业企业倾斜；妥善分流安置下岗职工，由本企业的再就业服务中心保证下岗职工的基本生活和养老、医疗保险费用支出；企业在资产重组中被置换出的土地，其使用权在处置后的收益，可全额用于企业分流安置下岗职工和减债；等等。

1998年初，上海纺织工业敲响了"全国压锭第一锤"。到1999年底，全国纺织行业累计压锭906万锭，分流安置职工116万人，从净亏损转为盈利9.5亿元，提前一年实现了行业脱困的目标。到2000年底，国有纺织行业实现利润达到了67亿元，以纺织行业为突破口的战役取得了成功。

现在回过头去看，当时各方面对国有纺织行业面临问题的认识还不是十分清晰。当时比较普遍的看法是，国有纺织行业之所以陷入困境，主要是因为重复建设、产能过剩，因而支持纺织行业脱困的政策中提出了"坚决控制新增棉纺生产能力"的要求，包括对纺织机械的生产和销售进行控制。

这样的措施对当时纺织行业整体而言有合理的一面。但国有纺织企业更深层次的困境，在于乡镇、民营纺织企业的发展对城市同类企业造成的成本挤压。纺织行业是典型的劳动密集型产业，人工成本占总成本的比重很高。与那些使用农民工的农村企业相比，城市中的国有纺织企业富余人员过多、用工成本太高、各类负担过重，在生产成本和产品价格上完全没有竞争力，这种比较劣势几乎无法改变，虽然压锭政策可以在短期内缓解一些压力。

因此，那些曾经压了锭、减了员的城市国有纺织企业，日后都通过政策性破产的途径退出了市场。但国有纺织企业的全面退出是从纺织压锭这个突破口开始的。

2. 行业性的企业下放

为解决一些困难行业中的国有亏损企业问题，从1998年开始，国家对一些行业的管理体制进行了调整。1998年7月，国务院下发了《国务院关于改革国有重点煤矿管理体制有关问题的通知》，即"国发〔1998〕22号"文件，将原煤炭工业部直接管理的94户国有重点煤矿下放地方管理。2000年国务院又下发了《国务院关于调整中央所属有色金属企事业单位管理体制有关问题的通知》，即"国发〔2000〕17号"文件，将大部分中央有色金属企业下放地方管理。

当时受亚洲金融危机的影响，国内和国际市场的需求不足，大宗产品的市场价格持续下跌，国有煤炭和有色行业都处于全行业亏损的状态，企业的生产经营和职工的生活都非常困难。

这两个行业中都有一些规模很大的国有企业，职工人数很多，如1998年时，国有重点煤矿在职职工总数达到了320多万人。而且，这两个行业中都有一些资源已经枯竭的矿山企业，如煤炭行业的本溪矿务局、鸡西矿务局，有色金属行业的杨家杖子矿务局等。这些资源枯竭的矿山企业都是独立工矿区，不但职工人数多，而且办社会职能齐全，包括学校、医院、公安、消防、供水、供暖、物业管理等机构，每年企业都要给予这些机构大量补贴维持运转。处置这类资源枯竭型矿山企业的难度非常大，经常发生一些重大群体性事件。

把困难的中央企业下放给地方管理，多少有一些甩包袱之嫌，但也是合理的无奈之举。在处置困难企业方面，中央政府、中央企业都没有足够的能力和手段。下岗职工要由地方负责安置，办社会机构要由地方接收，维护稳定仍然要靠地方政府上手，地方政府在这些方面更接地气、更有办法。

当然，企业下放时中央政府给了地方相应的政策支持和政策优惠。如煤矿企业下放时明确：企业原享受的亏损补贴按原基数划转地方，事业单位的经费指标按原基数划转；继续执行中央财政对国有重点煤矿的亏损补贴、增值税定额返还政策；企业下放后，所得税不再上缴中央而是全额交给地方财政，企业税后利润不再上缴而是全部留给企业；等等。同时也明确了，下放后企业的安全生产、扭亏增盈、职工下岗分流、实施再就业工程及社会保障等方面的工作，要纳入地方统一安排。以后的情况表明，企业下放对于煤炭、有色行业的结构调整和扭亏脱困都发挥了积极的作用。

3. 债转股

债转股被称为国有企业三年改革脱困的"撒手锏"政策之一。资产负债率过高是国有企业普遍存在的问题，其中部分原因是当年执行"拨改贷"政策造成的。从1981年开始，国家基本建设投资由财政拨款转为银行贷款，很多基本建设项目建成投产后成为几乎没有国家资本金的国有企业。

例如，湖北荆襄化工集团是国家重点基本建设项目，由于全部靠银行贷款建设，建成后账面的所有者权益已是负值。加上建设期间汇率、利率变化和建设工期延长等因素造成资产大幅度减值，建成后经会计师事务所评估的资产负债率已达223%，导致企业无法正常运转，一万多名职工的生活非常困难，并不断出现不稳定事件。荆襄化工集团成为湖北省企业脱困工作的重点和难点。这些新建企业的装备水平大都不太差，但债务负担沉重、财务费用过高，债转股实际是对当年"拨改贷"的一种政策补偿。

1998年底召开的中央经济工作会议决定，组建四家金融资产管理公司，依法处置四大国有商业银行原有的不良贷款，并作为投资主体，对一些具备条件的贷款企业进行债转股，以优化国有企业的资产负债结构。

债转股的操作具有潜在的道德风险，必须进行严格控制。1999年7月，国家经贸委、中国人民银行发布了《关于实施债权转股权的若干问题的意见》，即"国经贸产业〔1999〕727号"文件（以下简称"727号文件"），明确了债转股企业选择的范围、条件以及相关的操作程序。

727号文件明确，被选企业应是主要靠商业银行贷款建成投产、负债过高导致亏损，通过债转股可以转亏为盈的工业企业，以及国家重点企业中，因改建扩建使负债过重、通过优化资产负债结构可以转亏为盈的工业企业。同时要求，这些企业的产品要适销对路，工艺装备较好，企业管理水平较高，领导班子较强。在操作程序上，由国家经贸委提出企业初选名单，金融资产管理公司独立评审确认，最后报国务院批准实施。

按照文件规定的目标企业和工作程序，到2000年12月，有580户国有工业企业实现了债转股，总金额4050亿元。债转股的直接效果是每年可以减少企业利息支出约200亿元，其中80%的企业当年就扭亏为盈。

债转股对企业的短期效果立竿见影。企业的负债率显著下降、利息负担大大减轻，可以为企业争取出一段宝贵的、可以进行改革和结构调整的时间。债转股的长期效应如何则取决于多方面因素，企业自身的改革、管理和结构调整当然很重要，但企业的产业定位可能更加重要。如果债转股企业所处的行业有一个较长时间的扩张期，债转股的长期效果会非常好，有些债转股企业日后还成功上市，金融资产管理公司的退出也有保障；如果情况相反，转股企业很可能再度陷入困境，有些企业最后不得不实施了破产。

至于当时各方面批评较多的建立现代企业制度改革不到位的问题，可能也不能苛求。债转股的确给了企业建立现代公司制度的机会，但并没有提供必要的条件。

从转股企业的角度，债转股无疑是一次为脱困而减债难得的政策机遇，但让股东真正参与公司治理的意识并未确立；从金融资产管理公司的角度，机构草创、专业人员不足，又是以变现退出为目标的阶段性持股，与企业的原有股东很难协调一致。而且，当时对企业的日常管理、企业负责人的选任都还掌握在企业主管部门和组织部门的手中，企业的投资项目都要经过上级政府部门的审批，在很多重大问题上股东根本没有发挥作用的余地。在这种现实情况下，把这一轮债转股看成对特定类型企业的脱困措施，而不是建立现代企业制度的改革措施，可能更符合实际。

4. 技改贴息

技改贴息也被认为是国有企业改革脱困的"撒手锏"政策之一，主要针对的是因技术改造欠账太多的国有老企业。1999年6月，国务院决定从增发的国债中每年专门划出90亿元，用于企业技改和产业升级的贷款贴息。同年10月，国家经贸委会同有关部门印发了《国家重点技术改造项目管理办法》和《国家重点技术改造项目国债专项资金管理办法》，使这项政策有了具体的工作依据。

这两个文件明确，所称的国家重点技术改造项目，是指用国债专项资金支持的、由国家组织安排的技术改造贷款项目；实施国家重点技术改造项目的企业，重点从512户重点企业、120户试点企业集团和行业骨干企业中进行选择，适当向东北老工业基地和中西部地区倾斜；技改项目要求采用国内外先进技术，对所选择企业进行系统的改造，提高工艺装备水平。文件还要求建立健全项目后评价制度，项目决策失误的要严格追究有关部门一把手和项目评估论证者的责任；凡因企业选择不准而造成项目亏损的，要追究省级经贸委和地方有关部门一把手的行政责任。

截至2000年底，国家经贸委分四批安排了重点技术改造国债资金项目880项，总投资规模2400亿元，其中国债贴息资金195亿元。国债技改贴息资金的投入调动了企业技术改造的积极性，扭转了国有企业技改投资增幅连年下降的趋势，重点行业、重点企业的技术装备水平确实有所提高。当然，由于具体企业的情况非常复杂，项目成功与否也不好在某个时点上做出判断，责任追究之事很难真正实施。

上述几个方面的专项政策都从不同的角度，不同程度地缓解了特定行业和特定类型企业的困难。除了困难行业的企业下放外，这些政策本质上都还属于传统体制下中央政府对困难企业的政策扶持。由于困难企业的数量太多，都需要给予支持和帮助，政策分解下去后的力度都很有限，短期效果肯定是正面的，但都不足以彻底解决问题，尤其缺乏体制和结构上的实质性改变。

与上述专项政策并行推进的，是面上普适性的改革和结构调整措施，主要是国有中小企业改革、国有企业的兼并破产、再就业和社会保障制度建设。这三方面工作主要是在中央政府的支持下，由地方政府负责推动和操作。与前述的专项政策相比，这些工作解决问题更加彻底，对国有企业的改革脱困更具有普遍性的意义和价值。

三、国有中小企业改革

在20世纪90年代初，由于多种所有制经济快速发展的冲击，国有中小企业的问题已经开始爆发。1994年，全国国有中小企业盈亏相抵第一次出现了2.4亿元的净亏损，而后企业的经营状态进一步恶化，1996年净亏损158亿元，1997年净亏损204亿元，已经出现了整体性、系统性的风险和危机。

当时全国各地已有大量国有中小企业停工停产，职工拿不到工资，退休人员领不到退休金，公费医疗报销更没有着落，由此引发了大量的不稳定问题。国有企业的困难已成为当时各地政府最为头疼的事，政府不得不四处救火、疲于应付。在巨大的经济压力、社会压力和财政压力之下，一些地方政府自发地探索通过改革解决问题的办法，同时也期待着国有企业改革能有一个新的突破。

1995年7月，党的十四届五中全会通过的《中共中央关于制定国民经济和社会发展"九五"计划和2010年远景目标的建议》中明确提出，要着眼于搞好国有经济，对国有企业实施战略性改组，搞好大的，放活小的，优化国有资产分布结构。

1996年3月，全国人大通过的"九五"计划和2010年远景目标纲要中更明确地指出，要区别不同情况，采取改组、联合、兼并、股份合作制、租赁、承包经营和出售等形式，加快国有小企业改革步伐。这是中央文件和国家发展规划中，对"抓大放小"方针最初的说法，也是第一次把国有小企业改革从国有企业改革这个大概念中单独提示出来。

根据中央的部署和"九五"计划纲要的要求，国家体改委和国家经贸委在1996年分别发出了《关于加快国有小企业改革的若干意见》和《关于放开搞活国有小型企业的意见》两份操作性文件。

两份文件在方向和内容上基本一致：在统一的企业划型标准之下，都强调根据企业的具体情况，选择适合企业生产力水平的改制方式，形式多样，不搞一个模式；都强调改制过程中要落实企业的债务责任，防止逃债，要做好国有资产的评估，防止国有资产流失；都强调要处理好改制后职工的分流安置和离退休职工的生活保障问题。国家体改委的文件专门强调，"对于国有小企业，各地可以区别不同情况，加快改革和改组的步伐，特别是县属企业，可以更加放开一些"。国家经贸委的文件则明确提出，"把放开搞活小企业的权利和责任主要放在地方政府，加强领导，统筹规划，稳步推进"。

需要说明的是，至少在1997年之前，无论中央文件还是部门文件，正式的提法都是"国有小企业改革"，并不包含国有中型企业。但是随着其他所有制经济在企业规模上越做越大，国有中型企业在当时也陷入了困境。

以独立核算国有工业企业的统计口径，1996年小型企业盈亏相抵净亏损 80.9 亿元，中型企业净亏损 77.5 亿元；1997 年小型企业净亏损 100.8 亿元，中型企业净亏损 103.3 亿元。国有中型工业企业的增亏幅度比国有小型企业还要高一些。在以后的几年中，随着国有小企业改革初步缓解了矛盾，各地自发地把相关政策向国有中型企业延伸，于是便有了"国有中小企业改革"的概念。

国有小企业改革之门已经打开，地方政府被赋予了改革的权利和责任。在国有企业三年改革脱困已创造出改革氛围的大环境下，被亏损企业压得不堪重负、被职工上访和群体性事件搞得焦头烂额的地方政府，开始以空前的力度推动国有中小企业改革。1996 年之后，全国各省市都发布了推动国有小企业改革的政策文件，一些市县级政府还制定了更具体的操作细则。这些文件与中央的要求一致，都体现了一个"放"的思路，追求一个"活"的结果，希望通过"放开搞活"解决国有小企业的生存危机。

在具体的改革形式上，各地根据企业的不同情况，创造出多种模式，当时归纳出的有十余种之多。一是股份制改革。初期借鉴了诸城经验，主要是面向内部人改制，由企业经营者和职工出资买断国有净资产。二是企业兼并。吸引优势大企业承债式兼并国有中小企业，通过外部资金、技术、人才注入带动被兼并企业的发展。三是整体出售。拟出售企业以资产评估价为基准，在市场上公开竞价或协议定价，综合考虑职工就业、新增投资等因素，向法人或自然人出售，资不抵债的企业也有零价格出售的。四是租赁经营。将企业资产的经营权出租或承包给法人或自然人，按协议收取费用，类似的方式还有托管经营等。五是剥离分离。对整体已难以盘活、但局部还有希望的企业，在债权人同意并合理承担债务的前提下实行分立，分块搞活。六是破产重组。企业破产后的剩余资产重组成新企业，安排部分职工就业。同时，各地把大量"二国有"的集体企业也纳入了改制范围，城镇集体企业的改革也迈出了大的步伐。

很多企业的改制不是一步完成的，有些企业经过了几轮改制才逐步调整到位。调整的方向一般都是初期股权分布平均、分散，调整过程中逐步向经营者和骨干员工集中，以加大对企业关键人员激励和约束的强度。

无论什么样的改制形式，在实际操作中遇到的难题都是职工问题和改制成本问题。在这一轮国有中小企业改革中，职工一般都进行了"身份置换"，这应该是地方政府为推动改革创造出的一个办法。具体的操作一般是，国有企业改制前先与职工解除劳动关系，这样就需要依法对职工进行经济补偿；职工拿到了经济补偿金也就失去了国有企业职工的身份，之后可以与改制后的企业重新签订劳动合同上岗就业，也可以到市场上自谋职业。

所谓国有企业职工的"身份"并没有明确的法律依据，实际上是传统国有企业体制对职工承担无限责任的一种隐性承诺。"买断"身份的做法后来引发的争议很大，但从计划经济转向市场经济的背景下，自身面临着残酷的市场竞争、有可能停产破产的企业已经没有能力再对职工承担无限责任，职工与企业的关系客观上需要进行转换。从无限责任转换到有限责任，进行补偿是必要的，既是对职工原有权益的一种认可，也减少了改革推进的当期阻力。当然，由于当时相当多的企业拿不出现金，一些企业给了职工改制企业的股份作为经济补偿，这就有很大的不确定性，日后因此造成的纠纷也很多。

"身份置换"使大量国有中小企业职工由企业人变成了社会人，这是当年徐州市"破三铁"时想做而没有做到的事。企业改制要对职工进行身份置换，改革的成本因此大大增加。到1997年，全国国有中小企业账面的资产负债率已接近80%，扣除对职工的身份补偿款、清偿对职工的历史欠账后，很多企业已经处于负资产的状态。为了推动这类资不抵债的企业也能够进行改制，各地政府想了很多办法，采取了很多措施。

对于银行债务，政府向金融资产管理公司打包买断是最普遍的办法，如湖北省宜昌市用3.4亿元买断了信达公司在宜昌的23亿元的不良债权。

为减少当期支付的改制成本，一些地方对改制后仍在原企业就业的职工采取经济补偿金暂不发放，由企业开出"欠条"，以后如解除劳动关系时再给予兑现的办法，当然这种方式需要当地政府有兜底性承诺。对一些资不抵债企业的净资产差额，一些地方经当地财政、税务部门批准，在一定时期内，对改制后的企业通过免缴应纳所得税和增值税地方留成部分来逐年弥补。这些解决问题的具体办法在各地之间广泛交流、借鉴，可以说，为推进国有中小企业尽快改制，各地政府动足了脑筋、想尽了办法。

这一轮国有中小企业改革主要由市、县两级政府推动，操作主体众多，改革的面非常大。从改革的动因上讲，地方政府为了尽快甩掉国有中小企业的包袱，工作推动得非常急，也相当粗糙。但另一方面，地方政府的出发点都是希望通过改制能让企业发展好。如果企业改制后发展状态仍然不佳，当地政府不但没有就业和税收，职工的上访也不会停止，政府的麻烦仍然甩不掉，改革的效果对地方政府来说是一个非常直接的约束。这也就可以理解，为什么很多地方政府热衷于管理层收购的改制方式。

当然，由于各地经济发展的基础、企业的状态、政府的政策水平和控制能力的差异很大，改革过程中确实出现了一些不规范行为。对此中央政府都及时出面进行了纠正。

例如，针对一些地方企业改制悬空了银行债权的情况，1998年6月，国务院发出了《国务院关于在国有中小企业和集体企业改制过程中加强金融债权管理的通知》。文件强调企业在改制过程中，必须依法落实金融债务，金融债权债务未落实的企业不得进行改制，已发生逃废金融债务的改制企业必须立即纠正，并重新确立金融债权债务关系。文件还要求金融机构积极参与企业改制的工作，对悬空、逃废金融债务严重的地区，各债权金融机构应降低对该地区分支机构的授信等级。这个文件还对改制企业的资产评估和产权登记工作提出了具体要求。

再如，当年在全国影响很大的长沙市"两个置换"的改革在产权界定上出现了严重偏差。1999年长沙市委、市政府发出正式文件,把1984年的"拨改贷"作为分界线,将国有企业1984年前形成的净资产确定为国有性质,把1984年以后形成的净资产界定为企业集体资产。长沙的做法事出有因,主要是政府没有钱支付职工的经济补偿金,若用国有净资产支付又担心国有资产流失的责任,于是在一些专家学者论证后,想通过将其界定为集体资产的办法用于职工补偿。对这种违反政策的做法,国务院要求国家经贸委在组织调研后进行纠正,已违规划为集体资产的重新确权为国有资产。之后全国各地再未出现类似问题。

这一轮国有中小企业改革日后一直饱受各方面的批评。比较集中的是两个问题:意识形态方面是私有化问题,经济方面是国有资产流失问题。

国有中小企业改制后一般都不再是国有企业了,国有中小企业改革实际上是国有经济从中小企业层面主动退出的过程。但这种退出不是一个意识形态问题,而是一个企业发展规律的问题。

在世界各国,中小企业都是私人作为股东直接经营的;只有当企业规模大到一定程度,单一股东难以筹资也难于管理时,才出现通过委托代理关系进行治理的大公司。股东直接经营的企业盈亏自负,因而经营者对企业的关切度非常之高。国有企业必然是层层委托代理关系,即使国有资产出资人到位,委托代理关系多一层,关切度也会多一分衰减。当带着多层次委托代理关系的国有中小企业与那些股东直接经营的企业面对面竞争时,国有企业在治理效率上就处于劣势,且不说还有历史负担沉重、体制机制僵化等一系列问题。

在中小企业层面存在大量国有企业是我国计划经济时期形成的格局。在中国通过改革开放进入社会主义市场经济体制后,国有经济必须进行布局结构的再调整,退出不具备竞争优势的经济层面,集中到能发挥更大作用、具有比较优势的重要行业和关键领域,这是国家改革与发展的内在要求。另一方面,20世纪90年代国有中小企业越来越严重的净亏损表明,政府已经无力维持国有经济这么大的摊子、这么长的战线，必须主动进行调整。

因此，中央提出通过"抓大放小"对国有经济进行战略性调整的方针是正确的。这个方针符合企业发展的规律，也符合建立社会主义市场经济体制的要求。当然从另外一个角度讲，虽然"抓大放小"是中央文件提出的方针，但实际上是中央对地方改革的一种认可。在这种需要动手解决问题的领域，人们对在第一线的同志应多一些理解。在国有中小企业全面陷入危局时，有些方面可以不说话，或者只说几句原则性的话，但地方党委和政府不行，他们的机关门口可能就围着上访职工，他们身上背负着所有的压力和后果。在一些重大的实践问题上，人们应该更多地理解责任承担者的选择。

企业改制时国有资产有没有流失，涉及许多非常复杂的专业问题。在上一轮国有中小企业改革的过程中，有几个影响因素非常重要，有正面的，也有反面的。

第一，地方政府主观上在努力防止国有资产流失。企业改制是需要成本的。对于地方政府而言，财政没有钱、银行不给钱，能够直接用于企业改制成本的只有企业的国有净资产。如果让这部分国有净资产轻易地流失，政府推动企业的改制会更加困难。因此，除了一些腐败性质的案例外，地方政府都会努力把本已不多的国有净资产保护好、使用好，并没有放任国有资产流失的动机。

第二，一些企业改制形式存在重大隐患，尤其是管理层收购。这种改制形式一度为各方面所推崇，原因是管理层对本企业的产品和市场都比较了解，接手后往往可以很快把企业搞好，比其他改制形式的成功率更高、见效更快。但同时，这种改制形式存在着严重的信息不对称，先把企业经营亏损了然后再低价收购，管理者很容易操作，政府也很难防范，由此造成国有资产的流失。对这种改制形式需要进行非常严格的控制和规范，这就需要有效的国有资产管理。

第三，企业国有资产管理体制并不完善。按照当时的政府职能分工，负责企业国有资产管理的是财政部下属的国有资产管理局，但其职能和权力非常有限。在地方的实际工作中，负责推动改革的是各地的经贸委和体改委，在第一线实际操作的是各主管工业局，财政局下属的一个二级机构很难发挥实质性作用，尤其在地方党政主要领导直接上阵推动改革的时候。这一点可能是日后国家要改革企业国有资产管理体制的一个重要原因。

综合这几方面因素，在上一轮大规模的国有中小企业改革的过程中，国有资产流失的情况肯定存在，尤其是企业国有资产管理责任不清晰体制下的管理层收购方式。但另一方面，当时国有中小企业的资产质量总体上很差，其净资产只有一个笼统的统计数字，也没有一个能反映其市场真实价值的资产评估机制。这些国有净资产在支付了职工的经济补偿金、还清了对职工的历史欠账后，剩余部分真实的市场价值还有多少、国有资产到底流失了多少，恐怕永远没有人能够说清楚。

国有中小企业改革从1996年下半年正式启动，1998年前后达到高潮，2003年之后逐步进入了扫尾阶段。这项改革是中国国有企业改革进程中操作主体最多、涉及的企业数量和职工人数最多的改革，其规模之大、范围之广、影响之深是空前的。

这项改革事先并没有顶层的整体设计和规划，而是在国有中小企业严重亏损、职工的生活极度困难，已经出现了整体性、系统性危机的背景之下，由直接承受压力的地方政府自发推动起来并进行操作的。国有中小企业改革是一场典型的倒逼出来的改革。

由于操作主体众多、涉及的企业数量和职工人数众多，而相关的管理体制和操作政策都不完备，因而在国有中小企业改革过程中出现了各种各样的状况，不规范的行为、浑水摸鱼的情况都有。找几个具体案例深入剖析一下，都可以得出有说服力的结论，而且这些结论会很不一样。正因为如此，这一轮国有中小企业改革在我国国有企业整体改革中争议最大，尤其是对地方政府改革行为的批评，直到现在仍是如此。

国有中小企业当时陷入困境的直接原因，是其他所有制低成本新建企业的崛起和冲击；国有中小企业都是地方管理的企业，地方政府在第一线承受着极大的经济和社会压力。对地方政府而言，他们需要的是真正能够解决问题的办法，或是能够维持企业运转和职工生活的资金。在办法和资金两个方面都悬空的状态下，我们很难责备地方政府。试想，如果当年地方政府不去主动应对，而是坐等中央拿出办法，将会是一个非常危险的局面。

国有中小企业改革中一些具体的运作情况和其中的是非曲直可能永远众说纷纭。但如果我们从历史的跨度、宏观的角度，看一看这场改革的经济和社会效应，将会有助于我们更客观地评估和理解这项改革的意义和价值。

第一，在这轮改革之前，我们维持着国有企业、集体企业这条庞大的战线。为维持住这条战线、修补好这条战线中不断出现的缺口和漏洞，各级政府左扑右挡、心力交瘁，也并未能缓解企业的生存危机。在国有中小企业改革之后，国有经济的战线已经被大大收缩，国有企业的经营状态和经济效益明显改善，政府身上的压力骤然减轻，可以集中精力和资源去解决国有大企业的问题，可以开始去讨论如何发挥国有经济的影响力和控制力了。这种变化可能是国有经济布局结构调整优化最生动的案例之一。

第二，在这项改革之时，全国的国有中小企业、城镇集体企业已连续多年净亏损，企业改造不足、装备严重老化、产品没有竞争力，还有富余人员、离退休职工等一系列负担。在正常情况下，要把这个庞大的经济系统整顿好、改造好，需要巨额资金投入。通过国有中小企业改革，各级政府尤其是中央政府并没有付出很多的改革成本，这个系统内大量历史的、现实的问题靠着有限的国有净资产"原汤化原食"地消化掉了。尽管改革过程中出现了不少问题，但对于国家整体而言，这样的投入产出比应该是很高了。

第三，国有中小企业在改革过程中面对着一个数千万人的、生活已经非常困难的职工群体，改革面临的社会风险巨大。对于职工来说，改革非常痛苦，很多人做出了牺牲、付出了代价，改革过程中也出现许多摩擦、争议和社会冲突。但这些问题都被各地政府主动地、分散地化解掉了。尽管解决社会矛盾、化解群体性事件非常艰难，但这些矛盾没有上交给中央，也没有出现集中的、大规模的系统性风险。如果当年国有中小企业的问题没有及时解决，再拖上一段时间，矛盾汇聚起来的后果将不堪设想，搞不好会出现难以收拾的局面。

四、国有困难企业的政策性关闭破产

国有困难企业的政策性关闭破产工作，是从1994年由国家经贸委组织的"优化资本结构"城市试点开始起步的。最初的试点城市是18个，1996年经国务院批准扩大到58个，1997年继续扩大到111个，基本已经扩展到全国。试点范围的迅速扩大反映出改革一线对试点政策的高度认同和渴求，这项艰难的探索性工作为国有企业的改革脱困准备好了一把真正的"撒手锏"。

国有困难企业的关闭破产是一场大规模的结构调整，最直接的目的是让资不抵债、扭亏无望的国有企业有可能通过破产机制退出市场。这个目标本身意义重大，只有困难企业能够正常退出，市场竞争优胜劣汰的机制才能发挥作用，国家的产业结构才可能优化。后面更深层次的价值在于，通过这种方式来化解在经济转轨中必然带来的结构性矛盾，这对于中国的经济体制改革来说意义更加重大。

我国的国有企业大部分是在计划经济时期建立的，即使在改革开放之后，在相当长的一段时间内也是按照计划经济的模式建设的。计划经济配置资源的出发点与市场经济完全不同，经济发展的环境也不一样。计划经济时期建设的企业转轨到市场经济后不一定能适应，有些甚至难以生存。由此形成了由于经济转轨造成的结构性矛盾。一个原计划经济国家要顺利实现向市场经济的转轨，就必须正视这种特殊的结构性矛盾，并进行主动、有效的调整，这是我国经济体制改革面临的最大挑战之一。国有困难企业的政策性关闭破产工作，就成为我国改革过程中最重要也是最彻底的调整方式。

国有困难企业政策性关闭破产工作的正式提法为"国有企业兼并破产和职工再就业工作"。除了企业破产之外，国家当时提倡的还有企业兼并和减员增效两种方式。

1997年的国发10号文件明确：国家鼓励优势企业兼并困难企业；兼并企业承担被兼并企业的全部债务，其中银行债务可按有关规定享受免除利息、分年还本的优惠；免除利息造成的损失，在银行提取的呆坏账准备金中核销。同时要求，被兼并企业的富余职工也要下岗分流，进入兼并企业的再就业服务中心。

国发10号文件同时明确：对那些产品有市场、企业经营管理比较好，但债务负担较重、又缺乏兼并破产条件的亏损企业，也要列入"企业兼并破产和职工再就业工作计划"，采取在一定期限内不同程度地减免银行贷款利息、实施再就业工程的办法，缓解企业的困难。当然，在具体操作中减息和减员是需要挂钩的。

当时国家之所以还提倡企业兼并和减员增效两种方式，是因为社会承受能力不足，担心企业破产过于集中而影响社会的稳定，有一段时间在政策上还强调"多兼并，少破产"。因此，1997年和1998年实施的项目分布是：企业破产1031户、企业兼并2540户、减员增效1494户。但是，企业兼并和减员增效两种方式的实施效果有很大的不确定性。

减员增效企业虽然大部分减少了亏损，但真正实现了扭亏的很少，1998年实施的减员增效项目中只有5.5%的企业实现了扭亏。企业兼并有一些成功的案例，但出现的问题也很多。一些地方政府操作"拉郎配"，强令本地优质企业去兼并困难企业以享受政策，但结果往往很不理想；也有一些企业利用兼并政策盲目进行"低成本扩张"，使自身背上了沉重的包袱，甚至最终把自己拖垮。

直到1999年，随着再就业中心在全国城市中形成了网络，社会的承受力提升，这项工作才逐渐调整到以企业破产为主。从1999年开始，年度工作计划中已严格控制企业兼并项目，并不再列入减员增效项目。2000年以后，企业兼并项目也不再安排了。

国有企业破产工作最大的难题，一是如何筹集改革成本，二是如何安置职工。企业破产后要向职工支付安置费，国发10号文件明确的安置费标准是：破产企业所在城市企业职工上年平均工资收入的三倍。这笔费用在企业破产后，从企业破产财产拍卖收入和土地使用权转让收入中支付，收入不足的按照企业的隶属关系由同级政府的财政负担。银行由于企业破产形成的贷款本金、利息损失，在国务院确定的银行呆坏账准备金总规模内核销。

破产企业职工安置费用通过优先清偿给予保障，是国有企业政策性关闭破产与按1986年《破产法》依法破产之间的最大区别，这就解决了企业破产在成本支付方面最大的一个难题。由于优先保障了职工的安置费用，企业破产后债权银行的清偿率都非常低，一般在5%上下，实际上是用银行的资金补了社会保障，各国有商业银行为此付出了巨大代价。银行方面对这一点意见很大，积极性始终不高，由此增加了部门之间工作协调的难度。

这在当时也属无奈之举。因为职工安置费等方面的成本不可能减少，而当时各级财政都很困难，保证公务员和教师的工资发放已经很吃力，拿不出更多的资金来支付破产企业职工的安置费，这应该是国务院从全局着眼权衡后的一个结果。企业破产后对下岗职工如何管理在工作初期也是个难题，1997年全国开始筹建再就业服务中心后，这项工作才有了一个较稳定的依托。

国有企业政策性关闭破产工作建立了严密的工作组织体系，实行了严格的计划管理。1997年3月，国务院决定成立全国企业兼并破产和职工再就业工作领导小组，由国家经贸委为组长单位，国家体改委、财政部、劳动部、中国人民银行、国家土地局、国资局等部门组成，并邀请全国人大常委会法工委、最高人民法院参加。全国领导小组的日常工作由国家经贸委负责。领导小组负责编制"全国企业兼并破产和职工再就业工作计划"，报国务院批准后监督执行。

在1999年之前，全国计划的编制是将银行核销呆坏账准备金规模预分配到各试点城市，由试点城市选定企业，经审批后汇总上报国务院。1999年起，随着企业兼并破产工作在全国展开，不再向试点城市分配核销规模指标，改由全国领导小组办公室在充分听取各省市意见的基础上，直接提出项目名单，送财政部和中国人民银行审核，再由中国人民银行组织相关金融机构提出意见后，报国务院批准下达。工作的重点也越来越突出，主要推进纺织、煤炭、有色、冶金、军工、制糖等困难行业国有大中型亏损企业的破产。

这样一套组织体系和计划管理方式非常必要。

其一，这项工作涉及多个部门。全国计划的控制指标实际上是预核销的银行呆坏账准备金规模，这是国有商业银行的业务；财政系统要负责职工安置费用不足部分的兜底资金安排；劳动部门要考虑破产企业职工下岗后的管理和再就业；国土部门要操作破产企业土地使用权的拍卖或转让；法院系统要安排好企业破产的相关司法程序。这些部门需要协同一致、相互衔接，才能推进工作。

其二，各相关主体的利益诉求并不一致，有很多复杂的关系需要处理。国有商业银行自身也有很多呆坏账需要核销，并不希望把有限的核销规模过多地用于国有企业的破产；财政系统都想尽可能减少本级财政的支出责任。由于银行系统属于中央，银行的损失由中央政府承担，地方政府都倾向于扩大破产的规模，尽可能把本地企业的债务甩掉，无论这些企业是不是真正资不抵债；即使实行了规模控制，地方政府也想方设法把破产指标用于本级企业，而把中央企业的硬缺口留给国家。

其三，由于当时需要破产的企业太多，大家一起操作，银行没有足够的呆坏账准备金可供核销，财政拿不出足够的职工安置费用兜底资金，对社会稳定的冲击也太大。这也是一个非常现实的限制性因素，只能通过计划控制的方式逐年操作。

当然，这种工作的组织形式和计划管理方式确实行政色彩很重，学者们也有一些批评和非议，但这种模式很可能是在当时条件下能保证工作有序推进的唯一办法。

国有困难企业的政策性关闭破产，是整个国有企业改革中推进最为艰难、社会风险最大的工作。在推进过程中发生了大量的群体性事件，如破产企业的职工封堵铁路和公路主干道、围困地方政府等。群体性事件频发成为这项工作一个最突出的外在特征。

企业破产引发群体性事件很难完全避免。企业破产使职工失去了工作岗位，这是让职工最难以接受的事情，而企业之所以要破产与职工基本没有关系。尤其是一些老工业基地的大型国有企业，往往是一家人、几代人都在同一家企业工作。虽然政府为下岗职工支付了经济补偿金，还会通过再就业等方式给下岗职工以帮助，但企业破产对职工切身利益的实时冲击实在太直接也太大了，以致在破产工作初期几乎是"破一户"就"闹一户"。化解群体性事件几乎成为国有企业关闭破产工作中一个标配的任务。

当时为缓解企业破产对社会稳定的冲击，地方政府想了各种各样的办法。一种相当普遍的做法是，用破产剩余资产先重组出一家新企业，安排一部分下岗职工再就业，部分缓解一些矛盾。这种做法一开始并未得到高层的认可，因为没有实现"厂销人散、关门走人"的要求，但最后也被默许了，底线是再就业的职工必须转换身份、重组出的企业不能仍然是国有企业。这个底线至少能够保证新重组的企业不会再作为国有企业第二次破产。

由于地方党委、政府要对本地的社会稳定负总责，在当地有国有企业操作破产时，政府都要组织几十人甚至上百人的清算组进入企业，主要是做稳定职工的工作。当时提出的口号是"无情破产，有情操作"。一旦有群体性事件发生，负责破产操作的政府部门——主要是地方经贸委和行业管理局，要在第一时间组织工作组上去做工作。第一批上去的工作组基本都会被围困，多少个小时不让吃饭、不让上厕所；工作组成员打不能还手、骂不能还口，只能耐心做政策解释工作，直到警察把他们救出来；解救出来后，往往还要再次返回继续做工作，直至事态平息。很多省市工业系统负责国有企业改革的同志大都有这样不堪回首的经历。

1998年为解决煤炭和有色金属行业的困难，中央向地方政府下放了一批中央直属企业。这些企业中有一些是资源枯竭的矿山和需要破产退出的困难企业，它们的破产是工作中的难点。

一是作为中央下放的企业，各项破产成本的支出责任往往并不十分清晰，经常造成不同层级政府部门之间的讨价还价和推诿扯皮，而企业和职工都拖不起，工作稍有迟缓就会出事。二是其中有不少资源枯竭的矿山企业，地处偏远、缺乏社会依托，职工再就业的机会很少，处置起来面临一些特殊的困难。三是这些企业的规模都比较大，职工人数很多、聚集程度较高，非常容易出现群体性事件。如中央下放的有色金属企业中，需要破产的有198户，涉及职工61万人；1999年在国有重点煤矿中，资源已枯竭的煤矿有124处，涉及职工88万人。

为明确中央下放企业破产相关费用的支出责任，国务院于1999年5月下发了《研究辽宁部分有色金属和煤炭企业关闭破产有关问题的会议纪要》，即"国阅〔1999〕33号"文件（以下简称"33号文件"）。

33号文件对职工安置的经费来源、离退休人员养老金拖欠、公共设施移交地方后的补偿等问题做出了比较具体的规定，划分了中央与地方的支出责任。例如，对拖欠的离退休人员养老金，在养老保险行业统筹移交地方之前拖欠的由中央财政解决，之后拖欠的由地方社保机构解决；破产企业所办的学校、医院等单位成建制移交当地政府管理，其费用由中央财政给予3年的一次性补助，但企业供水、供电、供暖发生变化所需的调整费用，中央财政不予补助；职工安置费用在土地作价、资产变现后仍然不足的，由中央财政给予补助；等等。

33号文件明确了中央下放企业破产所涉及的大部分费用的支出责任，但也留下了一些隐患。例如，对破产企业中的集体职工，包括与正式职工混岗的集体职工，要求当地政府"按有关法规负责安置"。"按有关法规"是一个非常不清晰的概念，因为以往从未做过类似的工作，也不可能有相关规定。这种模糊说法的背后是各方面不同的认识。

中央财政部门认为，企业的集体招工指标是地方政府审批的，中央政府不能为地方政府的行为买单；地方政府认为，这些集体职工都是企业自己招用的，而这些企业当时都是中央企业，地方政府不应该也没有钱来解决中央下放企业的问题。两方面意见都不是没有道理的，最后只能用模糊的办法来搁置争议，否则文件就发不出去。而这一点，正是日后本溪煤炭实业有限公司（以下简称本煤公司）整体破产中出现大规模群体性事件的主要原因之一。

资源枯竭矿山的转型处置是世界各国都遇到过的难题。发达国家一般的做法是：制定中长期调整规划，逐步关闭矿山，多渠道安置员工；同时，投入资金、制定优惠政策，帮助当地逐步实现产业转型。这个过程一般都很长，法国关闭国内煤矿历时20年，日本关闭本国煤矿用了30年。按理说，资源枯竭矿山的关闭和企业因经营不善而破产在性质上完全不同，但当时由于没有专门制定的政策，除了国有企业政策性关闭破产之外找不到别的处置方式。

与一般的国有企业破产相比，资源枯竭的矿山企业破产的难度要大很多。一是干部职工的抵触心理极大，资源枯竭与企业的经营无关，更与职工无关，因此干部和职工更加难以接受企业要破产、职工要下岗的结果。二是这些矿山企业大都是独立工矿区，区域内几乎所有产业都依附于主业生存，主业一垮则众业俱垮，再就业的渠道非常狭窄；三是矿山企业职工人数多，动辄几千人甚至上万人，而且年龄普遍偏大、文化水平偏低、技能单一，再就业能力很差；四是矿山设备的专用性很强，而且相当部分深埋地下，很难变现，土地也不值钱，加之办社会负担沉重，因而此类企业破产的成本巨大。

本煤公司是全国第一家实施整体破产的大型国有煤炭企业，是中央下放企业之一。本煤公司有90多年的开采历史，进入20世纪80年代后资源逐渐枯竭，开采成本越来越高，煤矿进入了衰老报废期，企业开始出现亏损。到1998年底，企业累计亏损近6亿元，累计欠发职工工资1亿多元，实际资产负债率达到114%。此时，企业还有全民所有制在职职工1.5万人，全民离退休职工2.1万人，集体所有制在职职工1.6万人，集体离退休职工2000多人。

1999年7月，本煤公司的破产进入了法律程序，由本溪市负责操作。由于当时对资源枯竭矿山企业的破产政策还不完备，破产过程中出现了大量群体性事件。职工累计上访、信访达到10万人/件次，上访人员堵塞铁路15次、阻断公路28次、冲击省市两级党政机关上百次，最多时聚集了近万人。其中上访最激烈的是企业中的混岗集体工，因为当时的政策并没有明确他们能够拿到经济补偿金。

事件发生后，国务院立即派出由国家经贸委牵头、有关部门组成的工作组到沈阳、本溪研究解决问题。工作组在现场深入研究了有关的政策问题，听取了企业和地方政府的意见，形成了《关于研究本溪煤炭实业公司破产有关问题会议纪要》，对相关政策进行了调整完善，这个纪要后来被称为"本煤政策"。这次政策调整对本煤公司破产的继续实施和事件的逐步平息起到了关键作用。

在此基础上，由中央财经领导小组办公室牵头，组织有关部门对涉及的政策问题进行了深入调研。2000年6月，《中共中央办公厅、国务院办公厅关于进一步做好资源枯竭矿山关闭破产工作的通知》出台，即"中办发〔2000〕11号"文件（以下简称"11号文件"）。11号文件的内容比"本煤政策"更加规范和全面，在职工安置政策方面有新的突破。

如11号文件规定：全民职工执行提前5年退休的政策，从事井下、有毒、有害工种的职工可提前10年退休；属于城市居民的混岗集体工比照合同制职工的政策安置，属于农村居民的混岗集体工也发给经济补偿金。矿山关闭破产后，可将部分有效资产适当作价，重组企业安置职工；关闭破产矿山企业拖欠的职工工资等应予补发，所需资金从企业资产变现中解决，不足的部分经核实后由中央财政补足；进入关闭破产程序后，矿山可安排少量职工骨干组成专门机构负责离退休人员的管理，所需经费由中央财政负担。

这些新的政策适合资源枯竭矿山企业的实际，体现了国家对这类特殊企业和职工应尽的责任。11号文件日后成为资源枯竭的矿山企业实施政策性破产的主要政策依据，这个文件的制订和发布对于我国解决资源枯竭矿山问题具有重要意义。

2001年之后，随着相关政策不断完善、各地的操作办法不断改进，虽然仍然不时出现不稳定事件，但国有企业政策性关闭破产工作一直按照既定的节奏向前推进，每年都有一批国有大中型困难企业通过这种方式退出了市场。2003年初，国家经贸委在国务院机构改革中被撤销，负责国有企业政策性关闭破产的机构和人员整体转入新成立的国务院国资委，继续牵头组织实施。

此时，新的一轮金融体制改革正在酝酿，新修订的《企业破产法》已经开始征求意见，这都预示着这种特殊时期的企业退出方式最终要向规范的依法破产过渡。在这样的形势下，国务院国资委经报国务院同意，开始安排编制"全国国有企业政策性关闭破产工作总体规划"。

编制这个规划的意图是，对全国国有大中型困难企业进行一次全面的摸底，梳理出那些应该破产而未能实施的企业集中进行处理，为最终转向依法破产做好准备。在各个省（区、市）、中央企业和各相关政府部门的通力合作下，总体规划于2005年12月编制完毕，并上报国务院同意。

2006年1月，国务院办公厅转发了全国领导小组《关于进一步做好国有企业政策性关闭破产工作的意见》，即"国办发〔2006〕3号"文件（以下简称"3号文件"）。3号文件高度肯定了国有企业政策性关闭破产工作所取得的成效，明确了总体规划的实施范围：共计2116户企业，涉及国有金融机构债权2271.6亿元，职工351万人；工作的区域重点是东北地区等老工业基地和中西部地区，行业重点是军工企业、资源枯竭的矿山企业和有色金属困难企业。3号文件明确，总体规划的实施期限为2005—2008年，2008年以后不再实施政策性关闭破产。

2006年8月，新修订的《中华人民共和国企业破产法》正式发布。这部法律在修订过程中大量研究、借鉴了国有企业政策性关闭破产工作的实践，法律的严密程度和可操作性有了很大提高。

新的《企业破产法》在企业进入破产程序后增加了一个重整的程序，为困难企业的处置提供了更多的选择。新的《企业破产法》把破产企业对职工所欠的工资、保险费和应当支付的经济补偿金都列为破产财产清偿的第一顺序。这一改变无疑会增加债权人的损失，但对破产实施的可操作性非常重要。新《企业破产法》的发布实施，为日后国有困难企业进行依法破产打好了基础。

到2008年底，在国务院规定的期限内，总体规划中的2116户企业全部完成了审核工作，并开始进入破产的操作程序。

在2008年之后，国务院国资委对相关历史数据进行了汇总。从1994年18个优化资本结构城市试点开始，通过国有企业政策性关闭破产的途径，一共有5010户国有大中型困难企业退出了市场，涉及在职职工和离退休职工共984万人。

国有企业政策性关闭破产是一项在特定时期、用特定方式、帮助特定企业退出市场的专项工作，是一场规模空前、难度空前的结构调整。在国有企业改革的攻坚阶段，这项工作为实现国有企业的改革脱困目标发挥了极其重要的作用。

国有企业政策性关闭破产工作的重大意义主要在于：

第一，通过这项工作，突破了长期以来国有企业不能够破产的观念障碍，解决了以往国有企业难以破产所涉及的大量复杂问题，制订完善了一系列非常具体的操作性政策。由此，在国有企业中初步建立起优胜劣汰的机制。

第二，通过这项工作，化解了大量经济转轨国家必然会产生，也必须解决的结构性矛盾，甚至与经济体制转轨并无直接关系的资源枯竭矿山、军队所办企业等问题也纳入这种方式解决。由此，国有经济的结构得以优化。

第三，这是一项国有企业改革中对社会稳定冲击最大、最为惊心动魄的工作。改革中的利益调整和社会冲突不可避免，通过这项工作的持续推进和各级政府的艰苦努力，中国的经济体制改革挺过了社会风险最高的阶段。

还有一点可能也需要强调，从1994年18个优化资本结构城市试点开始，到 2008 年总体规划执行完毕为止，这项工作有头有尾、有始有终。在 14 年极为艰难的改革推进过程中，面对大量复杂的具体问题、尖锐的利益冲突、多方向的博弈，相关的政策和工作方法在不断调整和完善，但始终没有放弃，并最终实现了既定的目标。这对于一直在摸着石头过河、在探索中推进的国有企业改革来说，是非常不容易做到的事。

五、再就业中心和社会保障制度建设

对中国的国有企业改革而言，最难的问题一直是"钱从哪里来、人往哪里去"。其中人员的分流安置问题尤其棘手，因为涉及社会的稳定。国企改革和结构调整能走多快、能走多远，很大程度上取决于这个制约的因素。

在国有企业三年改革脱困时期，人的问题尤为突出。当时的情况是：国有企业人浮于事非常普遍，即使经营情况尚好的企业，也有减少富余人员的迫切要求；国有中小企业改革和国有企业政策性关闭破产工作已经全面展开，大量职工下岗已不可避免；我国农村剩余劳动力正在大规模进入城市寻找工作，国有企业的富余人员、下岗职工在就业成本上完全没有竞争力；由于配套的体制建设远远不到位，企业之外缺乏一个有效的社会保障系统作为安全网。

在改革之前，国有企业内部的富余人员究竟占多大比例无法统计，也没有准确的说法，一般估计在 40% 左右。几个典型企业的例子是：中石化分拆上市时股份公司进入了 51 万人，存续企业（非上市部分）有 70 万人；中石油分拆上市时股份公司有 48 万人，存续企业有 100 万人。当然，存续企业中并不都是富余人员，还有非主业资产和办社会机构。另一方面，股份公司的用工也绝非精干，这两家公司可比产品的人均产出与国外石油公司相比都相差甚多。

富余人员过多造成的问题首先是人工成本过高。单一员工的成本并不高，但加总的人工成本很高，很大程度上抵消了我国人工成本低的竞争优势。其造成的另一个问题是企业难于管理。由于人浮于事，而且能进不能出，定岗定员难以做到，劳动纪律不好执行，很多管理制度不能真正落地。因此，减少企业富余人员一直是中国国有企业改革的一个重要内容。1991年未能成功的"破三铁"主要就是想解决这个问题；之后的一系列改革政策也大都包含了减员的内容，如纺织压锭、企业兼并、减员增效等，都有非常具体的减员要求。

富余人员出不去有观念上的障碍，更大的问题在于当时在企业之外没有一个社会保障的安全网。那些年，即使一些企业通过内部改革硬化了用工机制，富余人员也只能在企业内部自行消化。

如果从更大的时间跨度上看，国有企业三年改革脱困正好处在我国社会保障制度转型的空档期。

在计划经济时期，我们对国有企业职工实际上有一套保障制度，但性质是单位保障制。职工的保障责任由其工作的企业来承担，除正常的工资发放外，还包括退休金、公费医疗和住房分配等。因此，当时的国有企业职工都是"单位人"，离开了工作单位，所有的保障都会悬空。这种单位保障制度契合于计划经济的运行，国有企业与政府在财务上直接联通，企业的保障支出多了，利润上交就会少一些，保障支出不够政府有责任给予补贴。

改革后国有企业进入了市场，在市场竞争中也要优胜劣汰，企业自身没有了保障，政府与国有企业的财务补助关系也被切断。一个自身没有了安全保障的主体，已经不可能再为职工承担保障责任。于是人们看到，大量的困难企业发不出工资、发不出退休金、公费医疗无法报销，职工的生活陷入了困境。

市场经济中的社会保障必须是社会化的。更准确地讲，市场化改革把我国原有的单位保障制度"废"掉了，但社会化的保障制度还没有建立起来。国有企业改革不得不在没有社会安全网的状态下推进。

面对越来越大的职工下岗压力，各地政府发挥了极大的主动性和创造性，尤其是第一批18个优化资本结构的试点城市。这些城市要率先试点国有困难企业的破产，也就要率先想办法去破解职工分流安置这个大难题。

青岛市在1995年前后在全市实施了"双优工程"，力图使优化资本结构的试点与优化劳动力资源配置相结合。主体性的做法是以行业管理部门为主体，把所属的破产、停产企业分流下来的职工，成建制地安排到本行业的新项目、新企业中重新就业。青岛市还出台了一些现在看起来不太讲道理的规定。比如，明确一些特殊工种不准使用外来劳动力，非特殊工种使用外来劳动力的单位也要按30%的比例安置富余职工，达不到规定比例的每少接收一人企业要缴纳5000元的富余职工安置费，等等。

上海市的探索则是日后推广到全国的再就业服务中心。当时上海市属国有企业分流安置职工的压力非常大。作为全国最重要的老工业基地，上海市属国有企业的数量多、职工人数多，而且有相当多的劳动密集型企业，如上海国有纺织工业系统有职工55万人，国有轻工业系统有职工40万人。这两个系统的国有企业历史上贡献很大，曾经创造出众多的国内知名品牌，但在农村低成本企业的冲击下已处于非常困难的境地。

1996年初，再就业中心在上海纺织控股公司和上海仪电控股公司率先成立。建立再就业中心在当时有着非常现实的迫切需求。之前，上海纺织控股公司下属12家国有纺织企业准备破产，但因为职工无法安置一直不能实施；再就业中心建立后，先把职工托管出去，企业才得以进入破产程序。

上海市对再就业中心进行了一套比较完备的制度设计。再就业中心的基本职能是：对下岗职工进行管理，发放下岗职工的基本生活费，为下岗职工办理各种社会保险，进行多种形式的转岗培训，组织下岗职工搞劳务输出，进行就业指导和工作介绍等。再就业中心运转所需经费由政府、社保系统、控股公司各负担三分之一，其他方向资金不足时由财政托底；再就业中心工作人员所需费用由原单位负责，不得动用再就业资金。

对进入再就业中心的下岗职工，上海市明确不仅要"管"起来，还要想办法"流"起来，使其尽快走出中心实现再就业。为此上海市对下岗职工进行了大规模的再就业培训。上海纺织控股公司、上海仪电控股公司两个再就业中心开办了计算机操作、会计、家电维修、厨师、物业管理等各种培训班，帮助下岗职工提高再就业技能。上海市规定，全市各行各业需要招工的，都要先去再就业中心招聘下岗职工，其中就包括当时闻名全国的"空嫂"。上海市还规定，对于提前离开再就业中心的下岗职工，其生活保障费可以提前发放[①]。

由于多方面的支持和扶持政策，走出再就业中心、实现再就业的下岗职工比重越来越高。在实际工作中，进入再就业中心实际上是一种"托底性"的安排，有了这个"底"，就可以采取更多的方式分流安置职工，如提前退休、自谋职业、停薪留职等。例如，上海纺织控股公司下属的12家企业破产时，原计划由再就业中心托管2.24万人，但是通过多种途径分流，最后实际进入中心的职工人数为1.54万人，减轻了再就业中心的压力。

对上海市建立再就业中心的成功实践，中国人民银行、财政部、国家经贸委和劳动部等部门及时进行了调研和总结并上报，受到了党中央和国务院领导的高度重视。1997年1月，党中央、国务院召开了全国再就业工作会议，会上充分肯定了上海市建立再就业中心的做法，决定在全国国有企业广泛建立下岗职工再就业中心，并明确了建立"三条保障线"的任务。

1998年5月，党中央、国务院再次召开全国国有企业下岗职工基本

---

① 中国人民银行，财政部，国家经贸委，劳动和社会保障部. 关于上海市实施再就业工程，建立职工再就业服务中心经验调查报告 [Z]. 1997.

生活保障和再就业工作会议。会后下发了《中共中央、国务院关于切实做好国有企业下岗职工基本生活保障和再就业工作的通知》，即"中发〔1998〕10号"文件。这个文件对再就业中心建设和相关工作提出了更加明确和具体的要求。

所谓"三条保障线"是指：下岗职工由再就业中心管理并保障基本生活；进入再就业中心三年后仍未就业的，转到社会保险机构领取失业保险金；享受失业保险两年后仍未就业的，转到民政部门享受城镇居民最低生活保障。"三条保障线"是中央政府为下岗职工进入再就业中心之后的基本生活保障问题做出的制度性安排，这种安排是地方政府层面无法做到的。

两次全国再就业工作会议后，各地再就业中心建设明显加快。到1998年底，全国各城市的再就业中心已经基本形成网络。

依托再就业中心平台，各地政府根据国务院的要求，结合本地实际又进行了多方面的探索，主要方向是促进下岗职工再就业。很多地方出台了针对下岗职工再就业的专项扶持政策，如对招用下岗职工的企业或下岗职工进行个体经营的，实行多种形式的税费减免；对其中的困难群体，如"40、50"人员[①]，一些地方采取政府出资设立公益性岗位安排的办法，如很多中心城市的"交通协管员"。对东北等困难较大的地区，中央政府给予了专项政策支持。

再就业中心安置的主要是破产企业或困难企业的下岗职工。在三年改革脱困期间，一些经营状况比较好的国有大型企业也在想方设法减少企业内部的富余人员，主要方式是"内部退养"和"协议解除劳动关系"。

"内部退养"政策是1993年国务院发布的《国有企业富余职工安置规定》所明确的：距法定退休年龄不足5年的职工，经本人申请，企业领导批准，可以退出工作岗位休养，退养期间由企业发生活费、缴纳社会保

---

① 40岁以上女性、50岁以上男性就业困难者。

险，直至达到退休年龄时正式办理退休手续；对东北地区的国有企业，政策放宽到工龄满 30 年。这种减员方式的代表性群体是鞍钢的"离岗居家休息职工"。

"协议解除劳动关系"是按《劳动法》等法律法规，在用人单位和劳动者协商一致的基础上，依法解除职工与企业的劳动关系，并根据其在岗工作的年限计发经济补偿金。这种减员方式的代表性群体是中石油和中石化的"有偿解除劳动关系人员"。

这两种减员方式都有政策或法律依据，都基于职工的自愿，但其结果如何往往取决于母体企业的经营状态。如果母体企业持续困难，一般不会出大的问题；如果母体企业经营状况好转，尤其是在岗职工增加了工资，往往就要出事了。鞍钢"离岗居家休息职工"长时间出现不稳定的情况，要求提高待遇、分享企业发展的成果；中石油的大庆油田、中石化的胜利油田都曾发生重大群体性事件。这些事件的发生从另外一个侧面反映了中国国有企业改革之艰难。

在依靠再就业中心分流、安置、管理下岗职工的同时，我国新的社会保障制度的建设也在加快。2001 年国务院制定了《关于完善城镇社会保障体系试点方案》，决定从当年 7 月起在辽宁省开始进行试点。辽宁省的国有企业多、困难企业多、下岗职工多、社会保障欠账多，是工作难度最大的地区，选择辽宁省进行试点可以实现重点突破、带动全局。

辽宁省的试点工作开始之后，国务院下发了一系列有关社会保障制度建设的基础性文件，涉及养老保险、失业保险、基本医疗保险、城市居民最低生活保障等多个方面，构建出新的社会保障制度体系基本的政策框架。

从 2003 年开始，根据国务院的统一部署，各地陆续开始撤销再就业中心。此后国有企业的下岗职工不再进入再就业中心，而是直接进入社会保障系统；仍滞留在再就业中心的下岗职工，尽快与企业解除劳动关系后转入社会保障系统。由此实现了下岗职工基本生活保障向失业保险的"并轨"。

"再就业中心"已经成为一个历史名词，但它标志着一段特殊的改革历史。在国有企业改革脱困任务非常紧迫的形势下，建立一个完整有效的社会保障系统无论如何也来不及。党中央、国务院发现和肯定了地方建立再就业中心的成功经验，并在全国进行推广。这是意义重大、非常及时的决策。

在1997—2003年期间，国有企业累计有2700多万名下岗职工进入了再就业中心，得到了有效管理并保障了基本生活，其中有1850万人通过多种渠道和方式实现了再就业。作为社会保障制度临时性的替代物，再就业中心直接支持了当年的改革和结构调整，缓解了国有企业职工大规模下岗对社会稳定的冲击，为新的社会保障制度的建设赢得了宝贵的时间。没有再就业中心提供的社会支撑，国有企业改革攻坚阶段的各项工作都无法持续地推进下去。再就业中心圆满地完成了自己的历史使命。

六、断臂求生：国有企业改革攻坚阶段的评述

国有企业改革攻坚阶段是从1998年到2003年，即朱镕基同志任国务院总理的五年。其中最具标志性意义的工作是国有企业改革脱困三年两大目标（从1998年到2000年）。

如前所述，国有企业三年改革脱困的主要工作包括：国有中小企业改革、国有企业政策性关闭破产、再就业中心建设，以及针对特定行业、特定类型企业的脱困措施。这几项工作使连续多年净亏损的国有中小企业通过改制退出了国有序列，使每年产生大量亏损的国有困难企业通过破产方式退出了市场，非常准确地切掉了国有企业两个最主要的亏损源，因而取得的经济效果非常明显。

1997年底，国有及国有控股工业企业盈亏相抵实现利润806亿元，1998年受亚洲金融危机的影响下滑到525亿元，1999年回升到998亿

元，2000年达到2392亿元。1997年底国有及国有控股工业企业净亏损的有12个省市，到2000年底全部扭亏为盈；5大亏损行业中有3个实现了扭亏，煤炭和军工行业的亏损额也有较大幅度下降。全国国有及国有控股大中型工业企业的亏损面由1997年底的39.1%下降到27.2%；1997年底6599户国有及国有控股大中型亏损企业中，有4799户通过多种途径摆脱了困境。

2000年12月27日，国家经贸委主任盛华仁同志受国务院委托向全国人大报告，"经过三年的艰苦努力，国有企业改革和脱困取得了明显成效，中央提出的三年两大目标已基本实现"。

对国有企业三年改革脱困工作的成效以及这项工作本身，社会上的看法并不完全一致，有质疑也有争议。

质疑主要在于：短短三年的时间，国有企业的经营状态不可能有如此大的变化，因而质疑统计数字造假。但是随着国有企业经营状态的持续改善，2002年我国国有及国有控股工业企业实现利润进一步上升，达到了2633亿元，2004年达到了5312亿元，质疑的声音逐渐没有了。人们意识到，三年改革脱困确实使国有企业的经营状态出现了一个转折性的变化。

争议主要在于：一些人批评三年改革脱困主要用的是行政手段，应该更多地依靠市场的机制、采用市场的办法。这种批评脱离了中国的实际。国有企业三年改革脱困确实是一项行政色彩很重的工作，问题是理想化的市场机制、市场办法并不存在。我国当年既没有一个依靠市场能自动使结构调整优化的机制，也不存在一个依靠市场能顺利实现人员流动的机制，行政手段可能是当时国情条件下能够把改革和结构调整推动起来的唯一办法。而且非常重要的是，我们用行政手段去实现的目标，符合建立社会主义市场经济体制的改革方向。或者换一种说法，这种行政手段的有效运用，大大加快了中国的国有企业乃至整个经济体制的市场化进程。

在国有企业改革的攻坚阶段，我国国有企业改革的思路和内涵实际上发生了一个重大改变。以往国有企业改革的内涵是狭义的，主要是体制层面的改造或调整，企业承包经营责任制、建立现代企业制度都属于这个范畴；从改革的攻坚阶段开始，国有企业改革已开始转化成一个广义的概念，包括体制机制的改革，也包括调整的结构、历史负担的化解和人员的分流安置等。

这个改变是被形势倒逼出来的。在1998年之前，企业承包经营责任制已经很难再继续实施，现代企业制度试点也没有使企业的经营行为和经营状态出现实质性的变化，渐进式的体制改革已经找不到可以继续走下去的路。同时，其他所有制企业的快速崛起对国有企业造成了直接的冲击。这些新企业完全没有历史包袱，国有企业则被各种负担压得不堪重负，即使没有体制机制问题，这些老企业在市场竞争中也完全处于下风，而财政体制和金融体制改革又使矛盾急剧激化。此时，国有企业已滑向全面崩溃的边缘。

这样的局面清楚地表明，只在体制层面进行调整已经不可能解决国有企业的危机，必须对国有企业存在的所有问题综合施策，进行全方位的处置，动一次"全身性"的大手术。日后的情况证明，这样的认识符合中国国有企业的实际，也非常重要和及时。

但是，改革思路的转变马上遇到了现实的挑战。

首先是配套的体制和条件不具备。改革触及产权就涉及国有资产的管理问题，但当时多头管理下的体制责任不清晰，政策也不完备，出现问题几乎不可避免，而且说不清楚；社会化的保障体制还没有建立，职工离开企业后无人管理，难以保障基本生活，这似在没有安全网的情况下进行"高空作业"，非常危险；改革成本完全没有准备，对改革中受损群体的补偿不足，因而引发了很多社会矛盾和冲突。这些改革所需要的配套条件都不是短时间内能够创造出来的，这个阶段的改革实际上是在一边推进、一边出事、一边补漏的状态下艰难前行。

其次是改革的社会风险急剧加大。结构调整、人员流动导致的既得利益调整幅度巨大。企业破产会使职工全部下岗，国有中小企业改制退出职工也是不情愿的。这一阶段的改革对职工权益和社会稳定的冲击非常直接，各级党委和政府不得不付出极大的努力来化解群体性事件，稳定企业和社会。

配套条件不具备、社会风险巨大，这个阶段的改革能够坚持走下去，没有停顿和后退、没有出大的乱子非常不容易。这主要得益于党中央、国务院对国有企业改革的高度重视和坚强领导，以及三年改革脱困工作营造出的社会氛围和承受力，再加上地方政府主动性和创造性的充分发挥。

一般认为，国有企业改革的攻坚阶段具有最典型的"问题导向"的特征，这的确很有道理。这一时期，党中央、国务院对改革的宏观指导与第一线的改革实践结合得非常紧密，中央对改革的要求都非常准确地指向改革中亟待解决的重大问题。

这一时期的改革也体现出一种非常值得称道的思想作风和工作作风。从中央到地方，没有人打官腔、说套话，官僚主义、形式主义基本没有市场，大家都眼睛向下，直面问题、研究问题，说真话、讲实话，扎扎实实地想办法解决问题。这个时期发布的有关国有企业改革的文件不少，但篇幅都不长、论述性的说法很少，要解决什么问题、如何解决是最主要的内容。例如，当年影响很大的"中办发〔2000〕11号"文件，涉及资源枯竭矿山关闭破产大量复杂的具体问题和政策规定，而全文只有四千字。

仅仅用"问题导向"概括这个时期的国有企业改革似乎还不够完整，应该是"问题导向"和"目标导向"相结合的。虽然当时第一线的同志都在忙于解决具体问题，但至少在中央政府层面，对改革方向的把握非常准确，什么该做、什么不该做非常清楚。正因为如此，这一时期改革的各项工作在方向上基本没有出现偏差，大量具体问题的解决则大大加快了中国市场化改革的进程。

在改革的大局上"目标导向"，在改革的操作上"问题导向"，在解决问题的过程中逐步向最终的目标趋近，可能是最合理的改革方法论。

在国有企业改革的攻坚阶段，主要的、最难的工作都是由地方政府操作的。国有中小企业改革由地方政府主导，再就业中心是地方政府的创造，企业破产的操作和维稳任务由所在地党委和政府负全责，中央直属的困难企业也都下放给地方处置。

相比较而言，地方政府尤其是市县级政府直接面对企业，企业状态不好时承受的压力最大、改革的动力最强；同时，它们的功能和手段更加完整，更有能力从本地实际出发解决复杂问题。所以从改革的力度排序，市县级国有企业的改革力度最大，省级企业次之，中央企业受到的触动最小。

这个阶段改革的动力机制非常清晰：财政体制和金融体制改革把地方政府逼到一个非改革不可的境地，本地国有企业的问题如果解决不好，不但影响地方经济发展，社会稳定也维护不了。试想，如果当年财政仍向国有企业发放经营性亏损补贴，银行仍会给亏损的国有企业贷款发工资，各方面还有回旋和拖延的余地，谁也不会冒着风险去推动这样破釜沉舟式的改革。

这个阶段也是中央和地方在改革上互动最好的时期之一。中央政府确定改革的方向和原则，地方政府想办法解决具体问题。地方做得对，中央政府总结、推广；地方做错了，中央政府出面纠正。中央给了地方党委和政府非常大的施展空间。

基层的积极性和创造性是这一时期改革推进最重要的基础。改革中有很多复杂的问题不可能事先都想周全，相关的政策文件中也不可能有现成的规定，如果第一线的官员不敢担当、不敢作为、不去主动研究和解决问题，而是等着上面有个说法，工作的状态和效果会完全不同。正因为如此，这一时期中央政府对改革工作的指导非常主动，把各地好的经验和办法总结出来，在规范化的基础上进行推广，是非常有效的改革推进方式。

同时，中央对地方的同志也给予了最大程度的支持、信任和爱护。这个阶段改革中发生的"事件"很多,但从来没有因为改革"出了事"而处理第一线的官员,往往是中央派出工作组到现场,与地方政府和企业的同志一起研究如何解决问题。"摸着石头过河"的改革必然包含试错,也需要有容错的机制;如果改革出了问题就处分下面的官员,中国的国有企业改革很可能会戛然而止,后面会是一个什么局面就很难说了。党中央、国务院的胸怀和担当给了第一线的同志信任感和安全感,可以没有后顾之忧地投入工作。事实证明,宽松的氛围和环境最能够激发出人的潜能。

国有企业改革的攻坚阶段是我国国有企业改革进程中解决难题最多、成效最显著的阶段。对比这个阶段之前和之后,国有经济、国有企业的面貌和状态发生了巨大而深刻的变化。

在1998年之前,国有经济的战线漫长,系统内有大量不具备体制优势的国有中小企业和严重亏损的特困企业,国有经济不堪重负、步履艰难,全社会对国有企业几乎完全失去了信心。在2003年之后,国有经济的战线大大缩短,而且越来越集中于能够发挥自身优势的重要行业和关键领域,国有企业的经营状态和精神面貌开始改善,政府承担的压力和负担明显减轻,各方面看到了国有经济的希望。

在1998年之前,受到传统观念、现实利益和配套条件的约束,国有企业的破产、国有企业职工的流动在社会上还很难被接受,各级政府也对潜在的风险顾虑重重、不敢触碰。在2003年之后,国有企业资不抵债也要破产,国有企业的职工也要进入市场合理流动,已逐渐为各方面所理解;社会观念的改变和相关配套条件的逐步具备,使国有经济的结构开始能够通过优胜劣汰的机制得到优化。

在1998年之前,由于体制僵化、观念落后、包袱沉重、亏损严重,国有企业已成为很多地方经济发展的包袱和社会稳定的隐患,制造出的麻烦不断,各级政府"压力山大"、避之唯恐不及。在2003年之后,随着观念转变、负担减轻和体制机制的改革,国有企业开始逐渐适应市场经济的环境和市场的竞争，逐步成为国家和各地经济社会发展中正面的促进因素和重要的发展主体。

这些变化对于中国的国有经济和国有企业而言，都具有"历史性转折"的意义。历史无法假设。但如果我们回顾一下1997年前后国有企业问题的严重程度和蔓延的速度，可能会意识到，以三年改革脱困工作为标志的改革攻坚，很可能使我们避免了一次由于国有企业问题集中爆发而导致的社会危机。

受惠于这个阶段"断臂求生"式的改革，中国国有经济和国有企业的改革发展翻开了新的一页。历史应当记住国有企业改革攻坚阶段的贡献者：提出了这项改革、主持了这段改革，为改革承担了重大责任的朱镕基总理；在改革一线殚精竭虑、冲锋陷阵，做出了重大贡献的地方党委和政府的官员；以及千千万万为改革付出了代价、做出了牺牲的国有企业职工。

当然，由于只有五年的时间，这个阶段的国有企业改革并不是完整的。主要的缺欠在于两个方面。

第一，这个阶段的改革主要解决了一个"退"的问题：国有企业在体制上不适应可以通过改制退出去，在结构上不适应可以通过破产退出去。能够退出很不容易，意义也十分重大。能够退出，各种矛盾就可以不积累，各方面就有了回旋的余地。但是这个阶段的改革并没有触及和解决好"进"的问题，即仍在国有体制下的企业能不能搞好的问题。

第二，这个阶段主要是地方国有企业的改革，中央国有企业的改革并没有真正启动起来。除了下放给地方政府处置的困难行业和特困企业外，中央企业总体上受到的触动不大，改变也不大。在国家经贸委对国有企业脱困工作进行总结时发现，中央困难企业脱困的比率明显低于地方困难企业。

这两个问题之间有一定的内在关联。改革都是阶段性的，而未了之事需要在下个阶段的国有企业改革中继续探索解决。

第三章 国资委成立后的国有企业改革

2003年前后，我国国有中小企业改革和国有困难企业的政策性关闭破产工作都进入了尾声，余下的国有企业主要是经营状态尚好的国有大型企业。因此，从2003年开始，中国的国有企业改革进入以国有大企业改革为重点的阶段。

一、国务院国资委成立的体制背景

国有大企业之前所经历的改革，主要是建立现代企业制度的全国性试点。这项试点的规格很高、范围很大，从中央到地方各个层面倾注了极大的努力、寄予了很高的期望，企业层面的操作也非常认真，但未能取得实质性的预期效果。

在试点中，企业都按照《公司法》进行了改制，建立了董事会、监事会、经理班子等公司法人治理结构，运作方式也按《公司法》的要求进行了规范。但是，由于企业国有资产出资人不明确、不到位，公司治理机构完全由企业内部人员组成，而且成员高度重合。国有资产出资人缺位使企业由内部人控制的格局依旧，没有人代表国家股东对企业提出要求、进行督导，因而企业的行为没有实质性变化；规范运作要求较严时还经常"叠床架屋"，同一批人开完了董事会再开总经理办公会，角色转换非常困难，而且降低了工作效率，以致有一段时间有关方面曾要求国有企业撤销董事会。

对于国有大企业而言，由于改制后仍是国有或国有控股企业，仍在国有的体制框架内，政府和企业的关系就成为一个绕不过去的问题，也是一直让人非常纠结的难题。

从计划经济转向社会主义市场经济，"政企分开"是主导的方向。此前的改革在这个方向上进行了大量探索，力度不可谓不大，一些地方甚至进行了"无上级企业"的改革试点，以彻底消除行政干预。政企不分、政府不放手，企业就难有活力；政府放手了、政企分开了，又会带来内部人控制问题，这又使政府难以接受，因为守护国有资产是政府的责任，而且国有企业一旦出了乱子仍然要由政府来收拾残局。

放开了失控、收紧了管死的反复循环，促使人们的认识逐渐深化。国有企业经营的是国有资产，国有企业与政府的关系不可能完全切断；完全切断了国有企业和政府的关系，企业国有资产就真正成为无人管理、无人负责的"无主资产"，国有资产流失不可避免，企业本身也会出现大的问题。因此，对国有企业而言，实现政企分开的前提是政府内部的政资分开，使政府的社会公共管理职能与企业国有资产管理职能相分离，这是国有企业实现政企分开唯一可行的途径。

所以，"政府和企业要分开、国有资产出资人要到位"，应该是国有企业构建政企关系唯一合理的框架。得出这个结论我们大约用了20年时间。

国有资产管理问题中央有关文件提出的很早。在1991年4月通过的《中华人民共和国国民经济和社会发展十年规划和第八个五年计划纲要》中，在强调继续坚持和完善企业承包经营责任制的同时提出，加强国有资产的管理，逐步建立与社会主义有计划商品经济相适应的国有资产管理体制和管理办法。[1]

---

[1] 张卓元，郑海航.中国国有企业改革30年回顾与展望[M].北京：人民出版社，2008.

1993年11月，党的十四届三中全会通过的《中共中央关于建立社会主义市场经济体制若干问题的决定》讲得更加明确："对国有资产实行国家统一所有、政府分级监管、企业自主经营的体制。按照政府的社会经济管理职能和国有资产所有者职能分开的原则，积极探索国有资产管理和经营的合理形式和途径。加强中央和省、自治区、直辖市两级政府专司国有资产管理的机构。"提出如此明确的要求，显然与之前国家国有资产管理局（简称国资局）的开创性工作和一些地方政府进行的探索有关。

1988年3月，第七届全国人大批准了国务院机构改革方案，建立归口财政部的国家国有资产管理局，这是中国第一个专司国有资产管理的政府职能机构。国资局最初的管理职能比较宽泛，1994年再次进行了明确："按照建立社会主义市场经济体制的要求，国家国有资产管理局要加强国有资产的综合管理，重点是对各类企业占有、使用的国有资产进行宏观管理，配合有关部门共同进行国有资源性资产的管理工作，加强对地方国有资产管理工作的指导、监督。"①

国资局成立后，在国有资产管理方面进行了大量开创性工作。一是在全国范围内组织开展清产核资，不仅包括经营性国有资产，还涵盖了资源性国有资产和行政事业单位占用的国有资产；二是研究制定了比较完整的国有资产基础管理的政策体系，包括产权管理、产权界定、产权交易、资产评估、清产核资、国有股权管理、国有资产统计等。这些方面的工作奠定了中国国有资产管理最初的基础。

由于国资局的职责定位是对企业占有、使用的国有资产进行"宏观管理"，以及当时对国有企业实际管理的既定格局所限，国资局实质上是一个国有资产管理的政策制定部门，而不是一个企业国有资产的出资人代表机构。因为"政资分开"的改革当时还没有提上日程，很多党政部门还都

---

① 国务院办公厅关于印发财政部和国有资产管理局职能配置、内设机构和人员编制方案的通知[EB/OL]. (2010-11-12). https://www.gov.cn/zhengce/content/2010-11/12/content_7888.htm.

拥有某一方面"资"的职能。

国资局在国有资产管理政策制定方面所做的工作意义重大，但对一家具体的国有企业而言，国资局仅仅是当时可以参与管理的众多政府部门之一，而且是一个相对不太重要的部门。当时国有企业最直接的管理主体是行业主管部门，企业领导人员的选任、投资管理、薪酬分配、改革指导等职权都由其他部门掌控。在多头管理的既定格局下，国资局能够发挥的作用十分有限，这一点在国有中小企业改革时对国有资产未能进行有效管理的情况中看得很清楚。国资局一旦想发挥更积极的作用，就会与其他党政部门发生直接的摩擦和冲突；这种情况发生过多次，可能是当年国资局最为苦恼的事情。

在中央提出探索国有资产管理及经营形式的任务后，一些中心城市政府率先进行了这方面的探索。其中在全国影响较大、最为典型的是上海市和深圳市的做法。

这两个城市最初都研究构造出三个层次的国有资产管理和经营的构架：第一个层次是专司国有资产管理的行政机构，第二个层次是国有资产经营公司，第三个层次是国有独资、控股、参股企业。两个城市第一和第三个层次的差别不大，第二个层次的组建方式不一样，结果则完全不同。

深圳市于1992年、上海市于1993年分别成立了市级国有资产管理委员会，由市委、市政府的主要领导同志牵头，各有关党政部门的主要负责人参加，作为市级国有资产管理的最高机构，之下设立国资办作为常设办事机构。国资办的组建意义重大，使原由各部门分散行使的国有企业管理职能初步实现集中化和一体化，可以理解是日后市一级国资委的雏形。

上海的国有资产经营公司最初由各工业局改建。这些工业局原先就是一层管理实体，内部有一批行业人才，与下属国有企业有长期的管理关系。这种背景下的改建以及母子公司体制构造比较自然和顺利，日后通过进一步的调整和改革，行业特征和行政色彩逐步淡化，最终成为大型企业集团。上海的模式实际上演变成两层结构：国有资产出资人代表机构直接面对大型企业集团。

深圳是一个新兴城市，原来并没有很"实"的行业管理部门，最初的三家国有资产经营公司是由政府新建的。但公司成立后与各方面的矛盾不断，向上与市国资办在权力、责任、管理范围方面纠结不清、摩擦频发，向下对企业收权、搞审批、直接干预过多，最后不得不在2003年撤销，重新构造出两层结构。这些城市的探索，都为以后企业国有资产管理体制改革提供了宝贵的实践基础。

稽察特派员制度也是想使国有资产出资人职能到位的一种尝试。在朱镕基总理的主导下，1998年国务院进行了一次力度很大的机构改革，冶金、机械、化工等9个国家工业部被撤销，改组为由国家经贸委管理的国家工业局，这次改革中最大的变化是国家工业局已不再具有管理企业的职能。撤销行业管理部门是我国政企分开改革迈出的重要一步，但行业部门撤销后对原直属企业出现了两个管理上的缺口，一是对企业负责人选任和管理的缺口，二是对企业监督的缺口。干部管理的缺口由同年成立的中央大型企业工委承接，监督管理的缺口则由同年建立的稽察特派员制度来承担。

1998年3月，第九届全国人大通过了《国务院机构改革方案》，决定由国务院向国有重点大型企业派出稽察特派员，负责监督企业的资产运营和盈亏情况。稽察特派员由国务院任免，一般由部级、副部级国家工作人员担任。国务院为此专门设立了稽察特派员总署，工作机构设在国家人事部。稽察特派员制度在中国的国情条件下是一种力度很大、见效很快的监督方式，派出后发现并查处了一批违法违纪案件，其威慑的效果使得国有企业中的腐败问题、财务失真问题开始减少。加强监督是企业国有资产管理的一项重要职能，但仍难以涵盖企业国有资产管理职能的全部。

在2003年之前，政府对国有大企业管理最突出的特点是政企不分基础上的多部门共管，许多党政部门都有某一方面的管理权限，有时在一个方向上还不止一个部门在参与管理。

多头管理在不同时期略有差异。大致的格局是：重要企业主要负责人是组织部门选任和管理，副职早期由行业主管部门、机构改革后由中央企业工委选任；企业的基本建设投资由国家计委审批，技术改造投资由国家经贸委审批；企业国有资产管理的职能在国资局，1998年国资局撤销后由财政部直接负责；国有企业的收入分配由劳动部门管理，包括企业负责人的工资标准和企业的工资总额；国有企业改革在国家体改委撤销后由国家经贸委负责，国家计委负责行业改革和计划单列企业集团的试点工作；对国有企业的外部监督由人事部稽察特派员总署负责，中央纪检委和审计署也有很大的监督检查权力。

这种管理格局就是当年被广泛诟病的"五龙治水""九龙治水"的格局。多头管理造成的问题是多方面的。

一是政企不分、责任不清。由于政府部门对国有企业的管理大都很具体，企业的自主权有限，企业出了问题自身要承担什么责任说不清楚；同时，由于众多部门都从不同方向在实施管理，政府层面的管理责任也说不清楚。当年一些国有大企业出了问题，国务院要求查清责任，但几乎无一能够查清真正的责任者或责任机构。

二是政策方向不一致，企业无所适从。参与管理的各个部门职责不同、价值取向差异很大，对改革的认识也不一样。各个部门都按照自己的想法向企业发文件、提要求、进行检查，政策方向不一致难以避免。"上面多条线、下面一根针"，政策矛盾都集中到了基层；党政部门都是领导，企业听谁的、不听谁的都很为难。

三是部门协调的难度很大。对国有大企业的管理权分散配置于不同的机构，任何一个部门的权限都不足以推动企业的整体工作，而部门之间又很难合作，除非高层领导出面，否则谁也协调不动谁。尤其在企业出现重大危机时，任何一个部门的权限都解决不了问题，只能把最高层推到第一线，这是个运行成本极高的体制。

对于国有企业而言，政府必然要代表国家对企业行使特定权力，单方向强调"分开"，国家所有权就"虚置"了，结果只能是内部人控制。但国家所有权如何体现、如何组织，特别需要深入研究和探索。国家所有权组织合理、行使有效率则效应是正面的，反之效应是负面的。因此，国家所有权如何组织好、行使好，是国有企业改革一个基本的逻辑起点，之后才谈得上企业层面的改革问题。

多部门分权管理无疑也是国家所有权行使的一种具体形式，但这种形式既不科学，也不合理，企业的自主权无法保证，国家所有权的行使也没有效率，而且部门之间协调过程中的内耗太大。如果不改变这种不科学、不合理的管理体制，国有大企业要想改革好、发展好非常困难。

政企不分、多头管理、无人负责的体制弊端显而易见，但想改变并不容易，对任何一个实权部门而言这都是个敏感话题。国有企业困难的时候矛盾小一些，贸然介入有可能招来麻烦；国有企业状态好的时候问题会非常突出，谁都希望对优质资源具有影响力。涉及部门的既有权力大家都不会主动退让，这几乎是所有行政机构一个本能的行为；即使部门的领导能从大局出发想放掉某些权力，下面也会有很大阻力。这一点大家心知肚明，但都讳莫如深。解决这种问题需要中央领导下大的决心，推动大力度的改革。

二、党的十六大与国务院国资委的组建

2002年11月，党的十六大召开。十六大提出了坚持和完善基本经济制度，深化国有资产管理体制改革的任务。

党的十六大报告明确提出："继续调整国有经济的布局和结构，改革国有资产管理体制，是深化经济体制改革的重大任务。在坚持国家所有的

前提下，充分发挥中央和地方两个积极性。国家要制定法律法规，建立中央政府和地方政府分别代表国家履行出资人职责，享有所有者权益，权利、义务和责任相统一，管资产和管人、管事相结合的国有资产管理体制。""中央政府和省、市（地）两级地方政府设立国有资产管理机构。继续探索有效的国有资产经营体制和方式。"① 党中央文件如此表述已经不是原则性的，而是非常的明确。

此时，启动国有资产管理体制改革的决策非常及时和重要。当时一些国有大企业的经营状态尚好，但并不是基于体制机制的改革和结构的调整优化，而是因为其他所有制企业资本积累还有限、实力还不够强，还不足以在一些规模经济要求较高的领域对国有大企业形成直接冲击。如果再拖上几年，其他所有制企业实力增强了、规模做大了，国有大企业这条线就未必守得住，尤其是竞争性企业很可能会步国有中型企业的后尘。从改革阶段性衔接的角度，党的十六大启动国有资产管理体制改革的重大决策正当其时。

2003年3月，第十届全国人民代表大会第一次会议批准了国务院机构改革方案，国家经贸委被撤销，原有职能分别划入其他国务院相关部门，同时决定成立国务院国有资产监督管理委员会。

2003年4月6日，国务院国资委正式挂牌成立。4月25日，国务院办公厅印发了《国务院国有资产监督管理委员会主要职责内设机构和人员编制规定》，即俗称的"三定方案"。三定方案明确，国务院国资委是国务院直属的正部级特设机构，根据国务院授权，代表国家履行国有资产出资人职责，其监管范围是不含金融类企业的中央所属企业的国有资产。

国务院国资委三定方案的确定，是党中央、国务院对各部门相关职能进行了重大调整的结果。划入国资委的主要职责包括：原国家经贸委指导

---

① 江泽民在中国共产党第十六次全国代表大会上的报告 [EB/OL]. (2008-08-01). https://www.gov.cn/test/2008-08/01/content_1061490_5.htm.

国有企业改革和管理的职责；原中央企业工作委员会的职责；财政部有关国有资产管理的部分职责；劳动和社会保障部拟订中央企业经营者收入分配政策、审核中央企业工资总额和主要负责人工资标准的职责；等等。国务院国资委的职责划入与对应部门的职责划出是完全对应的，是中央机构编制委员会办公室（中央编委）事先研究好的。但实际的划转过程并不很顺利，一些部门不愿意把职责划出，很多是由高层领导出面协调，才把相关的职责调整工作完成。

客观上讲，这样的划转使国资委拥有了其他部门的原有职权，属于"动了别人的奶酪"，这就会有后遗症。

上述调整组合后国务院国资委的主要职责包括：根据国务院授权，依照《公司法》等法律法规，对所监管企业履行出资人职责，对企业国有资产的保值增值进行监督，加强国有资产的管理工作，指导推进国有企业的改革和重组，推进国有企业的现代企业制度建设，完善公司治理结构，推动国有经济结构和布局的战略性调整；代表国家向部分大型企业派出监事会，负责监事会的日常管理工作；通过法定程序对企业负责人进行任免、考核并根据其经营业绩进行奖惩，建立符合社会主义市场经济体制和现代企业制度要求的选人、用人机制，完善经营者激励和约束制度；通过统计、稽核对所监管国有资产的保值增值情况进行监管，建立和完善国有资产保值增值指标体系，拟订考核标准，维护国有资产出资人的权益；起草国有资产管理的法律、行政法规；制定有关规章制度，依法对地方国有资产管理进行指导和监督；承办国务院交办的其他事项。

在这样一套职责配备下，除中组部和中纪委对53户中央重要企业主要负责人的选任、管理和查处权外，授权范围内国有企业的出资人职责基本归并到位，中国政府历史上第一次在内部实现了政资分开。这是我国国有企业改革迈出的重要一步。

国务院国资委不计外派监事会共有555名编制，在当时各政府机构中是比较充裕的。工作人员由四个方面组合而成：原中央企业工委的全部，原国家经贸委未转入其他政府部门的司局，财政部负责国有资产管理的两个司，中组部负责国有企业领导人员管理的半个局。这样的人员构成实际上并不很理想，因为相当一部分人员以往并没有真正做过经济工作，尤其是企业工作，需要逐步学习和适应。好在国务院国资委第一任主任李荣融、第一任党委书记李毅中都有长期的企业工作阅历，经验丰富，可以胜任这样的业务性质。

国资委组建时设立了18个业务司局，包括办公厅（党委办公室）、政策法规局、业绩考核局、统计评价局、产权管理局、规划发展局、企业改革局、企业改组局（全国企业兼并破产和职工再就业工作办公室）、企业分配局、监事会工作局、企业领导人员管理一局、企业领导人员管理二局、党建工作局（党委组织部）、宣传工作局（党委宣传部）、群众工作局（党委群众工作部、党委统战部）、研究室、外事局、人事局。这样的机构设置基本体现了国务院国资委的职责定位，也反映了参与组建各方的现实平衡。2003年10月，国务院办公厅印发通知，公布了纳入国务院国资委履行出资人职责的189户中央企业的名单，后来又增加到196户。

2003年5月，国务院国资委与国务院法制办共同起草的《企业国有资产监督管理暂行条例》经国务院常务会议讨论通过，并以国务院令第378号的形式正式发布实施。这个文件明确了企业国有资产管理体制的基本框架：一是在坚持国有资产由国家统一所有的前提下，由中央人民政府和地方人民政府分别代表国家履行出资人职责；二是明确要求在国务院、省级、地市级人民政府设立专门的国有资产监督管理机构，根据同级人民政府授权，依法履行出资人职责，并按照"权利、义务和责任相统一，管资产与管人、管事相结合"的原则，规定了国有资产监督管理机构的职责和任务；三是明确要求各级人民政府实行政资分开，国有资产监督管理机构不行使政府的社会公共管理职责，政府其他部门、机构不履行企业国有资产出资人职责；四是所出资企业及其投资设立的企业享有有关法律、行政法规规定的企业经营自主权，国有资产监督管理机构除履行出资人职责外，不得干预企业的生产经营活动；等等。这个暂行条例以行政法规的形式，为开展企业国有资产监督管理工作提供了法律依据，国务院国资委开始转入正常运作时期。

外界一般认为，国务院国资委是一个权力很大的机构。但实际上，国资委面对的首先是挑战，而不是权力。

第一，国有资产出资人业务性质的挑战。对国有企业进行出资人管理在中国是全新的实践。以往政府部门对国有企业都是基于报告和审批制度的行政管理，出资人代表机构应该做什么、不应该做什么，并没有可借鉴的经验。出资人监管企业，包括指导国有企业的改革，是一项专业性要求很高的工作。国资委的工作人员大都是党政机关干部出身，对企业运作的了解非常有限，人员的业务知识结构能否适应是一个很大的问题。出资人职责集中对开展工作是好事，但如果定位不准、监管不当，矛盾会表现得更加突出。

第二，国有企业改革继续深化的挑战。2003年之前，国有企业改革的主要进展是在"退"的方面，而且是在竞争失利形势下的被动退却，仍在国有体制下的大企业的改革发展问题并未解决。尤其是中央级的国有企业，由于没有地方政府的支持，很多难题自己解决不了，自身又没有受到很大的改革推动，观念和机制僵化、历史负担沉重的状态依旧。在其他所有制企业的规模和实力越来越大、市场竞争日趋激烈的大背景下，这批中央企业能不能改革好、发展好，能不能在市场竞争中站得住脚，都还有待在实践中回答。

第三，监管能力的挑战。国资委成立时归并了企业国有资产出资人的相关职责，但并不是全部。重要的中央企业，即"53户企业"主要负责人的任免和查处权并不在国资委的职责范围内。社会上有一句俗话，"谁管帽子就听谁的"①，不是完全没有道理。中央企业的负责人都不是一般人物，其眼界、能力、见识、背景和行业影响力都不容小觑。这些中央企业负责人都不是轻易能"服"谁的，他们是不是认同国资委的工作、愿不愿意接受国资委的管理，对国资委的业务水平和监管能力是一个非常大的考验。

第四，责任清晰化的挑战。我国的一些政府部门有很强的"抓权"文化，原因是这些部门的工作实际上很难说清楚责任，也没有制度化的问责机制，不承担责任的部门永远不嫌权大。在以往多头管理的格局下，国有企业改革发展得好与不好在政府层面找不到真正的责任机构，各个相关部门的压力都不大。国资委成立后，对国有企业的监管职责相对集中了，责任也随之清晰化了。如果国有企业的改革和发展状态不理想，或者出现了重大问题，国资委无法把责任推到任何一个方向。责任非常之明确，压力非常之大。

三、国务院国资委组建初期的制度建设

国务院国资委组建完成后，首先要做的工作是建立一套企业国有资产管理的办法和政策，把制度框架搭建好，实现"先管起来"的目标。这套工作以往没有人做过，企业国有资产出资人应该管什么、怎样管是全新的课题。国务院国资委为此进行了一系列基础性和探索性的制度建设。

1. 清产核资，摸清家底

从2003年9月开始，国资委在中央企业范围内组织开展了全面的清产核资工作。为规范推进这项工作，国资委制定下发了《国有企业清产核资办法》（国资委令第1号）和《中央企业清产核资工作方案》。这两个文件对国有企业清产核资的范围、内容、程序、组织、要求以及相关当事主

---

① "管帽子"即任命和任用权。

体和当事人的法律责任等，做出了明确规定。

清产核资的主要内容包括：账务清理，以保证企业账目全面、准确和真实；资产清查，对企业的各项资产进行全面的清理、核对和查实；价值重估，对企业账面价值和实际价值背离较大的主要资产进行重新估价；损溢认定，对企业申报的各项资产损溢和资金挂账进行认证；资金核实，重新核定企业实际占用的资本金数额。

到2005年1月底，中央企业清产核资工作基本完成。清产核资的结果是：截至2004年底，中央企业资产总额为9.20万亿元，负债总额为5.25万亿元，平均资产负债率为57%。这次清产核资清理出各项资产损失或不良资产3521.2亿元，占企业净资产总额的8.9%；也清理出企业账外资产和或有的潜盈资产343.4亿元。

通过这次清产核资，国资委清理了企业资产，核实了企业的负债和权益，初步摸清了中央企业的家底；各中央企业的资产损失或历史包袱，按照规定，基本上予以消化处理，从而提高了企业的资产质量。清产核资也使大部分中央企业初步完成了新旧会计制度的财务过渡工作，提高了中央企业的财务会计信息质量，推动了中央企业逐步建立稳健的会计核算制度，促进了中央企业内控制度的建设。

2. 建立企业经营业绩考核制度

在国资委成立之前，我国的国有企业是没有经营业绩考核制度的。一家经营着数百亿、上千亿元国有资产的大型企业，经营一年下来连个目标要求都没有，听起来不可思议，但当时的情况就是如此。

国务院国资委成立后，把建立企业经营业绩考核制度作为一项重要工作抓紧推进。2003年11月，国资委下发了《中央企业负责人经营业绩考核暂行办法》（国资委令第2号），明确从2004年开始对中央企业进行业绩考核工作。2003年12月，国资委开始与中央企业负责人逐户签订年度及任期经营业绩责任书。

经营业绩考核是一项非常复杂又很重要的工作。不同行业、不同类型企业的考核指标设定应该是不一样的，不但要考虑企业的现实基础，也要考虑同行业企业间的比较。考核指标对企业是一个导向，导向出了偏差，企业的发展也会出现偏差。

国资委成立初期的考核指标分为基本指标和分类指标两大类。年度基本指标选择了年度利润总额和净资产收益率，反映企业的经济效益和资产经营效率；任期基本指标选择了企业国有资产保值增值率和三年主营业务收入平均增长率，反映企业国有资产的保值增值情况和可持续发展能力；分类指标则体现了不同行业和具体企业的特点，侧重于短板考核。考核结果分为A、B、C、D、E五档。

对上百家情况完全不同的中央企业进行简单划一的考核，很难做到科学、公正，需要在日后不断改进和完善。但这个初创的制度毕竟使企业有了一个明确的奋斗目标，激励的作用非常明显。企业的经营目标明确后，各企业大都对指标进行了内部分解并与奖惩挂钩，从而推进了中央企业内部经营责任制的建立和企业管理水平的提高。

3. 建立国有企业负责人的薪酬管理制度

国有企业负责人的薪酬一直是一个非常敏感的话题，很少进行公开的研究和讨论，透明度很低。国务院国资委成立时，中央企业负责人的薪酬大体上已经处于失控的状态。

当时，只有十分之一左右的中央企业负责人的收入按规定报经劳动和社会保障部批准，未报批的也无人去追究。报批的企业大都是一些比较规矩的、关系国计民生的大型重要企业，批准后的企业负责人年收入在10万元左右；大部分中央企业负责人"比照地方政策"确定自己的薪酬，水平差异很大，但与企业规模的大小、经济效益的好坏无关，年收入最高的已超过了100万元。这种局面要求国资委必须尽快进行相关的制度规范。

由于问题过于复杂和敏感，从2003年开始，国资委做了一系列基础性工作，包括对中央企业负责人的薪酬现状进行调查摸底，对地方政府出台的相关政策进行研究，听取企业、国内外专家和咨询机构的意见。在此基础上，2004年6月，国资委发布了《中央企业负责人薪酬管理暂行办法》和《中央企业负责人薪酬管理暂行办法实施细则》，由此中央企业正式开始实行年薪制。

这两个文件规定了中央企业负责人的薪酬由基薪、绩效薪金和中长期激励构成。按月发放的基薪是企业负责人的基本收入，主要根据企业的经营规模、经营管理的难度和所在地区企业的平均工资、所在行业的平均工资、本企业的平均工资等因素综合确定。绩效薪金与企业经营业绩考核结果挂钩，以基薪为基数，根据年度经营业绩考核结果确定，绩效薪金的40%要延期兑现。中长期激励办法由于更加复杂、各方面意见不一致，未能按时出台。

2004年是中央企业实行年薪制的第一年，这一年中央企业一把手的平均年薪是税前39万元。

对国有企业负责人实行年薪制是有政策依据的。1999年，党的十五届四中全会通过的《中共中央关于国有企业改革和发展若干重大问题的决定》中，对年薪制的正式说法是"可以继续探索"，全国大部分省市政府据此已经在地方国有企业中大面积实施。所以，当时国务院国资委实行年薪制并不是一个新事物，但在中央企业这个特殊的重要群体中实施确实需要些勇气。

中央企业年薪制的实行，使一度非常混乱的中央企业负责人的薪酬问题纳入了企业国资监管机构制度化的管理轨道，实现了企业负责人的收入与经营业绩考核结果挂钩，能升能降。当然，实行年薪制也意味着一定范围的利益调整，以往一些自定薪酬较高的企业负责人的收入至少在一段时间中不会再增长，甚至会降低。但由于制度建设是规范的、一视同仁的，年薪制的推进过程并未遇到实质性阻力。

4. 加强国有产权转让管理

国有产权转让也是一个非常敏感的话题，涉及以往国有企业改革中争议很大的国有资产流失问题。

从静态看，任何一笔企业资产都会有一个评估价格，但一般都是基于重置成本法，其陈旧贬值程度很难准确判断；一笔资产能带来多少回报、在市场交易时到底能值多少钱，往往与评估的结果很不一致。因而，在之前的国有中小企业改革中经常出现这样的情况：如果一家企业改制后经济效益很好，就会有人反映当初资产评估评低了，是国有资产流失；如果改制后企业状态不佳、又亏损了，结果是职工群体不稳定，说当年改制时欺骗了职工。这是国有中小企业改革一直有很大争议的重要原因之一。

在国有企业改革和布局结构调整的过程中，国有经济要通过有进有退、有所为有所不为不断进行优化配置，国有资产的流动和调整会是常态。如果这个过程不进行规范化的管理、没有一个有权威的判定和说法，会给改革的推进带来非常大的争议和困难。

在深入调查研究、广泛听取各方面意见的基础上，国资委和财政部于2003年12月发布了《企业国有产权转让管理暂行办法》（国资委、财政部令第3号，以下简称"3号令"）。

3号令的要点是：企业国有产权转让经批准后，要在清产核资、审计的基础上进行资产评估；企业国有产权转让应当在依法设立的产权交易机构中公开进行；转让方应当公开披露有关企业国有产权转让的信息，广泛征集受让方，转让公告期为20个工作日；经公开征集产生两个以上受让方时，应采取拍卖或招投标方式进行产权交易；在产权交易过程中，当交易价格低于评估结果的90%时应暂停交易，在获得产权转让批准机构同意后方可继续进行；国有独资企业产权转让涉及职工合法权益的，应听取职代会的意见，职工安置事项应经职代会讨论通过；转让企业国有产权致使国家不再拥有控股地位的，应报本级人民政府批准。除此之外，3号令还对企业国有产权转让的监督管理、批准程序和法律责任进行了明确规定。

3号令是国有产权管理一个重要的基础性文件。其侧重点在于规范程序：企业国有产权转让必须进场，阳光操作、公开进行，并要引入市场竞争的机制；在程序规范的前提下，产权的最终成交价格由市场决定。这样就尽可能防止了暗箱操作、中饱私囊和侵犯职工权益等问题，也减少了大量说不清楚的争议。

3号令发布后，国资委在全国范围内认定了三家比较规范的产权交易机构，作为中央企业国有产权交易的平台。同时会同财政部、监察部、工商总局等部门，共同开展了企业国有产权管理的专项检查，使各地国有产权交易的进场率不断上升。

到2004年底，很多省市国有产权交易的进场率已超过90%，上海市则达到了100%。由于引入了市场竞价的机制，国有产权的实际成交价格比挂牌价格都有了不同程度的提高。在2004年之后，社会上对国有资产流失问题的反映已经开始减少，3号令为国有经济的布局结构调整和国有产权的流动重组解决了一个大的操作性难题。

5. 投资规划与主业管理

企业的投资规划与主业选择在性质上属于企业的内部事务，出资人机构要不要介入管理、采用什么样的方式、管到什么程度，在国资委内部的意见并不完全一致。

在国务院国资委组建初期，中央企业之间这方面情况的差异很大。一部分企业的产业定位比较清楚，主要是那些以大型产业集团或大型制造业工厂为基础的中央企业；相当一部分中央企业的产业定位并不清晰，尤其是一些由原政府部门直属企业脱钩后打捆组建的企业集团，大都存在业务方向过多、经营范围过宽的问题，集团内部子孙公司之间业务关联性不强，核心竞争力不突出；还有一些中央企业为提升自己在中央企业群体中的地位和排序，急于扩大规模，通过并购、无偿划转等方式低成本扩张、多元化发展，导致经营风险很大。

在这样的现实情况下，国有资产出资人机构确有必要进行阶段性的介入，帮助企业理清发展思路、确立和提升主业意识。

2004年11月，国务院国资委发布了《中央企业发展战略和规划管理办法（试行）》(国资委令第10号)。文件明确提出，企业发展战略和规划要符合国有经济布局和结构的战略性调整方向，突出主业，提升企业的核心竞争力。

同时，国资委以《关于公布中央企业主业（第一批）的通知》的形式，公布了49家中央企业的主业。这些企业的主业确定前，国资委都与企业进行了反复的研究和协商，并达成了一致；对一些涉及业务领域较多、核心业务不够明确的企业，还组织专家进行了专题论证。中央企业的主业确定后，凡主业范围内的企业投资，国资委只对其中的重大项目进行备案管理；对企业发展规划之外的非主业投资项目和并购活动，国资委要进行核准。

国资委成立之初进行的投资规划和主业管理，实际上对中央企业进行了一次全面的发展方向梳理，也促使所有中央企业对自身的发展战略进行了一次深入的反思和研究。这项工作对日后中央企业不断优化资源配置、提高主业的核心竞争力，打下了最初的工作基础，也发挥了重要的引导性作用。

6. 规范企业领导人员管理

国务院国资委成立后，中央企业领导人员的管理格局有所调整。53户国有重要骨干企业的董事长、总经理、党组（党委）书记仍由中组部管理，副职由国务院国资委党委管理；原来由中央企业工委管理的143户中央企业的领导人员，也交由国资委党委管理。

2003年7月，国资委党委发布了《国务院国资委党委管理的企业领导人员任免工作暂行办法》，使中央企业领导人员的选拔使用工作初步实现了制度化和规范化。2004年6月，国资委党委又出台了《中央企业负责人管理暂行办法》，分别从中央企业负责人的任期、职数、任职条件、考评、薪酬、监督与惩戒、培训交流、免职、辞退、退休等多方面的管理进行了比较全面的规范。

在对中央企业领导班子进行全面分析的基础上，国资委通过深入考察，提拔了一批政治素质好、业务能力强的优秀年轻干部进入中央企业的领导班子，优化了班子的年龄结构和专业结构。同时又与一些大型跨国公司合作，每年定期选派中央企业的领导人员到境外进行业务培训。

国务院国资委成立后，还积极探索国有企业经营管理者选拔方式的改革。2003年9月，国资委发布招聘公告，首次组织中国联通等6家中央企业的7个职位进行公开招聘，这在社会上引起了很大反响。2004年，国资委进一步完善和规范了公开招聘的工作程序，选择了中国电子科技集团等22家中央企业的23个职位面向海内外公开招聘。在2003年至2006年的4年中，共有78家中央企业的81个高管职位进行了公开招聘。

以上几个方面是国务院国资委成立后进行的主要的制度建设。其他方面的工作还有很多，如企业国有资产监管的法规建设、加强对企业的财务监督、对企业收入分配总水平的管理、推动省市级地方国资委的组建，等等。这些工作基本是在两年中完成的，新制度研究设计好了，也实际运作了。由于不必再在众多的部门之间反复沟通协商，工作的效率明显提高。这是在企业国有资产出资人职责集中后，使职责明确、部门协调工作量减少的效应之一。

这一套制度体系的建立，初步搭建起我国企业国有资产监督管理最基本的框架。由于以往并没有做过类似的工作，这套制度体系和其中的具体政策办法必然是不够成熟的，需要在实践中接受检验，并不断改进和完善。

从具体的制度层面看，有些制度或管理办法在实践中得到了进一步的完善。如对企业的经营业绩考核日后增加了经济增加值（EVA）作为基本指标，对企业负责人的薪酬管理增加了对职务消费的规范等。有些措施没能延续做下去。如向海内外公开招聘中央企业高管的工作只进行了4年，原因应是体制内对国有企业负责人的选任和管理办法与市场化选聘的差异太大，两个方向很难相互融合。有些管理制度或办法逐渐出现了副作用。如对中央企业经营业绩考核公式中规模因素的权重过大，容易引导企业片面追求做大规模；对企业的主业管理一度缺乏弹性，非主业项目一律不准投资，客观上会影响企业进行产业结构调整的合理空间等。

但无论如何，这一轮制度建设基本实现了对中央企业的国有资产"先管起来"的目标，授权监管的企业不致再出现重大的失控性问题，接下来就能够集中精力去解决国有企业改革和结构调整中的一些重点难点问题了。

四、规范各地的国有企业改革

国务院国资委成立时，由各地方政府主导的国有中小企业改革已进行了数年。这项改革以国有经济从中小企业层面退出为目标，方向是正确的，符合国有经济有进有退、有所为有所不为的方针，有利于国有经济布局结构的优化。

但是这项改革中出现的问题也不少，改革工作相当粗糙。原因一方面在于，地方政府"甩包袱"的意向非常明显，因此改革推进过快、过急；另一方面也在于，在对国有企业多头管理的体制格局下，没有任何一个部门能对国有企业改制的全过程负责，相关的政策很不完善。在这样的大背景下，大规模的改革进程中难免会出现各种各样的问题。对此社会各界反响强烈，高层领导的批示也很多。

国务院国资委成立后，企业国有资产的监管责任清晰了，规范国有企业改制的责任也随之清晰了，国务院国资委必须对全国国有企业改革的规范推进负总责。这是国资委成立后面临的又一大挑战，因为涉及的面很大，而且此前各地的改革已经形成了惯性。

在国务院国资委成立之初，即着手对各地的国有企业改革进行调研，对改革中的一些重大问题反复征求地方政府和国务院有关部门的意见。在此基础上，国资委起草了《关于规范国有企业改制工作的意见》，并于2003年11月由国务院办公厅转发，即《国务院办公厅转发国务院国有资产监督管理委员会关于规范国有企业改制工作意见的通知》（国办发〔2003〕96号，以下简称"96号文件"）。这个文件对国有企业改制过程中的批准制度、清产核资、财务审计、资产评估、交易管理、定价管理、转让价款管理、债权人利益保护、职工合法权益保护、管理层收购10个方面做出了规定。

"96号文件"的要点包括：国有企业改制及改制方案必须履行法定批准程序，未经批准不得实施；国有企业改制必须进行清产核资，改制企业法定代表人和财务负责人对清产核资结果的真实性、准确性负责；改制国有企业改制为非国有企业的，要对企业法定代表人进行离任审计；国有企业改制必须进行资产和土地使用权评估，企业的专利权、非专利技术、商标权、商誉等无形资产必须纳入评估范围；非上市企业的国有产权转让要进入产权交易市场，公开信息、竞价转让；国有企业改制要征得债权金融机构的同意，金融债务未落实的企业不得进行改制；国有企业改制方案须提交企业职代会或职工大会审议，其中职工安置方案需经企业职代会或职工大会审议通过；等等。

这些规定都非常具有针对性。对于问题较多的管理层收购，由于各方面的意见很不一致，文件只进行了较严格的限制：向本企业经营管理者转让国有产权的方案，要由直接持有企业国有产权的单位负责制定；企业经营管理者不得参与转让国有产权的决策、财务审计、清产核资、资产评估、底价确定等重大事项，严禁自卖自买国有产权；企业经营管理者收购国有产权的资金不得向本企业借款，不得以本企业的资产作为抵押物融资；经营管理者对企业经营业绩下降是负有责任的，不得参与收购本企业的国有产权。

96号文件是中央政府发布的第一份有关规范国有企业改制工作的政策文件，应该是企业国有资产管理职能集中行使后的一个具体成果。这个文件发布后在社会上引发了极大反响，有学者评价，这个文件对规范国有企业改制具有里程碑的意义。

96号文件发出后，2004年下半年，国资委派出了7个检查组到15个省市进行督查。一方面检查96号文件的执行情况，同时也进一步调研国有企业改革中仍需解决的突出问题，因为改革涉及的问题非常复杂，不可能一步规范到位。

2005年4月，国务院国资委和财政部联合印发了《企业国有产权向管理层转让暂行规定》（国资发产权〔2005〕78号，以下简称"78号文件"），对当时社会各方面争议很大的管理层收购做出了进一步的限制。

78号文件首先明确，国有中小企业可探索国有产权向管理层转让，大型国有及国有控股企业及所属从事该大型企业主营业务的重要全资或控股企业的国有产权和上市公司的国有股权不得向管理层转让。这个文件重申并细化了96号文件对管理层收购的限制条件，同时明确：管理层应当与其他拟受让方平等竞买，产权转让公告中的受让条件不得含有为管理层设定的排他性条款；企业国有产权持有单位不得将职工安置费等从企业的净资产中抵扣，不得以各种名义压低国有产权的转让价格；同时更具体地列举了存在5种情形的企业管理层，不得受让标的企业的国有产权。至此，对管理层收购的规范基本到位。

2005年12月，国务院国资委制定的《关于进一步规范国有企业改制工作的实施意见》由国务院办公厅转发，即"国办发〔2005〕60号"文件（以下简称"60号文件"），这个文件是对96号文件的补充和完善。

60号文件对企业的改制方案提出了更具体的要求。改制方案的内容应包括：改制的目的及必要性；改制后企业的资产、业务、股权设置、产品开发、技术改造等，改制的具体形式及改制后的法人治理结构；企业的债权、债务的落实情况；职工安置方案；改制的操作程序，财务审计、资产评估等中介机构及产权交易市场的选择等。文件对企业改制涉及土地使用权、探矿权、采矿权的处置和适用政策进行了明确；对没有进入企业改制资产范围的实物资产和专利权、商标权、特许经营权等资产，明确了有偿使用的原则，并规范了付费标准。

60号文件对改制企业的职工安置方案提出了更明确的要求。其主要内容应包括：企业的人员状况及分流安置意见，职工劳动合同的变更、解除及重新签订办法，解除劳动合同职工的经济补偿金支付办法，社会保险关系接续，拖欠职工的工资等债务和企业欠缴的社会保险费的处理办法等。文件还要求，企业改制时必须向职工群众公布企业总资产、总负债、净资产、净利润等主要财务指标的财务审计和资产评估结果，接受职工群众的民主监督。文件还特别强调了加强对国有企业改制工作的领导和管理。

除了大力度规范面上国有企业的改制外，国务院国资委还在大量调查研究的基础上，纠正了一些社会反映较强烈、有明显副作用的做法。问题比较多的是在职工持股方面。

职工持股在国有中小企业改革中相当普遍：一种情况是国有企业改制时经营者和职工出资买断了原企业的国有净资产而成为股东，如山东诸城初期的改革办法；另一种情况是一些困难的国有企业改制时拿不出现金给职工置换身份，而是给了改制后企业的股份作为替代，职工被动地成为股东，这种情况也相当多。

本企业职工持有本企业的股权，如果企业规模不大、职工人数不多，激励约束作用还比较明显，改革的效应基本是正面的。但有些职工持股出现了明显的异化，如一些国有企业集团组织职工集中投资某一家子企业，然后举全集团之力把这家子企业发展好，来保证职工的高分红；还有一些国有企业组织职工集中投资某一关联企业，然后在经营活动中给这家关联企业各种关照，甚至以超高的价格购买其产品或服务，这实际上是一种国有资产流失性质的利益转移。

这类福利化的职工持股对企业、对社会的效应基本是负面的。其中最典型、社会反响最大的当数国有电力系统的职工持股问题。

国有电力系统职工持股问题是在一个非常特殊的历史背景下形成的。20世纪80年代，由于消费品工业大发展而基础部门跟进不足，我国电力供应极度紧张，很多企业由于缺电不得不"停三开四"。为扭转电力供应紧张的局面。多渠道筹集电力建设资金，政府号召多方投资办电；1985年5月，国务院批转了国家经委等部门制定的《关于鼓励集资办电和实行多种电价的暂行规定》，对集资所办的电厂或机组给予电价浮动等优惠。

集资办电是我国电力体制改革中一次成功的实践，打破了过去由中央政府独家投资、独家办电的格局，极大地促进了电力工业的发展。正是在这样的背景下，近水楼台的电力系统企业组织本系统职工投资兴办"三产"企业，再由"三产"企业投资发电项目。客观上讲，这种职工集资办电的做法是符合当时国家政策的，并不违规。

当时我国的电力体制是"厂网合一"的，电网公司很容易也很自然地对自己职工持股的发电企业或机组在购电量、购电价格等方面给予照顾。这种做法为本系统职工谋取了利益，但也对其他发电企业造成了很大的不公平。这样的格局运行了十几年后的结果是，几大区域电网公司的"三产"企业都发展得非常之大，如山东的鲁能集团、贵州的金元集团、四川的启明星发电和启明星电力等，而这些企业对下一步电力体制"厂网分开"的改革将造成实质性障碍。

由于社会各方面的反响十分强烈，2003年8月国资委根据国务院领导的指示，会同国家发展改革委和财政部紧急发出文件（国资委〔2003〕37号，以下简称"37号文件"），暂停电力系统职工投资电力企业。但之前已经发生的投资行为如何处理又成为一个大难题，因为这涉及电力系统几十万职工的切身利益。

37号文件下发后，各有关部门对12个省市进行了调研，总共开了80多场座谈会，分别听取地方政府、电力企业及职工代表的意见。2003年底，国资委起草了《关于规范电力系统职工投资发电企业的意见》初稿，并开始征求意见。

这份文件初稿要求清退企业中层以上管理人员及调度人员所持有的股份，但未要求清退所有职工所持的股份，由此引发了争议。发展改革委下属的国家能源局认为，清退范围不够彻底，坚持要全部清退。一般来说，不在第一线负责操作的部门往往是最坚决的，因为不必考虑操作的难度和可能引发的问题。国资委的意见一方面考虑了操作的难度，同时也是因为职工当时的投资行为并不违规，强制清退依据不足；管理层、调度人员持股会影响市场的公平，清退是可以讲清楚道理的。

由于各方面的意见不一致，部门协调持续了数年而无果，最后国务院拍板采纳了国资委的意见。2008年1月，以国资委、发展改革委、财政部、电监会的名义印发了《关于规范电力系统职工投资发电企业的意见》（国资发改革〔2008〕28号，以下简称"28号文件"）。

28号文件明确，地市级电网企业领导班子成员和省级以上电网企业的电力调度员、财务人员、中层以上管理人员，不得直接或间接持有本省（区、市）电网覆盖范围内发电企业的股权，已持有的股权应在一年内全部予以清退或转让，发电企业可以优先回购；电网企业其他职工不得再增持范围内发电企业的股权，自愿清退或转让已持有股权的，发电企业可以优先回购。文件同时还明确，国有电力企业不得以企业名义组织各类职工的投资活动。由于涉及的企业都在国务院国资委监管的中央企业范围内，股权清退工作进行得比较顺利。

在规范电力系统职工持股取得进展的基础上，国务院国资委于2008年9月印发了《关于规范国有企业职工持股、投资的意见》（国资发改革〔2008〕139号，以下简称"139号文件"），以进一步规范面上国有企业职工的投资、持股行为。

139号文件列举了可以进行职工持股探索的方向：国有中小企业改革，但职工应自愿投资入股；国有大中型企业辅业改制，但主业职工不得持有辅业企业的股权；国有高科技企业改制，科技管理骨干经批准可以持有企业股权。文件对职工持股企业的范围进行了限制：职工入股原则上限于持有本企业股权，不得持有其所出资的各级子企业、参股企业的股权。对职工投资关联企业进行了更严格的限制：禁止职工投资与本企业有关联关系的企业，包括为本企业提供燃料、原材料、辅料、设备及配件和提供设计、施工、维修、产品销售、中介服务的企业。文件还明确，国有企业中已经持有上述企业股权的中层以上管理人员要在一年内转让所持股权。

国办发96号文件、国办发60号文件，国资发产权78号文件、国资发改革139号文件，都从不同的角度对当时的国有企业改革进行了政策规范。这些文件发出后，国务院国资委会同有关部门组织了数轮全国范围的检查和督查，以保证文件的要求能够落实到位。从当时检查的情况看，国有企业改革中曾经出现的一些问题和不规范行为逐步得到了遏制和纠正，国有企业改制和国有产权转让被逐步纳入一个可控的、相对规范化的轨道。这是国务院国资委成立之后完成的一项复杂的重要工作，也是企业国有资产出资人职责集中化的一项具体成果。

五、中央企业的合并与重组

国务院国资委成立之前，中央企业在国务院的直接主持下，已进行了数轮大的行业性重组，方向是推进政企分开、打破行业垄断、引入市场竞争的机制。

电信行业：1994年，中国联合通信有限公司挂牌成立；经1999年、2001年两轮行业改革，形成了中国电信、中国网通、中国铁通在固话领域竞争，中国移动与中国联通在移动通信领域竞争的格局。

电力行业：从1997年国家电力公司正式成立实现政企分开后，2002年，电力体制改革又迈出了大的步伐。组建了华能、大唐、华电、国电、中电投五大发电公司，设立了国家电网和南方电网两家电网公司，成立了中国电力工程顾问公司和中国水电工程顾问公司两个工程设计公司，以及中国水利水电建设集团和中国葛洲坝集团两家施工企业集团。电力行业一家独大的垄断局面就此结束。

石油石化行业：1982年中海油成立、1983年以石油部所属炼油企业为主组建中石化总公司后，我国石油石化行业形成了中石油负责上游油气勘探开发、中石化负责炼化、中海油负责海上、中化进出口负责外贸的专业分工格局。1998年，国务院决定进一步推动战略重组，中石油和中石化以资产划拨和互换的方式，按南北区域划分组建中石化和中石油两大集团公司，实现了上下游、内外贸、产供销的一体化，加上中海油，初步形成了"三大油"相互竞争的格局。

民航业：1987年，我国民航业进行了航空公司与机场分离的体制改革，组建了国航、东航、南航、西南航、西北航、北方航空6家航空公司。2002年，国务院继续推动民航业重组，这6家航空公司进一步重组为国航、东航、南航三大集团，同时组建了中国航信、中国航油、中国航材三家服务保障企业，90个机场实行了属地化管理。

军工行业：20世纪80年代初，结合政府机构改革，我国军工行业的政府管理部门改组为5家行业性军工总公司。1999年为引入竞争机制，5家军工总公司均一分为二，组建了十大军工集团公司，即中国核工业集团、中国核工业建设集团、中国航空工业第一集团、中国航空工业第二集团、中国航天科工集团、中国航天科技集团、中国兵器工业集团、中国兵器装备集团、中国船舶工业集团、中国船舶重工集团。

国务院国资委成立时,正式授权监管的中央企业为196户。对于这些中央企业的状态,朱镕基总理2002年视察中央企业工委时有一个说法:181户企业(当时中央企业工委管理负责人的企业)实际上有很多是凑起来的企业,相差很悬殊,有许多规模较小的企业,可以把这些小的企业通过改组、兼并、破产,交给现有规模较大的企业集团管理,把力量更加集中一些,把真正的大型企业管理得更好一些。朱镕基总理的判断是正确的,这实际上是日后中央企业合并、重组工作的开端。

196户中央企业中有一批规模很大、定位清晰的产业集团。如十大军工,三家石油公司,两家电网,五大发电集团,三家电信运营商,交通部所属的中远、中海运、中国港湾、中国路桥,铁道部所属的中铁工、中铁建、南车、北车,机械部所属的一汽、二汽、东电、哈电,冶金部所属的宝钢、鞍钢、武钢、攀钢等。这些大型企业是中央企业中的精华。

还有一些中央企业是原政府部门脱钩时捆绑组建的企业集团。当时曾有一个非正式的说法,资产不到5亿元的中央企业要下放到地方。为避免被下放,中央各部门都把直属的企业、公司、科研设计单位捆绑组建企业集团。如物资部组建的中国诚通集团、中国华星集团;商业部组建的中商集团、华孚集团;纺织部组建的华源集团、恒天集团;冶金部组建的中钢集团;化工部组建的昊华集团;轻工业部组建的中轻集团;国家建材局组建的中国非金属矿工业集团;林业部组建的中国林业集团;机械部组建的国机集团;等等。这些企业集团的规模都不算小,但企业内部关联非常松散,管理的难度很大。

中央企业中还有一批转制科研院所,初期超过30家。这些院所原是各工业部直属的、为全行业服务的科研或设计机构,1999年转制成为国有企业。其中知名度较大的包括：钢铁研究总院、煤炭科学研究总院、机械科学研究院、中国纺织科学研究院、北京有色金属研究总院、中国建筑科学研究院、电信科学技术研究院、中国建筑材料科学研究院、沈阳化工研究院、武汉邮电科学研究院、电信科学技术研究院、上海医药工业研究院等。这些转制科研院所在我国行业科技发展中都发挥过重要作用，内部也汇聚了一批行业研发、设计人才，但转制成为企业后，都面临新的问题和挑战。

中央企业中还有一些军队武警部队和党政机关不再经商办企业工作中移交出来的企业，如中国新兴总公司、新兴铸管集团公司、三九企业集团、珠海振戎公司、中国新时代集团、中国海洋航空集团公司、中国国际企业合作公司、中国寰岛集团、中国远东国际贸易总公司等。这些企业的规模、业务方向和经营状态差异很大。

国务院国资委成立时中央企业整体的布局情况，基本反映了当时中央政府直接管理的国有企业的"原始状态"。由于之前没有经过有意识的调整和优化，也没有经历市场竞争优胜劣汰的梳理，中央企业整体和企业内部的结构问题非常突出。

一是分布过宽、过散。除一些大型产业集团外，中央企业的业务范围非常杂乱地分布于众多领域。2004年做过一个统计，在国民经济95个大类行业中，中央三级以上的企业涉足86个。一些中央企业的业务布局在并不具有比较优势的中低端竞争性领域，在其他所有制企业的挤压下经营非常困难。

即使在一些大型产业集团内部，也有不少非主业的子孙公司和辅业公司。如2006年底对121户中央企业的统计，共拥有宾馆和酒店1427家，其中三星级以上的占四成，军工、电力、石油石化是大头。在企业规模上，中央企业更是参差不齐，有资产数千亿元的企业，也有资产几亿元的企业；有员工数量超过百万人的超大型企业集团，也有百人上下的小公司。

二是功能分割。分工过细是计划经济的一个重要特征。在一个行业系统内部，生产和科研一般是分离的、设计和施工是分离的、内贸和外贸是分离的，这些分离的功能由指令性计划衔接起来，维持系统整体的运转。但这些功能单一的实体作为独立企业进入市场经济后，功能不完整就成为其参与市场竞争的软肋，如一些制造企业研发能力严重不足，而一些科研院所则完全没有制造能力。

以原邮电工业部的所属企业为例：中国邮电工业总公司（普天集团）负责通信设备的生产制造，中国邮电器材总公司负责通信设备的销售及进出口贸易，中国通信建设总公司负责通信工程建设，武汉邮电科学研究院、电信科学技术研究院负责通信技术的研发，郑州邮电设计院、北京邮电设计院负责邮电工程的勘察和设计。这些机构在与邮电工业部脱钩后，大都成为独立的中央企业。

三是"集而不团"，整体竞争力不强。这种情况以政府部门打捆组建的企业集团最为突出，这种集团一般都是"先有儿子，后有老子"，"儿子"和"老子"行政级别一样。组建成集团后子孙公司各干各的、自谋生路，子孙公司之间有时还是竞争对手；集团公司层面则功能单薄，控制、协调和管理能力不足，形不成集团整体的市场竞争力。

这样的企业集团基本是一个管理层级，在国资委和下属企业之间上传下达；有些集团公司由于自身没有收入，还要向子孙公司收取管理费维持运转。即使一些主业非常集中的大型产业集团也存在类似问题。如一些大型建筑施工企业集团，真正的经营主体是下属各工程局，集团公司早期能发挥的作用非常有限。

中央企业这样的结构状态表明，这个庞大的企业系统需要进行彻底的调整和重组，包括在企业之间，也包括企业内部。

调整的目标应该是：第一，在产业布局上，退出那些不具备比较优势的领域，向关系国家安全和国民经济命脉的重要行业和关键领域集中；第二，在企业布局上，要优化资源在企业间的配置，使相关的有效资源更多地向主业突出的大企业、大集团集中；第三，在企业组织结构上，要剥除冗余、补足短板，使大企业、大集团的功能配备完整，更好地适应市场竞争的要求；第四，在企业集团内部，要消除内部竞争、构建产业协同，逐步把集团公司做实，形成企业集团整体的市场竞争力。

如果实现了这样的目标，仅仅通过原有资源的优化配置，中央企业的资源配置效率和经营状态就会有明显改善。当然，这样的调整会触动原有的利益格局，面临多层次的现实阻力，不是一声令下就可以做成的。

中央企业的合并与重组是国务院国资委成立后，一直在推进的重点工作之一。在2003年7月国资委召开的第一次中央企业负责人会议上，已明确提出了"加大企业重组调整力度"的工作要求。2006年12月，国务院办公厅转发了国务院国资委《关于推进国有资本调整和国有企业重组的指导意见》（国发办〔2006〕97号）。这个文件提出，要进一步推进国有资本向关系国家安全和国家经济命脉的重要行业和关键领域集中，加快形成一批拥有自主知识产权和知名品牌、国际竞争力较强的优势企业。文件明确，到2010年，国务院国资委履行出资人职责的企业要调整和重组至80—100家。

调整到80—100家的说法多少有一些理想化的色彩，主要是为了营造出一种氛围，给相关企业施加压力。实际工作的推进方式则比较现实和理性，以企业之间协商一致、自愿重组为主，国务院国资委创造条件给予支持和引导。

采用这种操作方式的主要原因在于，企业重组涉及各种复杂的利益关系，面临许多潜在的障碍。例如，企业重组后，被重组企业会从国资委直接监管的中央企业名单中移出，而当时很多企业领导对中央一级企业的名分还是很看重的。再如，企业重组后，相关企业负责人的工作往往需要调整,如果本人对新岗位不满意就会迁怨于重组工作,告状的、举报的、被立案调查的情况都出现过。还有,中央企业以往都在各行业部门的管理之下,行业的老领导对这些企业很熟悉,也很关心,如果把某部门原属企业重组到其他系统的企业中去,这些老同志的意见会很大,往往会写信向上反映意见,有时重组还在研究之中领导的批示就到了,重组只能停止。在这样的情况下,如果硬性推动企业重组,反弹和争议会很大,而国务院国资委并没有可以令行禁止的权威。

为使企业重组尽可能规范地推进,也为减少争议和后遗症,国务院国资委建立了一套比较严密的工作流程。一是企业间协商一致达成重组意向后,共同向国资委提交重组的意向报告;二是国资委要对重组方案进行评估,是否具有产业上的互补性,是否经过双方充分协商和领导班子集体讨论通过;三是评估通过后,帮助企业协调解决有关问题,重要的企业重组还要征求相关部门的意见;四是正式向国务院报告,在国务院批准后,由国资委确定重组的牵头单位和负责人;五是重组企业正式上报重组方案,国资委进行批复,并提出具体的工作要求;六是国资委正式向社会发布企业重组公告。

这样的操作方式比较稳妥,触发的矛盾较小,后遗症也较少,但进度不会很快。到2010年,中央企业重组到80—100家的目标未能实现,当年重组到124家。但总体上看,国资委组织推进的中央企业重组整体效果较好,社会和企业的负面反应不多。其中有一些重组案例是非常成功的。

1. 中国建材集团与中国建材院的重组

中国建材集团与中国建材院原都直属于国家建材局,都作为独立的企业脱钩后由国资委管理,是典型的科研与生产分离的体制。2004年,中国建材院并入中国建材集团。重组后,中国建材集团以建材院为核心,将集团原来所属的11个较小的研究设计院所集中起来,组建了我国规模最大、技术水平最高的建材技术研发实体"中国建筑材料科学研究总院",

成为集团的研发中心。

通过这样的重组，中国建材集团拥有了宝贵的研发资源，产业科技创新能力得到了很大提升；中国建材院则有了稳定的研发经费支持，科研人员不必再为创收而操心，可以更专注于研发，科研成果产业化的通道也更加畅通。这是一个典型的双赢的重组结果。

类似的转制科研院所并入大型产业集团的案例还包括：中国有色工程设计研究总院并入中国冶金科工集团，中国寰球工程公司并入中石油集团，中讯邮电咨询设计院并入中国联通，中国农业机械化科学研究院并入中国机械工业集团有限公司（简称国机集团），中国食品发酵工业研究院并入中国轻工集团等。这些重组都取得了比较好的效果。

2. 中国五矿集团的系列重组

中国五矿集团原是从事五金矿产进出口业务的大型专业外贸公司，曾直属于对外经贸部。外贸管理体制改革开始后，我国的外贸经营权已经全面放开，这些专业外贸公司的垄断地位消失，不得不进行业务转型。从2000年起，五矿集团开始进行实业化转型，明确了打造跨国金属和矿产企业集团的愿景，并开始到海外收购矿山、开发矿业。但是作为一家专业外贸公司，五矿集团以往并没有经营过实体矿山，矿山开发管理的经验和人力资源不足，研发能力更是空白。

邯郸冶金矿山管理局和鲁中矿业集团都是原冶金工业部直属的大型矿山企业，职工人数都在万人左右，以铁矿采选为主业。但由于我国铁矿石资源禀赋不好，这两家企业在国内已经没有大的发展空间，处于坐吃山空的状态。

2004年五矿集团重组了邯郸冶金矿山管理局，2009年重组了鲁中矿业集团。这两家矿山企业的进入虽然给五矿集团带来了很大的人员压力，但使其具有了开发和管理矿山的能力，这两家矿山企业也可以借助五矿集团的大平台实现海外发展。如若不进行重组，这两家矿山企业可能很快会成为非常难于处理的资源枯竭矿山。2009年,五矿集团又重组了长沙矿冶研究院,使五矿集团又具备了矿产资源开发和冶炼方面的科技创新能力。

3. 中国港湾和中国路桥的强强联合

中国港湾建设总公司和中国路桥总公司都是原交通部的直属企业,两家公司的主营业务方向虽然各有侧重,但关联性非常紧密,有些业务还是互相渗透重叠的。

随着近年来国内外工程承包项目逐渐向大型化方向发展,每个工程通常既有水上工程,又有陆上工程,这就需要项目承包主体有很强的综合实力。在这样的背景下,国资委和交通部在协商一致后,支持两家企业于2005年底进行强强联合。这次重组采取了新设合并的方式,即将原中国港湾建设(集团)总公司和中国路桥(集团)总公司注销,成立新的中国交通建设集团有限公司(简称中国交建)。两家企业的领导班子合并为一套班子,两个总部机构整合成为一个机构,两家所持各类企业的产权全部划归中国交建集团所有。

这次重组的一大特点是重组与整体上市相结合,一步到位。重组完成后中国交建立即推进整体上市,535家法人单位和54家分支机构全部纳入上市范围,非上市部分资产所占比重仅为0.53%。在改制上市的过程中,中国交建在内部进行了彻底的梳理和整合,对重叠或交叉的业务板块重新设计定位,形成了勘察、设计、施工、监理、咨询、装备制造一体化的竞争优势。2006年12月,中国交通建设股份有限公司在香港联交所挂牌上市,成为中国第一家实现境外整体上市的特大型国有建筑施工企业。

4. 中国铁道建筑总公司(简称中铁建)与中国土木工程公司、中国铁路工程总公司(简称中铁工)与中国海外工程总公司的重组

中铁建和中铁工都曾是铁道部直属的特大型铁路建设施工企业,其中,中铁建是由铁道兵整体转制而成。这两家企业规模都很大,设计施工能力强、资质体系完整，是国内铁路建设的主力军。

中国土木工程公司是在铁道部援外办公室基础上成立的"窗口"公司，有丰富的海外经营经验、良好的品牌和商务优势。中国海外工程总公司原是外经贸部所属的援外公司，曾参建我国最大的援外成套项目坦赞铁路，具有对外劳务输出和海外工程承包的资质，是一家很有影响力的国际工程承包商。

建筑施工企业与窗口公司分离也是计划经济的一大特色，需要行业主管部门进行计划衔接。企业作为独立的市场主体与政府脱钩后出现的问题是：建筑施工企业缺乏海外运作经验，缺少海外经营网络和商务人才，海外业务拓展成为短板，如中铁建在2003年之前海外合同额一直不足合同总额的1%；而窗口公司没有自己的施工队伍和设计机构，脱钩后组织海外项目力不从心，不敢承揽大型项目。

2003年9月，中国土木工程公司重组并入中铁建；2003年12月，中国海外工程总公司重组并入中铁工。重组后，两家窗口公司都成为各自集团的海外经营平台，承揽工程的方向更加明确、更有底气；两家建筑施工集团的海外市场开拓也取得了突破性进展，2007年中铁建海外新签合同额占到了集团新签合同额的53%。

5. 中国新时代集团的分拆重组

中国新时代集团原隶属于中国人民解放军总装备部，1999年与军队脱钩移交地方。新时代集团的业务组合非常庞杂：军品贸易是集团起家的业务，但规模不大；保健品产业发展很快，主要产品是松花粉；民爆产业的规模也不大；在重组了中机国际工程咨询设计总院后，又具有了机械、建筑行业的工程设计和工程总承包业务。这是一家典型的主业不突出，业务板块间没有关联性的企业集团。

由于领导班子较强，新时代集团的经营状态良好，但其主业问题一直难以解决。在这样的情况下，国资委和企业负责人一起研究重组的可能性。研究的结论是，重组的关键是把机械工程设计和军贸两个板块配置好，保健品产业想办法推进市场化。

中国节能投资公司是中央企业中唯一以节能环保为主业方向的企业，在国家日益重视绿色发展的大背景下，潜在的市场和发展的空间广阔。但中国节能原是一家投资公司，没有科研、设计和制造能力，想要在节能环保领域有大的产业作为，必须进行实体化转型，但企业缺乏相关资源。

经企业间协商一致，中国节能投资公司与新时代集团达成了重组意向，但新时代旗下的军贸板块比较敏感，不宜进入，需要提前进行剥离。在征求了相关中央企业的意见后，愿意接收其军贸板块企业的企业不止一家，国资委而后组织有接收意愿的企业负责人到新时代军贸板块企业实地与干部职工沟通对话，宣讲各自的重组想法，由职工投票选择重组去向。最终保利集团胜出。

2010年，中国节能投资公司和新时代集团宣布联合重组，成立了中国节能环保集团有限公司，新时代集团的机械工程设计板块成为其节能环保产业的实体基础，新时代集团的军贸板块和民爆板块进入了保利集团。至此，新时代集团的分拆重组正式完成。

6. 中国诚通集团对困难企业的专业化重组

国务院国资委成立后，中央企业中陆续出现了一些历史遗留问题较多、难以生存的困难企业和困难的业务板块。

对于有重组价值的困难企业，国资委都支持业务相关的优势企业集团实施了重组，如华润集团重组了三九集团和华源集团、中粮集团重组了中谷集团和华粮集团、国投集团重组了中国高新集团、中农发集团重组了中农垦集团、国机集团重组了二重集团等，国资委在处置成本和业绩考核等方面给予了支持。对于找不到合适重组方的困难企业，国资委推进了国有资产经营公司试点，尝试通过企业化、专业化、市场化的方式处置困难企业。

中国诚通集团是原国家物资部直属物资流通企业打捆组建的企业集团。在组建初期，随着国家生产资料市场化改革的推进，集团及所属子孙公司的经营极度困难，几乎无法维持生存。后来在国家经贸委和国家内贸局的支持下，企业经过极艰难的内部改革和重整摆脱了困境。这段特殊经历使中国诚通集团积累了处置困难企业的经验，也形成了一个有处理复杂问题能力的工作团队。

2005年，中国诚通集团成为国资委确定的国有资产经营公司试点企业。试点开始后，诚通集团努力探索创新，承担了巨大的责任和风险，先后托管、重组了陷入困境的中国寰岛集团、中国唱片总公司、中国国际企业合作公司、华诚投资管理公司、中商企业集团、中国包装总公司，承担了中国普天集团所属8家困难企业的破产工作，接受了中冶集团下属中冶纸业的重组任务，对欧洲商业开发投资管理中心进行了重整。在托管和重组的过程中，工作团队经过艰苦的努力和细致的工作，妥善安置了职工，没有出现大的不稳定事件，这是非常不容易做到的事。

中国诚通集团的系列重组共清理退出了289家企业，处置不良资产105亿元，分流安置职工3.6万人，孵化出有效资产61亿元。经诚通集团处置后，中国寰岛集团的有效资产在境外成功上市，中国唱片总公司重整后移交给了对口的中央企业，欧洲商业开发投资管理中心重整完成后，成为中国企业走出去的重要公共服务平台。

中国诚通集团成功的系列化重组，推动了中央企业中的困难企业、困难的业务板块平稳有序地退出，解决了大量历史遗留问题，整理出了有效资产并重新优化配置，维护了企业和社会的稳定，取得了非常好的经济和社会效果。同样重要的是，诚通集团的成功实践探索出了一套比较规范的、各利益相关方都认可的不良资产企业化、市场化的处置方式。在市场竞争的环境下，出现困难企业和不良资产是不可避免的，因而诚通的实践具有普遍性的意义和价值。

7. 中央企业的内部重组

国务院国资委成立后，还努力推动和引导中央企业的内部重组。2004年6月，国资委下发了《关于推动中央企业清理整合所属企业减少企业管理层次有关问题的指导意见》。该指导意见提出的任务是，清理整合所属企业，减少企业管理层次，调整企业的内部组织结构。推动方式主要是总结企业的成功经验，并召开专题会议进行交流推广。

在这样的氛围下，几乎所有的中央企业都不同程度地推进了内部的整合，有些企业的工作力度很大，成效也很显著。

如中石化集团从2006年开始，对集团内部各类经营单位进行了彻底的清查和梳理，保留了符合主业方向的1600多家，清理退出了6600多家，使集团内部的业务结构趋于合理化和清晰化。中国电子集团以"精简数量层级、优化布局结构、提升管控能力"为目标，把集团内部清理整合作为董事会对经理班子的年度考核任务，"十一五"期间完成了对34家二级企业、510家三级及以下企业的清理整合。国机集团围绕"三大主业"进行内部资源整合，探索出6种内部整合模式进行推广，涉及下属企业50多家，整合企业资产超过200亿元；整合后，集团直管子公司的数量下降了近一半，集团的管控能力有了很大提升，子孙公司散乱的状况明显改善。

经过这样的内部整合，中央企业内部的业务梳理取得了很大进展，子孙公司之间的内部竞争基本消除，集团公司的管控能力和资源配置能力都得到了提升。

在中央企业各自清理内部业务的基础上，国务院国资委适时引导中央企业之间的资产转移，把本企业的非主业资产移交给那些有此主业的其他中央企业经营；资产转移可以是有偿的，也可以无偿划转。如中国航空工业集团把所属房地产企业有偿转让给保利集团，保利集团把下属煤炭业务板块整体划转给中煤集团，华能集团将下属房地产业务划转给中房集团，招商局集团把下属中国招商国际旅游总公司移交给港中旅集团，等等。

国务院国资委成立后，中央企业的合并重组和内部整合一直没有停止过。从企业户数上看，中央企业的数量从最初的 196 家下降到 2012 年的 116 家。这一持续的整合过程带来的主要变化可能体现在这样几个方面：第一，一些困难企业和低效业务板块通过重组退出了市场，中央企业的资源进一步向重要行业和关键领域集中，整体的布局结构得到优化；第二，一些规模较小、发展前景不好的企业进入有实力的大集团，中央企业的户均资产从 2003 年的 425 亿元增加到 2012 年的 2724 亿元，实现了资源向优势企业集中的目标；第三，计划经济体制下被割裂的企业功能通过重组得到了合理的重新配置，各大企业集团的功能趋于完整，更加符合参与市场竞争的要求；第四，通过企业内部业务和组织结构的整合，原先散乱的企业内部资源配置得到了梳理和重新塑造，企业集团的内部竞争基本消除，集团公司的管控能力提升，企业的主业更加突出，集团整体的竞争力初步形成。

这些变化使中央企业的经营状态和整体面貌有了很大改善。当然，由于企业重组涉及企业内部和外部各种非常复杂的关系，几乎每一项重组都会遇到特定的阻力，有些合理的重组方案由于种种原因未能实现。出现这种情况应当也属正常。

六、中央企业的公众公司改革

国务院国资委成立后，面对数量众多、地位重要的中央国有企业，需要探索建立一个稳定、可靠的企业制度模式，以保证企业的长期稳定发展。这个方向中央早已明确，就是建立现代企业制度。

但是，之前建立现代企业制度的高规格试点并未达到让人满意的效果，公司治理体制的构造基本到位，但企业的运行机制没有出现各方面所期待的变化。其原因后来比较一致的看法是，改革不配套、国有资产出资人问题尚未解决。没有出资人对企业经营者要求回报的压力，企业的经营行为不可能有实质性的改变。

国务院国资委成立后，国有资产出资人对企业经营者的压力初步形成，中央企业的改革和结构调整明显加快，反映出国家股东实体化和责权到位后的体制效应。但是，靠国资委这样一个准政府机构和一批并不了解企业的行政官员，去推动上百家国有大企业的改革和发展，是一项不可能完成的任务。引入多元化、市场化的机制势在必行，这就是国有企业的股权多元化改革。

中央国有企业主要是大型企业。在深入研究国内外国有企业改革实践的基础上，国资委认为，国有大型企业实现股权多元化的主导模式，应该是依托资本市场进行公众公司改革。因此，国务院国资委成立后一直在推进中央企业的改制上市工作。

由于资产质量差、历史负担重等多方面原因，国有工商业企业具备上市条件的资产和业务并不很多。所以，以往国有企业改制上市大都是部分优质资产的上市，把企业的盈利性业务拆分出来组建新公司发行股票，最极端的方式是把不同企业的优质资源捆绑成一个公司上市筹资。如1997年北京控股在香港上市，旗下捆绑了燕京啤酒、三元食品、首都机场高速路、八达岭旅游、王府井百货、建国饭店等北京市属最优质的企业国有资产。

这种上市方式的主要目的是筹集资金，这个目的无可厚非，也很重要。"拨改贷"之后，国有企业失去了补充国家资本金的制度渠道，资本金不足成为国有企业普遍存在的问题，通过上市补充资本金是一个重要途径。但是，把诸多不相关的业务板块组合在一起，很难作为一个整体来运作，上市公司也不可能成为一个方向清晰的产业发展主体，这又不符合企业发展规律和要求。或者说，部分优质资产上市的方式，在补充资本金方面的意义巨大，但改革发展方面的意义有限。

为避免原有上市模式必然会带来的问题，国务院国资委开始探索推动中央企业的主营业务整体上市。2004年8月召开的中央企业负责人会议上，国资委第一次提出主营业务整体上市的想法："中央企业要加快股份制改革，借助上市公司平台，实现主营业务整体上市。"

2006年12月，国资委制定了《关于推进国有资本调整和国有企业重组的指导意见》，并由国务院办公厅转发（国办发〔2006〕97号）。这个文件正式提出了中央企业主营业务整体上市的工作要求："积极支持资产或主营业务资产优良的企业实现整体上市，鼓励已经上市的国有控股公司通过增资扩股、收购资产等方式，把主营业务资产全部注入上市公司。"

由此，推进中央企业主营业务整体上市成为国务院国资委长期坚持的一项基本工作方针。这一工作方针在改革发展方面的意义重大：主营业务整体上市使上市公司成为完整的、真正的产业发展主体，也成为国有企业实现体制转换的突破口，或者说，是各方面所说的"新国企"成长的载体。在具体的工作层面上，主营业务整体上市对国有企业改革的意义主要在于：

第一，为推进主营业务整体上市，企业要对内部的各类资产和业务进行彻底的整理，重组资源、把产业发展的平台搭建好，以达到资本市场和公众投资者的要求。这对于推动企业的内部整合提供了非常大的压力和动力。

第二，企业上市成为公众公司后，就处在市场监管机构和公众投资者的监督之下，而且有严格的信息披露制度。这种监督比企业国资监管机构更加广泛和专业，企业的运作不得不更加规范，否则会影响声誉，甚至会受到处罚。

第三，企业主营业务整体上市后，募集的资金集中到了股份公司——也就是产业发展主体的层面，这特别有利于改变很多国有企业资源都在下面、高层两手空空的被动局面。产业发展主体的资源整合能力更强，也有利于企业集团内部的一体化管理。

第四，企业主营业务整体上市后，随着主导产业的发展，股份公司可以通过定向增发、资产收购等方式，对非上市资产进行持续整合并逐步注入上市公司。加上主辅分离、辅业改制等措施，最终实现企业的整体上市，从而实现企业国有资产彻底的资本化。

第五，企业变为公众公司后，企业国有资产的流动性大大增强。在未来理想化的状态下，依托于资本市场，有进有退、有所为有所不为的布局结构调整会更加规范和便利。

概而言之，在国有企业整体尚不具备股权多元化的条件下，先使企业中最核心的产业发展主体部分率先多元化，对国有企业的整体改革具有突破性的意义。从中央企业开始，推进主营业务整体上市，成为日后全国国有企业改革的一个重要方向。当然在具体操作层面，主营业务整体上市并不必然意味着只能把整个企业集团改造成为一个上市公司，尤其是业务构成已经实现多元化的企业集团，二级的产业板块整体上市也是合理的选项，只要产业板块的发展功能完整即可。从目前对国有企业管理的实际情况看，下属的产业发展板块上市可能更有利于上市公司的市场化运营。

为引导中央企业做好主营业务整体上市前的企业重组工作，国务院国资委总结了中材科工集团的经验，并在中央企业中推广。

中材科工集团的前身是原国家建材局下属企业打捆组建起来的中国非金属矿工业总公司，66家成员单位都是原国家建材局直属的企业和事业单位。中材科工集团成立之初，存在着非常突出的业务庞杂、资源分散、子孙公司间无序竞争、集团总部缺乏调控能力等问题，需要进行全面的内部重整。但由于所属企业大都是原国家建材局直属的司局级单位，与集团公司的行政级别一样，而且长时间独立发展已形成各自的利益格局，内部重组的阻力非常大。

中材科工集团领导班子经过反复研究，决心以改制上市为契机，把国家对上市公司的规范作为整合操作的硬标准，顶住各方面的压力，大力度地推进企业内部的资源整合。

中材科工集团对所属企业按照业务板块重新组合整理。把技术装备与工程业的6家优质企业重组成为"中材国际"工程股份有限公司，把非金属新材料产业的相关企业重组成为"中材高新"材料股份有限公司和"中材科技"股份有限公司。其中，中材国际涵盖了水泥工业工程咨询服务、项目设计、装备研发和制造、机电设备安装施工、工程管理服务等相关业务，成为全球同行业中产业链最完整的企业，可以承接水泥装备工程总承包、交钥匙工程等大型业务，并于2005年在上交所成功上市。中材国际组建时，其水泥成套设备总包业务在境外市场的占有率为0；到2010年，该企业境外市场占有率超过了40%，成为全球同行业第一。

与此同时，中材科工集团经过几年的艰苦努力，以关闭、破产、改制、产权转让等多种途径，退出了38家困难企业，妥善安置了4500多名职工；还采取本息打折、利息免除或仅支付少量本金等方式，处理终结了36起历史债务问题。

到2010年，中材科工集团完成了一家H股公司和6家A股上市公司的重组上市，集团发展成为主业突出、管理规范、竞争力强的优质企业。2006年底，国资委在中材科工集团召开了"中央企业推进内部整合增强集团控制力经验交流现场会"，中材科工集团的改革经验受到各中央企业广泛的好评和肯定。

国务院国资委推动中央企业进行公众公司改革，受到了国内资本市场发育程度的限制。一是市场容量小。企业上市需要长时间排队，上市企业稍多些、盘子稍大些就会引发市场"失血性"下跌，这对于大型企业上市特别不利。国资委成立前中石油、中石化到境外上市的主要原因，就是国内资本市场容量有限、难以承受。二是市场发育和规范程度不足。国内资本市场的机构投资者始终没有大的发展，投资者以投机型的散户为主体，市场监管的法治化程度和力度也不够，上市公司信息披露失真、造假问题相当严重，这一点会使国有企业上市的改革效应大打折扣。

为了加快中央企业改制上市的步伐，也为了提升改制上市对国有企业的改革效果，国务院国资委转而利用境外资本市场，尤其是香港的资本市场。

与内地资本市场相比，香港资本市场的优势在于：作为重要的国际资本市场，香港资本市场直接与全球资本连接、容量巨大，只要企业质量好、发展前景好，融资规模不是问题；国际资本市场以机构投资者为主体，投资者对企业的发展模式、治理结构、内部控制的要求符合国际通行标准，对企业的监督更专业、力度也更大；香港资本市场更加成熟和规范，法律法规健全，对企业信息披露和透明度的要求更高、监管更加严格，有利于上市公司提高管理水平、规范运作。而且，在国际资本市场上市就进入了国际融资平台，企业可以根据发展需要随时进行再融资，有利于企业的国际化经营，也有助于提升企业在国际市场上的形象。

为促进中央企业到香港资本市场上市，国务院国资委与香港联交所建立了良好的工作关系。香港联交所希望通过国资委吸引到更多的优质大型国有企业到香港上市，实现香港资本市场的发展；国资委希望把国际成熟资本市场的机制引入国有企业，加快中央企业的改革和发展。因此，国资委希望联交所按照国际资本市场的标准对在港上市的中央企业严格要求、严格监管，不要有任何"通融"。

上市地选择是企业自主的行为。在国资委的支持和鼓励下，一批中央大型企业陆续登陆香港资本市场，包括中国神华、中国电信、中国铝业、中国交通建设、中煤能源、中海油服、中国远洋、大唐发电、中国建材、中国华能等。一些在香港上市的中央企业在内地资本市场条件许可时，又返回内地资本市场，成为两地上市的公司，使境内投资者也能分享企业发展的红利。

从上市后企业的运行状态看，在国际资本市场上市的企业透明度更高、运作更加规范，对国有企业的改革效果也更加明显。其中境外上市运作效果较好的案例，是中国海油集团（下文简称中海油）的系列上市和重组。

我国国有石油企业以往都是"大而全"、企业办社会的模式，勘探开发、专业技术服务、后勤保障等业务混合在一起，相互之间甲乙方不分、职责不清晰，管理的难度很大。与中石油和中石化相比，中海油的非主业资产较少、富余人员负担较轻，但也存在类似的问题，尤其是下属渤海、湛江两大基地建于20世纪60年代，也都是"大而全"的模式。对此，中海油与国际石油公司对标，结合境内外上市，以专业化为导向推进内部的重组。

2001年，中国海洋石油有限公司作为"油公司"首先分离出来，重组后在香港和纽约两地上市。2002年2月，从事海上平台设计建造、海底管道铺设等工程服务的"海油工程"在上交所上市。2002年11月，从事物探、钻井、技术服务和船舶服务的"中海油服"在香港上市。2006年，中海油将化肥和甲醇等产品的生产企业重组为"中海石油化学"股份有限公司，同年9月在香港上市。重组难度最大的基地服务系统从2004年开始重组，压缩非经营性资产，逐渐培育确立了十个支柱产业，组建了中海石油基地集团有限公司，2008年改制为中海油能源发展股份有限公司，并在上交所上市。

通过上述"油公司集中统一、专业公司相对独立、基地系统逐步分离"的改革思路，中海油形成了油气勘探开发、专业技术服务、化工化肥炼化、天然气及发电、金融服务、综合服务与新能源等六大良性互动的产业板块。

利用国际资本市场的上市公司平台，中海油有限公司和中海油服进行了成功的国际并购。中海油有限公司收购了大量境外油气资源，涉及印尼、尼日利亚多个油气区块权益，以及阿根廷、玻利维亚、智利等地油气资产的部分权益，每次收购完成后都进行了有效的整合。中海油服全资收购了挪威海上钻井公司 Awilco Offshore ASA（AWO）公司，改善了中海油服钻井船队的结构和服务链条，服务能力和参与国际竞争的能力得到很大提升；同时，还加速了公司的国际化进程，使中海油服的海外资产比重从不足 10% 增加到 50% 左右。

在积极推进中央企业依托境内外资本市场进行公众公司改革的同时，国务院国资委也鼓励企业通过引入战略投资者实现股权多元化。由于中央企业巨大的资产规模和管理模式所限，在集团公司层面推进的难度很大，个别接近完成的项目也由于复杂的原因功亏一篑，但在中央企业二三级公司层面还是有较大进展。其中社会影响较大的是中国建材集团的股权多元化改革。

中国建材集团原是国家建材局直属的中国新型建筑材料公司，1999 年初脱钩，2003 年更名为中国建材集团。集团组建初期仅有 20 亿元的资产规模，而且各级子孙公司数量众多、业务分散、盈利能力很差。从 2004 年开始，根据国务院国资委主营业务整体上市的要求，中国建材集团以重组上市为目标进行内部整合，仅用一年时间就完成了内部 100 多家子孙公司的大规模重组，清晰了主营业务，并于 2006 年 3 月在香港成功上市。

上市后，凭借在资本市场上的良好口碑和与投资者的充分沟通，中国建材集团五年间进行了三次配股，连同 IPO 共筹集资本金 110 亿港元。利用资本市场筹集的资金，中国建材集团在水泥行业进行了大规模的并购整合。2007 年组建了南方水泥，生产和市场主要在长三角地区；2009 年组建了北方水泥，生产和市场主要在东北三省；2011 年组建了西南水泥，生产和市场主要在云、贵、川、渝。这些区域性的并购重组提高了区域内的行业集中度，避免了恶性竞争，实现了行业价值的合理化，也保证了企业的经济效益。

所有这些区域性公司和中国建材集团并购的其他企业都实现了股权多元化，中国建材集团是第一大股东，但融合了大量民营资本。这种多元化是独立的发展平台的多元化，平台之下则是独资的企业运营，从而保证了内控的有效性；一些被并购企业的民营企业家还作为职业经理人进入了管理团队，形成了国有和民营携手共同发展的格局。

对这些股权多元化的企业，中国建材集团提出了"央企市营"的概念。其基本内涵是：股权多元化，规范的公司制和法人治理结构，职业经理人制度，内部市场化的机制，按照市场的规则开展运营。这五条是中国建材集团股权多元化取得成功的关键。通过对境内外资本市场的有效利用、并购重组和股权多元化，中国建材集团实现了快速发展，2011年进入了世界500强企业的行列[1]。

中央企业的公众公司改革是国务院国资委成立后推进的一项重要工作，通过很多中央企业负责人的不懈努力，这项工作推进很快。到2012年，中央企业约三分之二的净资产已进入了上市公司，上市公司逐渐成为中央国有企业事实上的主体部分。除了体制改革和内部整合方面的效应外，公众公司改革还使国有企业从资本市场上募集了资本金，缓解了"拨改贷"后国有企业普遍存在的资本金不足的问题，对国有企业发展方面的助力也很大。

主营业务整体上市使国有企业中最优质的资产、最核心的业务率先进入了市场，率先实现了股权多元化，率先置于社会和公众的监督之下，为国有企业的整体改革找到了一个突破口。国务院国资委成立后中央企业经营行为和经营状态的变化，主要是通过上市公司体现出来的。公众公司改革的意义和价值不可低估。

当然，由于涉及问题的复杂性，这项改革最初的一些设想并未完全实

---

[1] 晓甘. 央企市营：宋志平的经营之道 [M]. 北京：企业管理出版社，2012.

现。例如，在国有企业的资产全部进入了上市公司以后，取消国有独资的集团公司，从而在集团层面实现彻底的股权多元化和市场化，这个目标在实际工作中并未实现。操作层面的问题大都可以找到解决的办法，实质性的障碍可能在于这样几个方面：国资委作为一个准政府性质的特设机构，能否直接持有上市公司股权在法律上还有不同看法；国资委自身的工作性质、人员构成是不是适合作为上市公司的直接股东也存在疑问；国资委如果直接持有上市公司的股权，会不会引发关联交易、同业竞争等问题，会不会面临民事诉讼的风险，如果败诉了国资委有没有赔偿能力；等等。

由于存在诸多现实的不确定性，像中交集团、中铁集团这样99%以上的资产都已进入上市公司的企业，也保留了一个国有独资的集团公司持股。借助于国有资产经营平台持股可能是远期的一个选项，但在目前，把一些规模很大、很重要的公司压到第二级次，会与多方面对国有企业管理的现行体制产生矛盾，企业自己也不愿意接受。保留一层国有独资的集团公司持股，但把重大事项的决策都授权给上市公司董事会行使，可能是一个比较现实的选择。

七、中央企业的董事会试点

国有企业的领导体制是国有企业改革中一个非常重要的问题，也是一个非常敏感的问题。

长期以来，我国对国有企业实行党委领导下的厂长负责制，企业的重大问题由企业党委集体讨论、共同决定，日常工作由专人分工负责。这种领导体制在实际运行中出现了两个问题：一是工作责任难以落实，集体决定的事无法明确责任，实际上是无人负责；二是厂长和党委书记之间普遍存在矛盾，在企业中相互掣肘、权责纠结不清。由于经营和决策的责任无法落实，而且内耗很大，党委领导下的厂长负责制很早就成为改革的对象。

1986年国务院印发了《关于深化企业改革增强企业活力的若干规定》，要求"全面推行厂长（经理）负责制。厂长（经理）是企业法人的代表，对企业负有全面责任，处于中心地位，起中心作用"。1988年4月全国人大通过的《中华人民共和国全民所有制工业企业法》规定："厂长在企业中处于中心地位，对企业的物质文明建设和精神文明建设负有全面责任。""企业设立管理委员会或者通过其他形式，协助厂长决定企业的重大问题。管理委员会由企业各方面的负责人和职工代表组成。厂长任管理委员会主任。"由此，厂长（经理）负责制的法律地位得以明确。

厂长负责制的实行有相当的必然性，是当时全面推行企业承包经营责任制的一个前提性条件。由于涉及非常明确的经济责任，而且要奖罚兑现，实行承包制首先要明确承包主体，而且必须权责一致。企业党组织作为承包主体是不合适的，让一个政治组织去承担经济责任在理论上说不通，而且责任也无法真正落实。

厂长负责制全面推行后，明确了权责，提高了决策和执行的效率，简化了企业的内部关系，取得了明显的经济效果。但另一方面，厂长负责制不可避免会产生一个人说了算、难于制衡和监督的情况，由此也产生了不少问题。从这个阶段国有企业领导体制的调整中也可以看到一种典型的两难选择：强调了集体的作用就无人负责，突出了个人的责权就难以有效制衡和监督。这与当时宏观经济管理体制"一管就死，一放就乱"的情况非常相似。

针对厂长负责制出现的问题，正式文件的提法有所调整。1991年，全国人大通过的"八五计划纲要"中的表述是，"深化企业领导体制和经营机制改革，进一步发挥党组织的政治核心作用，坚持和完善厂长负责制，全心全意依靠工人阶级办好企业"。这应该是当时国有企业领导体制最完整的表述。当然，这样的表述是典型的文件语言，各个方面都照应到了，但在实际操作时，每个主体的行为边界都需要进一步明确。

1994年，国有大中型企业建立现代企业制度的试点工作正式启动，国有企业的领导体制又经历了一次重大变革。这次的变革非常彻底，所有试点企业都按照文件的要求，建立了符合《公司法》的、规范的法人治理结构。由于国有独资公司不设股东会，试点企业都依法建立了董事会、监事会、经理班子，而且按照试点的要求规范运作。从形式上看，试点企业内部已经形成了制衡和监督的结构，但并未真正形成制衡和监督的机制。

试点企业普遍的情况是：董事会、经理班子、党委会人员高度重合，需要自己制衡自己；而且董事长、党委书记、公司法定代表人往往是"一肩挑"，领导体制上仍是厂长负责制的延伸。监事会虽然与其他机构的人员重合度不高，但也都是由企业内部人员组成；监事会主席一般由企业的纪委书记或工会主席担任，性质上属于企业内部人的自我监督，而且是下级监督上级，实效非常有限。由于制衡和监督都是形式上的，运作程序又非常繁复，一批已经建立了董事会的企业日后又撤销了董事会。2000—2002年，有26户中央企业撤销了董事会，回归到总经理负责制的体制。

国务院国资委成立时，中央企业的治理状态是：大部分企业是按照《企业法》注册的国有独资企业，没有董事会，实行总经理负责制；少部分企业是按《公司法》设立的国有独资公司，建立了董事会，但董事会成员都是企业内部人，而且与经理班子高度重合，实际上是董事长负责制。这两种体制的性质是一样的，都是一把手负责制。

一把手负责制在中国有着深厚的传统和文化土壤，我们的各类组织、机构都是一把手负责制的管理体制。一把手负责制对于企业来说长处与短处都很明显：长处是责任清晰、决策效率高、执行力强，一把手的聪明才智可以充分发挥；短处是内部不可能产生制衡和纠错的机制，"成也萧何败也萧何"的情况很多。

一般来说，一把手负责制对中小企业是可以适应的，企业大都是单一产品、经营环境相对简单、企业管控的复杂程度不高，一个人有可能把握得住、管理得好。但对于大型企业而言，业务可能是多元化的、市场可能是全球的，决策的科学性要求非常高；而且企业内部的层级多、管理难度大，一个人很难掌控得了。

从企业领导体制的角度，一把手负责制本身没有问题，尤其是对企业的执行系统；任何工作都要有具体的人来负责，谁也不负责任、没有人拍板的工作不可能做好。但是，如果一把手负责制加不进任何制衡的因素，尤其是在企业的重大决策环节，大家都顺着一把手说话，带来的风险也会很大。把一个大型企业的稳定发展完全维系在一个人身上，很难说是一个科学合理的体制。

具体到企业的决策机制层面，一把手负责制下的决策是一把手带领企业内部团队进行的，具体形式可能是内部人组成的董事会、总经理办公会或党政联席会议等；参与决策的人可能不少，但要做到科学决策、民主决策并不容易。原因之一是，企业内部团队中有上下级关系，一把手想做的事，副职和下属即使有不同意见也不好发表，尤其在会议之上；原因之二是，企业内部团队中有分工关系，自己分管的工作没有问题，别人分管的业务也不便发表意见。

企业一把手带领内部团队决策的结果往往是，开会讨论时除了一把手可以畅所欲言外，其他人都不方便、不愿意讲话，只能等着一把手拍板，这种由许多人参与的决策很自然地转化成一把手个人的决策。一位国内知名的国有企业董事长对国务院国资委说，开董事会时他最怕大家不说话，但最后大家确实不说话。出现这种情况是必然的。正因为如此，尽管有关部门发了很多文件，要求国有企业科学决策、民主决策，不能搞一言堂、不能一个人说了算，但如果企业的领导体制不进行改革，很难有实质性的效果。

这种决策机制中的矛盾，在设立了董事会的国有独资公司中表现尤为明显。按照规范的公司治理，这类企业的决策组织和执行组织是分离的，由于功能不同，这两个组织有着完全不同的运行规则。

决策组织为实现科学决策，强调内部的民主、不能搞一言堂，因而在董事会中董事之间是平等的，个人决策、个人负责；执行组织为提高执行效率，强调内部的权威性和一致性、不能相互掣肘，因此经理班子内部是不平等的，下级服从上级。这两个组织的内部规则几乎完全相反，相互之间很难兼容。如果两个机构由同一批人组成，参与者的角色转换和机构的有效运转都会非常困难。

国务院国资委曾深入剖析中央企业出现过的一些重大决策失误，领导体制方面的原因基本一样。企业一把手主观上并不想把事情搞坏，但个人掌握的信息有限、个人的判断力也有限，企业内部又没有纠错的机制、没有人说不同意见，一把手头脑一热就拍板了，项目上马后发现情况不对，再想抽身就晚了。这种类型的决策失误造成的经济损失有些高达几亿元，甚至几十亿元。

所以，缺乏制衡因素的一把手负责制对于大型企业而言，不是一个科学、可靠的领导体制，需要进行改革。这就是国务院国资委要进行规范的董事会试点的初衷。想要进行探索的主要方向是：在维护企业内部团队集中统一和企业主要负责人权威的前提下，在企业的决策环节从外部加入制衡的因素。

国务院国资委成立后即开始研究中央企业的治理问题，提出了选择部分中央企业进行规范的董事会试点的建议，并得到国务院的同意。2004年6月，国资委印发了《关于中央企业建立和完善国有独资公司董事会试点工作的通知》(国资发改革〔2004〕229号，以下简称"229号文件")，标志着试点工作正式开始。试点的具体内容并不复杂，国外有很多可以借鉴的做法，但要使各有关方面和中央企业负责人能理解和接受，能够符合国情并取得实效,并不容易。尤其要取得实效是一个很大的挑战,因为这种性质的体制建设特别容易流于表面化和形式化。

试点的主要内容包括:第一,调整董事会的结构,建立外部董事制度。国资委选聘外部董事进入董事会并占到多数,减少董事会与经理层的人员交叉,实现企业决策组织与执行组织的分离。第二,加强董事会相关制度的建设并规范运作。成立董事会各专门委员会,依法依规制定董事会章程和议事规则,逐步建立董事会文化。第三,企业的党委书记、职工董事进入董事会。在现代企业制度的整体框架下,对企业党组织发挥政治核心作用和职工民主管理进行探索。第四,坚持和完善外派监事会制度,并与董事会制度相衔接。实现企业决策组织、执行组织和监督组织之间的良性互动。第五,调整国资委和所监管企业的关系,向董事会放权。第一批试点企业共7家,包括神华集团、宝钢集团、诚通集团、国药集团等。

建立外部董事制度是试点最重要的内容,这对于一把手负责制下的内部团队决策体制是一个很大的冲击。由于担心企业一时难以接受,229号文件的提法还是"试点初期外部董事不少于2人。根据外部董事人力资源开发情况,在平稳过渡的前提下,逐步提高外部董事在董事会成员中的比例"。但由于试点企业的理解和支持,第一批试点企业董事会的外部董事一步到位都超过了半数。

国资委选聘的外部董事主体是中央企业刚退休的、以往工作业绩良好的企业负责人,加上一些香港地区和新加坡能以中文为工作语言的企业家和跨国公司的华人高管,以及少量财务、法律方面的专家学者。如宝钢集团公司试点后第一届董事会的构成是:内部董事4位,董事长、党委书记、总经理、职工董事;外部董事5位,中国联通原董事长杨贤足、中石油原副总经理吴耀文、香港利丰集团董事局主席冯国经、新加坡港务集团董事局主席李庆言、上海国家会计学院院长夏大慰。这是一个很强的阵容。①

在建立外部董事制度时，国务院国资委认真研究借鉴了我国上市公司的独立董事制度，并有针对性地进行了制度改进，主要是为了与国情和中央企业的实际相衔接。中央企业外部董事制度与我国上市公司独立董事制度之间的差异可能主要在于以下几方面。

第一，上市公司独立董事的人数偏少，一般不超过董事会成员的半数。不到半数就难以否决董事会的议案，很容易成为花瓶或摆设；中央企业的外部董事人数过半，否决和纠错能力更强一些。

第二，上市公司的独立董事相当部分是学者，没有真正经营过企业，对企业非常具体的经营性决策很难提出实质性意见；中央企业的外部董事大部分是企业刚退休的老同志，商务直觉敏锐，实操经验丰富，知识结构符合企业决策的要求。

第三，上市公司的独立董事都是由企业董事长主导选任的，很多还是董事长的朋友，担任董事属于"友情出演"，独立性很难保证，也难以发挥制衡的作用；中央企业的外部董事是由国资委选聘的，与企业的管理团队基本无关，独立性相对较好。

第四，上市公司独立董事履职受到的约束较弱，受制于我国经理人市场发育不足的现实，独立董事是否称职、是否尽职评价不易；中央企业的外部董事要接受国资委的考核和评价，外派的监事会主席还要列席董事会会议，受到的约束较为直接。

中央试点企业董事会日后的运作情况表明，选择中央企业刚退休的老同志担任外部董事是非常正确的选择，这些同志大都成为各企业董事会运作的核心和骨干。

中央企业的负责人一直按照党政干部进行管理，60岁必须退休，只

---

① 徐乐江. 宝钢董事会运作实践 [M]. 上海：上海人民出版社，2013.

有少数人可延到 63 岁，但大多数人退休时身体和精神状态都还很好，退休后不让他们再做事，对社会、对他们自己都不好。这些同志在中央企业范围内有很好的威望和影响力，在职的企业领导人很容易接受他们；他们对国有企业的运作方式很熟悉，没有水土不服的问题，可以很快适应环境、进入角色；最主要的是，他们长期在企业担任领导工作，经验和教训都有，见多识广、阅历丰富，对企业可能出现的问题和风险有敏锐的直觉，这种能力是极宝贵的社会稀缺资源，他们退休后特别适合做这种非全时性的决策把关工作。

在身体允许并且自愿的前提下，通过担任外部董事的方式，把这批老同志重新使用起来，发挥他们的优势和作用，对国家、对企业、对他们自己都是非常好的事情，特别是在我国老年社会已接近到来的背景之下。

选择中央企业刚退休的老同志作为外部董事，客观上对中央企业负责人产生了一种很好的正向激励作用。只要在岗时认真负责，把企业经营管理得很好，廉政上也没有问题，退休后只要愿意，国资委仍会聘其为外部董事继续发挥作用。当时还没有退休后兼职的限制，一些中央企业负责人退休后成为外资、民营企业争相聘用的对象。有的老同志对国资委说，人家出的钱比你们高多了，但我还是愿意在这个圈子里干，这个圈子我很熟悉，能找到家的感觉。这体现了一种归属感。

董事会试点的一个重要内容，是如何发挥企业党组织的政治核心作用和职工的民主管理作用。为此，各试点企业党组织的主要负责人都进入了董事会，董事会中都配备了职工董事。

依据当时的《中国共产党章程》，企业党组织的政治核心作用主要体现在参与重大决策、党管干部和党建工作三个方面。试点企业在实践中都探索出一些有价值、可操作的具体做法。

在参与重大决策方面：在企业进行重大决策前，企业党委如果认为决策事关重大，可先行讨论并拿出意见，由党委书记带到董事会上报告；由于试点企业董事会外部董事占多数,董事会的决策可能与企业党委一致,也可能不一致;如果意见不一致,党委书记要把董事会的意见带回党委研究,如果企业党委认为董事会的决策违背了党的重大方针政策,可以向上级党委报告,并由上级党委出面裁决,由此形成一个工作闭环。需要说明的是,"由上级党委出面裁决"的情况在试点过程中并未出现过,原因可能在于,党的宗旨与董事会搞好国有企业的目标是内在一致的。

在党管干部方面:企业的党组织对干部管的是政治要求,即能不能用的问题,具体怎么用、在什么岗位上用,则属于董事会和经理层选人用人权的范畴;企业党组织对干部的政治把关可以前置,也可以后置。

在企业党建方面:重要的是党建工作要与企业的生产经营和企业文化建设深度融合,培养一批既能胜任业务工作又能做思想政治工作的"双肩挑"人才,尤其要避免在企业内部形成"两张皮"。

为发挥好职工董事的作用,国资委专门制定了《董事会试点中央企业职工董事履行职责管理办法》。职工董事在享有其他董事同等权利和义务的同时,还承担涉及职工的特别职责;职工董事要向董事会反映职工的合理诉求,在参与董事会决策时要依法维护职工的合法权益;如未能履行好上述职责,职工董事要承担个人责任。

为使试点企业董事会能在制度化的框架内规范运作,国资委进行了一系列制度建设,其中比较重要的综合性文件是《董事会试点中央企业董事会规范运作暂行办法》(国资发改革〔2009〕45号,以下简称"45号文件")。

45号文件在总结前一段董事会试点实践的基础上,对规范董事会的运作提出了全面要求。该文件共十三章一百四十一条,涵盖了董事会及其专门委员会的组成、董事会的职责、董事会专门委员会的职责、董事的职责、董事长的职责、总经理的职责、董事会秘书和董事会办事机构、董事会及其专门委员会会议、董事会与国资委的沟通协调机制、董事会运作的支持与服务等。单项的政策文件包括外部董事的选任办法、外部董事的履职要求、职工董事的管理办法、董事报酬及待遇管理、对董事会和董事的评价办法等。

为了做好外部董事的选任工作，国资委成立了董事资格审核委员会，其完全由企业负责人和人力资源方面的专家组成，国资委自身的干部不参加，以保证选任结果更加客观。各试点企业也结合自身实际，制定了一系列董事会的运作规范，除公司章程外，一般都包括董事会议事规则、各专门委员会议事规则、总经理办公会议事规则、董事会秘书工作细则等。由于制度建设得到各方面的重视，各试点企业董事会基本上实现了规范、有序运作。

试点企业董事会与外派监事会之间的衔接互动，是试点中遇到的一个不大不小的问题。原因是稽查特派员、外派监事会先于国务院国资委成立，监事会主席都是国务院直接任命的副部级干部，监事会系统在国资委内部相对独立。

董事会试点开始时，一些监事会主席是有想法的，担心国资委照搬美国的上市公司制度，用外部董事制度取代外派监事会制度。对此国资委做了大量解释工作。其基本逻辑是：美国的上市公司确实不设监事会，由独立董事承担监督职责，但实际真正起作用的是背后发达的市场和法治机制，独立董事只是代言人；中国的市场机制和法治资源发育不足、企业运行的透明度不高，外部董事只能凭借个人经验发挥决策制衡的作用，不可能承担监督的职责。

试点企业的监事会主席要列席董事会，因而能率先感受到外部董事占多数的董事会在决策方面的认真程度和决策质量上与企业内部团队决策完全不同之处，逐渐接受了董事会试点的制度安排。在国资委的倡导下，一些试点企业的监事会主席主动把监事会工作与董事会对接。一方面把监督工作的部分重点转向董事会，监督董事会的工作是否到位、是不是规范，监督董事是否认真履职、业务能力是不是称职，使外派监事会成为国资委评价董事会和董事的重要主体；同时还建立了与外部董事沟通的制度，在监督过程中发现企业需关注的问题和风险时，与外部董事交换意见，供外部董事决策时参考。

这后一点实际上弥补了一个工作衔接上的缺口。以往外派监事会发现企业中存在的问题或潜在的风险，会向国资委报告。但国资委作为一个并不十分了解具体企业情况的机构，靠一批完全没有企业工作经验的机关干部，不可能对报告的问题进行专业判断，也很难及时做出反应。报告了但没有回音，监事会主席们对此意见较大。

中央企业董事会试点和主营业务整体上市是国务院国资委同时推进的两项工作，由此出现了集团公司和上市公司"双层董事会"的问题。为解决这类机构重叠、职责不清的矛盾，国资委通过调查研究总结出三种模式供试点企业选择。

一是宝钢模式。宝钢上市公司资产占集团总资产的57%，两个董事会是两个完全独立的决策主体，职责边界划分得非常清楚。集团董事会负责宝钢集团的发展；对于钢铁主业，集团公司董事会对上市公司有一个授权范围，授权范围内的事项由上市公司董事会决定。

二是神华模式。当时神华上市公司占集团总资产的62%，但其方向是整体上市。在整体上市前的过渡期，神华集团不设总部部门，存续企业的日常经营管理委托给上市公司；集团公司和上市公司董事会各有9人，其中5人是交叉的，集团公司董事会负责集团的整体发展，上市公司董事会对资本市场和投资者负责。

三是中铁模式。中铁集团99%的资产已经进入了股份公司，集团公司的董事会完全是虚化的。重大事项的决策权都授权给上市公司的董事会行使，国资委选派的外部董事都以独立董事的身份进入上市公司董事会。

这三种模式由其他试点企业根据自身的情况自主选择，核心要求是厘清职责边界、避免同一事项由不同的决策主体负责。

中央企业规范的董事会试点从 2005 年第一批 7 家企业正式开始，到 2013 年时已经超过 50 家。几年的试点显现出一些初步的但意义重大的变化。

第一，试点企业的决策机制发生了变化。所有试点企业都反映，以往一言堂、一个人说了算的情况完全改变了，外部董事在决策把关上发挥了重大作用。几乎每户试点企业都有重大决策被否决或缓议的情况，这在内部团队决策的体制下是很难想象的。外部董事由于不受企业内部关系的羁绊，可以更坦率、更真实地发表意见。当一个决策组织中的大部分人能够讲真话、说实话的时候，这个组织的决策质量必然会提高。这是试点取得的最重要的收获。

第二，对企业的个性化管理开始形成。国务院国资委成立后一直面临一个无解的难题：面对着一百多家不同行业、不同类型、不同状态的企业，只能做共性管理、只能一刀切，这显然不符合企业发展的规律和要求。外部董事进入后，对企业的战略管理、对企业负责人的考核评价开始出现个性化的趋势，更加贴近企业的实际，这对于企业国有资产的监管工作具有重要意义。

第三，改革、管理和结构调整的力度加大。以往一把手带领内部团队决策时，企业的决策组织和执行组织是合一的，出题人和解题人是同一批人，甚至是同一个人，自己不会给自己出难题、别跟自己过不去，这都是人之常情。董事会试点把企业的决策组织和执行组织分开了，出题人会针对企业需要解决的短板和难题提出工作要求，从而加大了企业改革、管理和结构调整的力度。

第四，有利于企业决策组织的优化。以往国有企业领导班子管理一直存在市场化不够、人员流动性不足的问题，配一个班子需要考虑多方面的因素和平衡，调整和优化并不容易。试点企业董事会作为企业的决策组织，在人员的组合结构和专业结构上都比较易于调整，不同专业背景的外部董事根据企业发展的需要，进和出都比较简单，这也是试点的一个重要收获。此外，外部董事制度还有助于帮助企业抵御行政干预。有时某些政府部门会要求企业进行一些不符合自身发展方向的投资或并购，在职的企业负责人往往不好拒绝，此时，董事会通不过是一个合理、有效的应对理由。

董事会试点带来的上述变化非常有价值。原因在于，这些变化是体制效应，而不是个案或个人效应。如果再深入一步，其体制意义可能在于为一个重大问题提供了一种可能的解决方案。

对于国有企业而言，高层级的国有资产出资人代表机构必然是行政机构或准政府机构。在这种情况下，国有资产出资人到位、出资人进入企业都不应该是直接的，需要有一种转换的模式。由于组建国有资本经营公司存在很多不确定性，依靠机构投资者或金融中介都还不具备实施的条件，比较现实的转换形式很可能就是董事会建设和外部董事制度。从具体层面看，这项试点的直接对象是国有独资公司，实际上一些重要的治理原则对多元化的公司也是适用的。

董事会试点的初步成效也促成了各方面认识上的转变。

试点开始时，一些中央企业一把手是有想法的，认为这套制度是国资委琢磨出来"对付"企业一把手的。但随着试点工作的推进，越来越多的企业主要负责人意识到，外部董事制度实际上是"帮"一把手的。在一把手负责制的体制下，一把手的权力很大，但责任和风险更大，而且全部压在一个人身上，别的人"不在其位不谋其政"。外部董事进入后，客观地帮助企业分析问题、防范风险、说出真话，是对企业主要负责人最大的支持和帮助。当然，也不是所有的企业一把手都从内心欢迎董事会，如果想要利用企业实现一些其他的目标，一把手说了算的体制还是最方便的。

试点开始时，一些企业的班子副职也是有想法的。副总经理一般不会进入董事会，因此抱怨国资委只信任外部人、不信任内部人。通过试点企业董事会的运作，这些副总经理们逐渐认识到，这不是信任与不信任的问题，由于自己处在企业内部错综复杂的关系网之中，不可能像外部董事那样敢说真话、发挥决策制衡的作用。曾经有试点企业的副总经理对国资委讲，自己没进董事会是好事，有些重大问题自己想讲但不敢讲，这实际上是很难受的。

试点的初步成效使中央企业各个层面越来越认同试点的制度安排，因而国资委在扩大试点范围时再未遇到实质性阻力。

公司治理是一项非常复杂的改革，会遇到国情、体制、观念、利益等多方面问题，我们国家尤其缺乏董事会的文化和土壤。国务院国资委在推进中央企业董事会试点工作中遇到的难题很多，有些找到了一些办法，有些并没有能解决好。从试点整体的情况看，大体上是前期效果比较明显，后期已出现了弱化的迹象。比较突出的问题可能在于两个方面。

第一，董事会的权限不足。企业建立了规范的董事会后，原由政府部门或出资人机构行使的相关职权要向董事会下放，这一点原则上没有问题，国资委的试点文件中也有明确要求。但真正操作起来发现情况非常复杂、很多事不能理想化，放什么权、放多大程度，可能要根据具体情况仔细研究，探索一些可操作的过渡性安排。

例如，下放对经理班子的选任权与目前国有企业干部管理体制的差异太大，没有相关制度改革的配合很难有实质性操作；即使建立了职业经理人制度，在经理人市场和猎头机构的发育都不完善的情况下，董事会如何履行好这项职权也需要研究。国有企业负责人的薪酬更是一个敏感问题，薪酬决定权想要下放给董事会，也没有人愿意接受。除已经下放的企业重大决策权外，目前唯一能够下放的是对经营班子的考核权，但可能也需要有一种内外结合的过渡性安排。但无论如何，如果董事会权限不足的问题长期化，一些专门委员会就会形同虚设，董事会的权威和工作效果也会受到影响。

第二，高水平的外部董事资源不足。试点前期，国资委选派的外部董事素质是最高的，为试点的起步打下了很好的基础。但随着试点企业数量的增加，现有的高水平的外部董事已显不足，此后又遇到对退休人员兼职限制的问题，外部董事的来源更是捉襟见肘。

中国是个"官本位"传统的社会，有资历者大都有一官半职，好的外部董事更需要有较高层次岗位的历练，否则连发表意见的底气都没有。限制兼职后，很多在任的外部董事不得不退出，找不到合适的外部董事成为全国国有企业董事会建设面临的一个普遍性问题。董事会试点制度的基础是要有高水平的外部董事，外部董事的素质越高，制度效果就越好。如果不能保证外部董事的素质，或者一些"关系"因素掺杂进来弱化了标准，实施效果会大打折扣，甚至可能完全流于形式。

还有一些具体问题一直没有找到好的解决办法，如董事长和总经理的关系问题。由于党的第十五届四中全会在1999年9月22日通过的《中共中央关于国有企业改革和发展若干重大问题的决定》中有明确要求，我国国有企业的董事长和总经理原则上分设，而且往往由上级部门"同纸任命"，这样企业中就有两个坐班的企业负责人，各自对任命自己的部门负责。这种情况在国外并不多见：美国公司一般是CEO制，董事长兼首席执行官，两个职务是一个人；欧洲公司一般是外部董事长，不在企业坐班。

在一个具体企业内部，董事长和总经理的职责和权限很难完全划分清楚。一般来说，国有企业的董事长往往是企业内部团队的核心，从职责上禁止其插手执行事务会很不顺，也不利于提高企业的执行力；总经理不一定当得了家，但如果企业出了问题，董事长要带领董事会问责总经理，这可能更加不顺。因此，董事长与总经理之间不太协调的情况相当普遍。

为了解决这个问题，在总经理由董事会聘任一时还难以实现的情况下，国资委选择了一些企业试行外部董事长制。外部董事长是兼职的，不在企业坐班，只负责主持董事会的运作，总经理担任公司的法定代表人。

外部董事长制试行的范围不大，效果因人而异，但这种模式显然也很难大范围实行。

完善公司治理是一个世界性的难题，也是一项长期性的任务，世界各国都是如此。国务院国资委推动的中央企业董事会试点是一项非常有意义的探索，希望借此改变缺乏制衡的一把手负责制在企业经营管理上的固有弊端，在企业的决策组织中制度化地插入制衡的因素。这个目标值得肯定。

我国各类企业的发展一直存在一个通病：对领导者个人的依赖程度过高、制度化的因素过少，因而企业的发展普遍缺乏稳定性。这个缺欠对大企业尤为不利，因为大型企业的成长需要较长时间的积累。中国的传统文化中并没有董事会制度的土壤，加上现实体制背景的限制，这样的努力会遇到许多困难，有可能成功，也有可能不太成功，甚至可能完全变形、失效。但希望把国有大企业的长期稳定发展建立在一个制度化的基础之上，无疑是一个值得坚持和探索的方向。

八、分离国有企业办社会职能

国有企业改革中相当一部分举措是有争议的，分离国有企业办社会职能却是个例外。大家都不认为一个市场竞争主体应该承担社会职能，也没有人反对把这些职能交还给政府承担。但是，这项工作又是国有企业改革中最难推动的工作之一，原因是国有企业办社会职能的规模很大，而且移交涉及的利益关系非常复杂。

经过对国有企业办社会职能的梳理，大致包括几大类型二十多项内容。企业自办的教育机构，包括全日制普通中小学、成人初等及高等学校、职业教育、幼儿园等；公益性服务机构，包括医院、卫生防疫、公共交通、社会管理等；自办的政府职能机构，包括消防、公安、检察院、法院等；社会管理职能机构，包括离退休人员管理、社会保险管理、劳动合同鉴证、劳动安全监察等；城市管理和企业生产生活服务机构，包括市政道路、供水、供电、供暖、物业管理、绿化等。

当然，不同类型的企业承担的社会职能差异很大，有多有少。一般来说，油田、矿山等独立工矿区企业办社会的职能最为完整，甚至承办了所在地的政府机构；即使是一些地处城市的大型国有企业，办社会系统也非常庞大，如长春市的一汽集团、武汉市的武钢集团、宜昌市的葛洲坝集团等。

由于历史的原因，国有企业办社会职能机构的存量很大。据1998年教育部的统计，全国国有企业自办中小学1.7万所，在校学生732万人，教职工63万人，学校的数量约占全国总数的1/3；卫生部的统计数据显示，全国国有企业办医院等医疗机构7297所，床位60万张，工作人员79万人，在全国所占比重大体上也是1/3。据2004年底的统计数据，全国国有企业自办公安机构2680个，职工14.2万人；自办检察院271个，职工0.63万人；自办法院313个，职工0.68万人；自办消防机构635个，职工2.4万人；自办市政机构681个，职工2.98万人；自办社保机构1300个，职工3.07万人；自办社区机构1894个，职工7.8万人；自办供水供电供暖机构2827个，职工21.9万人。这些机构需要企业每年补助经费285.9亿元以维持运转。

在国有企业办社会方面，葛洲坝集团的情况最为特殊。该集团总部在湖北省宜昌市，由于历史原因，集团对宜昌市西陵区所属葛洲坝城区履行政府管理职能。该区域面积9.4平方公里，约占宜昌市中心城区面积的1/3；人口25万余人，约占宜昌市中心城区人口的1/4。除学校、医院、消防、公检法等常规办社会机构外，葛洲坝集团还承担着该城区的管理职能和为居民提供生活、公益和其他服务的社会职能。以城区管理为例，集团承担着辖区内城区规划、建筑市场管理、建筑招投标管理、市政公用项目建设与管理、市容环卫管理、环境保护与监测、城管监察等职能；辖区内需由集团管理和维护的道路有 47 条，主次排水沟 36 公里，集贸市场 12 个，绿化面积 91 万平方米，日产生活垃圾 160 吨。为做好这些工作，葛洲坝集团专门设立了一个城区管理建设局进行归口管理，整个集团从事办社会职能工作的员工有 2400 多人，年均支付办社会职能费用 3.2 亿元。

葛洲坝集团当然是个极端的例子，中国第二重型机械集团公司的情况则比较典型。二重集团的规模实际并不很大，但集团也办了 5 所全日制普通中小学，在校生有 5500 人，教职工近 600 人；医疗卫生机构 4 个，有 450 张床位，员工超过 500 人；集团自办公安分局 1 个，派出所 3 个，消防局 1 个，人民法院 1 个；还有生活服务机构 1 个，幼儿园 4 个，街道管委会 10 个。集团办社会的员工超过 2000 人，占集团职工总人数的 14%，年度费用支出占集团年销售收入的 6%。

一般认为，分离国有企业办社会职能的工作关系很简单，企业交出去、政府接过来即可，但实际操作涉及的利益关系非常复杂。

分离企业办社会职能不可避免会增加当地的财政支出负担，地方政府并没有积极性。分离各类办社会机构涉及众多的政府部门，有时同样性质的机构还要对口不同的部门，如中学一般是市级教育机构、小学是区级教育机构；每个部门自身的预算都不宽裕，都不愿意增加自己的支出责任，因而接收单位也不积极。

有些系统还有编制问题，企业办学校、医院、公检法机构的人员都是企业员工的身份，没有事业单位或政府机构的编制，在编制方面如没有相应安排，移交后的遗留问题会很多。一些本地教育、医疗资源已经饱和的地区，不愿再接收新的学校和医院；不发达地区非常需要补充这些资源，但当地财政的承受能力恰恰最差。困难企业办社会系统人员的待遇较低，移交后自然会要求同工同酬，但这会额外增加地方财政的负担；好企业办社会机构员工的待遇一般会高于社会上的同类人员，这些员工都不愿意离开企业分离到社会上去。

因此，分离国有企业办社会职能工作能够推进的前提是：中央政府下大的决心，提出明确的工作要求；地方政府把相关的政府部门组织好，统一政策、统一接收。靠企业找对口部门一对一商谈，绝无成功的可能。同时，要准备好足够的改革成本、制订好合理的补偿政策，让接收方及分离出去的员工在经济上尽量不吃亏，配套政策尤其要考虑到有关编制和人员待遇方面的问题。

分离国有企业办社会职能工作启动得很早。第一份正式文件是1995年国家经贸委等5部门印发的《关于若干城市分离企业办社会职能分流富余人员的意见》的通知，即"国经贸企〔1995〕184号"文件（以下简称"184号文件"）。

这份文件是优化资本结构城市试点的配套文件之一，也是一项试点中不能不做的工作。因为这项试点的主要内容是国有困难企业的政策性关闭破产，企业破产了不能把所办的学校和医院一起"破"掉，必须进行分离移交。由于各个部门的意见不一致，184号文件回避了一个最为关键的问题：分离企业办社会职能的成本由谁来承担。

针对这个最大的难点，各试点城市根据自身实际进行了多种方式的探索。一是增提教育费附加，专项用于分离国有企业自办的中小学校，原办学企业不再承担分离后学校的经费。如长沙市从1996年起将城市教育费附加提高了一个百分点，筹集了资金1600万元，另由市财政拨款500万元，对城区48所国有企业自办中小学进行了分离。二是政府与企业商定一个经费分担比例，经过几年过渡期后由政府承担全部费用。如大连市市属国有企业所办的25所中小学校分离后所需费用以5年为过渡期，5年内财政负担1/3，之后全部由财政负担。三是一些财政困难的地区，先向政府移交企业所办学校的管理权，在一段时间内仍由企业负担全部经费，之后再由政府正式接管并负担费用，如本溪市、牡丹江市的做法。

1999年10月，国家经贸委在福建省南平市召开了全国国有企业分离办社会职能工作座谈会,向全国推广福建省的经验。

福建省政府高度重视分离国有企业办社会职能工作,把分离工作作为全省国有企业改革的突破口来组织和推动,因而政策完备、组织严密、推进的力度很大。福建省提出的目标是:用两年的时间,把全省企业自办的中小学校、幼儿园、技工学校、医院、公检法机构、居委会、生活后勤服务和离退休人员管理机构全部分离出去,使企业办社会问题在全省基本得到解决。①

在实际工作中,福建省特别强调政府在分离改革中的主导作用。省政府、省经贸委制定下发了一系列有关分离工作的政策文件,针对不同类型的企业办社会机构,分别明确了分离的原则和范围、人员编制、经费来源、资产处置、组织领导等各个具体方面。对企业办社会比较集中的福州、南平、三明等城市,专门成立了工作机构负责推进;全省还建立了统一的分离工作统计报表制度,以便及时掌握各地的工作进度。在经费分担方面,福建省的主要办法是设定一个三年的过渡期,企业负担的经费份额逐年递减、政府的份额逐年递增,过渡期后由政府全额负担。

经过两年的努力,福建省共分离省、市、县属国有企业自办中小学119所,涉及教职工3985人;撤销了172个公安机构,分离了60个公安机构纳入地方公安机关序列,核定编制500人;分离了企业自办医院、卫生所218家,涉及员工3594人;分离了居委会92个,移交给街道办事处管理;有14179名企业离退休人员移交给了社区服务机构。至此,福建省地方国有企业办社会问题基本解决。福建省的经验对全国分离国有企业办社会职能工作是一个重大突破,对其他省市产生了很好的示范和借鉴作用。

2002年5月,国家经贸委等6部门下发了《关于进一步推进国有企

---

① 丁国炎. 探索者的思考[M]. 福州:福建教育出版社,1999.

业分离办社会职能工作的意见》(国经贸企改〔2002〕267号，以下简称"267号文件"）。这个文件在总结前一段地方实践的基础上，明确了企业办普通中小学、医院、后勤服务机构的分离方式；对分离工作涉及的职工福利性补贴、社会保险、富余人员等问题做出了政策安排；对分离后的费用承担问题，提出了三至五年过渡期的规定，过渡期内由企业负担为主逐步转为地方政府为主，过渡期结束后全部由地方政府承担。

文件还提出，要进行中央企业分离办社会工作的试点。但由于各部门的意见不一致，最关键的成本问题只有一句非常模糊的说法："所需经费参照地方企业的办法解决，中央财政根据实际情况给予适当补贴。"

267号文件为各地推进分离工作提供了政策依据，加上福建省成功经验的示范，这项工作取得了明显进展。到2003年底，河北省基本完成29家省属企业所办的188个中小学校、医院、公安机构的分离移交；重庆市完成了83家市属企业152所自办中小学校的移交；河南省和北京市基本完成了省市属国有企业自办中小学的移交。全国共有4000多所企业办中小学校、400多个公检法机构、2000多家医疗机构与企业实现了分离。

但是，各省市，包括之前福建省的工作推进，都不包含中央企业。由于财政"分灶吃饭"的大体制，地方政府不可能为中央企业支付改革成本；另一方面，中央企业是办社会职能的大户，办社会机构数量多、规模大，分离移交所涉及的费用也是地方政府难以承受的。267号文件"中央财政根据实际情况给予适当补贴"的说法，既不能调动地方的积极性，也不足以消除地方的顾虑。地方政府"不见兔子不撒鹰"完全是合理的行为，任何模糊的概念都没有可操作性，中央企业分离办社会职能的工作因此而形成僵局。以后的操作实际表明，对于中央企业来说，"分担""过渡期"的办法都不好使，费用补偿需要"全额"，而且必须"永远"。

国务院国资委成立后，破解分离中央企业办社会职能工作的僵局成为一项责无旁贷的任务。有时对同一事物，从不同的角度出发会有完全不一样的道理。对地方政府来说，中央企业办的事业要交给我，属于负担转移，费用当然要由你承担；对于中央企业来说，办社会本来就是地方政府的责任，我出钱为你办了几十年，现在移交出去属于物归原主，怎么还能再向我要钱？但现实情况是，如果没有人承担分离的成本，中央企业的办社会职能确实交不出去。

为实现267号文件提出的进行中央企业分离办社会工作试点的要求，国资委和财政部进行了大量调查研究，并于2004年初向国务院上报了开展试点工作的意见。2004年4月，《国务院办公厅关于中央企业分离办社会职能试点工作有关问题的通知》（国办发〔2004〕22号）发布，文件明确中国石油天然气集团公司、中国石油化工集团公司、东风汽车公司三家中央企业为试点单位。

试点工作分离的范围限定在企业所办全日制普通中小学和公检法机构；企业办医院、市政、消防、社区机构等，由企业和地方政府根据实际情况协商确定。移交机构的资产无偿划转，但移交前已经发生的债务仍由原企业承担；移交人员符合有关职业资格条件的，其编制按有关规定办理；移交涉及的经费，按2003年企业实际补助金额由中央财政给予补助，补助资金通过中央财政转移支付方式划转地方财政补助基数。

按企业实际支出金额补助、纳入财政转移支付基数，实际上就是"全额"和"永远"的概念，从而扫清了分离工作中最大的一个障碍。如此充分的财政支持在整个国有企业改革的过程中很少见到，这一方面是由于国务院领导的重视，也与当时的宏观经济环境有关。当时我国正处在经济高速增长时期，财政每年增收的幅度很大，集中财力解决一些历史遗留问题是非常正确的选择。

2004年4月，国务院在北京召开了中央企业分离办社会职能试点工作会议，部署工作、解读政策，会议期间黄菊副总理在中南海召开了试点工作座谈会，对试点工作的推进提出了要求。

这次试点由于政策考虑比较周全，中央财政的经费补偿又是足额、长期的，地方政府普遍反应积极，工作进展相当顺利。到 2004 年底，三家试点企业已分别和 27 个省（区、市）签署了移交协议，移交资产、财务关系、财务补助基数核定及划转手续全部办理完毕，企业办全日制普通中小学、公检法机构实现了平稳分离。

2005 年，在三家试点企业分离工作顺利完成的基础上，国务院决定启动第二批中央企业分离办社会职能工作。2005 年 1 月，《国务院办公厅关于第二批中央企业分离办社会职能工作有关问题的通知》（国办发〔2005〕4 号，以下简称"国办发 4 号文件"）发布。第二批中央企业共 74 家，基本涵盖了有办社会问题的全部中央企业。具体政策与三家试点企业基本一致，主要的变化是中央财政和企业之间设置了一个三年的过渡期。企业在过渡期内要根据企业利润的多少承担不超过 40% 的费用，过渡期后由中央财政全额负担。

国办发 4 号文件下发后，各有关政府部门又根据操作中出现的问题进行了政策完善。如财政部、国资委联合印发了《关于中央企业先期移交办社会职能机构有关政策问题的通知》（财政部〔2005〕116 号）。这个文件专门明确，先期移交中小学时仍留在企业中的离退休教师，可以比照第二批中央企业的政策，一次性移交地方政府管理；离退休教师养老金低于当地同类人员标准的，按当地标准执行，所需经费由中央财政作为补助基数划转地方财政。这一政策实际上是为解决企业退休教师上访问题而制定的。2007 年，中央编办下发了有关"政法专项编制"问题的通知，解决了分离移交的公检法机构的人员编制问题。

到 2007 年底，中央企业共分离办社会机构 3593 个，占中央企业办社会机构总数的 41%，其中分离企业办中小学和公检法机构 2445 个，移交在职人员 16 万人、离退休教师 7.4 万人，中央财政为此每年补助经费 92.8 亿元。至此，中央企业所办普通中小学和公检法机构基本分离完毕。

企业办全日制普通中小学和公检法机构都属于"标准的"企业办社会职能机构，可以进行统一的分离移交，而其他企业办社会机构的情况更加复杂。一是企业自办的其他教育机构，如技工学校、幼儿园等。这类教育机构政府已经不再举办，因而无法移交，只能根据实际情况个案处理。二是企业自办的医疗机构。这些机构的状况差异很大，有规模很大、运作非常规范的职工医院，也有很小的企业卫生室，难于进行统一处理。三是企业自办的供水、供电、供暖、物业等生产生活服务系统。这类机构在一些老工业基地数量很多、企业负担很重，但这类服务各地已经是企业化运作，政府也无法接收。四是企业退休人员的管理服务机构。这类机构从方向上讲应该分离，因为涉及国有企业退休职工的社会化管理，但操作中遇到非常复杂的费用和编制问题，还与当地社区的承接能力有关。分离国有企业办社会职能工作最困难的当数独立工矿区企业和森工企业，这些地方一直是"大企业、小政府、小社会"的格局，办社会机构的服务对象以企业内部职工为主，机构分离难，分离后的生存也难。

2011年，国务院国资委总结了黑龙江省哈尔滨市分离国有企业"三供一业"的经验。"三供一业"是指企业的供水、供电、供暖和物业管理系统。企业自办"三供一业"的情况在一些老工业基地的大型国有企业中相当普遍，当年建厂时这些大企业都是完整的独立体系，生产和生活服务系统、职工宿舍都是自有的，宿舍区与厂区隔一条马路是当时标准的布局模式。

"三供一业"是企业办社会负担中占比很大、包袱很重的一个部分，尤其是一些大企业、老企业。由于这些服务功能在各地都已经是企业化、市场化运作，无法向政府移交，之前的分离移交工作都未能涉及，因此成为一个很突出的历史遗留问题。

从2008年开始，哈尔滨市在全国率先启动了企业"三供一业"的分离移交工作，其动因实际上是城市建设和发展的现实需要。未分离之前，哈尔滨市国有企业家属区供热总面积占城区的 30%，物业管理总面积占城区的 31%，而且非常分散地遍布于城区的各个区域。从城市发展的角度，企业自办的格局不改变，城市无法进行统一的规划和建设改造；从企业的角度，这些服务设施大都年久失修，由于企业经营困难无力维护改造，已成为一个背不动的大包袱。

分离"三供一业"比以往的分离工作更加复杂。由于是企业对企业的移交，其中有一个双方的经济责任问题，而不同企业的各类设施的状况差异很大，需要达到一定的标准才能交出去，很多设施移交前需要进行改造。这就涉及统一的移交标准、改造的技术和质量标准、改造费用的认定、验收方式等一系列非常具体的问题，其中有很多难以避免的争议需要协调处理。

为把这项异常复杂的工作组织好，哈尔滨市组织了专门的工作班子，明确了不同类型设施、业务和机构的对口接收企业，制定了几大厚本非常详细的政策和标准。应该说，哈尔滨市分离国有企业"三供一业"的成功实践，使全国国有企业分离办社会职能工作又实现了一个新的突破。

在国务院国资委到哈尔滨调研和总结经验时，哈尔滨全市范围内省市属国有企业"三供一业"的分离工作已接近尾声。国务院国资委一方面高度肯定了哈尔滨市的做法，同时与黑龙江省、哈尔滨市协商，把当地中央企业分离办社会职能工作纳入地方的工作体系一并推进，并与黑龙江省政府签署了《关于驻黑龙江中央企业分离"三供"和物业管理等办社会职能工作专题会议纪要》。2012 年 6 月，国务院国资委在哈尔滨市召开了驻黑龙江省中央企业分离移交"三供一业"工作会议，标志着这项工作正式启动。

中央企业"三供一业"的分离移交一直是个很大的难题，主要是体量太大。如航天科技一个集团要移交的供水、供电、供热、供气、物业管理项目就有 221 个，涉及的居民达到 40 万户。黑龙江省、哈尔滨市给当地中央企业承诺的政策是：执行与地方企业相同的分离政策、相同的费用标准，分离出的业务和人员由地方企业统一接收。国务院国资委给予当地中央企业的支持政策是：分离移交费用由国有资本经营预算补助50%，中央企业的集团公司承担不低于30%，其余部分由移交企业自行承担。这些政策日后都成为各地中央企业分离"三供一业"工作的基础。

在黑龙江省国有企业"三供一业"分离取得经验和进展的基础上，国务院国资委将这项工作在全国推开，国有企业分离办社会职能工作又开始了新一轮的推进。

在国有企业办全日制普通中小学、公检法机构、"三供一业"分离之后，国有企业办社会问题中的大部分得到了解决。对于国有企业自办的各种医疗机构，国资委采取了逐步分类处理的办法：一些规模较小、企业无意再办的机构，可以进行关闭处理；一些具备条件、有一定专业基础的机构，可以改制成为面向社会、能够独立生存的专科医院；一些比较规范的大型职工医院，可以与当地政府协商移交转入地方医疗体系，也可以进入大型医疗产业集团。之后还要解决的是退休人员管理机构问题，这仍要做细致的工作，其中既有一个当地政府具不具备条件接的问题，也有一个退休职工愿不愿走的问题。

分离国有企业办社会职能是国有企业改革中一项很基础性的工作。企业办社会是计划经济时期的一个历史遗留问题，改革开始后随着市场竞争加剧，这些社会负担使国有老企业在市场竞争中步履艰难，因为其他所有制企业并没有类似的职能任务。这项工作从1995年正式开始，其复杂程度和难度远远超出了大家事先的预料。

由于这项工作也涉及大量职工，而各个区域社会观念的差异很大，具体工作中妥协、变通也是不得已的办法。例如，东北地区一家大型中央企业在分离"三供一业"时，涉及的2000名职工成为难点，接收方不需要这么多人，这些职工也坚决不愿离开中央企业。最后的解决办法是，保留这些职工的中央企业员工身份，由企业把他们组织起来为接收方搞劳务输出。这样的操作肯定不很规范，但不如此就有可能激化矛盾，工作也无法推动。在计划经济时期，国有企业是一层社会组织，因而承担了众多的社会职能。要把这些企业由社会组织改造成为经济组织，还真不是一件很容易做到的事。

九、主辅分离、辅业改制

主辅分离、辅业改制是国有大企业改革中一项针对性很强的专项工作，目的是解决国有企业中大量存在的辅业问题，以及部分企业富余人员的再就业问题。

由于历史原因，国有大企业普遍是"大而全"的模式，企业的辅业系统都很庞大，一般包括生产服务系统、生活服务系统、零部件系统等；众多辅业单位是为主业服务的，也是靠主业生存的。这种主辅不分、自我循环的模式，很大程度上使企业失去了到市场上择优选购产品和服务的机会；主业和辅业之间有大量照顾性的采购、扶助性的价格，结果是拉高了成本，影响了质量，拖累了主业的发展。在国有大企业逐渐明晰了主业，并开始围绕主业发展之后，辅业单位如何处置就成为一个普遍性的棘手问题。

在国有企业改革之初，结合企业承包经营责任制的实行，很多国有企业开始探索搞活辅业的途径。比较普遍的办法是把辅业单位改成独立核算的经营主体，走出企业、走进市场、为社会服务，并取得了明显的当期效果。

但这一时期的辅业改革基本上属于独立核算、分灶吃饭的性质，辅业单位仍是由原企业主办，员工也是原企业的在册职工。由于没有触及产权和劳动关系问题，分离很难彻底，辅业单位经营状况好时皆大欢喜，一旦陷入困境就很自然地回归主办企业。如此反反复复，依附关系总是难以了断，真正解决问题需要更大力度的改革。另一方面，国有大企业内部都有大量从主业分流下来的富余人员，由于社会稳定的压力和国有企业的社会责任，这些富余人员不能简单地推到社会上去，企业需要自己想办法安排他们再就业。主辅分离、辅业改制工作就是在这样的背景下开始推进的。

2002年11月，国家经贸委等8个部门联合下发了《关于国有大中型企业主辅分离辅业改制分流安置富余人员的实施办法》，即国经贸企改〔2002〕859号（以下简称"859号文件"）。859号文件是主辅分离、辅业改制工作第一个也是最重要的基础性文件，制定过程中经过大量的调查研究和反复的修改。

859号文件把国有大企业的改革、结构调整、内部重组和富余人员再就业工作结合起来，把国有中小企业改革的政策引入国有大企业的辅业改革之中。这是一个很大的突破。

以往，这两类国有企业的改革政策是相互独立的。国有中小企业改革是多种形式放开搞活，国有大企业改革是建立现代企业制度，方针不同，政策也不能跨界使用。859号文件明确：鼓励有条件的国有大中型企业在进行结构调整、重组改制和主辅分离中，利用企业的非主业资产、闲置资产和关闭破产企业的有效资产（简称"三类资产"），改制创办面向市场、独立核算、自负盈亏的法人经济实体，多渠道分流安置企业富余人员和关闭破产企业职工，以减轻社会的就业压力。具体的工作要求主要是以下几点。

第一，辅业单位必须进行股权多元化的改革。859号文件规定，对改制的辅业单位应按照《公司法》和其他法律法规的规定，通过合资、合作、出售等方式，逐步实现产权主体多元化。具备一定市场生存能力的改制企业，可直接改制为非国有法人控股的法人实体；暂时不具备条件，或职工在观念上还难以接受的改制企业，可阶段性保持国有法人的控股地位，待以后条件成熟时再进一步改制。

第二，改制企业与职工的劳动关系必须进行调整。对进入改制为国有法人控股企业的人员，原主体企业和改制企业要按照国家规定与职工变更劳动合同，用工主体由原主体企业变更为改制企业；对进入改制为非国有法人控股企业的人员，原主体企业要依法与职工解除劳动合同，并支付经济补偿金。对经济补偿金等改制成本，改制企业可用国有净资产支付，由此造成的国有资产减少，按程序报批后冲减国有资本金。可以用国有净资产支付改革成本，是中央政府的文件中第一次明确认定，这是一个很大的政策突破。

第三，改制企业必须与原主体企业理顺隶属关系。859号文件明确，改制企业与原主体企业除产权关系外，不再具有行政隶属关系，原主体企业仅以出资额为限承担有限责任，并依法享有股东权利。文件要求，改制企业要建立以产权关系为基础的法人治理结构，建立健全相应的组织机构，制定各项管理制度，完善监督约束机制。当然，为使改制企业能够顺利起步，原主体企业在改制企业设立的过程中，有责任帮助推荐考核经营者人选并监督其产生程序的合法性。

第四，对符合要求的改制企业，政府给予税收优惠。859号文件明确的要求是：利用原企业的"三类资产"，独立核算、产权清晰并逐步实现产权主体多元化，吸纳原企业富余人员达到30%（含）以上，与安置的员工变更或签订新的劳动合同。凡符合上述条件的改制企业，经有关部门认定，税务机关审核，可享受三年内免征企业所得税的政策；如果达不到这些条件，通不过有关政府部门的认定和审核，就没有资格享受政策优惠。

辅业改制企业的产权要动、职工的劳动关系要变、企业的管理关系要调整，这几条都是以往国有企业改革中最为核心的难点问题。落实859号文件的要求，无异于在国有大企业内部进行一次外科手术式的改革，把辅业单位及其职工从主体企业中切出来，送到市场上去。这又是一项非常复杂、非常困难的工作。

859号文件可能是国家经贸委被撤销前所发布的最后一份影响大、意义大的重磅文件。在牵头负责国有企业改革的几年中，国家经贸委主导并基本完成了国有中小企业的改革、国有企业的政策性关闭破产、国有企业三年改革脱困等几项重大的改革工程。主辅分离、辅业改制工作打了一个基础、开了个头，组织实施工作只能由之后成立的国务院国资委来承担了。

主辅分离、辅业改制是一项政策性很强的工作，涉及资产处置、职工安置、劳动关系、债权债务处理等一系列非常具体的问题，在实际操作中非常复杂，仅有一个原则性的总体文件是不够的，需要进行一系列的政策细化。

2003年3月，国家经贸委等3部门下发了《关于中央企业报送主辅分离改制分流总体方案基本内容和有关要求的通知》，明确了中央企业总体方案的报送内容和备案内容；2003年7月，国资委等4部门下发了《关于进一步明确国有大中型企业主辅分离辅业改制有关问题的通知》，明确了国有控股企业的界定标准、国有大中型企业的划分标准、辅业资产的界定范围等问题；2003年7月，劳动和社会保障部等3部门下发了《关于印发国有大中型企业主辅分离辅业改制分流安置富余人员的劳动关系处理办法的通知》，规范了辅业改制中劳动关系处理、维护职工合法权益等事项；2004年1月，国资委印发《关于中央企业主辅分离辅业改制分流安置富余人员资产处置有关问题的通知》，对"三类资产"的认定和处置作出规定；2004年3月，国资委等3部门下发了《关于中央企业报送主辅分离改制分流第二批实施方案有关事项的通知》，对中央企业第二批及以后批次实施方案的报送内容作出规定；2005年9月，国资委等3部门下发《关于进一步规范国有大中型企业主辅分离辅业改制的通知》，对辅业资产进场交易、内部退养人员等预留费用标准等问题给予明确。

这一系列配套文件与859号文件一起，构成了主辅分离、辅业改制工作完整的政策体系，为规范、有序推进这项改革奠定了比较扎实的政策基础。

主辅分离、辅业改制工作要使大量的辅业单位及职工离开主体企业进入市场，推进的难度很大。但国有大企业的领导人普遍认为，这是国有企业做强做精主业、解决好辅业和存续企业问题难得的政策机遇，因而都积极行动，采用了力度很大的改革措施。

企业层面比较普遍的做法是：重新梳理企业的发展战略和内部资产，更清晰地界定主业，规范地划定和处置"三类资产"；积极推进开放式改制，通过产权交易市场等方式引入外部投资者，尽量减少由原主办企业控股、职工持股的改制形式；帮助改制企业选好经营者、做好发展规划，对拟改制企业的资产适当进行调整改造、填平补齐，以提高企业进入市场后的生存能力和竞争力；将改制企业扶上马、送一程，在一定期限内，主体企业为改制企业提供内部市场，优先购买改制企业的产品和服务；等等。

主辅分离、辅业改制工作推进的力度大、成效比较明显的企业包括中国石油化工集团有限公司、中国东方电气集团有限公司、中国南车股份有限公司等。在工作正式开始后，国家经贸委、国务院国资委于2003年、2004年、2006年三次召开全国性的主辅分离、辅业改制工作经验交流会议，介绍和推广企业创造出来的成功经验。

中央企业主辅分离实施的最大项目，是攀钢集团有限公司下属钢城企业总公司整体移交攀枝花市政府管理。钢城企业总公司是攀钢集团主办的辅业企业，职工人数超过1万人，年营业收入近60亿元，注册为厂办集体企业。钢城企业总公司的顺利移交使攀钢集团的辅业负担大大减轻，也有利于钢城企业总公司自身的改革和体制机制创新，同时对攀枝花市的经济发展也是一个很大的促进，是一个典型的多赢的结果。

由于涉及税收优惠政策，主辅分离、辅业改制工作是有期限的，最终的审批截止时间是2008年。截至2008年底的统计，全国有1365家国有大中型企业实施了主辅分离、辅业改制工作，分离改制单位10765个，分流安置了富余人员263.8万人。其中，77家中央企业经审核批复的改制单位共有5283个，分流安置了富余人员88.2万人。在这些改制单位中，非国有法人控股的企业有4917个，占中央企业改制单位总数的93.1%。

主辅分离、辅业改制是一项阶段性的专项改革，前后只进行了大约6年时间，但工作成效明显，基本实现了预期目标。

第一，这项工作加快了国有大企业的改革和结构调整。为推进辅业的改制分离，各企业都对自己的发展战略和内部资产进行了一次彻底的重新梳理。辅业单位改制分离完成后，企业内部的资源配置和组织结构都得到了优化，发展方向和主业更加清晰，企业的核心竞争力普遍得到提升。

这项工作第一次把国有中小企业改革的方式和政策引入国有大企业内部，对主办企业整体的改革触动很大、推动很大。辅业单位的改制客观上形成了一种"倒逼"的局面：如果企业整体的改革不动，大家仍然可以无风险地吃旧体制的大锅饭，辅业单位的职工也不会离开主办企业走向市场。

第二，这项工作实质性地减少了企业的富余人员。根据对中央企业的摸底调查，辅业改制分离大体上带走了40%的企业富余人员，这在国有大企业内部富余人员很多、可利用的辅业资产有限的情况下，是很大的一个进展。

辅业改制分离盘活了原先利用效率很低的企业"三类资产"，把分流富余人员和再就业工作紧密结合起来，减少了对社会稳定和就业的冲击。在主辅分离、辅业改制工作的推进过程中，相关企业基本没有出现不稳定事件，这应该说是一个很好的结果。

第三，这项工作为长期困扰国有大企业的辅业问题、存续企业问题提供了一个现实的解决途径。由于辅业单位在改制分离时产权关系变化了、职工身份变化了，体制回归、人员倒流的风险比较小，改革相对比较彻底。当然，在工作中也有少数辅业企业改制后经营状态不好想要回归的情况，一般的处理原则是，原主办企业可以适当延长内部市场提供的时间，但体制上不能"倒回去"，包括企业的产权关系，也包括职工的劳动关系。

从总体上看，主辅分离、辅业改制工作不是辅业单位和辅业职工消极、被动地离开，而是给单位和职工一个新的发展方向和一个新的体制机制，改革和发展的效应都比较明显。根据 2008 年国务院国资委对中央企业 1519 个辅业改制单位的统计，其用工人数比改制时增加了 35% 左右，职工的收入比改制前增加了 20% 左右。

十、建立国有资本经营预算制度

建立国有资本经营预算制度提出的时间很早。1993 年党的十四届三中全会通过的《中共中央关于建立社会主义市场经济体制若干问题的决定》就提出，"改进和规范复式预算制度，建立政府公共预算和国有资产经营预算"。

但是，由于当时国有资产管理体制改革尚未启动，没有企业国有资产的管理主体，缺乏紧迫的现实要求，因此具体工作迟迟没有提上日程。2003 年国有资产管理体制改革开始后，各级国资委相继成立，这项工作开始具备了实施的条件。最初的探索是由一些中心城市进行的，如北京、上海、深圳、武汉等。

北京市国资委在成立之初，就提出了建立市级国有资本经营预算的制度设计。2004 年 5 月，北京市政府批准了市国资委提出的国有资本经营预算方案及配套的国有资本收益收缴管理办法。之后，北京市国资委向所出资企业下发了《关于建立北京市国有资本经营预算管理体系的通知》。这个文件明确，国有资本经营预算收入是国有资本经营过程中产生的收入，主要包括国有企业的税后利润、国有控股和参股企业国有资本分红或股息，以及国有产权和股权的转让收入等；预算支出主要包括国有资本金投入、改革成本支出、监管费用支出、向其他预算的转移性支出等。

从 2005 年开始，北京市国有资本收益收缴工作全面覆盖所出资企业，按税后利润 20% 的比例收取国有独资企业利润。在工作程序上，市国资委负责编制国有资本收支预算，报市政府审核批准后，由市国资委负责预算的执行、调整和决算工作。预算资金实行财政专户管理，列收列支，但不与市财政的公共预算相互平衡。

深圳市政府于 2005 年初印发了《深圳市属国有企业国有资产收益管理暂行规定》。文件明确，国有资产收益包括资本性收益和产权转让收入。前者主要是国有独资企业应上缴的利润、国有控股企业应分得的股利和红利收入、其他单位因占用国有资产应上缴的收益，后者主要是转让国有独资企业产权的净收入、转让控股公司国有股权及配股权的净收入、转让其他国有资产的净收入等。国有资产收益主要用于企业扩大再生产、城市的重点发展项目等。

这个文件还明确，市国资委负责国有资产收益的收取、使用和管理，国有资产预算和公共预算分开。国有资产预算和决算由市国资委负责编制，报市政府审批，市人大常委会审议。对国有资产收益的征收比例，原则上不低于当年企业净利润的 30%。相比较而言，深圳市国有资产经营预算独立性较强，与公共预算完全分离，各自独立运作。上海市的模式与深圳市大体相似。

国有资本经营预算制度由一些中心城市率先进行探索，有很强的合理性。城市政府直接面对着大量的国有企业，有进有退、有所为有所不为的布局结构调整非常频繁。在从计划经济转向市场经济的过程中，几乎所有的国有企业都需要进行结构的调整和改造，困难企业的问题需要解决，历史包袱、社会负担需要消化，企业的破产退出需要很大的成本，新产业的发展需要资本金注入。所有这些任务都要有相应的资金投入，这些中心城市对建立国有资本经营预算制度有着非常急迫的现实需求。而且，由于一个城市的国有企业对城市经济和社会发展的影响很大,市委、市政府的主要领导一般都高度关注,因而相关政策可以很快出台。

2007年9月,国务院印发了《国务院关于试行国有资本经营预算的意见》(国发〔2007〕26号,以下简称"26号文件"),要求在全国范围试行国有资本经营预算制度,中央本级国有资本经营预算从2008年开始实施。

26号文件是建立国有资本经营预算制度最重要的基础性文件。文件明确,"国有资本经营预算,是国家以所有者身份依法取得国有资本收益,并对所得收益进行分配而发生的各项收支预算,是政府预算的重要组成部分"。"通过对国有资本收益的合理分配及使用,增强政府的宏观调控能力,完善国有企业收入分配制度,促进国有资本的合理配置,推动国有企业的改革和发展"。

文件提出了试行国有资本经营预算的三项重要原则:一是统筹兼顾、适度集中,统筹兼顾企业自身积累、自身发展和国有经济结构调整及国民经济宏观调控的需要,适度集中国有资本收益;二是相对独立、相互衔接,既保持国有资本经营预算的完整性和相对独立性,又保持与政府公共预算的相互衔接;三是分级编制、逐步实施,国有资本经营预算实行分级管理、分级编制,根据条件逐步实施。

对国有资本经营预算的收支范围,26号文件给予了明确界定。国有资本经营预算的收入主要包括:国有独资企业按规定上交国家的利润;国有控股、参股企业国有股权(股份)获得的股利、股息;企业国有产权(含国有股权)转让收入;国有独资企业清算收入(扣除清算费用),国有控股、参股企业国有股权(股份)分享的公司清算收入(扣除清算费用)等。国有资本经营预算的支出方向主要包括:资本性支出,即根据产业发展规划、国有经济布局和结构调整、国有企业发展要求,以及国家战略和安全等需要,安排的资本性支出;费用性支出,即用于弥补国有企业改革成本等方面的费用性支出;必要时可部分用于社会保障等项支出。

对国有资本经营预算的编制，26号文件规定：各级财政部门是国有资本经营预算的主管部门，各级国有资产监管机构以及其他国有企业监管职能部门和单位是国有资本经营预算单位。预算编制的程序是：预算主管部门向预算单位下发编报通知，国有企业编报支出计划上报预算单位，预算单位编制预算建议草案上报财政部门，财政部门汇总编制本级国有资本经营预算草案，上报本级人民政府审批。

根据26号文件的精神，2007年12月，《财政部 国资委关于印发〈中央企业国有资本收益收取管理暂行办法〉的通知》（财企〔2007〕309号，以下简称"309号文件"），对中央企业国有资本经营预算试行期间的操作办法进行了细化。

309号文件规定，中央企业国有资本收益由财政部负责收取，国务院国资委负责组织所监管企业上交。国有独资企业上交年度净利润的比例分为三档：石油石化、电力、电信、煤炭、烟草五个行业的企业上交比例为10%；钢铁、运输、电子、贸易、施工等一般竞争性行业企业的上交比例为5%；军工企业和转制科研院所三年内暂不上交。2014年时，三个档次的上交比例分别调整为15%、10%和5%。

2007—2009年，按309号文件执行的结果是，中央国有资本经营预算收入共1572.2亿元，主要来源是试行范围内中央企业上交的税后利润；支出主要用于国有经济的结构调整，中央企业的灾后重建，中央企业重大技术改造和节能减排项目，以及中央企业改革重组的费用补助。代表性的支出项目包括：中国商用飞机有限责任公司组建时中央国有资本金的注入，黑龙江省"三供一业"分离时对相关中央企业的费用补助等。至此，国有资本经营预算制度正式开始运行。

与国有企业改革的大多数举措相比，建立国有资本经营预算制度并不复杂，没有很大的难度和社会风险，主要的问题在于跨部门操作有部门协调的困难，这是大家都很"怕"的事。我国政府部门之间的关系非常复杂，缺乏规则和规范，能不能合作好有很大的不确定性，有时上一届领导配合得还不错，但换了人就不行了。所以大家都很忌惮这种跨部门的工作，尤其是一些地位不太高、缺少话语权的部门。这也是深圳市和上海市最初的制度设计独立性较强的主要原因。

因此，在26号文件发出后，一些中心城市的国资委一度对国务院国资委有很大意见，认为国务院国资委没有维护住本系统的权益，使国资委成为财政部门主管下的一个预算单位。财政部门对企业的情况不了解，对国有企业搞得好坏不承担任何责任，企业出了事也不会到第一线去解决问题，但是主管大权在握。这样的工作格局确实造成了不少问题，各级国资委和财政部门在国有资本经营预算的使用方向上意见不一致的情况相当普遍，部门之间的摩擦很多、扯皮不断。

应该说，这些中心城市国资委的意见是有些道理的。所谓国有资本经营预算的收入实质上是"股东分红"。如果按"分红"来定义，股东单位对分红的使用方向应该有较大的决定权，但由于1993年的中央文件已经提出了"国有资产经营预算"的概念，如果按照"预算"来定义，财政部门有理由统一管理。

从道理上讲，国有股东的分红纳入公共预算也不是不可以，但同时，国有企业的改革需要成本、发展需要资本金投入，国家股东两手空空对国有企业的改革发展不利。比较好的兼顾方式是明确国有股东分红收入的一个比例上缴财政，用于社会保障等方向，其余部分由股东单位自主支配，或者用于改革成本支付，或者用于企业的发展投入。比例和规则明确了，部门间的扯皮和摩擦就减少了，否则在我们的体制下，任何模糊地带都可能造成很大的内耗。

国有资本经营预算制度是国有企业改革和企业国有资产管理体制改革的一项重要的制度建设。其意义可能主要在于两个方面。

第一，规范了国有企业和国家的分配关系。在1994年前后，在"拨改贷"已全面实施的背景下,为支持国有老企业自我改造和补充资本金,《国务院关于实行分税制财政管理体制的决定》(国发〔1993〕85号)中明确规定:"对1993年以前注册的多数国有全资老企业实行税后利润不上交的办法。"由于当时绝大多数国有企业都是全资的老企业,这实际上成为对国有企业的普适性政策,并延续了十几年。这种不设时限的豁免政策也反映了当时一种普遍性的悲观看法,那个时候没有多少人认为,这些已经陷入困境的国有老企业以后还能向国家上交利润。

政府作为社会的公共管理者要从企业取得税收,作为出资人要参与企业的利润分配,这都是正常合理的行为。为解决历史遗留问题,对国有老企业在一段时间内豁免利润上交是合理的,但时间长了不利于国有企业建立对出资人负责的意识,也不利于市场的公平竞争,这种优惠政策在国有企业经营状态好转时受到各方面的批评。国有资本经营预算制度建立后,国家作为企业的出资人有了参与国有企业利润分配规范的制度安排,这是国有资产管理体制建设的一个重大进展。

第二,国有企业改革的成本支付有了正式的预算渠道。国有企业改革中的成本筹集,即"钱从哪里来",一直是困扰改革推进的最大难题之一。国有企业改革中的很多工作必须有资金投入,尤其是结构调整、困难企业处置、职工的安置补偿等,这是改革操作中绕不过去的问题。但我国财政的公共预算中一直没有正式的改革成本安排,这是改革过程中一个很大的制度和政策缺失。

实际上,我国各级政府为国有企业改革付出的成本并不少,但由于缺乏事先的政策安排和正式的渠道,这些改革成本都是一事一议"挤"出来的,大多数情况下是被职工"闹"出来的,其中包含了大量的报告审批、部门协调、讨价还价、难以及时到位等问题。国有企业改革的过程中经常会出现一些"火烧眉毛"的紧急事态,拿不出救火的资金,使改革一线的工作异常艰难,而且社会成本巨大。

国有资本经营预算制度建立后，虽然仍会有部门协调的困难，但国有企业改革毕竟有了可以支付改革成本正式的预算渠道，国有资产出资人机构第一次部分地拥有了解决问题的手段，不再完全是"手无寸铁"。这一点对改革的顺利推进意义重大。

十一、推进企业内部改革和加强企业管理

推进企业内部改革和加强企业管理都属于企业内部事务，两者相辅相成。其中内部改革是前提和基础，如果内部改革不到位、企业管不住人，各项管理工作都难于落地；人的积极性调动不起来，企业的市场竞争力也无从谈起。

对于国有企业而言，以吃"大锅饭"为标志的内部机制僵化是普遍存在的问题，也是最能让人直观感受到的弊端，因此很早就成为改革的目标。1991年，徐州市国有企业"破三铁"是这项改革最初的努力，虽未能持续下去，但给之后的改革以两点启示：第一，这项改革需要外部配套条件，尤其在社会保障制度建设方面；第二，这项改革会持续一个较长的过程，由于涉及既得利益的调整和群体性的观念转变，想要一步到位不太现实。因此，在国有企业改革的不同阶段会有不同的工作重点，但企业的内部改革始终是一个常备的内容。

在国家经贸委时期，"破三铁"已被规范地概括为"企业内部三项制度改革"。2001年3月，国家经贸委、人事部、劳动和社会保障部联合下发了《关于深化国有企业内部人事、劳动、分配制度改革的意见》（国经贸企改〔2001〕230号）。文件明确提出，要建立管理人员竞聘上岗、能上能下的人事制度，建立职工择优录用、能进能出的用工制度，以及收入能增能减、有效激励的分配制度。

同年4月，国家经贸委用正式文件下发了两个调研报告：《关于许继集团有限公司人事、劳动、分配制度改革的调研报告》《关于广西壮族自

治区推进企业人事、劳动、分配制度改革的调研报告》，号召各地和国有企业学习、借鉴。这两个典型经验一个在企业层面、一个在区域层面，推出后引发了很大反响，在全国营造出国有企业推进内部改革、转换管理机制的氛围。

许继集团有限公司是 1970 年按照三线建设布点，由阿城继电器厂分迁而来的，是一个典型的国有老企业。企业原有的内部机制非常之僵化，"生是企业人、死是企业鬼""要活大家活、要死一块死"的观念在职工中相当普遍。1985 年新一届领导班子上任后，许继集团开始着手推进企业的内部改革，首先推进的是企业中层管理人员竞聘上岗、末位淘汰的人事制度改革。

许继集团对总部中层管理者和子公司经营者实行"招标竞聘制"，竞聘条件是接受并承诺完成竞聘单位的工作指标，符合条件的员工均可报名参加竞争，没有干部和工人的身份界限。竞聘者由专设的评委会打分，企业党委讨论确定，总经理聘任。上岗后实行三年的任期制，年度考评按 5% 的比例实行末位淘汰；任期届满职务自行解聘，可以和其他竞聘者以同等条件参加新一轮的竞聘；岗位变动后其收入、待遇按新岗位相应变动。

分配制度改革对一般职工是调整收入分配结构，合理拉开基本工资与浮动工资的比例，在更大的程度上实现收入与贡献挂钩；对科技人员实行与人才市场相适应的收入分配方式，如新产品销售收入提成奖励制、职能工资制等。

劳动用工制度改革实行了"二次聘约制"，员工除与集团公司签订劳动合同外，还要同用人单位签订二次聘约合同。员工如违反了聘约要求，用人单位有权将其解聘，之后转入集团的劳务市场或在本单位降低待遇使用。许继集团在公司内部实行了全员的末位淘汰制，涵盖了管理岗位、研发岗位和一般员工，被淘汰者或是进入内部劳务市场，或是降低待遇使用。①

许继集团的内部改革持续的时间长、实施的力度大，但操作非常规范，所有的改革措施都经过了职代会讨论通过，制度都摆在明处，大家事先都知道，因而得到职工的理解和拥护。许继集团的经验总结推出后，国家经贸委多次在许继集团举办国有大中型企业负责人培训班，近 10 万人次听取了许继集团的经验介绍，从而推动了面上国有企业的内部改革。

广西壮族自治区经济欠发达、工业基础薄弱，国有企业是广西工业的支柱，但由于体制机制原因，企业的状态普遍不太好。1997 年，全区国有及国有控股工业企业盈亏相抵净亏损 13.8 亿元，亏损面达到 50.9%，是当年全国 12 个国有工业企业净亏损的省（区、市）之一。能不能扭转国有企业的颓势，成为广西经济能否振兴的关键。

在亲自带队调研的基础上，自治区党委书记亲自起草了广西国有企业改革整顿总体方案提纲，提出以企业内部三项制度改革为重点、以产品及产品质量为中心、以企业领导班子建设为关键，推动广西国有企业的改革整顿。

1998 年 4 月，自治区党委、政府正式发布了《企业改革整顿的总体方案》和 12 个配套文件，并成立了以自治区党政一把手为组长的自治区企业改革整顿领导小组，各地市也成立了由党政主要负责人牵头的企业改革整顿领导机构，并明确提出企业改革整顿是全区"天大的事""一把手工程"。

在具体工作中，自治区党委、政府十分注意政企关系的合理定位。在推进企业内部三项制度改革时，党委、政府主要明确改革的原则和目标要求，具体如何精简机构、如何竞争上岗以及分配方式选择完全由企业自主决策。政府重点做好三件事：一是通过交流推广好的经验供企业学习、借

---

① 李荣融. 机制创新与三项制度改革：许继经验指导手册 [M]. 北京：中国经济出版社，2001.

鉴；二是从出资人的角度，根据改革的效果对企业经营者进行考核；三是集中政策资源用于下岗职工基本生活保障，拓宽分流安置和再就业的渠道。

自治区党委、政府尤其重视企业领导班子的调整和建设：通过动态考核，对工作不力的班子成员及时调整、撤换；探索通过民主选举、公开竞聘与组织考核确认相结合的方式选拔经营者；同时试行年薪制和派驻财务总监，使激励和约束机制相结合。

企业改革整顿工作极大地促进了广西国有企业的机制转换和经济效益的改善。到2000年末，全区国有及国有控股工业企业盈亏相抵实现利润上升到26.2亿元。而且，由于全区国有企业无一例外地都在推进同样的改革，区域性的改革氛围形成、对改革的承受能力增强，工作过程中没有出现大的不稳定情况，企业经营者的精神面貌和工作状态也明显改善。

国务院国资委成立后，继续推动中央企业的内部改革，但工作思路逐渐在进行调整。2009年10月，国资委印发了《关于深化中央企业劳动用工和内部收入分配制度改革的指导意见》（国资发分配〔2009〕299号，以下简称"299号文件"），这个文件反映出改革侧重点的变化。

相比较而言，中央企业内部改革的推进程度远不如地方国有企业。原因主要是两个方面：一是中央企业一般规模较大、行业门槛较高，经营状况大都好于地方国有企业，而企业的经营状况越好，推进内部改革的动力越小、深化改革的难度越大；二是中央企业下属的实体企业遍布全国各地，各个区域对改革的承受力和社会观念的差异很大，各地改革的具体要求如果有差异，企业集团内部摆不平也讲不清楚，若措施一致了则有些地方可以操作，有些地方就可能要出事了。

一般来说，如果中央企业出了问题，地方政府不会主动出手帮助解决，中央企业自身又没有维护稳定的手段，这种情况会使改革的风险成倍放大，有时会酿成很重大的事件。正因为如此，中央企业的领导对推进内部改革普遍持非常谨慎的态度。从另外一个角度讲，中央企业主要是大型企业，大企业内部管理机制的变革不是简单地砸掉"几个铁"的问题，而是要建立一套科学、规范的管理制度。

从这样的现实情况和客观要求出发，国务院国资委没有移植地方国有企业很"强硬"的做法，而是把中央企业内部改革的侧重点逐步向制度建设的方向调整。

因此，299号文件一方面强调，"当前中央企业仍存在劳动用工的市场化程度不高，激励约束机制不健全等问题"，但具体的工作要求都是制度建设方面的。如深化中央企业劳动用工制度改革的要求是：建立以合同管理为核心，以岗位管理为基础的市场化用工机制；深化收入分配制度改革的重点是：加强人工成本管理，强化岗位绩效管理，探索生产要素按贡献参与分配的方式等。应该说，这种工作思路的调整符合中央企业的实际。

国务院国资委针对一些中央企业管理粗放、不够科学的短板，在推动中央企业科学管理制度体系建设方面做了大量工作。基本的工作方式是下发文件推动，加上典型经验引导。

总结推广先进企业的改革和管理经验，是国有企业改革工作系统传统的做法，最早的实践应是1996年总结推广"邯钢经验"。邯郸钢铁集团"模拟市场核算、实行成本否决"的管理经验在国有企业转向市场经济的过程中，发挥了很好的引领和示范作用。之后，国家经贸委又陆续总结推广了山东潍坊亚星集团有限公司比价采购的经验，河南许继集团推进企业内部改革的经验，青岛海尔集团、黑龙江斯达国际纸业集团有限公司和联想集团企业管理信息化的经验等。这些管理经验针对的都是国有企业普遍存在的短板问题，因而借鉴价值很大。

为提高中央企业整体的管理水平、提升国际竞争力，国资委从2010年开始组织中央企业开展"和国外知名企业对标、向世界一流公司看齐"

的对标活动，每户中央企业都要选择一家或几家同类型的国际先进企业进行对标，并委托德勤会计师事务所进行了专题研究，形成了《对标世界一流企业——做优做强，管理提升之路》的研究报告。研究报告提出了战略管理、公司治理、管控与运营、领导力建设等四个企业管理的基本要素，以及国际化、人才管理、创新管理、品牌管理、并购管理、数字化等六个企业竞争力的核心要素，从而使对标的工作具体化。

对标管理对中央企业的触动很大。有些企业在国内市场发展得不错、自我感觉良好，但与国外先进公司一比较，差距非常明显。对标管理使中央企业更清醒地看到了自身的不足和短板，也找到了学习和赶超的方向。

除了认真研究和学习国外先进企业的管理经验外，国务院国资委还特别重视对中央企业自身创造的管理经验的总结推广，所做的工作基本涵盖了大型企业管理的各个方面。

1. 推进企业全面风险管理。2006年国务院国资委发布了《关于印发〈中央企业全面风险管理指引〉的通知》（国资发改革〔2006〕108号），要求中央企业建立健全全面风险管理体系，培育良好的风险管理文化，促进企业持续、健康、稳定发展。同时总结了五矿集团、宝钢集团、中海油集团实施全面风险管理的经验进行推广。

五矿集团全面风险管理的经验非常完整。集团总部成立了风险管理委员会，董事长担任主席，工作机构是集团风险管理部。通过业务流程梳理和信息系统建设，五矿集团完成了业务流程和财务流程的无缝衔接，实现了集团风险管理的专业化、体系化和集中化。

五矿集团风险管理的重点是投资风险管理、信用风险管理和市场风险管理。集团重大投资和并购活动都将风险识别、风险分析、风险评价、风险应对放在首位。对具体投资项目，五矿集团明确了"五不投"的原则：不符合发展战略和规划的不投，不符合自身承受能力的不投，资金来源未落实的不投，无法全程控制风险的不投，投资回报低于行业平均水平的不投。

从 2008 年起，五矿集团每年都要组织编写集团的全面风险管理报告。年度报告的编写是对全年工作的系统性总结和反思，也包括对未来一年面临的重大风险的预评估，成为合理制定下一年全集团风险管理工作目标及具体工作计划的依据。有效的风险管理极大地提高了集团重大事项决策的成功率，避免了重大投资失误，保证了企业发展的健康和稳定。

2. 推进企业的全面预算管理。2011 年国资委印发了《关于进一步深化中央企业全面预算管理工作的通知》（国资发评价〔2011〕167 号）。文件要求中央企业改进预算管理，加快实施全面预算，有效应对复杂形势，实现做强做优。同时总结推广了中建总公司、中国兵器装备集团和五矿集团的管理经验。

全面预算管理在中建总公司的整体运作和内部管控中处于核心的地位。在纵的方向上，中建总公司对下属企业的控制通过"预算管理、总量控制"来实现；依托于全面预算管理，明确内部各预算单位的工作指标，统一协调各预算单位的工作，并以预算为依据实施企业的财务控制和经营业绩考核，达到企业资源优化配置和效益最大化的目标。在横的方向上，预算管理的内容除常规的财务预算外，还包括投资、项目管理、安全生产、科技支出、人力资源等专项预算，以及定量和定性相结合的年度目标管理。

在预算管理流程方面，中建总公司实行预算主管部门和业务归口部门对下属企业的双重管理，把集团的战略规划通过预算管理层层传递，渗透到企业生产经营管理的各个环节。由于预算管理、绩效考核、薪酬兑现紧密衔接，预算管理成为企业激励人才、提高效率、培育竞争向上氛围的有效措施。这种全人员、全过程、全方面的全面预算管理，成为中建总公司进行内部控制和协调各方面工作的一个总抓手，实现了一个大型集团企业和遍及全球的工程项目的协调、有序运行。

3. 加强企业的采购管理。采购管理以往是国有企业普遍存在的管理短板和黑洞，"买坏的不买好的、买贵的不买便宜的、买远的不买近的"，背后往往有大量损公肥私、利益输送等行为。工业企业物资采购一般会占到营业成本的 70% 左右，采购环节的漏洞不但败坏了企业的内部风气，还造成了巨大的经济损失。

针对国有企业管理上的这一"顽症"，国家经贸委在 1999 年总结了山东潍坊亚星集团有限公司实行比价采购的经验，并于同年发布了《国有工业企业物资采购管理暂行规定》（国家经贸委令第 9 号，以下简称"9 号令"）。"亚星经验"的要点是：分权制约，避免个人决定；决策程序透明，价格信息内部公开，防止暗箱操作；严格供应商管理，不允许从非定点单位采购；建立规范的业务台账，责任清晰到人且可以追溯；实施独立的价格审计，实行封闭的质量检验；严格考核，奖惩兑现；等等。

"亚星经验"和 9 号令推出后，在全国引发强烈反响，各方面普遍认为此举切中时弊、措施有力，各地到亚星集团学习考察的超过 1 万人次。由于加强物资采购管理会断掉一些人的"财路"，推进的阻力不小。很多省市采取了监察、审计部门和经贸委共同推进的办法，效果非常明显，很大程度上刹住了企业采购中的歪风。

国务院国资委成立后，基于互联网技术的发展和企业采购方式的变化，又总结出了中石化集团、中化集团等中央企业的采购管理经验并进行推广。

中石化集团经验的主要内容：一是实行集中统一的采购管理体制，大宗重要物资由集团总部物资装备部统一采购，其他物资由集团委托各直属企业采购部门集中采购；二是集团执行统一的供应商管理制度，对每个供应商、每项合同的价格、质量、交货和服务进行实时考核评价，对优秀供应商实行订货倾斜；三是内部分权制衡，供应商选择权、价格确定权、货款支付权分置且相互隔离，采购业务流程中各环节相互配合又相互制约；

四是采购过程全程电子化，依托集团公司的电子化采购平台，实现网上提报需求计划、网上询价或招标、供应商网上报价、网上签订合同、网上跟踪采购质量和进度、网上评价供应商，采购业务全程记录在案，可以永久追溯。

这样一套科学的采购管理制度，基本上可以杜绝企业采购中的漏洞和不规范行为，在中央企业中推广取得了非常好的效果。

4. 推进企业的社会责任管理。企业社会责任管理对中国企业而言是一个相对较新的概念，工作起步较晚。2008年初，国务院国资委发布了《关于印发〈中央企业履行社会责任的指导意见〉的通知》（国资发研究〔2008〕1号），要求中央企业增强社会责任意识、积极履行社会责任，努力成为全社会企业的榜样。

文件提出中央企业履行社会责任的主要内容是：坚持依法经营、诚实守信，不断提高持续盈利能力，切实提高产品质量和服务水平，加强资源节约和环境保护，推进自主创新和技术进步，保障生产安全，维护职工合法权益，参与社会公益事业等。文件要求有条件的中央企业定期发布社会责任报告或可持续发展报告，公布企业履行社会责任的现状、规划和措施，接受利益相关者和社会的监督。在企业社会责任管理方面，国务院国资委总结推广了中远集团、国家电网和中国移动的经验。

中远集团是一家国际化程度较高的企业，很早就关注并且践行企业社会责任理念。集团高度重视社会责任工作，董事长是第一负责人，集团和各子公司均有一名领导负责社会责任管理工作。中远集团把社会责任管理纳入了企业管理体系和生产运营的工作流程，使之成为一项常态化的工作。各企业在每年工作计划中，都要具体安排关爱职工、劳动保护、和谐企业、客户维护、节能降耗、减少排放、安全航运、公益慈善、反对腐败等社会责任工作的内容和指标，并分解落实到分管领导、主管部门和承办人。

中远集团有大量的海外公司。这些海外公司在遵守国际通行规则和所在国法律的基础上，与国外合作伙伴、当地社区和员工、所在国政府和谐相处、共同发展；在开展自身经营业务的同时，为当地经济发展、增加就业和环境保护做出了贡献，得到了所在国政府和民众的高度评价。2004年，中远集团加入了联合国"全球契约"组织，社会责任管理进入了以国际规则为标准的阶段。从2005年以来，中远集团每年编写发布《可持续发展报告》，并连续四年被联合国"全球契约"组织评为"典范报告"。

除上述几个方面的专项管理外，国务院国资委还在中央企业中先后总结推进了投资决策管理、科技创新管理、人力资源管理、产权管理、安全生产管理、管理信息化等方面的工作。

2012年被国资委确定为中央企业的"管理提升年"。为做好管理提升工作，国资委和有关中央企业一起编写了超过500万字、共13本专项管理的辅导手册，全面总结了中央企业在各专项管理方面的成功经验，并召开了系列的管理提升专项培训会议进行推广。这些辅导手册编写得非常详细，包括企业实施中的各项基本制度等，因而实用性很强。愿意把自己的管理办法无保留地总结出来供其他企业分享，是国有企业的一个特殊之处，这就有可能把一个企业的成功经验在更大的范围进行放大。

由于企业间的情况差异很大，行业不同、经营模式不同、管理基础不同，国资委推广企业管理经验的工作定位是引导性的，并不要求企业必须采用哪一种管理方法，基本上是一种引导加服务的性质。这一系列管理经验和方法的总结、推广工作，在中央企业中逐渐形成了一种学习先进经验、加强企业管理的氛围。通过与国际先进企业对标，中央企业找到了自身存在的差距和赶超的方向；通过企业之间在管理方法和经验上的学习、借鉴和自身的探索，中央企业的管理水平都有了很大提高。国务院国资委把中央企业内部管理机制的转换更多地建筑在科学管理基础上的初衷，基本上得以实现。

十二、职责所在：国资委成立后国有企业改革的评价

国资委成立后的国有企业改革，是中国国有企业改革整体进程中一个非常重要的阶段。在政资分开的基础上，这个阶段的改革在政企分开的方向上实现了重大的、具有可操作性的突破。其标志性的概念是：行使公共管理职能的政府部门不行使国有资产出资人职责，国资监管机构不行使公共管理职责。对于国有企业来说，政府内部的政资分开是实现政企分开的唯一途径。

政资分开的改革之后，我们国家的"全民所有制"第一次实现了实体化和责任的具体化，"国家所有权"不再是一个完全抽象的概念，或是一个需要直接上溯到高层而无法追责的概念。而且，企业国资监管机构作为政府公共管理部门和国有企业之间的一道屏障，初步阻断了政府部门直接干预国有企业的通道，初步确立了国有企业独立的市场经营主体的地位，从而奠定了国有企业改革最重要的体制基础。这道隔离墙如果建不起来、政府和企业在体制上隔不开，政府部门可以干预国有企业的经营和决策而不负任何责任，那么国有企业改革基本目标和主要任务都无从谈起。

在具体工作的层面，这个阶段的国有企业改革巩固和规范了改革攻坚阶段的成果，同时在国有资产管理体制改革的基础上，使中央国有大企业的改革迈出了重大步伐。特别重要的是，对于仍在国有体制下的企业如何适应市场竞争的环境、如何与市场经济相融合，这个阶段的改革在体制机制建设方面进行了极有价值的探索。至此，在工商业企业范围内，国有企业改革完成了整体性的覆盖。

从这个阶段开始，中国的国有企业逐渐从以往各地经济发展的包袱和社会稳定的隐患，转化成为国家经济和社会发展正面的积极因素。国有企业的整体面貌和状态发生了巨大变化。

这一时期国有企业改革最突出的一个外在特征，是改革的经济效果非常明显。从2002年底到2012年底，也就是国务院国资委成立后的十年中，

中央企业的营业收入从 3.36 万亿元增加到 22.5 万亿元，年均增长 20.9%；实现的净利润由 1622 亿元增加到 9247 亿元，年均增长 19.0%；上缴税金由 2927 亿元增加到 1.9 万亿元，年均增长 20.6%；中央企业上缴税金占全国税收总额的比重由 16.7% 增加到 18.9%。

上述数据表明，这一时期中央企业的经营状态和对社会的贡献都有了明显提升，地方国有企业总体上也是同样的趋势。这是改革开放后国有企业发展最好的一个时期，初步扭转了很长时间在市场竞争中极其被动的颓势。

曾有学者认为，有些领域改革的效果不易评价，但一些领域改革的效果是可以测度的。除农业农村改革外，国有企业改革也是效果可以测度的改革之一，测度的指标就是企业在市场竞争中的表现。如果改革前后企业在市场中的表现没有明显变化，很难认为改革是有成效的；如果改革后企业的市场表现明显改善，而且能够持续，显然不能说改革是不成功的。

国有企业这样的发展状态前些年被一些人批评为"国进民退"。实际上，所谓"国进民退"并没有统计数据上的支持，这一时期是各种所有制经济共同发展的格局，国有企业和民营企业的发展共同提高了中国经济的国际地位和中国企业的国际竞争力。

这一时期与国有企业脱困的阶段不同，国家没有出台任何针对国有企业的特殊和优惠政策。国有企业经营状态的改善完全是因为改革和结构调整，国有企业初步适应了市场经济，在市场竞争中不再像以往那样一触即溃。这对于国家和人民来说，是一件非常好的事情，因为这些企业都是国家的财富、人民的血汗。

当然，这种变化让一些远离改革一线的同志很难理解，因为很多人并不十分清楚这些年的改革究竟做了些什么工作。但如果对国务院国资委成立后制定的政策、推进的工作进行一次全面梳理，就可以发现，这一时期国有企业改革取得好的经济效果并不是偶然的，是一系列措施叠加互动的结果。

在结构调整方面：通过企业间的合并和重组，消化掉一批发展前景不好的企业，实现了资源向优势大企业的集中，而且大企业集团的功能也更加完备；通过主业管理和企业的内部整合，使企业的发展方向更加清晰，企业内部的资源配置更加集中、更趋合理化。

在体制改革方面：依托资本市场进行的公众公司改革，为企业筹集到了发展的资本金，同时引入了市场化、多元化的机制和更严格的外部监管，企业的运作更加规范；董事会建设提高了企业决策的科学性，减少了重大决策失误和企业的资产损失。

在企业内部机制和管理方面：与国际先进企业对标、向国外先进企业学习，使企业开阔了视野、明确了赶超方向；中央企业之间管理经验的交流和借鉴，促进了企业管理水平的提高，使企业的内部机制更多地建立在科学的管理制度建设和运行的基础上。

在企业减负方面：主辅分离、辅业改制使企业的辅业负担减轻、富余人员减少，而且反推了主办企业的改革；国有企业各类办社会职能的逐步分离，不但使企业可以更多地集中精力于生产经营和产业发展，而且直接减少了企业的办社会支出。

在企业的动力机制方面：经营业绩考核制度使企业有了明确的发展目标和努力方向，与考核结果挂钩、能升能降的薪酬制度初步形成了对企业负责人正向的激励机制；企业内部的人事、用工和分配制度改革，调动了企业各个层面员工做好工作的积极性。

上述措施都从不同的方向解决着国有企业的特定问题，虽然都还不够彻底，都需要进一步推进和完善，但改变是明显的。由于这些措施都不是短期性的刺激或优惠政策，而是相对完整地把结构调整、体制机制转换、管理制度建设和减轻负担结合在一起，所以会出现综合性的改革效应。只要以后不发生大的政策逆转，这种改革效应可以保持一段时间，具有一定的可持续性。

国务院国资委成立后制定和推出的改革措施密度很高、力度很大、针对性很强，成效也十分显著。其中唯一的体制原因，是党的十六大推进的企业国有资产管理体制改革。国资改革对国有企业改革的推动效应主要表现在两个方面。

第一，清晰了责任，形成了极大的工作压力。管人、管事、管资产一体化虽然并没有完全到位，但工作责任已经清晰，国有企业、中央企业的工作做不好，国务院国资委的责任无可推卸。责任明确会造成极大的工作压力和动力，甚至为把工作做好不惜冒一些风险，其中最典型的案例当数中央企业负责人的薪酬制度改革。

第二，简化了工作关系，提高了工作效率。对国有企业多部门管理下的工作关系非常复杂，重要改革措施出台都需要众多部门协调一致，有一个部门持不同意见都会导致长时间的搁置。企业国有资产管理职能的集中后，工作关系简单化了，减少了部门间的扯皮内耗，工作系统的效率明显提高，工作推进的速度明显加快。

因此，这个阶段国有企业改革的动力机制非常清晰：国务院国资委成立后，处在一个不把国有企业问题解决好便无法向中央和全社会交代的地位，只能全力以赴、义无反顾地推进改革。这一点也再次说明，只有责任明确了，工作才能做好。

从国资委成立后中央企业和一些地方国有大企业的改革实际看，国有控股的体制、公众公司的模式、市场化的运营机制，三者的内在统一，很可能是竞争性国有大企业改革一条走得通的道路。其中市场化的运营机制，包括企业的内部机制，也包括政府对国有企业的管理机制，以及优胜劣汰的市场退出机制。

与以往各个阶段的国有企业改革一样，国资委成立后的改革阶段也有不少争议，包括"国进民退"之争、国资委的一些管理办法等。如果不纠缠于这些非常具体的争论，从中国国有企业改革整体进程的角度观察，国务院国资委成立后的国有企业改革的重大意义可能主要在于三个方面。

第一，国务院国资委把中央国有企业的改革启动起来了。

由于多方面原因，中央企业一直是国有企业改革中的难点。中央企业在国家经济和社会发展中的地位重要、影响重大，改革不能出现任何闪失，否则责任非同小可；中央企业在传统体制中一直处在重要的核心位置，以往受到的行政性管理最为完整和直接，因而体制和观念的历史惯性更大；中央企业的职工人数众多、子孙公司遍布全国各地，由于缺乏地方政府的有效支持，改革的难度大、社会风险大；中央企业负责人位高权重，各方面的关系多、受到的关注多，把他们调动起来推进改革并不容易。

另一方面，在以往多头管理的格局之下，推动中央企业的改革并没有明确的责任主体，而多部门协调是一个沉重的负担。各个部门之间相互牵制，不作为时大家相安无事，一旦有一个部门想要主动一些就会有矛盾和摩擦，谁都不可能站出来牵头推进工作。正因为如此，中央企业的改革滞后绝非偶然。中央企业的改革能够推动起来，完全得益于管人、管事、管资产一体化的企业国有资产管理体制改革。中央企业的改革短板能够补起来意义重大，至少在工商业企业范围内，中国的国有企业改革再无难点。

第二，国资委成立后的国有企业改革基本把握住了正确的方向。

在国务院国资委成立前后的很长一段时间中，社会各个方面对国有企业及其改革与发展普遍缺乏信心，国有企业的舆论环境相当不利。由于以往国有企业存在的问题和弊端非常明显，社会和公众对国有企业的评价很低；由于之前国有企业的困难给各地造成了大量麻烦，地方政府对国有企业的感觉普遍不好；由于西方经济学中并没有国有企业的正当位置，相当多的学者对国有企业持批判的态度。这些看法都不是很容易扭转。

在国资委成立之前的国有企业改革中，国有中小企业在市场竞争中一败涂地，不得不被动退出；退完国有中小企业后再退国有大企业，最后的方向是"国有企业从一切竞争性领域退出"，这是当时很多人的看法。如果循着这个方向走下去，国有大企业的前景将是解体、出售或是改制让别人控股；至少在竞争性领域，中国的国有企业将是全军覆没的结果。

在这样的认知氛围和舆论环境中，思想上稍微"松"一下、改革走错一步，都会覆水难收、无法挽回。面对各个方向的压力，国务院国资委基本把握住了国有企业改革的方向，该退出的坚决退出，不该退出的通过改革发展好，使国有大企业在体制、机制和结构上逐步适应市场竞争的要求。这样的战略定力值得肯定。

第三，国资委成立后的改革初步解决了国有企业"进"的问题，从而为国家保住了一批国有大企业。

从改革阶段性衔接的角度，国有企业改革的启步阶段主要解决了一个"探路"的问题，国有企业改革的攻坚阶段主要解决了一个"退出"的问题，但始终没有触及"进"的问题。所谓"进"的内涵是，国有企业在平等的市场竞争中能够不依靠外部扶持，实现自立和自主发展。虽然社会上强调国有企业的重要性、强调保持国有经济的比重和控制力的说法也很多，但在市场经济的环境下，比重和控制力都无法人为设定，而是市场竞争、优胜劣汰的结果，企业自己站不住脚谁都没有办法。

在国有企业改革的不同阶段，难点和挑战完全不一样。在以"退出"为主的改革阶段，难点主要在于退的过程把控和社会风险的应对；由于企业退出后与国有体制再无关联，体制构造方面的问题很少。在解决"进"的改革阶段，由于改革后的企业仍在国有的体制之下，难点转化为构造科学合理的体制，而且要实施到位，使改革后的国有体制能够与市场经济相容，企业能够经受住市场竞争的考验，这个阶段改革对业务素质的要求很高。对于中国的国有企业改革而言，这方面工作实际上是一个全新的课题和巨大的挑战。

通过国资委成立后有效的改革和结构调整等措施，大型国有企业的经营状态和精神状态明显改善，逐步适应市场经济的规律和要求，能够在市场竞争中有所发展。这一点对中国的经济和社会发展意义重大。

当然，这一阶段的工作并不意味着改革的完成。但人们会发现，改革和结构调整做到这样的程度，大型国有企业与市场经济和市场机制之间的距离已经不是很大了；根据今后国家和社会发展的需要，这些大型国有企业无论是做强、混合还是退出，做进一步调整已经相对比较容易了。因此可以说，国资委时期卓有成效的工作，为中国国有企业以后的改革和发展打下了非常好的基础。

这些大型国有企业都是国家和人民几十年积累起来的宝贵财富，这批企业如果站不住、垮下去，将是国家和民族的巨大损失；而且，这批国有大企业如果真出了问题，会成为国家沉重的经济和社会负担。通过实实在在的改革和结构调整，在体制和结构上保住了一批国有大企业，并使之成为中国经济和社会发展一支正面的促进力量，这可能是国务院国资委成立后国有企业改革最重大的历史性贡献。

第四章 结语：中国国有企业改革的前景展望

国资委成立后的国有企业改革解决了国有大型企业存在的大量共性问题，使国有大型企业在体制机制和结构上初步适应了市场经济和市场竞争的要求，为我国国有企业进一步的改革和发展打下了一个比较扎实的工作基础。

当然，这一时期国有大型企业的改革还是初步的，改革的成果还具有阶段性，还需要巩固和完善。一些改革、调整、减负的工作还需要持续推进，争取早日把问题解决彻底；一些重点难点问题还需要进一步研究解决的办法，如国有企业负责人的薪酬待遇、国有企业负责人的管理体制问题等。整体的工作也还需要进一步深化和细化，其中最需要提上日程的，是分类改革和监管。

一、关于分类改革和监管

以往国务院国资委对所监管的中央企业一直是作为一种类型、一个整体来对待的，业绩考核使用同样的财务绩效指标，体制上实行同样的治理模式。这种一刀切、齐步走的办法，在工作早期、以解决共性问题为主要任务的改革阶段是可以的，在某种程度上也不得不如此，但长此以往很难深化和科学化。

国有企业之间的类型差异很大：有些企业以公共服务为宗旨，盈利不是主要任务；有些企业处于完全竞争性的领域，财务回报和资产保值增值是主要目标；有些企业承担着非常明确的产业发展责任，完成特定产业发展任务是第一要务。这些企业的功能定位不一样，简单化地统一处理很难适应各类企业改革发展的客观实际，都要求"保值增值"甚至可能出现不符合企业功能定位的"误导向"的结果。

而且，以往对国有企业的一些批评和争论，很大程度上也与没有进行科学的分类有关。例如，一些承担公共服务职能的国有企业，如各城市的地铁公司、公交公司等，由于政府惠民的票价政策大都有不少亏损，政府给予补贴完全合理，否则公共服务难以持续。但如果笼统地以为政府仍在补贴国有企业，就会出现误判。再比如，在一些政府尚未放开的领域或自然垄断行业，如电网公司、电信基础运营商等，在行业中仍具有垄断地位。但如果一般地认为国有企业都是垄断的，就不符合实际了。所以，如果不进行科学的分类，国有企业的改革和监管难以深化，国有企业自身的一些重大问题也说不清楚。

目前，从我国国有企业的经营目标和业务性质看，大体上分为三种类型可能比较合理。

第一类是公共保障性业务。国务院国资委监管的中央企业中如电网、石油天然气管网、基础电信网运营、政策性储备等；地方国有企业中包括地铁、公交、水务、供气、市政、环境保护与治理等。这些企业的业务特点是：承担着明确的社会服务职能，社会公益目标高于企业的商业目标；政府有行业准入限制，或是独家经营或是寡头竞争；产业或服务价格由政府直接管理，企业自身没有定价权。

第二类是特定功能性业务。中央企业中如军工企业、石油天然气上游开采、仍有行业服务职能的转制科研院所、大飞机制造等；地方国有企业中如机场、港口运营等。这类企业有特定的产业发展责任或特殊的经济功能，同时也要兼顾盈利性。

第三类是商业性业务。这类业务在中央企业中很多，如装备制造、汽车生产、建筑施工、钢铁、化工、建材等。这类业务面对的市场是开放的，处于平等的市场竞争之中；业务性质是商业化的，企业以财务回报和资产保值增值为目标。

这样的业务分类在概念上大体清晰，但到具体企业层面情况可能会非常复杂。一是国家的行业管理政策会进行调整。如中国盐业集团有限公司在专营体制下应属于特定功能类企业，专营放开后就成为竞争性的商业类企业。二是由于历史的原因，相当一部分国有企业是混合型业务。如军工产品生产是典型的特定功能类业务，但所有中央军工企业集团的民品比重都超过了50%，民品生产一般是商业性的；再如中石油、中石化上游的油气开采业务属于特定功能性质，下游的炼化业务则大部分属于商业的性质。

在这种复杂的情况下，需要根据国家行业管理政策的变化，对企业的分类进行适时调整；在混合型企业内部，可能需要对不同性质的业务在财务和考核上分开管理，最好由不同的子公司经营。

分类改革和监管在实施中并不很容易。企业方面会有一定阻力，所有企业都不愿被划入公共保障类型，原因主要是怕被重新纳入行政管理系统，内部的市场化改革不能继续推进，薪酬体系也担心受到影响，而这些企业一般都是规模较大、社会影响力很大的企业。分类改革和监管也会使各级国资委的工作更加具体和复杂，业务方面的要求很高、挑战很大，但同时也将更加规范和科学化，有助于最终形成一种可以长期、稳定实施的体制框架和监管模式。这是国有企业改革和企业国资监管体制建设必须提升并到达的一个更高的层次，当然也对企业国资监管机构的专业化提出了很高的要求。

在企业国资监管方面，首先要做到的是分类考核和评价。尤其对公共保障类和特定功能类企业，应量身定制不同的考核指标和权重，很可能是一个企业一套考核评价指标。

公共保障性国有企业要以尽可能低的成本提供优质的公共产品和服务，服务质量、社会满意度、成本控制应是考核的最主要指标，其中可能需要建立社会和公众评价的机制。特定功能类企业要完成特定的产业发展或功能目标，同时要兼顾经济效益，完成专项任务和经济效益指标并重，其中可能需要引入相关政府部门的行业评价机制。商业类国有企业应根据年度和任期目标，主要考核经济效益和国有资产保值增值指标。对于混合业务的企业，应在企业内部业务、管理、财务分开的基础上进行分别考核。

在体制构造方面，公共保障性企业保持国有独资可能是比较现实的选择，其董事会和监事会中应有相关政府部门和消费者组织的代表，使企业的发展决策符合政府的相关规划，并更好地服务于社会和公众。特定功能类国有企业应积极推进公众公司改革，按照上市公司的要求建立董事会，并依法规范运作；监事会中应有政府相关部门的代表，以对企业完成专项任务的情况进行考核评价。商业类国有企业应积极推进股权多元化，其治理结构和内部机制应完全市场化，以保障企业科学决策，提高企业应对市场竞争的能力。

对这三类不同的国有企业，其战略管理、领导人员任免、薪酬分配制度等方面也应有所区别，但其内部机制都应该进行彻底的市场化改革，以保证企业的效率和内部的管理能够到位。

实际上，对不同级次的国有企业，其体制方面的要求也应有所不同。地方国有企业应该更加市场化一些，尤其是竞争性企业；中央企业则应相对"正规"，但市场化的方向应该是一致的。地方的企业国资监管机构甚至可以向新加坡"淡马锡"模式的方向进行探索。

分类改革和监管是国有企业改革进一步深化的第一步。在国有经济布局结构调整基本到位、国有企业的产业定位基本稳定下来之后，国有企业的改革和监管还需要进一步实现个性化。

分类改革和监管照顾到了国有企业不同的类型和功能，但还难以顾及不同企业的行业特点和发展状态。即使同类型、同行业的企业，在不同的发展阶段也会有不同的特征和要求。一家处于投入期的企业，无论是战略投入还是研发投入，都会影响当期的经济表现，这与前期投入正在发挥效益的企业状态会有很大不同。

让所有同类型企业的经济指标按同样的斜率上升，不符合企业发展的规律；在监管上不考虑企业的具体情况，有可能诱发企业的短期行为，不利于企业的长期发展。

分类改革和监管对于国资委来说还是可以做到的，个性化的改革和监管对国资委则是力所不能及，这就需要更多地发挥董事会的作用；国资委的工作也应该有所调整，更多地转向优化董事会建设以及对董事的优选和考核评价上。做到了对国有企业个性化的改革和监管，国有大企业的改革应该说就基本到位了。

二、国有企业改革的两个"终极问题"

对企业进行分类，不但可以使国有企业的改革和监管更加精准和科学，而且可以说清楚有关国有企业改革发展的两个重大的理论和实践问题，即国有企业在市场经济中的功能和定位，以及国有企业与市场经济最终的融合方式。

基于对企业的科学分类，国有企业在市场经济中的功能和定位应该是两个方面。

第一，提供公共产品和服务，保障国民经济发展和人民生活的基本条件。这主要是通过公共保障类的国有企业实现的。在中国市场体系和市场机制发育不足的现实国情条件下，国有企业的公共服务功能特别重要，是国有经济优先的、必保的领域。在这个方向上的机制应是公开透明、社会监督、政府和企业两方面的责任清晰，企业为实现公共服务造成的政策性亏损，政府有责任给予弥补。

第二，在优胜劣汰的基础上，在一些重要行业和关键领域提升国家的产业竞争力。这主要是通过商业类和特定功能类的国有企业来实现的。在这个方向上，基础性的机制是平等竞争、优胜劣汰。除了为完成政府特定产业任务而需要的配套条件外，政府没有责任为企业弥补经营性亏损，国有企业在市场竞争中失利也要破产退出。

基于对企业的科学分类，国有企业与市场经济最终的融合方式主要应是两种类型。

第一，那些承担社会服务职能的公共保障类国有企业，通过改革加监管的途径，成为市场经济中受到专门法律约束和社会监督的特殊企业。为此要建立符合每个企业功能特点的法律或制度框架，以及相应的社会监督机制及考核评价办法。

第二，那些处于竞争性领域的商业类和特定功能类国有企业，通过资本市场改制上市或吸收战略投资者，实现国有企业的产权多元化和国有资产的资本化。这些企业应成为市场经济中规范的公众公司或股份公司，并通过资本市场或产权交易市场进行有进有退的布局结构调整。

国有经济在社会主义市场经济中的功能和定位、国有企业与市场经济最终的融合方式，是中国国有企业改革的两个"终极问题"。这两个问题能够说清楚，中国的国有企业改革就有了明确的目标和方向。在国有企业改革目前的深度上，我们已经有可能把这两个问题看得比较清晰了。

第二部分
事件回顾与问题探讨

一、转轨时期的结构性矛盾

我国曾长期是一个计划经济国家。新中国成立后，我国政府集中资源，进行了一轮大规模的经济建设，建成了一个独立的、比较完整的工业体系，为我国的现代化事业奠定了基础。这个庞大的工业体系中包含了百万余家国有和集体企业，这些企业大部分是在计划经济时期、按照计划经济的模式建成的，体现了计划经济的理念和要求，是计划经济的实体部分。

计划经济配置资源的出发点与市场经济完全不同。计划经济时期，我国长期处于短缺经济状态，建立企业主要是解决供给不足的问题；由于国有企业和政府在财务上直接联通，盈利要上交、亏损由财政补贴，企业生产成本的高低并不重要；计划经济时期，我国长期处在被封锁的状态下，经济发展所需的资源主要立足于国内，国内外资源的比较优势问题也不存在。而且，计划经济时期建立企业也不完全是经济方面的考虑，政治、社会、军事等因素都有。

改革开放后，我国逐步转向社会主义市场经济体制并对外开放，国民经济发展的格局完全变化了。面对新的、市场竞争的经济环境，很多计划经济时期建成的企业往往由于先天性的原因，难以适应市场机制，甚至难以生存。由此，形成了一种经济转轨时期特殊的结构性矛盾，给我们带来了结构调整的艰巨任务。

转轨时期的结构性矛盾的表现形式很多，有些表现在一些具体的企业，有些表现在一个区域或一个行业，有些则是全局性的。

1. 具体企业的布局结构问题

为加强战备，我国从1964年起进行了大规模的三线建设，投资2000多亿元建成了大中型国有企业近千家，一些省市还自建了不少"小三线"企业。三线企业建设选址的原则是"靠山、分散、隐蔽"，企业一般都地处深山。这样的选址固然有利于战备，但企业交通不便、运输成本畸高、周围没有城市依托、企业办社会成本巨大，而且企业离市场太远、信息闭塞，当地生活条件艰苦，难以留住人才。

改革开放后，国有企业也要进入市场参与竞争，包括三线企业。但这些企业的种种先天不足全部成为其参与市场竞争的障碍，由此造成了一大批困难企业。进入20世纪80年代后，国家开始对三线企业进行调整改造工作，但这一轮调整改造主要靠企业向银行贷款来实施，即使企业通过脱险搬迁政策转移出了深山、靠近了城市，由此造成的债务负担也相当沉重。

有些国有企业的困难是特定历史背景下所做的决策造成的。例如，在政策性破产中出现了重大群体性事件的贵州六枝矿务局建于20世纪60年代，原直属于煤炭工业部，1998年下放到贵州省管理。由于当地资源条件不好、生产成本很高，六枝矿务局建局30年一直处于亏损状态，靠国家的政策性亏损补贴维持运转。由于企业的生产状态始终不正常，职工的收入很低，六枝矿务局一直是全国煤炭行业最困难的矿务局之一，直至1999年7月六枝矿务局进入政策性关闭破产程序。把一个大型煤矿建在一个资源条件并不好的地方，应该是当年决策中的问题，但这一决策给我们留下了一家特困的大型国有企业。

有些企业的困难是由于产业发展格局变化造成的。如黑龙江阿城糖厂是我国第一家破产的国有大型糖厂。该厂始建于1905年，是一家甜菜糖厂，甜菜日加工能力3500吨，职工约5000人。在1990年之前，阿城糖厂一直是国内最大的制糖企业，是行业的排头兵，计划经济时期为保证国内的食糖供应做出过重大贡献。

在20世纪90年代以后，南方几个省区的甘蔗种植面积大量增加，蔗糖产业发展很快。由于当时甜菜糖的生产成本比蔗糖高50%左右，价格上完全没有竞争优势，阿城糖厂逐渐陷入了困境，亏损逐年增加而且无法进行调整。1998年8月，阿城糖厂正式进入国有企业政策性关闭破产程序，破产时资产负债率已高达280%。阿城糖厂的情况是当时东北地区甜菜制糖企业的一个缩影，制糖业成为当时东北地区的一个重点脱困行业。

2. 局部性的布局结构问题

区域性的布局结构问题在当时的青海省比较典型。从20世纪60年代中期开始，全国大力支援青海的工业发展。以西宁市为中心，一些沿海地区的企业直接内迁或到青海包建企业，因而西宁地区的工业结构与沿海地区非常相似，都是以纺织工业和机械工业为主。当时的说法是，沿海地区的支援使青海经济从农牧业一步跨进了现代工业。这对于计划经济而言是有道理的。

但这种外部嵌入式的发展方式，实际上是通过迁移在青海人为地制造出一块经济"飞地"，建成的企业与当地的资源无关，与当地市场的关系也不大，原材料需要从外面采购好运进来，产品大部分还要运出去销售。进入市场经济后，这些企业发现仅在运输成本上就无法与沿海的同类企业竞争，最后几乎全部变成了困难企业，成为政策性关闭破产的对象。现在回过头去看，企业的资源、产业链、市场都不在当地，仅仅搬迁过去一个主机厂很难站得住脚。

行业性的结构问题以我国的钢铁工业最为典型。我国以往钢铁工业的布局非常分散，几乎每个省、每个地级市都有钢铁企业。这种分散的布局可以追溯到1958年的"大炼钢铁"，但显然不是每个地方都适合发展钢铁工业，如当地有没有铁矿石和煤炭资源等。

在计划经济时期，钢材是最重要的计划物资，地方政府如果没有自己的钢铁企业，在物资分配上会很吃亏。因此，大家都不希望本地"手无寸铁"，建设地方钢铁厂的积极性很高。由于有财政兜底，地方政府完全不会去考虑企业的盈亏问题。进入市场经济后有些钢铁企业之所以困难，正是因为当地并不具备发展钢铁工业的条件。

即便是国家布局的重点钢铁企业，也大都是钢铁厂和矿山配套建设的模式。在大型钢铁企业附近，一般都有一个大型矿山就近供应铁矿石，这种建设模式在只能利用国内资源的发展格局下是完全合理的。但我国铁矿石资源禀赋不好、矿石品位较低，加之一些老矿山的资源逐渐枯竭，改革开放后我国开始大规模从国外进口铁矿石。这种新的资源供给格局给一些内地钢铁企业带来的问题是，进口矿石运距太长、运费太高，生产成本降不下来。

3. 全局性的布局结构问题

全局性的布局结构矛盾主要源于经济发展格局的变化。计划经济时期我国的经济发展格局是城乡分割的，城市发展工业、农村专注于农业。因此，我们把军工、矿山企业之外的所有工业企业都布局在城市之中，包括大量的劳动密集型企业。

改革开放后，我国城乡分割的发展局面逐步被打破，农村开始工业化，最初是乡镇企业，而后是民营企业。这些农村企业起步时一般都从事资金门槛较低、技术含量较低的劳动密集型产业，如纺织、服装、食品、轻工日用品等。在这些农村企业发展的初期，城市工业都给予了某种方式的扶助。有些是官方的，如一些地方政府组织城市国有企业对口帮扶本地的乡镇企业；有些是市场行为，如农村企业从城市大厂聘请"星期日工程师"进行技术指导等。

但是，当农村的劳动密集型产业形成规模后，就与城市中同行业的国有和集体企业形成了竞争的关系，而竞争优势完全不在城市企业一边。劳动密集型产业最重要的竞争要素是人工成本，在城市使用一个全民或集体正式职工和在农村使用一名离土不离乡的农民，用工成本几乎不在同一个数量级上。

此时，城市中的劳动密集型企业无奈地发现，自己的产品价格比农村企业高就卖不出去，把价格降下来农村企业还能保本，而自己已经严重亏损了，当年帮扶过的伙伴成为自己无法抗衡的竞争对手，而且这种趋势还无法扭转。当年国有纺织企业大面积陷入困境时，一些地方政府为了使企业脱困，频繁地调整企业负责人，直至允许能人自荐或由职工民主推选厂长，但无一人能成功扭转颓势。

这种经济发展格局变化的最终结果是：计划经济时期我们建在城市中的劳动密集型企业全部变成了困难企业，而这些老国有、老集体企业的数量很多，职工人数也很多。如上海市的国有纺织工业曾是全国的一面旗帜，企业的管理水平、产品质量都是当时最好的，高峰时有55万产业大军，但在农村低成本企业的挤压下全面亏损，最后通过政策性破产全部出局。上海轻工行业国有企业的情况与之完全相同，当年上海国有轻工行业的职工也有40万人。由此造成破产的国有企业数量巨大，下岗职工的人数非常多。从最终结果看，中国的产业布局结构因此经历了一次翻天覆地的变化，在性质上应当属于优化，但优化的过程非常痛苦。

4. 企业的组织结构问题

企业组织结构不合理是我国计划经济遗留的一个普遍性问题，不同行业企业的特点不一样，其中以机械工业的企业最为典型。

我国机械工业传统的企业组织形态是单一产品的专业化生产企业。通用设备往往是一机床生产车床、二机床生产铣床、三机床生产磨床，有时内圆磨床和外圆磨床还不在同一家工厂生产；专用设备一般也是按行业设厂，所以当时有纺织机械厂、化工机械厂、冶金机械厂、轻工机械厂、食品机械厂等。企业的生产工艺设置则完全是专业化的，而且是大而全或小而全，一车间一般都是铸造车间，二车间是锻压车间，三车间是粗加工，等等。

这样的企业组织形态是最典型的计划经济模式，一家专业化的生产工厂对应着国家指令性产品计划中的一个数字。而且，这样的单机生产企业的集成能力很差，难以满足提供整条生产线之类的大系统需求，只能给别人做配套。在计划经济体制下，这些专业化单机生产企业的运转靠国家指令性产品计划相互衔接，由计划部门委托设计单位负责系统集成。

改革开放后，我国中央政府各部门所属的机械类企业下放得最早。这批企业下放时，地方政府尚不知轻重，一批大企业忽然交到自己手上管理，大家都很高兴，但时间不长就领教了其中利害。这批企业及其生存发展的责任是交下去了，但以往维系这批企业运转的计划体制却被改革掉了。企业一旦进入了市场，原有的计划衔接链条一旦被打破，在很长一段时间里企业会无所适从。而且，以往过度的专业化使企业进行自我调整所需要的投入非常大，也很困难；加之原有体制中生产单位和科研设计机构是分离的，生产企业的研发设计能力普遍不足，也难以为结构调整提供有效的技术支持。

所以，当年对我国机械工业一些企业的调研中发现，由于大规模的技术装备引进，我国一些机床厂的装备水平并不差，但在市场竞争中的表现总是不尽如人意。除了体制机制和观念方面的问题外，企业组织结构不合理也是一个重要原因。

在21世纪初，我国出现过一轮跨国公司收购国内装备制造业龙头企业的情况，地方政府都积极主动响应，而且给予了很多政策优惠。这一轮外资收购现在是作为惨痛的教训而广受批评，很多人认为是地方政府出卖了国家的产业利益。但当时的情况可能没有那么简单。

这批装备制造业的龙头企业大都是原中央政府各工业部的直属企业。由于计划经济时期重工业优先发展的战略，我国机械类企业的数量很多，但都是单一产品的专业化生产工厂，供产销靠国家计划衔接。这批企业下放后，中央政府卸下了直接责任，国家对企业不会再有很多投入，原有的计划关系也不复存在了；而且，由于要不断提高各工业行业的生产装备水平，国家对进口国外先进装备给予了政策支持，这在客观上压缩了国内装备制造企业的市场空间。企业虽然交给地方了，但地方政府实际上没有能力把这批企业管理好、发展好。

我国地方政府在产业发展方面的功能很弱，财政一般都比较困难，国有银行改革后也不再听地方政府的"招呼"。尤其是一些老工业基地，保公务员和教师工资发放已很吃力，而这批企业恰恰大部分位于这样的地区。这些企业下放后，地方政府没有能力和办法帮助企业去衔接供求关系、解决市场问题，没有财力支持企业补充资本金、进行结构调整和技术改造，分流富余人员、化解历史负担都需要很大成本。解决这些问题都超出了地方政府的能力边界，而每家企业都有数以千计的职工需要按时发放工资。

这批企业如果没有人接手，可能很快就会变成困难企业，成为地方政府背不动也非常不好处置的大包袱。所以当时曾有一种"冰棍理论"，趁着冰棍还没融化的时候，赶快卖出去或者送出去。这种说法现在已是众矢之的，但在当时出现不是完全没有道理，地方政府确实没有保证这些"冰棍"不融化的手段。另一方面，国务院国资委当时刚刚成立，中央企业的改革还没有真正动起来，中央企业既没有能力也没有愿望去接手这些企业。

因此，这一轮外资收购现象的产生，除了各地为招商引资一贯不惜代价外，地方政府没有能力去解决企业的困难和问题，也是很现实的原因。事后批评一番很容易，但如果我们换位思考，设身处地想一想当时地方政府面临的诸多难处，可能也拿不出太好的对策。我国国有企业改革中有一些几十年后看似很不合理的行为，当时的动因大都是百般无奈、找不到解决问题的办法。所以，马克思主义哲学强调用历史的眼光看问题，确实很有道理。

我国装备制造业要有大的发展，特别需要综合性的大型装备制造集团来带动，但这样的企业以前并没有；国务院国资委曾试图在中央企业中培育出一家，最后也未能成功。中央企业中的机械类企业虽然规模都不算小，但其初始定位都是专业化的生产企业，如东方电气、哈尔滨电气、一重、二重、一汽、二汽、南车、北车、中国纺织机械等，企业的组织结构已经定型，基本没有调整的可行性。相比较而言，专用设备生产企业离用户较近，情况可能稍好一些；通用设备生产企业适应的难度更大，最后大都变成了困难企业。

在中央机械类企业中，一重、二重的问题更加典型。一重和二重都是专业化的重加工工艺工厂，计划经济时期为全国的机械行业服务。在机械工业部的计划衔接下，各地机械类企业的重型部件都由一重或二重负责加工，然后千里迢迢运到主机厂组装。机械部所属企业下放地方、进入市场后，所有重型装备制造企业都开始加强自己的重加工能力，以避免被别人"卡住脖子"。在这种新的产业竞争格局下，专业化的重加工企业很快就会被边缘化。二重最先出了问题，不得不由中国机械工业集团有限公司接手重组；一重开发出了核电站的核岛设备作为自己的主导产品，能否最终站住脚还有待时间的检验。

概言之，在新中国成立后的计划经济体制下，我们举全国之力建设了一个庞大的工业系统，奠定了国家工业化的基础，其历史贡献毋庸置疑。但是，这个工业系统计划经济的属性非常鲜明。从计划经济的角度出发，这个工业系统的布局和结构可能是合理的；从市场经济的角度观察，其布局和结构存在一系列严重的扭曲。这就是中国经济转轨的过程中，不得不面对的一个历史留给我们的艰巨挑战。

从计划经济转向市场经济，国家的经济布局结构和企业的组织结构都需要进行彻底的调整和改造，有些部分甚至需要"推倒重来"，工作量极其巨大，所需的成本极其巨大。这种转轨时期特殊的结构性矛盾是所有转轨国家必然会遇到的，其具体的表现形式是在短时间内出现大量困难企业。问题虽然反映在企业身上，但在企业层面，靠企业自己的力量往往解决不了。

在国家经济转轨的过程中，这种结构性问题需要单独拿出来研究，并制定有针对性的专项政策，因为其问题的性质与一般意义上的国有企业改革有很大不同。狭义的国有企业改革，只是企业管理体制或内部机制的调整，这可能不需要投入很多资金；而结构调整不但社会风险很大，而且需要巨额的资金投入。解决这种问题需要制定专门的政策，尤其要准备好结构调整必需的成本。在我国经济转轨的过程中，结构调整问题并没有单独拿出来处理，也没有相应的成本准备，而是全部转化成国有企业改革需要解决的问题。这也是中国的国有企业改革任务艰巨、推进异常艰难的重要原因之一。

二、中国重汽集团的重整与下放

中国重型汽车集团有限公司（下文简称中国重汽）的危机爆发于2000年，是国家经贸委时期处置的一个重大的中央企业危机案例。

中国重汽曾经是一家在国内很有影响力的大型企业集团，其前身是1958年成立的济南汽车制造总厂，其生产的黄河牌重型卡车在20世纪60年代全国闻名，被称为我国重型汽车工业的摇篮。1983年，作为国家重点技术引进项目，中国重汽成功引进了奥地利斯太尔91系列重型汽车项目，成为国内第一家全面引进重型汽车整车生产技术的企业，产品结构又上了一个大的台阶。

当时中国重汽还是一家中央企业，生产基地主要在济南、重庆、陕西三地，职工有近10万人。中国重汽在国内企业界的地位一直很高，1987年中国重汽在国家计委实行了计划单列，1991年进入国务院第一批试点企业集团名单，1993年成为首批国有资产授权经营试点企业之一，所有与大型企业、企业集团有关的国家级试点中国重汽都参加了，被称为"试点专业户"，说明了中国重汽当年的地位和受到的重视。

很巧的是，1995年我在国家计委宏观经济研究院工作时，曾到中国重汽调研企业集团发展问题。工作讨论结束后，当时的中国重汽董事长又和调研组进行了单独交谈。这位董事长和我们谈话的内容大致是：中国重汽一直受到各级政府的重视，也得到了很多荣誉，他个人表示感谢；但中国重汽实际上面临一个巨大的生存危机，单一的重型汽车产品国内市场需求有限，每年不到4000台的批量养不活10万职工，企业的资金越转越少，迟早要出大问题。他个人的建议是，允许中国重汽的产品链向下延伸，生产一些中型或轻型卡车，中国重汽的生产和技术能力都具备条件，产品批量大了就可以解决企业的生存问题。他恳请调研组如实向主管部门反映，让上级能够理解中国重汽的难处。

回到北京后，我们把中国重汽的情况和董事长的建议反映给国家计委主管行业的司局和机械工业部，结果两家都不同意。给我们的非正式回复是，中型汽车是一汽和二汽的市场范围，中国重汽不能抢别人的饭吃。于是此事不了了之。

到2000年时，中国重汽维持不下去了，资金链断裂、企业停产，职工近一年发不出工资，最终酿成了重大群体性事件，职工在厂区和办公楼聚集并准备上街游行。由于中国重汽是中央企业，地方政府不便直接处理，山东省的工业副省长指挥警力封锁了厂区的各个大门并向内喊话，警告职工不能出厂闹事，算是把事件控制在了厂区内部。同时，山东省委、省政府向国务院紧急报告，希望国务院尽快采取措施解决中国重汽的问题。

在这种情况下，吴邦国副总理紧急召开专题会议，研究解决中国重汽危机的办法。会议决定，由国家经贸委负责研究制订解决中国重汽危机的方案，具体工作由我的直接领导蒋黔贵副主任牵头。

由于要研究制定处置方案，我们比较具体地了解了政府对中国重汽的管理体制。作为一家中央企业，中国重汽在体制上由多个部门共同管理。中国重汽的领导班子：一把手由中组部管理，二把手由国家人事部管理，其余副职由机械工业部管理。中国重汽的投资：基本建设投资由国家计委投资司管理，技术改造投资由国家经贸委技改司管理，机械工业部作为主管部门管得更具体一些。中国重汽的国有资产由财政部管理，收入分配由国家劳动部管理。中国重汽是国务院试点企业集团，这个试点由国家计委长期规划司、国家经贸委企业局、国家体改委生产体制司共同负责。这还不包括外部监督及党、团、工会等方面的工作。这个管理体制就是当年所说的"五龙治水""九龙治水"的状态。

中国重汽处置方案的协调工作异常艰难。中央政府各个部门的意见就很不一致，中国重汽又是一个大型企业集团，下属企业遍布各地，仅中国重汽山东部分就涉及7个省（区、市），各地政府的想法和要求也都不一样。而且，此时中国重汽的账面亏损超过了80亿元，资产负债率已接近140%，不付出代价已不能解决问题。但各方面的出发点都是尽可能减少自己的损失，协调一致却非常困难，蒋黔贵副主任开了十几次会议进行协调也无法达成一致意见。

国家经贸委最后上报给国务院的报告实际上是一份各方意见的汇总，提出了国家经贸委研究的处置方案，也如实反映了其他部门和各地政府的意见，很多意见是相互冲突的。最后国务院拍板采纳了国家经贸委的方案，协调工作才告一段落。

国家经贸委提出的处置方案概括起来就是"部分破产、三地下放"。中国重汽的一些高负债子公司实施政策性破产，分流安置职工；主要生产能力分别下放到山东省、陕西省和重庆市，其中山东省的主体部分保留"中国重汽"的名称。由于一些未破产的下放企业负债率也不低，不进行处置很难存活，其中相当一部分企业也实施了力度很大的减人和减债措施。整个处置方案相当于一次破产重整。

这个方案基本解决了中国重汽的债务问题，也保住了中国重汽的有效生产能力。由于中国重汽分解下放后就成了地方国有企业，三省市政府马上接手管理，任命了新的企业领导班子，第一线的管理主体和维稳主体也很快到了位，企业的状态马上发生了变化。2007年11月，新的中国重汽以红筹股形式在香港主板上市，募资90亿港元，为企业进一步发展奠定了体制和资本的基础。陕西、重庆两地下放企业的状态也有很大改善。

"部分破产、三地下放"的方案实施效果较好，但成本也很高，当年我们测算，总的处置成本超过50亿元。其中由中央政府承担的成本包括：银行核销的呆坏账，中央财政支付的职工安置费用及拖欠的职工工资和养老金，挂账处理的中央税金等。地方政府负担的成本包括：职工提前退休进社保涉及的相关费用，豁免的社会保险欠费，省市两级政府以往垫付的资金等。

当时国务院要求国家经贸委研究提出处置方案时，还要求查清导致中国重汽出现危机的责任，但这在当时的管理体制下是做不到的。企业的重大事项都是由政府决定的，企业的自主权有限，自身应该承担什么责任说不清楚；在政府层面又是多部门参与管理，有时一个方向上还不止一个部门，谁应该承担管理责任也说不清楚。追究责任的事也只能不了了之。

中国重汽的危机是国务院国资委成立之前，中央国有企业出现的一次重大的企业危机，通过这个案例可以看到对国有企业多部门共同管理的体制弊端。

在多部门共同管理的体制之下，相关部门都有某一方面的权力，但都没有明确的责任。企业经营状态正常时，部门各自行权指挥，矛盾主要表现在各部门的政策在企业中相互冲突，因为各个部门的想法和要求都不一样，各家也不见面，只能靠企业在第一线"应付"各个方向，好在大家都不会太认真。一旦企业出现了危机，就会发现没有任何一个部门的权限能够帮助企业解决问题，而且部门之间仍然是谁也协调不动谁，谁都无法牵头做事，这就很自然地把最高层推到了第一线。当时这是一个行政效率很低、矛盾上溯很快的体制。

"部分破产、三地下放"的处置方案虽然成本巨大，但处置过程基本顺利，企业"愈后"的状态也比较好，其中的关键是包含了一个"下放"的措施，从而躲开了多头管理的体制的弊端。企业下放后，地方领导高度重视、上手很快，改革调整和维稳措施都到了位，工作责任马上清晰了，工作关系瞬间简单化了。否则，在众多的中央政府部门中，由哪一家来牵头负责处置方案的组织实施，其他部门和各地方政府会不会配合，都有很大的不确定性。这种明显不合理的管理体制，应是日后党的十六大决定改革企业国有资产管理体制的重要原因之一。

三、转制科研院所问题

转制科研院所在中央企业中是一个非常特殊的群体，国务院国资委成立时这样的转制科研院所超过30家。它们的规模都不是很大，但由于身份和地位特殊，一直受到各方面的关注。

其一，这些院所都曾是我国行业科技研发的中坚力量，以往在行业科技进步中发挥过重大作用，是名副其实的行业科研国家队。各院所内部都聚集了一大批高水平的科技研发人才，是国家宝贵的科技创新资源。在国家日益重视科学技术进步的大环境下，这些院所自然被寄予了很大期望。

其二，这些科研院所的发展容不得任何闪失。一家国有企业经营失败可以通过破产退出市场，但让一家国家级的科研机构"破产"是不可想象的。如果这些院所的生存状态不好导致科研人员大量流失，各方面也无法接受。因此，这些转制科研院所在中央企业中处于"只能搞好、不能搞不好"的地位。

由于在国务院国资委成立时我分管改革和规划发展工作，因此对这些院所关注得更多一些，虽然我们以往对科研机构的情况并不熟悉。

这些原直属于各国家工业部门、为全行业提供服务的技术开发类科研院所，于1999年由国家事业单位转制成为企业，这是当年我国科研机构管理体制改革的一项重大举措①。院所转制后的体制变化可能主要是两点：一是国家拨付的经费大量减少，据说科学事业费连维持离退休人员费用都有缺口；科研经费也不再切块下达，而是跟着项目走，但项目需要去争取。二是院所由国家事业单位转制成为国有企业，员工也失去了事业编制和身份，成为国有企业的职工。

第一个方面变化产生的效应主要是积极的。改革改变了传统体制下科研院所吃国家"大锅饭"、科研与生产严重脱节的弊端，把科研单位和科技人员推入了经济建设的主战场，为企业和市场现实的科技需求服务，不再搞"象牙塔"和论文式的研究；国家财政的负担当然也随之大大减轻，这应是这项改革的主要目的之一。这两方面的效应标志着我国科研机构管理体制改革迈出了重大一步。

第二个方面变化引发的问题比较多，最突出的是退休人员的待遇问题。当时国家的养老保障制度已形成了双轨运行的格局，行政事业单位和企业员工的养老金数额差距较大。虽然有关部门在2003年发文件对转制科研院所明确了一个五年的过渡期，但过渡期内退休的人员待遇必然会逐年降低，过渡期结束后退休的人员则完全是企业职工养老保险的水平，这方面引发的意见非常大。

对于中央级的转制科研院所而言，退休人员还有一个"同城待遇"问题。由于北京市提高了地方性的津补贴，中央单位退休人员的收入要低于北京市的同类人员，这个问题曾引发了转制院所退休人员的大规模上访。一群白发苍苍的老同志堵住国资委的大门反映问题，产生的社会影响非常不好，而且我们也很难接待和处理，因为相关职能并不在国务院国资委。

科研院所转制后初期的效果一般都比较明显。一是院所的科研项目与企业和市场现实的技术需求联系更加紧密，不再是科研与生产"两张皮"；

---

① 关于深化科研机构管理体制改革的实施意见 [EB/OL].(2000-05-24). https://www.gov.cn/gongbao/content/2000/content_60250.htm.

二是院所更加重视科研成果的推广应用，产业化的积极性很高；三是院所的科研收入都有较大幅度提升，科研人员的收入也有提高；四是院所的管理都按企业化的要求有所加强。

为了更深入地了解这些转制科研院所的现状和以后的发展前景，我们集中安排了一些调研和座谈。调研中除了看到上述短期性的积极效果外，也发现了两个很重大的现实问题。一是这些院所内部改革的难度要大大高于我们的预计，二是这些院所的长期发展实际上面临着严峻的挑战。

与一般的国有企业相比，这些原国家事业单位内部的体制、机制、观念的僵化程度似乎更加严重，市场的意识、竞争的意识更加薄弱。这些院所虽然已改制成为企业，但名义上仍是国家级的科研单位，国有企业内部改革的常规措施，如人员的优化组合、考核基础上的末位调整、分配上拉开差距等，内部员工的理解程度和社会的支持程度都很差。而且，这些院所的改革都属于自己改自己，推进改革触发的矛盾较多、难度很大。由于改革很难在短期内有大的进展，院所内部的管理也很难真正做实。

在中长期发展方面，这些转制科研院所大都面临着几个方面的严峻挑战。

第一，院所的创收压力巨大，科研人员已很难专注于研发。院所改制后，由于政府拨付的经费大幅度减少，所有院所都面临极大的创收压力。尤其是这些院所都是老院、老所，退休人员的比例很高，为缓解转制后退休人员待遇降低引发的矛盾以及"同城待遇"诉求问题，所有院所都增加了退休人员的生活补助，从而每年增加了一笔很大的刚性支出。院所改制后和其他中央企业一样，也要承担年度和任期考核指标，所有院所都把指标层层分解下达，大部分直至研究室。在非常直接的创收压力下，科研人员忙于跑市场、跑企业，除极少数争取到国家重大项目的研究单元外，大部分科研人员已很难静下心来搞研发。这种状况意味着科研后劲不足。

关于考核问题我和一些院所领导专门讨论过，他们认为下考核指标还是很有必要的。国资委向院所下达了考核指标，他们就可以名正言顺地把指标分解下去；即使国资委不下考核指标，他们也要向下分解创收指标。院所承受的创收压力非常现实，维持院所正常运转、改善科研条件、保障退休人员待遇、提高科研人员收入都需要钱。问题不在于考核与否，而在于现实的生存压力。

第二，研发投入能力不足。与其他中央企业相比，这些转制科研院所的规模都不是很大，再投入能力有限。例如，当年这些院所中规模最大、状态最好的钢铁研究总院（简称钢研院）一年的利润总额是2亿元上下，而宝钢每年的研发投入接近50亿元。这样的投入差距维持一段时间，宝钢的创新能力和研发水平很可能会超过钢研院。

一些院所领导同志也认为，除努力争取国家重大项目外，自身已很难组织需要较大投入的科研项目，只能避重就轻搞一些投入较少的项目。但在小项目的方向上，这些院所又面临来自民营科技企业的竞争压力。这些民营科技企业一般也是体制内的科研人员带着项目下海创办的，当期的技术能力并不差；而且，他们的技术收入都是自己的，内在的积极性更高，竞争手段也比国有企业更加灵活。

第三，产业化并不很顺利。为了增加收入，各院所转制后都努力把现有的科研成果、以往的科研成果拿出来进行产业化，或是与企业合作，或是自己成立公司运作，有些院所办的公司还成为上市公司。但科研成果产业化在性质上属于市场上的商业行为，大部分科研人员对此并不擅长，对市场上的各种规则和潜规则也不熟悉；加之科研成果转化涉及的利益关系非常复杂，很容易变成某种个人的行为，利益分配方面的矛盾很多，院所组织管理的难度很大。所以科研成果产业化磕磕绊绊，并不很顺利。

虽然在新闻报道中我们经常可以看到一些成功的科研成果产业化的案例，但一些院所领导私下对我讲，吃亏上当的比成功的要多。即使是一些成功的成果转化项目，由于投入强度不足、规模普遍偏小，形不成较高的进入门槛；加上我们对知识产权保护得不好，其他企业复制过去后形成了更大规模的生产能力，调回头进行价格竞争，院所的企业往往很难招架。

这一轮调研、座谈给我们的感觉不是很好。市场竞争格局对这些院所并不有利，短期的创收压力实际上损害了院所的长远发展，改革的现实状态也不能指望短期内能迸发出很大活力。以往各方面经常讲，这些转制科研院所具有两大优势，即科研基础深厚、研发人才密集，但如果这种状态持续时间过长，这两大优势是否能够保持下去存在很大隐患。当然，这些问题不是不能解决，但对院所领导的要求非常高。他们大都是科研人员出身，有些还是院士，经营管理企业可能并非他们所长，而且他们手中的资源确实不够。

在国务院国资委成立之初，我们就开始引导转制科研院所进入大型企业集团，当时的出发点是消除传统体制下分工过细造成的功能分割。在计划经济体制下，一个工业部门内部研究、设计院所和生产企业都是分开的，院所根据部里下达的任务进行研发设计，项目验收后移交生产企业使用。政企脱钩、院所改制后，两类主体都成为独立的企业进入了市场，但两方面的功能都不完整，生产企业普遍缺乏研发能力，院所大都没有生产条件。

转制科研院所进入企业集团后，效果一般都很好。集团会把院所作为自己的研发中心来建设发展，并保证研发经费；院所的创收压力瞬间减轻，科研人员不会再承担创收指标，可以专注于研发工作；科研成果的产业化一般都由集团负责实施，院所领导不必再分神操心，收益分配方面的矛盾也会减少。而且，集团会把自己的企业化机制和管理向院所渗透，或直接派入管理骨干，院所的内部改革和管理工作也会做得更好。

但是这样的操作会带来另外一个问题。转制科研院所一旦进入企业，其原有的为全行业服务的公益性功能就会基本丧失，虽然这种功能丧失在院所转制成企业时就已经开始了。除了行业技术标准制定业务和行业质检中心还能为全行业做一些服务工作外，一家企业研发中心的科研成果已不可能再拿出来为全行业包括自己的竞争对手服务。这种变化会带来两个方面的影响，一是院所的行业地位会大大下降，二是科技界的意见会很大。

以往作为面向全行业提供服务的科研机构，这些转制科研院所在行业中的地位都很高，是行业中的"白领"，生产企业则属于"蓝领"。即使在转制之后，行业开会时科研院所受到的尊重程度也往往高于一些大型企业。对这样的行业地位，无论是院所领导还是一般科研人员都很自豪，也很受用。院所一旦进入企业集团，成为某一家企业的研发中心，行业地位必然会降低，"白领"要接受"蓝领"的领导，心理上多少会有些障碍，越是大院大所心理落差越大。

我国科技界对转制科研院所这个群体一直非常关注，对国务院国资委考核转制院所的业绩、推动院所进入企业集团一直有些意见。一次我陪同科技部一位副部长到中国建材总院调研，事先被告知不可以当着他的面说科研院所进入企业的事。当时中国建材总院并入了中国建材集团，由于科研经费有了保障，科研人员可以专注于研发工作，全院的科研形势很好，成果出得很多，产业化在集团的支持下也做得很好。调研中这位副部长对建材总院的科研工作高度肯定、赞赏有加，当然我们都绝口不提这后面真正的原因。

一次开会时碰到一位科技界的老同志，拉住我谈了很长时间，包括行业科研院所以往在国家科技发展上做出的巨大贡献，以后这些院所在行业技术进步中将承担的重大责任等。谈完后看到我的反应不太强烈，明显有些失望。但对于国资委来说，问题非常实际，公益性、为行业服务都很好，关键是有没有外部资金保障，这些院所面临的大量现实问题没有资金是解决不了的。我国的科技界不一定能改变政策，但对社会舆论有很大影响力，一位院士的意见大家先入为主就觉得有道理，因此科技界的批评一度使我们感到压力很大。

经过国务院国资委持续的企业重组工作，中央企业中的转制科研院所从最初的 30 多家减少到不到 10 家。余下的院所有些是坚持独立发展，在企业重组方面，国资委并不能够强制推动，有些则是找不到可行的重组办法。

例如，钢研总院原已与宝钢谈好加入宝钢集团，宝钢承诺了非常好的科研保障条件。但由于鞍钢、武钢、攀钢坚决反对，重组无法实施。后来想退一步，由四家中央钢铁企业共同注资、共建钢研总院，把钢研总院改制成一家由国资委和四家中央钢铁企业共同持股的股份制公司，钢研总院为四家中央钢铁企业提供技术服务。这个想法主要是想先把钢研总院的创收压力减下来，而且由于国资委仍是第一大股东，钢研总院也不必从中央企业的名单中移出。但这个方案仔细研究后也没敢操作。研发能力是企业参与市场竞争最重要的核心竞争力之一，几家存在竞争关系的企业共用一个研发基地，好像也不好运作。

再如，原机械工业部直属的机械科学研究总院是一家工艺研究院。下属沈阳铸造研究所、哈尔滨焊接研究所、武汉材料保护研究所、北京机械工业自动化研究所等主力院所，都是以基础工艺研究为方向。基础工艺的研究非常重要，原机械工业部抓了十几年的"三基"之一，就是基础工艺。这类并不涉及具体产品方向的工艺研究机构特别适合做公益服务，并不太适合作为独立的企业发展。在中央企业的重组工作中，机械科学研究总院进入哪个企业集团都不太合适，都会引发很多不同意见，最后只能放下来独立发展。

这些转制科研院所当年除了面对一些非常现实的挑战外，实际上还面临一个更深层次的问题，即始终没有找到合适的企业发展模式。其中设计院是例外，可以向独立的设计公司发展，而占绝大多数的研究院所发展的战略方向一直不清晰。当时国务院国资委号召每一家中央企业都要找一家或几家国际先进企业对标找差距，而这些研究院所都没有找到合适的对标对象，因为国外好像没有类似的企业实体。

在发达国家中，除一些小型的科技公司外，这种应用技术开发实体或是大型企业集团内部的研发中心，或是独立的非营利机构。当年，为了研究这些转制科研院所的发展模式，我们专门找来了德国弗劳恩霍夫协会（Fraunhofer-Gesellschaft）和中国台湾工业技术研究院的资料，这两家机构都是工业应用技术研究实体，而且发展得都很成功。但这两家都属于非营利机构，其适用法律和运营方式与一般的竞争性企业不同，在性质上与我国的转制科研院所并不太可比。

在国际上找不到对标的对象，这可能说明了一个很大的问题：在充分市场竞争的环境下，这类以应用技术研发为生的企业，生存和发展的空间并不很大。所以，转制科研院所很可能是计划经济给我们遗留下来的另外一种类型的历史问题，即企业的形态不符合市场经济的要求，尽管其中的科技研发资源非常宝贵。

对于技术开发类科研院所实行企业化转制的科研机构管理体制改革，社会上一直有不同的看法，估计日后也会有很大争议。尤其在我国自主创新能力严重不足的问题日益突出的背景之下，有人可能会认为，如果当初仍然把这些院所保留在政府系统之内，我国的科技创新实力可能会更强一些。但据我们这些非专业人士的观察，当年推进这项改革还是很有必要的。

第一，这些技术开发类科研院所本身就是我国工业系统中有机的组成部分，只不过由于计划经济的模式，与生产企业处于分割的状态。如果这些院所不进行转制，仍然游离于生产企业的系统之外，我国工业领域整体的科技创新能力可能会更加薄弱。

第二，由于计划经济时期科研和生产的体制分割非常彻底，我国技术开发类院所的数量过多，内部的冗员也不少。如果这些院所不进行企业化的转制，仍要靠政府的资金维持运转，我国财政的负担可能会越来越重，而且资金的使用效率也无法保证。

第三，这些院所体制机制方面的问题并不比国有企业少，需要进行大力度的改革。如果这些院所没有通过转制进入国有企业改革的大环境之中，其改革的前景非常难以预计，谁来负责推动也说不清楚。如果改革不到位导致科研骨干大量流失，这些国家级的院所也未必能发挥出人们所期望的作用。当然，把计划经济的实体改造成为市场经济的主体并不是一件容易的事，这些转制科研院所的情况再次说明了这一点。

四、三九企业集团的危机

2003年5月，国务院国资委挂牌成立，196户中央企业划归国资委监管。这些中央企业的状态差异很大，大部分企业的经营状况尚好，但少数企业长期积累的问题也开始陆续暴露。第一个出现危机的是三九企业集团（简称三九集团）。

三九集团的发展曾是一个传奇。其前身是中国人民解放军原总后勤部所属的南方制药厂，而后通过兼并收购迅速扩张，拥有三家上市公司，成为当时中国最大的制药企业；"999"商标在市场上的知名度非常高，曾被评为国内医药行业最具价值品牌。三九集团的创始人赵新先是当时全国最知名的企业家之一，是第八届全国人大代表，先后荣获全国五一劳动奖章、中国改革十大风云人物、军队优秀企业家等荣誉。

三九集团实行的是一套非常独特的管理体制。总后勤部只管赵新先一个人，而且完全不介入企业的经营管理。赵身兼党委书记、董事长、总裁、监事会主席四个职务，是集团中的绝对权威。在集团内部也是同样的管理体制，实行层层的个人负责制。赵新先对下也只管一个人，二级公司的老总在重大决策、干部任免、机构设置、收入分配等方面有非常大的自主权。

这样的管理体制有两个最突出的长处。一是决策效率非常高。企业的重大决策对上级无须请示批准，内部无须集体研究讨论，一把手直接拍板即可决定。二是内部机制非常灵活。三九集团地处经济特区，又是全新的企业，没有传统体制机制的包袱和观念的束缚；在各层级一把手的绝对权威之下，干部能上能下、职工能进能出、收入能高能低都不是问题。

这样一套独特的管理体制和内部机制，在当时国有企业普遍还受到严格的行政管理、内部机制和观念又极其僵化的情况下，非常具有新意和冲击力，在理想状态下效果也会非常明显。当年我们仔细研究过三九集团兼并四川雅安制药厂的案例，"三九机制"的注入对国有企业僵化的体制和观念冲击非常大，对兼并成功确实发挥了主要作用。所以，三九集团曾广泛宣传的企业兼并"三件宝"——机制、品牌、渠道，不是没有道理。当然，这套管理体制利弊都很明显，做好了效果显著，做不好风险很大，成功与失败完全系于一个人。

1998年，中央决定军队和武警部队不再经商办企业，三九集团由总后勤部划归中央大型企业工委管理，2003年在机构改革中划归国务院国资委管理。国资委成立时，社会上对三九集团的各种议论已经较多，尤其是2001年中国证监会因三九集团大量占用上市公司资金，对其进行公开谴责，产生的负面影响很大。

国资委开始关注三九集团的情况事出偶然。国务院国资委成立后，陆续有几个省级经贸委来人反映：三九集团在省里通过无偿划转的方式接收国有企业，已经签署了协议，接手后发现企业状态不好，放手不管要省里收回，由此造成企业和职工的不稳定。省政府希望国务院国资委出面协调，要三九集团按原协议接收企业。接到反映后，我们电话询问三九集团总部，并请他们到北京来面谈。询问和面谈的结果让我们大为惊讶：这些并购项目都是三九集团的省级公司擅自进行的，并没有向集团报告，总部完全不知情。这种情况让我们意识到，三九集团内部失控了，这是要出大事的。

三九集团的情况我们向委主任办公会进行了汇报，并请示要不要采取措施。委主任办公会研究的结论是，先不急于采取措施，但要密切关注三九集团的情况。会后，根据李荣融主任的要求，我找监事会高怀忠主席面谈，希望他在监管的四家企业中更多地关注三九集团的情况，尤其要防止把资产转移到境外去，因为当时三九集团已提出要成为跨国医药产业集团。几个月后，也就是到2003年10月份前后，20多家银行对三九集团采取措施，查封资产、追讨债务，并进行集体诉讼。三九集团的债务危机正式爆发。

2004年5月，李毅中书记代表国务院国资委到三九集团宣布，赵新先到龄免职退休，由中国通用技术集团副总经理孙晓民接任三九集团党委书记、总裁。李毅中书记在讲话中高度肯定了赵新先对中国医药事业和三九集团的贡献，会场上掌声一片，一代知名企业家就此谢幕。后来，听说赵新先还被深圳的法院判过一次，好像是审计署审计时发现了问题。这个结果实际上挺让人惋惜的。赵新先无疑是个很能干的人，但当时国家刚刚改革开放不久，谁也不知道市场经济的水有多深，内在风险太大。

事后回想起来，当年委主任办公会的决策是非常明智的。如果国资委提前几个月采取措施，或许可以减少一些损失，但很可能把责任揽到国资委身上。这么好的一家企业、这么优秀的一位企业家，由于国资委"处置不当"引发了危机，这样的责任对于刚成立的国资委来说是承担不起的。银行封账、追债导致危机爆发后，再宣布赵新先免职退休，社会上已没有任何不良反应，惋惜者有，但没有批评指责的。有时事情看明白了，也不一定适合马上出手解决问题，瓜熟蒂落、水到渠成的说法还是很有道理的。

孙晓民毕业于北京大学法律专业，研究生学历，时任中国通用技术集团副总经理、总法律顾问。孙晓民单枪匹马到三九集团任职属于临危受命，面临一系列非常艰巨的任务。

第一，他要把三九集团的医药主业和骨干员工稳定下来，恢复正常的生产经营。当时由于银行封账、追债，三九集团的各个业务板块都已停摆，集团人心浮动，一些业务骨干已经不辞而别。第二，要开始进行债务重组。2004年7月，国务院已批准对三九集团实施债务重组，但由于债权人多、众口难调，与债权人委员会谈判债务重组方案是一件非常艰难的事情。第三，要大量剥离和处置不良资产和非主业资产。尽可能多地变现、还债，以满足债权人的要求。第四，要对内部进行彻底整顿。层层的个人负责制造成三九集团内部形成了大大小小的独立王国和既得利益集团，从中获益的人不在少数，打破这样的利益格局属于动了许多人的奶酪，也是非常困难的事。

孙晓民到三九集团任职后，国务院国资委立竿见影看到的结果是告状信铺天盖地而来，很多告状信是给每位主任一份、每个主要司局一份。告状信的内容五花八门，大体的指向是孙晓民通过资产重组中饱私囊，涉及金额几亿元，甚至10多亿元。

其中，相当一部分告状信是"实名"的，但实际情况并非如此。我收到的一封告状信署名是三九集团的一位部门负责人，留下的手机号码也确实是他本人的。但这位同志我恰巧认识，不久前还约到北京来面谈过，他是支持国资委对三九集团进行彻底整顿的。见到告状信后我立刻打电话向他核实，他的反应极其惊讶，完全不知情。显然，告状信借用了他的名义和他的联系方式。

对这些举报信反映的问题，我们的基本判断是不大可能。孙晓民去任职时，对三九集团内部利益关系的复杂程度、工作的困难程度有思想准备，他不会去做这样的事；而且，当时三九集团的所有资产已处于债权银行的监控之下，他想做这样的事也做不了。

但面对这么多告状信，国资委的纪委坐不住了。在一次国资委党委会上，我们的纪检书记提出要派检查组到三九集团调查：这么多告状信还不派人去查就是国资委的失职。我和另一位管干部的副主任坚决反对：孙晓民是国资委派出去收拾烂摊子的，他的工作必然会得罪很多人，如果有人告状我们就派人去查他，第一线的人如何工作，以后谁还愿意出头为国资委解决问题。两种意见在党委会上形成僵持。

最终党委会接受了我们的意见，不派检查组，由外派监事会通过常规检查的方式了解情况。这期间，监事会高怀忠主席花了大量时间和精力介入三九集团的重组，对重组工作给予了很大支持，并与国资委保持着密切的联系。经过监事会逐件调查核实，告状信反映的情况完全是子虚乌有。

当时我们就感觉，这种问题不会是最后一次发生，如何应对需要认真研究。有时对同一件事，不同工作系统之间的判断和反应完全不一样。我们之所以坚持不能派检查组，是担心出现难以收拾的局面：检查组一到现场，客观上就为告状的人撑了腰，三九集团重组的形势会更加复杂和混乱；孙晓民至少在一段时间内会成为调查的对象，很难正常开展工作；查清楚告状信反映的问题需要时间，检查组又不可能接管企业，这期间的重组工作将无人负责；即使查清了问题给孙晓民一个清白，他被调查一次后还有没有积极性继续主持重组工作也是个问题。

对这些利害关系，负责重组的人必须掂量清楚，负责纪检的同志不会有直接的感受；而且，检查组把问题查完后可以一撤了之，后面的事还要有人去收拾。好在国资委纪委也是在国资委党委的统一领导下工作，充分沟通后有人拍板决策，而且我们还有外派监事会可以替代。如果工作系统和纪检系统分属两个部门，相互之间没有协调的机制，会出现什么情况还真不好说。

经过几年的艰苦努力，三九集团的重组逐步取得了成效。大量非主业资产在债权人的监督下进行了处置，集团的包袱减轻、业务结构得到优化，债权人也有所补偿；医药主业的生产经营逐步恢复了正常，由此带动整个集团于2006年扭亏为盈；与债权人委员会的债务重组谈判也取得了重大进展，2006年12月确定了重组的框架方案，并开始引入战略投资者的工作。

2007年12月，经国务院批准，三九企业集团正式并入华润集团成为其全资子公司，这项并入大大加强了华润集团的医药板块，后面进一步的债务重组、内部整合将由华润集团负责。至此，三九集团的债务危机画上了句号。

三九集团是国务院国资委成立后第一个出现整体性危机的中央企业。当时国资委刚刚成立，我们没有经验。此后再有中央企业出现自身解决不了的问题，都是采取大企业重组小企业、好企业托管困难企业的方式，再也没有派一个人单枪匹马去解决问题，完成这样的任务难度和风险太大了。

五、企业退休教师上访事件

2003年前后，国有企业所办各类学校的退休教师开始上访，成为当时一个重点不稳定群体。上访人员的诉求是要求落实《中华人民共和国教师法》的规定，提高退休待遇。其具体依据是，《教师法》第二十五条规定："教师的平均工资水平应当不低于或者高于国家公务员的平均工资水平，并逐步提高。"应该说，企业退休教师上访的诉求是有依据的。

企业退休教师上访最初的对象是教育部门，到北京上访主要是去教育部，国务院国资委并不在第一线。我们当时也认为，教师待遇主要是教育系统的事，国有企业这边上访、群体性事件已经使我们疲于应对，所以没有多加关注。

作为教育工作的主管部门，教育部自然是同情教师的。2004年初，教育部和财政部牵头制定了《关于妥善解决国有企业办中小学退休教师待遇问题的通知》，并由国办发出，即国办发〔2004〕9号（以下简称"国办9号文件"）。文件要求落实《教师法》有关规定，提高企业办中小学退休教师的待遇，并明确提高教师待遇的起点时间为2004年1月1日。

国办9号文件下发后，各地政府和国有企业大都没有动作。文件发出了但落实不了，由此引发了企业退休教师更大规模的上访，成为当年一个重大的上访热点问题。在这样的形势下，国务院要求有关部门加紧研究解决办法，能不能再出一个补充通知。这期间一位国务院领导同志批示，此事属于国有企业分离办社会职能，以国资委牵头为宜。由此，国资委在毫无思想准备的情况下走上了解决问题的第一线，我们也不得不开始研究企业退休教师上访背后涉及的各种问题。

《中华人民共和国教师法》于 1993 年 10 月 31 日由第八届全国人大常委会第四次会议通过，施行的时间是 1994 年 1 月 1 日。《教师法》及其第二十五条的规定在正式实施后并没有遇到很大的问题，原因是当时机关事业单位和国有企业的职工工资并没有很大差距，退休后进入统一的养老体系，待遇差别也不大。

在 1995 年，国家在企业实行基本养老保险制度改革后，我国的养老保障制度形成了双轨运行的局面，国有企业和行政事业单位退休人员的待遇差距逐渐拉开。对教师而言，国有企业所办学校的在岗教师问题不大，好企业学校教师的收入水平还可能高于社会教师；但退休教师由于是企业职工的身份，属于养老保险系统，不可能享受事业单位人员或公务员的退休待遇。

所以，企业退休教师上访事件的实质，是我国养老保障制度的双轨制问题，这可是一个很重大的全局性问题。当时我国养老保障体制双轨制的具体情况是：企业养老保险系统处于低轨，全国平均每人每月 700 多元；行政事业单位退休金系统处于高轨，全国平均每人每月 1200 元左右。近一倍的退休待遇差距造成的意见很大，并已引发了一些不稳定情况。

在这样的大背景下，国办 9 号文件实际上触及了一个非常敏感的问题：养老体制双轨制造成的社会矛盾已经很多，但还没有一个社会群体从低轨转移到高轨；落实国办 9 号文件要做的事，就是把企业退休教师从低轨转移到高轨上来。企业退休教师人数并不多，当年全国国有企业退休人员为 2711 万人，其中企业办学校退休教师只有 17.3 万人，不到 1%；而且这个群体在企业退休人员中的相对位置也不重要，很多企业把所办学校的教师当作二线辅助人员看待。

国办 9 号文件在操作上还有一个难题。文件规定，已经移交地方政府管理的企业办中小学,其退休教师仍留在企业的,以及尚未移交地方政府管理的企业办中小学的退休教师,由企业负责提高其待遇,达到政府办中小学同类人员退休金标准。当时企业办学校移交政府的数量还不是很多,已经移交的学校也只转移了在岗教师,退休教师全部留在了企业内部。这实际上是要求企业自己出钱、在企业内部解决问题。

由企业出钱、在企业内部解决问题,把一个在企业中被认为并不重要的群体的待遇大幅度提高上去,势必造成企业内部其他退休人员群体的强烈攀比,企业自己是难以应付的。当时企业内部最直接的攀比群体,一是企业中的军转干部,二是企业退休的领导干部和技术人员。前一个群体当时已经出现了一些不稳定问题;后一个群体历史上对企业的贡献很大,在企业中的影响力也很大,但退休后的待遇也很低,意见也很大。

正因为如此,在接到国办9号文件后,由于内部各个群体摆不平,企业即使有钱也不敢动作;地方党委、政府由于要对本地的社会稳定负总责,也不敢催促企业落实文件要求,由此形成僵局。所以,国办9号文件发出后落实不了,也是有难处、有道理的。

作为解决问题的牵头单位,我们发觉处在一种巨大的两难之中。企业退休教师的待遇不提高、《教师法》的规定落实不了,企业退休教师的上访不会停止;而把企业退休教师的待遇提上去,很可能诱发企业内部其他退休职工群体的攀比,造成更大范围的不稳定。

此时,上访的企业退休教师已从其他渠道知道解决问题的牵头单位转至国务院国资委,而且知道谁在负责此事。一时间国资委的上访压力剧增,一些上访人员指名道姓要和我对话,国家信访局也不断将一些相关的上访材料转交国资委答复处理。我们感到"压力山大"。

那个阶段我们开了不少座谈会,了解情况,与地方政府和企业的同志研究解决问题的办法。大致的结论是:万全之策似乎没有,形成攀比不可避免,只能尽可能淡化;尤其不能在企业内部造成更大范围的不稳定,否则连锁反应之下会出现难以收拾的局面。据此我们提出的解决办法是：先将国有企业所办的学校分离出去，将学校移交地方政府，移交后由地方政府出面解决教师和退休教师的待遇问题。

具体方案的要点是：按照国家经贸委2002年发出的《关于进一步推进国有企业分离办社会职能工作的意见》，加快分离国有企业办中小学工作的进度，分离时连同退休教师一并移交；以前已移交的企业办学校而退休教师仍留在企业内部的，也尽快移交地方政府管理；在学校移交后，由所在地政府按照国办9号文件的要求，落实在岗教师和退休教师的相关待遇；提高待遇所需的经费，由企业同级财政解决，中央企业所办学校涉及的经费由中央财政通过转移支付解决。

这个方案对各级财政的压力较大，但由于找不到更好的解决办法，各部门最终达成了一致。这就是2005年后，全国范围开始大规模分离移交国有企业办中小学工作的背景。当时中石油、中石化、东风汽车（二汽）三家中央企业分离办社会职能的试点工作刚刚启动不久，试点中这些企业所办学校的分离都没有包括退休教师。为此，财政部和国资委在2005年专门下发了一个文件，明确了先期移交学校时留在企业中的离退休教师的移交办法。

先移交学校，然后由政府出面解决教师待遇问题，把企业解脱了出来，成为政府为落实《教师法》给教师办的一件实事，这样就尽可能减少了企业内部的攀比和由此可能出现的不稳定。在工作方案被国务院采纳后，我们又协调相关部门解决了一系列具体的操作问题，如教师资格的认定标准和程序、增加各地教育系统的事业编制、破产企业所办学校的退休教师问题、对困难地区和特殊行业的补助办法等，只有这些具体问题都有了着落，工作才能顺利推动起来。

先移交学校、后解决待遇问题的办法，解决了大部分企业退休教师的待遇问题，但无法涵盖其中的一个特殊群体，即企业办技校和幼儿园的退休教师。

国有企业分离办社会职能工作所涉及的学校，明确限定在"国有企业办全日制普通中小学"。地方政府已不再举办技校和幼儿园，无法进行移交，其退休教师只能留在企业内部，待遇也无法通过移交解决。由此，国有企业办学校退休教师的上访问题，转化成国有企业职教、幼教退休教师的上访问题，需要我们继续去解决。

国有企业办技校、幼儿园退休教师的人数更少，全国只有2.9万人，但这些人的问题如果解决不好，可能引起的连锁反应是一样的。由于这些人的待遇无法通过移交解决，只能另寻别的办法。经过长时间艰难的部门协调，最后形成一个"双账户"的解决办法：企业职教、幼教退休教师原有基本养老金加企业统筹外补助按原渠道发放，低于本地政府办同类教育机构同类人员退休金标准的差额，以加发退休教师生活补贴的名义由当地社保平台发放。具体工作由地方政府组织实施，所需资金由地方财政承担，中央财政安排专项资金给予补助。

为了更彻底地解决问题，这次除了企业所办的技校和幼儿园外，把国有企业办的高职学院、职工大学、电大、夜大、函大、党校的退休教师也全部涵盖。这个方案最后以国务院国资委63号文件《关于妥善解决国有企业职教幼教退休教师待遇问题的通知》下发，但发出的时间已经是2011年了。

至此，国有企业退休教师群体性上访问题基本解决，余下的上访只是一些个别人、特殊情况的个案了。这次事件的发生和处理，还是有一些值得我们思考的问题。

从事件的起因看，我们的一些重大问题相互衔接得不好。《教师法》对教师待遇所作的规定体现了尊师重教的理念，这无疑是应该肯定的。但用立法的形式把两个重要社会群体的收入直接挂钩，实际效果是不是好、会不会使我们失去调整的空间和余地，可能还需要深入研究。当初在制定

《教师法》时，不会预估到后面要进行养老制度改革；在实行养老保障制度双轨制时，也没有考虑到《教师法》这边还存在硬约束。从全社会的角度，各个社会群体的退休待遇不应该完全一样，但养老保障制度双轨制的轨距拉得这么大，显然不是我们的初衷。

从事件的解决过程看，这个问题涉及许多部门。教师问题涉及教育部门，资金问题涉及财政部门，养老保障体制涉及劳动部门，事业编制涉及人事和编制部门，具体操作涉及地方政府。相对而言，国资委是不重要的，我们只是一个负责企业稳定的主体，唯一的目标是要保证国有企业不能出事。按当时的议事规则，涉及多部门的事必须得到相关部门的同意，否则不能写入文件，也不能正式上报。由于各部门的职责不一样、对问题的认识不同，协调一致非常困难。

在很长一段时间中，文件起草时越是协调，不能写的问题越多，文件稿越来越原则化，越来越没有操作性，而这种涉及群众切身利益的事，在文件起草中不能回避任何问题。这期间，我不得不多次以个人名义，非正式地把我们在协调中遇到的困难和相关建议上报国办，请求国办出面协调，这是解决问题的过程非常漫长的主要原因。现在看来，这种重大问题的解决，需要有更快捷的程序，只靠部门间的横向协调必然耗时费力、效率不高。

六、华源集团的危机与重组

中国华源集团有限公司（以下简称华源集团）当年在中央企业中曾是一家非常特殊的企业，也是一家社会知名度和被关注度很高的企业。

华源集团是 1992 年纺织工业部为参与上海浦东开发，联合外经贸部、交通银行投资 1.4 亿元设立的公司，总部设在上海，时任纺织工业部政策法规司司长的周玉成出任总裁。而后，华源集团增资扩股到 21 家股东，主要是一批纺织行业的相关企业，资本金增加到 9.1 亿元。华源初创时是一家纺织品贸易公司，之后通过并购迅速扩张，成为一家大型产业集团。

早在国家经贸委时期，我们就很关注华源集团的发展。当时的关注点主要是两个：一是华源集团自身的管理体制和内部机制，二是华源集团的并购式发展对国有企业改革的效应。由于华源集团是纺织工业部的直属企业，和国家经贸委的关系比较密切，加之总裁周玉成是政策法规司司长出身，对国有企业改革颇有兴趣，也有研究，到北京出差时经常会到办公室来和我讨论一些改革中的问题。

华源集团虽然是一家国有控股企业，但由于是新企业，完全没有传统国有老企业的体制和观念包袱。华源集团内部一开始就建立了一套市场化的管理体制和运行机制，因而在市场上的表现活力十足，被人们称为一家"新国企"。华源集团的体制状况当时给我们的启示是，国有企业并不必然是机制僵化、观念陈旧，新企业靠初创时的制度设计，老企业靠后期的持续改革。国有企业的体制和市场化的内部机制有可能结合在一起，这是华源集团给我留下的最初印象。

华源集团对地方国有纺织企业的并购大约从1995年开始。当时国有纺织行业已是全行业亏损，企业大都非常困难，因而华源集团的并购成本很低，大部分企业是无偿划转。而且，地方政府和企业对这样的并购都很欢迎，毕竟并购主体是一家纺织工业部直属的中央企业。

华源集团的企业并购很有特色，并不主要在于扩大集团的规模，而是按重要产品的产业链进行组合和整合。这样的并购思路对于当时普遍规模不大的一批生产工厂而言，特别具有产业重塑的意义。

华源集团进行企业并购的具体步骤大致是：第一步，按照构建重要产品全产业链的要求，慎重选择并购企业；第二步，并购后按照产业链各个不同环节的要求，对企业进行彻底的调整和改造，包括剥离无效资产和富余人员；第三步，在被并购企业中推进内部改革，建立市场化的用工机制和分配制度，并统一管理模式；第四步，整合好的产业链运行顺畅并取得效益后，以一个全新的概念整体上市。华源股份、华源发展都是这样重组而成的上市公司。

我们当时仔细研究了一些华源集团并购重组的案例，认为这样的并购重组一揽子解决了国有企业改革面临的几个大的难题：一是企业的结构按照市场需求和市场竞争的要求调顺了；二是企业"瘦身强体"的目标达到了；三是企业的内部改革被推到位了；四是上市公司的新体制确立了；五是新产业链通过上市筹集到了发展的资本金。而且，整合好的产业链在市场上的生存能力要远大于单个的生产企业。

在当时的国有企业改革中，由于很多地方国有企业规模都不是很大，企业自己改自己非常困难。一方面，企业自身掌握的资源有限，结构调整和技术改造往往力不从心；另一方面，企业内部和外部都长期形成了盘根错节的复杂关系，推进改革也困难重重。如果外部有一个大的整合主体进来，带入资金、带入机制，改革和结构调整都会推动得比较顺畅。因此，华源集团并购、重组、上市的模式，对当时的国有企业改革具有很大的借鉴价值。我们在多次国有企业改革的座谈会上请周玉成周总介绍经验，向各地推荐华源集团的做法。当然，华源集团这样的并购主体是可遇而不可求的，但这样的操作无疑拓宽了人们的眼界，启发了当时国有企业改革的思路。

由于在纺织行业成功的并购和重组，华源集团当时已成为国内最大的纺织企业集团，周总也被称为"并购先生"。此时，华源集团风头正劲，周总也是意气风发。

从1999年开始，华源集团开始尝试进入医药产业发展。当时周总曾到办公室和我讨论这个问题，我感觉这种产业转进的意义很大。对企业而言，医药产业的技术含量高、附加值高，企业的发展空间会更大；对国家而言，医药产业属于重要的战略性产业，尤其是产业的科技创新和新药研发，都需要有实力的大型企业集团来带动和实现。而且，当时我国医药产业也都是一批规模不太大的制药厂，具备通过整合提升价值的空间。

讨论中我也向他讲了两点担心。一是转入医药产业后华源集团的战线势必会拉得很长，要考虑集团的资金能不能护住这么大的盘子，集团的管理团队能不能管好这么多企业；二是当时制药企业的经营状况尚好，与以往华源集团并购的国有纺织企业不同，整合优质企业的难度要远大于整合困难企业，对此要有思想准备。最后我给他提了一个建议，如果华源集团顺利进入医药产业并站住了脚，应逐步从纺织行业退出，集中精力和资源把医药产业发展好。

对国有企业不能再搞劳动密集型产业，我们几乎形成了一种定见。因为在国有企业政策性关闭破产工作中，国有劳动密集型企业被农村低成本企业挤垮的情况给我们留下了太深的印象，尤其是上海纺织、上海轻工、青岛纺织那些管理得非常好、历史上做出过很大贡献的国有企业。对我提出的担心周总表示认同，对我提出的建议他表示难以接受。当时他回复我的原话是："如果华源集团退出纺织行业，我无法向吴文英部长交代。"

在医药行业准备并购哪些企业，周总当时并没有讲，可能他自己也还没有想好，但我完全没有想到华源集团日后会介入上海医药集团、北京医药集团这样的地方大型医药集团。当时上海医药、北药集团的下属企业也都是一批规模不很大的制药厂，集团内部的整合也还没有破题，但只要打捆组建了企业集团，就会成为地方领导高度关注的对象。

对一些已经不具备发展潜力的行业或企业，地方政府早已是"不求所有、但求所在"；对一些已陷入困境的待破产企业，"所在"与否也不重要，只要把职工安置好就行；但对一些发展前景好的重要行业和优质企业，地方政府对"所有"和"所在"还是很在意的。介入这类重要的地方大型企业集团，不但内部整合的难度很大，而且会面对与地方政府非常复杂的关系，各个政府部门的态度会有很大不同，有时这一届领导和上一届领导的想法都可能不太一样。

2003年国务院国资委成立，华源集团成为国务院授权监管的中央企业中的一员。国资委成立后，我们仍然很关注华源集团的发展，但关注点已经有所转移。

第一是关注华源集团的产业发展。中央企业核定了主业后都明确了产业发展责任，我们希望华源集团的医药产业（他们自己称为"大生命"产业）能够发展好，因为这是国家一个重要的战略性产业，中央企业在这个领域应该有所作为。

第二是关注华源集团发展的可持续性。当时中央企业中出了问题的已经不少，搞得国资委疲于应付，企业的健康和安全成为一个很现实的问题。而华源集团的资金链能不能维护好我们始终不太放心，尽管我们已经做过风险提示。

第三是华源集团特殊的股权结构。华源集团虽然是中央企业之一，但国务院国资委作为第一大股东只持有原纺织工业部9.136%的股权，这种情况在中央企业中几乎是一个孤例。当时大家都认为"一股独大"不好，国有企业的股权应该多元化、分散化，我们也想观察一下这种股权结构的企业在运行上有什么特点。

在进入医药行业之初，华源集团扩张的步伐还比较谨慎，主要并购了一些规模不太大的制药厂，华源制药的上市公司平台也已搭建完成，一切看上去都还正常。但在2002年，华源集团收购了上海医药集团40%的股份，2004年又收购了北京医药集团50%的股份。这两大步使华源集团一跃成为当时国内最大的医药产业集团，一个国家级的医药产业航母似已浮出水面。在这个节点上，华源集团医药板块的规模已经很大，研发、生产、销售资源也比较完整，当然资源配置分散有待进一步的整合。当时周总已在全力以赴推进上药集团的内部重组，很少再来北京出差。

但此时，华源集团的资金链实际上已经绷得非常之紧，可以说是险象环生。当时社会上形容一些资金实力不足但扩张过快的企业，是"用8个锅盖去盖 10 口锅"；而据华源集团自己的人讲，周总是"用 5 个锅盖在盖 10 口锅"。由于当时国有资本经营预算制度还没有建立，国务院国资委身无分文，对企业完全没有注资能力。但即使有了国有资本经营预算，集中为一家企业注资也非易事，因为 100 多家中央企业都希望补充资本金。为解决华源集团的资本金问题，我们和周总探讨过各种可能的办法。

由于医药产业的重要性和巨大的国内市场，当时很多外资企业对注资华源集团很有兴趣，但都涉及一个敏感的控股权问题。把一家高举民族医药产业发展大旗的企业变成外资控股的企业，各方面都说不过去。一个比较现实的选择是请上海市注资或注入资产，这种可能性周玉成私下和上海市政府探讨过，上海方面好像也有积极性。

按照这个办法操作，上海市国资委将成为华源集团的第一大股东，国务院国资委会降为第二股东，华源集团也将从中央企业的大名单中移出。对这种可能发生的变化，国务院国资委方面并没有障碍，谁控股华源并不重要，能解决问题就行。而且，当时李荣融主任已明确要求把中央企业重组到 80~100 户，对我们造成的压力很大，多减一户就向这个目标多进了一步。

但如此操作会面临另一个复杂问题。以往华源集团在各地并购都是以中央企业的身份，中央企业没有地域利益，各地政府都可以接受。如果变成一家上海市的企业，情况会有很大不同。为此我们请人私下打探一下北京市的态度，得到的回复是：当初北京市转让北药集团股份给华源集团时，内部就有很多不同意见，但为了吸引中央企业到北京发展，大家顾全大局了；如果由一家上海企业主导北药集团的发展，北京市肯定不愿意，北药集团这边恐生变故。这个选项也只好搁置。

历史有时出现的巧合令人难以置信。2005 年 9 月 16 日，国务院国资委和国家开发银行签署了《支持中央企业改革和发展开发性金融合作协议》，李荣融主任和陈元行长出席了签字仪式，我代表国务院国资委在合作协议上签了字。签署这个协议的直接目的，是为中国诚通集团解决不良资产处置的资金周转问题。

中国诚通集团是国务院国资委的国有资产经营公司试点企业，之前已接手处置了一些困难的中央企业，并取得了很好的经济效果和社会效果。但是，诚通集团的体量太小、自有资金不足，无法放大用市场手段处置不良资产的功能。根据这个协议，国开行将给诚通集团200亿元的授信额度，定向支持中央企业的资产重组。

国开行之所以愿意签署这个协议，是因为建立国有资本经营预算制度已经写入了中央文件，实施在即。国资委马上会有国有资本经营预算收入，因此国开行对给诚通集团贷款非常放心。陈元行长在签字仪式上的讲话中，高度肯定了国资委成立后推进的改革和结构调整工作，专门强调了诚通集团在中央企业布局调整中的重要作用。

就在这个签字仪式的现场，我接到了周总从上海打来的告急电话，说上海银行、浦发银行联手对华源集团提起了诉讼，法院冻结了华源集团的银行存款和持有的股权。我在签字现场立刻与上海市政府负责金融工作的副秘书长通电话了解情况。他说这是银行自己的行为，市政府对具体情况不了解，对商业银行也无法干预。2005年9月16日，华源危机正式爆发。

由于国务院国资委只是华源集团的众多股东之一，我请周总尽快与其他股东沟通，看他们有没有好的办法和建议，尤其是有没有愿意增资的。几天后周玉成给我回复：其他股东没有什么好办法，也没有能增资的；股东们比较一致的意见是——听国务院国资委的。

这样的局面表明，国务院国资委必须站到第一线上去解决华源危机带来的所有问题。国资委之所以必须上手，是因为我们面临一个巨大的现实压力，即社会稳定。如果华源集团停摆，其众多的子孙公司都可能出现问题，结果很可能是企业和职工的不稳定，甚至诱发群体性事件。如果一家中央企业因债务危机导致社会不稳定，国务院国资委的责任绝对逃不掉；

在股权上我们可能是"有限责任",在社会稳定方面我们一直是"无限责任"。这个想法我向李荣融主任做了汇报,他完全同意我的判断。

作为一个行政性的机构,国务院国资委自身并没有处置这类危机的能力和手段,必须依靠其他中央企业。在中央企业中,与华源集团产业匹配度最高的是华润集团,华源的纺织和医药产业在华润都有对应的业务板块,而且华润集团的资金实力雄厚,以往企业并购的经验较多,应是解决华源危机最合适的选择。

但一开始国资委并没有打算请华润上手,原因主要是两个。其一,华润集团属国家53户重点企业,其主要负责人并不归国务院国资委管理,国资委对这些企业的影响有限。对这一点,企业方面很清楚,我们也心中有数,所以大家客客气气、相敬如宾,不到万不得已国资委不会请这些企业出手帮助解决难题。其二,我们与华润集团之间有过一个小小的"过节"。2003年下半年,华润纺织准备在咸阳进行大规模的企业并购,要建设西北地区最大的纺织工业基地。收购前非正式沟通时,我们明确表示了不同意见,认为中央企业不应该在劳动密集型产业中继续扩张。华润集团没有接受我们的意见执意收购,结果酿成了重大群体性事件,西北扩张计划也不得不终止。一年多前我们不同意华润集团在纺织行业扩张,现在又要把华源集团的纺织企业交到人家手上,我们自己也觉得不好开口。

国务院国资委经过研究决定,还是由我们自己的国有资产经营公司试点企业诚通集团出手。对诚通集团的重组能力我们比较有信心,以前的问题主要是盘子太小、资金不足,现在有了国家开发银行的支持,资金已经不是问题。

当时大致的想法是:由诚通集团向国开行贷款50亿元向华源集团注资,一部分用于处理债务,一部分用于进一步的调整和改造;待大局稳定后,逐步退出纺织行业,集中力量做好医药产业。由于华源集团子公司的运营状况和资产质量尚好,50亿元资金应该能解决华源的危机。2005年

11月10日，国务院国资委下发了《关于中国诚通控股公司对中国华源集团有限公司实施重组的通知》，诚通集团的工作团队已进入华源集团，开始研究重组方案。但遗憾的是，承诺给诚通集团的贷款由于国开行内部出现了不同意见未能兑现。

没有国开行的贷款支持，诚通集团已不具备重组华源集团的能力，只能转而请华润集团出山。李荣融主任为此专门约了时任董事长陈新华面谈。谈完后荣融主任非常高兴地告诉我，华润集团同意出面重组华源。这就是媒体报道的"华源重组一波三折，国资委临阵换将"。

2006年2月16日，在上海虹桥宾馆召开了华源集团第二届董事会第十四次会议及股东大会，华润集团的主要领导悉数到会，我代表国务院国资委出席了会议。

作为第一大股东，国务院国资委建议由华润集团对华源集团进行战略重组，并把国资委持有的华源集团9.136%的股权转由华润集团代持，并行使相关权利。在此基础上，华润集团开始与其他股东谈判收购股权事宜，为下一步的重组创造条件。由于收购股权涉及价格等条件，会议持续了10多个小时。我和几位国资委的司局长在旁边的休息室等待结果。经过一场马拉松式的讨价还价，最后会议一致通过，由华润集团重组华源集团。

把华源集团交到华润集团手上，国务院国资委就从第一线彻底解脱了，后面具体的重组事宜由华润集团自主操作，国资委不会再介入。后来听说华润集团主导的重组也不是很顺利，尤其是不得不从上海医药集团退出。其实这一点在当时就能看得很清楚。上海市一直把医药产业作为重点发展的战略产业，希望自己主导上药集团发展的意向非常明确。当初同意华源集团收购上药股权很可能是当时某位领导的意见，后来又发生了变化。从地方政府的角度，有这样的想法完全合理，可能也是对的，因为上海市无疑比华润集团更了解上药集团的情况。

对于股权较分散企业的运作特点，华源集团的案例也使我们对其有了一个大致的了解。由于股权分散，小股东们很难发挥实质性作用，公司发展必然是由经营者控制和主导。内部人控制并不一定不好。企业家有了最大的发挥空间，可以充分施展自己的才干，但出了问题也不会有纠错的机制发挥作用，难以及时调整方向。这种局限性有时对企业的发展是致命的，个人掌握的信息和判断力毕竟有限，即使出发点是好的，良好的愿望和最后的结果也未必一致。所以，股权分散必然会带来公司治理改善的说法，并不是在任何情况下都能够成立。

对于公司治理来说，这是一个很不容易把握的微妙平衡。企业发展状态正常时，要给企业家放出最大的施展空间；出现偏差时要有制衡的机制发挥作用，避免发生颠覆性的问题。这可能正是公司治理课题的魅力所在，也是国资委要进行董事会试点探索的一个出发点。

华润集团接手后，周总就逐渐淡出，并于2006年11月正式退休，之后我再也没有见到过他。看到网上对周总的评价，大都比较客观，肯定了他的贡献、分析了他的失误，基本没有很负面的东西。我们的社会舆论对企业家还是很宽容的，无论他最后是否成功。

到具体的工作层面总结：华源集团初建时内部的体制机制构造很有特色，确实创建了一家新型的国有控股企业，这在1992年时特别具有改革创新的价值；华源集团对国有纺织企业并购、重组、上市的模式是成功的，把结构调整、体制改革和产业整合结合在一起，对当时的国有企业改革确实具有启发性；华源集团转入医药产业的大方向值得肯定，医药产业科技密集、附加值高、战略意义重大，是一个值得做也应该做好的产业；华源集团进入医药产业之初的发展节奏基本合适，虽然步伐不是很大，但也不会有很大风险。收购上药、北药的股权很可能是华源集团发展中的一个转折点。从战术的角度，这两步跨越过大了，超出了华源集团自身的资金、管理和整合能力；从战略的角度，这两步跨越很可能使华源集团不得不面对一个非常复杂的、从企业的角度不大容易处理好的局面。

七、"央企地王"风波

在整个国有企业改革的过程中，国有企业面对的舆论环境一直不太友好。当企业困难、在市场竞争中一触即溃的时候，国有企业被看成社会的包袱，被各方面所嫌弃；通过改革状态稍有改善、在市场竞争中稍有些作为，国有企业就会面临其他方面的指责和批评。发生在 2009 年的"央企地王"风波是一个非常典型的案例。

2009 年 6 月 10 日，北京广渠门 15 号地块开标，中化方兴房地产有限公司（中化方兴）竞价中标；同年 9 月 10 日，上海长风 6B、7C 地块开标，中海企业发展集团有限公司（中海地产）竞价中标。中央企业频频中标"地王"，成为当时各方面极为关注的一个焦点话题，网上的指责声一片。当时一家网络媒体对近期产生的 24 个"地王"的背景进行了统计：中央企业占了 11 家，地方国有企业 4 家，民营企业 9 家。

当时舆论批评的主要指向是：第一，中央企业竞标"地王"推高了市场房价；第二，中央企业偏离了主业，大规模转向房地产挣钱；第三，国有企业进入房地产领域是"与民争利"，所以必须退出房地产行业还利于民。其中第一条的杀伤力很大，连续多年的房价上涨已造成了一个很大的社会问题，老百姓怨声载道，"央企地王"似乎让他们找到了问题的症结，因而形成了非常大的舆论压力。国务院国资委和中央企业面临一次巨大的舆论危机。

在国资委我分管规划发展工作，这一问题在我负责的业务范围内。国务院国资委成立后，对中央企业建立了一套主业管理制度，要求中央企业聚焦做强主业，逐渐从非主业领域退出。这套制度当时已实行了 5 年多的时间，大致情况我们心中有数。为稳妥起见，舆论风波开始后，我们又对中央企业房地产行业的情况进行了一次全面摸底。

摸底的结果是：2008 年中央企业的房屋销售面积为 1181 万平方米，约占全国商品房销售面积的 2%；中央企业房地产资产总额为 5622 亿元，占中央企业资产总额的 3.2%；实现利润总额 233 亿元，占中央企业利润总额的 3.3%。这些数字表明，中央企业在房地产领域中的业务规模十分有限，在中央企业的业务构成中份额不高，中央企业并没有大规模进入房地产的情况，更不可能左右房地产市场的大势。

当时，有房地产业务的中央企业是两种情况。

一种情况是以"房地产开发与经营"为主业的企业，共有 16 家，涉及二、三级企业 146 户。这 16 家企业分为三种类型：一是传统的房地产企业，如保利集团、华侨城集团、中房集团，房地产是它们的第一主业；二是建筑施工企业，如中国建筑总公司、中国铁道建筑总公司、中国水利水电建设集团公司，房地产是其建筑施工主业中的一个组成部分；三是专业外贸公司实体化转型后从事房地产开发的企业，如中粮集团、华润集团、中化集团，这些企业以往的业务由于外贸体制改革已失去了发展空间，需要进行业务转型。

另一种情况是非房地产主业的中央企业有下属房地产公司，这些中央企业共有 78 家，涉及二、三级企业 227 户。这些企业的房地产业务大都源于特殊的历史原因。中央企业中有很多大企业、老企业，承担着全套的办社会职能，职工宿舍都是自己建设、自己管理、自己维修，这类业务都由所属的房地产公司操办。这些非主业的房地产公司规模都不大，资产占中央房地产企业的 15%、利润占 8.7%，其中 100 户左右的房地产公司在国资委清理非主营业务的工作中，处于正在退出的状态。这些情况表明，非房地产主业中央企业的房地产业务规模更小，并未出现中央企业偏离主业、大规模转向房地产的问题。

另外，"地王"现象的出现是由土地供给制度决定的。当时，我国土地供给制度已改为以"招、拍、挂"（招标、拍卖、挂牌）为主要方式，实行"价高者得"的规则。在这样的土地供给制度之下，每一宗土地出让都会产生一个"地王"。尤其是一些地段优越、具有较高升值潜力和投资回报的地块，已成为房地产企业追逐的焦点，轮番竞拍使成交价格不断提高，产生的"地王"社会影响更大一些。以往国有企业的经营状态不好，2007年之前的"地王"基本都是民营企业；国资委成立后，国有企业通过改革经营状态有所改善，在土地竞拍市场上开始有所表现，故而引发了麻烦。

"招拍挂"制度与过去"协议转让"土地相比是一大进步，更加规范、透明，有利于防止暗箱操作和腐败。地方政府对这个制度也非常欢迎，不断抬高的土地出让价格使地方政府的土地财政收入大增。但是只要是竞价的方式，就必然会出现"地王"，所以当时有人调侃，这次"地王"风波是中央企业挨骂，地方政府偷着乐。

如果深入研究一下，"地王"现象实际上与房价持续上涨并无必然联系。房价是房地产终端市场供求平衡关系的反映。如果终端市场的需求过旺、供给不足，房价必然上升；反之，房价涨不上去。在终端市场的供求基本平衡、房价基本稳定的情况下，"招拍挂"制度抬高地价的结果只会使开发商成本上升、利润下降，但拉不动市场房价。所以，不从市场供求关系的角度去研究房价持续上涨的原因，仅仅停留在开发商层面，找不到解决问题的办法。

尽管我们并不认为中央企业在房地产领域做错了什么事，但"地王"风波对中央企业产生的负面影响必须正视，需要有所回应。2010年3月18日，国务院国资委的新闻发言人经授权召开新闻发布会，一方面向社会公布了中央企业房地产业务的所有数据，另一方面谈了四点意见。前两点意见是原则性的：一是搞好国有企业，推动国有经济布局和战略性调整，发展壮大国有经济，实现国有资产保值增值，是国务院赋予国资委的职责；二是中央企业是国有经济的骨干和中坚，在促进经济社会发展中承担着重要责任。后两点是实质性的：一是有房地产主业的中央企业要带头执行国家的法律法规和有关政策，依法经营，重质量、讲信誉、创品牌，在促进房地产业健康发展中发挥作用；二是处于调整阶段的中央企业集团下属控股或参股的房地产公司，要加快调整步伐，在完成阶段性任务后有序退出。

有房地产主业的要做好，没有房地产主业的要逐步退出，这两条并无新意，是国务院国资委成立后一直在做的工作。但新闻发布会后，网上报道的倾向性出乎我们的预料。

新京报网的标题是《七成央企涉足房地产业务》；新浪网的标题是《七成央企涉足房地产 国资委态度暧昧》。一些学者的说法更不客气。在2010年博鳌亚洲论坛上，一位知名经济学家在发言中称，78家央企退出房地产其实就是掩人耳目，以地产为主业的16家央企依然存在，只是非主营地产业的央企退出去了，"这就好比拉走了小船，而航空母舰还在"。[①]

这样的舆论环境给国务院国资委和中央企业造成了极大的压力。说国资委的"态度暧昧"似不准确，但我们确实非常为难。

第一，中央房地产企业的房屋建设质量好、售后服务好、客户投诉少，已创造出不少口碑很好的优质品牌，受到购房者的欢迎。对政府而言，中央房地产企业严格依法经营和纳税，也没有行贿、欺诈等不法行为，还承担了大量保障性住房的建设任务。无论对消费者还是对政府，中央房地产企业都是我国房地产行业中最守规矩的一批企业，让国资委对这些企业下手，于情于理都说不过去。

第二，一些当了"地王"的中央房地产企业都是上市公司，股权已经公众化了。这些企业的可持续发展能力、未来盈利能力的主要指标是土地储备，包括数量、质量、区域和地段分布等。由于"招拍挂"制度下参与竞标、争取中标几乎是房地产企业拿地的唯一途径，如果国资委不让这些上市公司拿地，对资本市场也不好交代。

第三，即使是非房地产主业的中央企业所属房地产公司，马上退出也不现实。舆论批评国务院国资委没有拿出这些企业退出的时间表，因而没

---

① 许小年：78家央企退出房地产只是掩人耳目 [EB/OL]. (2010-04-10). https://www.techweb.com.cn/commerce/2010-04-10/577348.shtml.

有诚意，但国资委确实不知道国有企业的职工宿舍什么时候能够移交出去，如果交不出去，还要靠这些房地产公司维修和管理。即使具备退出条件的企业，也有非常复杂的人员分流安置、债权债务处理等问题，也不是一声令下就可以退出去的。

第四，要求国有企业、中央企业从房地产领域退出，实际上是"国有经济从一切竞争性领域退出"理念的一个具体化。对这样的理念我们一直是不认同的。

虽然非常为难，但国资委还得面对现实。为此国资委专门召开了中央房地产企业座谈会，会议要求非房地产主业的中央企业下属公司不要再参与土地竞拍，在做好自身土地开发后逐步退出；要求有房地产主业的中央企业在做好主业、为社会和消费者提供优质产品的同时，采取措施消除"地王"现象引发的负面影响。之后，中央房地产企业开始减少参与土地竞拍活动，尤其避开一些敏感地段的竞拍，如2012年北京海淀区万柳生态区内一宗高价值地块拍卖，几家中央企业到场观察，但没有一家举牌。

2010年3月21日，我受命参加国务院发展研究中心主办的"中国发展高层论坛"并作主题发言。我参加的这次论坛的单元主题是"中国大企业的全球化进程与前景"，与房地产行业完全无关。但在发言后的提问环节，提出的所有问题都是有关"央企地王"的。幸亏我事先有所准备，即席作了一个比较全面的回复，现在这个"答媒体问"在网上还能查到。我当时讲了这样几个问题：

第一，房价是由房市供给与需求之间的平衡关系决定的。如果房市供给不足（如土地供应不足），需求过旺（如刺激出大量投资性需求），房价必然上涨。反之，如果房市供给充足、需求正常，房价必然能够得到控制。所以抑制房价过快上涨，必须从供给和需求两端入手。一方面增加供给，主要是供地，另一方面抑制投资性需求出现，这样双管齐下必然会有效。

第二,"招拍挂"制度必然产生"地王"。但与以前的协议转让相比,"招拍挂"制度是透明的、阳光的、竞争性的,有利于防止暗箱操作和出现腐败,我们不能因为出现了"地王"就把这个好制度放弃掉。"地王"现象的直接受益者是地方政府,增加了地方政府的土地财政收入。这种情况并不是坏事,关键是这笔收入的使用方向。

第三,目前中国社会在收入分配上出现了分化是不争的事实,有钱人的钱很多,也有大量低收入群体,这一现实决定了中国的房地产业必须针对不同的社会阶层。给有钱人提供的房产政府不必去控制价格,让市场供求决定,盈亏风险自有开发商承担,"地王"基础上的房产应属于这一范畴。为低收入群体提供的住房必须控制价格,如廉租房、公租房等,不仅政府要有补贴,还要有严格的管理办法。因此我们应该坚持"招拍挂"制度,让地方政府取得土地收入,同时要求地方政府把这些收入的相当部分转移到为低收入群体解决住房的方向上,去实现利益的转移和再分配,这可以通过各级人大的监督实现。

第四,过高的房价是谁也不愿意看到的,是当前社会的一个不稳定因素。但当我们深入分析中国房地产市场上出现的种种问题,并对症下药地采取措施的时候,可能会有这样一个发现:开发商在房价问题上的影响力其实非常有限,无论是民营的还是国有的。中国的房地产市场是高度竞争性的,开发商只是在特定的宏观背景下、特定的政策框架内正常经营的企业。

记者提出的最后一个问题是:"78家央企退出房地产市场是否能起到调控房价的作用?"我回答:"如不解决供给与需求问题,房价不会有太大变化。"

这个"答媒体问"上网后并没有人反驳我,但也没有多少转载,因为我的说法与当时的舆论风向不一致。这种情况当然可以理解,但给了我一个很大的触动:每个社会成员能够接触到的社会面都是有限的,此次风波中真正了解中央房地产企业情况的人很少，公众的认知和判断完全取决于其信息来源，如果舆论的倾向性和筛选性过强，说得多了、时间长了，公众不信都难。因此，如何建设一个健康、正常的舆论环境太重要了，也太值得深入研究了。

"央企地王"风波是 2009 年的事。之后中央房地产企业都在低调经营，很少再成为舆论关注的焦点，经营状态总体上仍比较稳定，消费者方面的反映也仍然较好。非房地产主业的中央企业下属房地产公司继续逐步退出，之后几年国有企业的"三供一业"开始移交后，退出的进度有所加快。

但是，房价上涨的步伐并没有停止。根据国家统计局全国商品房平均销售价格计算，这十年全国商品住宅价格又翻了一番，而且是一边强调稳房价一边在涨价。这种情况特别不能让人理解，这会影响公众对政府执政能力的信心。

房价持续上涨固然使一些城市政府的土地收益颇丰，有条件进行大规模的基础设施建设和城市改造，因而这些年我们很多城市的面貌焕然一新、政绩斐然，但长远的负面效应会越来越突出。房价上涨使社会财富分布进一步两极化，无房的年轻人生活压力剧增，在大城市无论如何努力也上不了购房的台阶，由此造成了许多社会问题和心理问题。同时，高房价使一些城市的生活成本和商务成本快速上升，这对于一个以制造业为基础的国家非常不利，而且积累着巨大的经济风险和金融风险，这是典型的"挣了面子、伤了里子"的发展方式。

我不是房地产业中人，但确实看不懂这些年的房地产政策，这让我产生很多疑惑。

第一，我们在热点区域并没有实质性地增加供给，一线城市的商品房供地面积明显不足。在全国人大财经委工作时，我曾陪领导到一个一线城市调研，当地人大汇报地方经济社会的发展情况，一个重要的目标是稳定房价，但当年这个城市的商品房开发面积和在建规模都是下降的。这种

"饥饿式"的供地办法显然无法实现稳定房价的目标。

第二，我们并没有实质性地抑制投资性的购房需求。通过炒房来致富，通过买房实现财富的保值增值，仍是我国富裕阶层公认的首选方式。实际上，抑制房地产投机国外有成熟的经验可以借鉴，如德国的主要措施是在交易环节征收"资本利得税"，以压缩炒房行为的获利空间，因而长期保持了房价的基本稳定①。在交易环节征税比征房产税简单，社会风险也比较小。

供给没有上去，需求没有抑制住，稳定房价的难度必然很大。前些年，我国建立了一个"稳定房价工作责任制"，各直辖市、计划单列市、省会城市对本地房价的基本稳定负责，而且还有相应的考核问责和约谈制度。建立责任制后，表面上把稳定房价的责任压实了，但与房价有关的宏观调控手段似乎并不在城市政府手中，而且城市政府是不是真心愿意把房价压住也总让人感觉有些疑问，这样的政策会不会真正有效还有待实践检验。

在随时可能被问责的压力之下，各地政府只能频繁地动用行政手段来控制房价，很多措施是扭曲市场经济规律的，短期效果都不一定好，长期问题就更多了。这些年各个城市出台的限价、限贷、限购措施之密集前所未有，工作力度如此之大，上级确实不大好问责了，但房价上涨依旧，泡沫越调越大。我们这些非专业人士从外面看，房地产主管部门可能有很大难处，我们不在其位不知其中甘苦。但如果用这种方式做国有企业改革，恐怕早就出事了。

"央企地王"风波是国有企业受到舆论冲击的一个具体案例。正因为其具体，可能值得简单剖析一下。

在房地产领域，中央企业并没有做错什么事。我们在与有关政府部门讨论这件事时，谁也不认为是国有企业抬高了房价。但政府官员是不能随

---

① 阎金明.德国、瑞典社会住房制度的特点及启示 [J]. 国家行政学院学报，2007（3）：90-93.

便讲话的，讲多了会惹麻烦，这就把舆论的主导权让给了媒体和学者。

我们的学者大都有西方经济学的背景，对国有企业有一种学术化的成见，凡国有企业做的事一般都是不对的。与建立社会主义市场经济体制的要求相比，国有企业存在的问题确实很多，这一点我们可能比学者们的感受更加直接、更加痛切。但国有企业的问题是在体制机制和观念上，不是在其所做的业务上。中国的房地产市场早已是开放的、竞争性的，这类市场上的价格由供求关系所决定，不是某一些开发商能够左右的。这应该是西方经济学的一个浅显的结论，但在一种情绪化的舆论氛围中，没有人把这些道理清晰地讲出来。

我们的媒体似乎分化得很厉害。主流媒体发声并不少，但大都是一种"高大上"的语境，没有把关注点放到社会关切的层面上；而且，主流媒体给人的感觉是为了完成任务而不是为了说服公众而讲话，明显缺乏对工作效果和说服力的关切度。我们的网络媒体倒是真的接地气，但从业人员太年轻，缺乏足够的历练和深入的思考，而且一味迎合社会情绪。这两个方面的舆论好像不在一个层面上，各说各话，不相交集也互不影响。在这个极重要的领域，我们实在需要一些有深刻思想、有独立见解的"大家"，能够心平气和地向公众讲一些实实在在的道理。

在整个国有企业改革的过程中，舆论环境不好一直是我们感到头疼而又无奈的事情。我们并不指望大家都为国有企业"说好话"，这对推进改革没有好处，只是希望我们的学者和舆论能够把真实的情况、客观的分析讲出来，包括正面的也包括负面的，使社会和公众对国有企业问题能有一个全面的认知，形成一种有利于改革推进的社会共识。舆论环境不友好对我们这些在第一线做实际工作的人影响不大，我们对国有企业的情况比较清楚，对改革应该的走向大致心中有数，不会被舆论所左右，但对其他方面的影响如何就说不准了，毕竟国有企业改革涉及的面太大，不是某一个机构能说了算的。

国有企业舆论环境不友好的后面有没有利益诉求不好一概而论。但在"央企地王"的风波中，利益问题被提得非常之高，也非常清晰。舆论批评非常集中的一点是"与民争利"是国有企业最不应该做的事，因此国有企业需要彻底退出房地产领域以"还利于民"。

由于市场房价在持续上涨，我国前些年房地产行业的"利"的确非常之高，这个行业是一块巨大的蛋糕。据有关部门的统计分析，2009年以前与资本市场相关的房地产企业毛利润一般在40%左右。由于利润畸高，房地产业连续多年在中国十大暴利行业中排名第一，被称为一条"富豪生产流水线"。在2009年胡润百富榜上榜的行业统计中，房地产业居第一位；百富榜排名前10位的富豪中，有8位从事房地产及相关产业。以往，各方面批评国有企业"与民争利"时，"民"都是一个很抽象的概念；在这次风波中，"民"好像比较具体了，但总感觉与普通老百姓没有什么关系，也许是我们所使用的概念不太准确。

八、参与处理的群体性事件

在我国国有企业改革的过程中，曾经发生了许多群体性事件，几乎成为这项改革重要的外在特征之一。这种情况谁也不愿意看到，但似乎避免不了。中国原有国有企业的数量太多，职工人数太多，但企业的体制和结构状态与市场经济的要求差距过大，不进行彻底的改造没有办法在市场竞争中生存。改革和结构调整都会触及职工的切身利益，出现反弹难以避免。这反映出改革非常痛苦的一面，尤其在一些矛盾积累较多的老工业基地和国有老企业。

化解群体性事件是前些年国有企业改革中的一项"标配"业务，是改革一线工作人员的一项基本功，也是最为困难、最为艰苦的工作。在这个方向上，地方党委和政府发挥了重要作用。一方面，中央明确要求，地方党委和政府要对本地社会稳定负总责，有明确的责任；另一方面，地方党委和政府有维护稳定的手段，也有这个能力。所以，以往中央管理的企业出现重大问题，都是通过下放地方来解决，如煤炭、有色金属行业的企业、中国重汽等，当然前提是把处置成本安排好，不能让地方政府在经济上吃亏。但是，毕竟有些中央管理的行业或企业是不能下放或难以下放的，这类企业出了问题解决起来一般比较复杂，拖的时间也会比较长。

1. 大庆事件

大庆事件在国内外影响很大，主要是由于大庆油田在新中国工业发展中特殊的地位和影响力。大庆事件爆发于2002年初，背景是中石油集团从1999年开始推进的分拆上市工作。

中石油是一个典型的"大而全"的企业集团，主业、辅业、多种经营、生活服务混合在一起，员工总数达到150万人，人员负担相当沉重。由于当时国内资本市场容量不足、承受力有限，1999年经国务院批准，中石油启动了境外上市工作。为满足到国际资本市场上市的要求，中石油集团按照国际上"油公司"的模式进行了分拆重组，48万职工连同优质主业资产进入上市公司，100余万职工留在了存续企业，两者实现了财务和人员的分离。

中石油的境外上市为企业日后的发展奠定了重要的体制和资本基础，但存续企业的问题非常突出，尤其是人员负担过重。留在存续企业的大部分是辅业、多种经营和生活服务资产，除依靠上市公司分红外，自身缺乏足够的生存发展能力。但由于油价不稳定，以及我国主力油田的资源已经越采越少，上市公司每年能分红多少大家都心中没底。当时，各方面对中石油的存续企业都不看好，企业没有信心，职工也没有信心。在这样的背景下，中石油集团依据国家的减员增效政策，开始进行有偿解除劳动关系的工作，即所谓的"协解"。

从企业的角度，是希望通过协解减少存续企业中的富余人员，减轻存续企业的生存压力；从职工的角度，是想尽快离开一条快要沉没的船。一位大庆油田的协解职工后来对我讲,当时大家都看不到存续企业的希望,想赶快拿钱走人,以后即使企业破产也和我没关系了。在这样一种氛围和心态下,那些年中石油集团有38万职工有偿解除了劳动关系,其中大庆油田有7.3万人。

在中石油集团的统一部署下,大庆油田有偿解除劳动关系的工作做得相当规范,工作原则是"双方自愿、协商一致、签订协议、依法公证"。经济补偿也是尽可能从优,人均经济补偿金在10万元左右,在当时是全国最高的;而且承诺职工宿舍的供暖费仍由企业负担,这在东北地区也是一笔不小的开支。

有偿解除劳动关系的过程基本平稳,但过了一段时间后出现了两个问题。一是职工解除劳动关系后再就业困难。大庆是一个典型的独立工矿区城市,油田很大但非油产业很少、就业渠道狭窄,协解职工很长时间找不到新的工作,生活压力越来越大。二是存续企业的状态好转。减少了富余人员再加上其他改革和加强管理的措施,大庆油田存续企业的经营状态开始好转。由于事先层层签订了责任书,企业完成了经营指标需要兑现,从而使在岗职工的收入增加。这种反差激化了矛盾,成为事件的导火索。

2002年3月1日,2000多名协解人员打着"受油田欺骗,要求复工复职"等标语,开始到油田机关上访;3月4日,聚集的人数上升到近8000人,并开始出现过激行为。

中央企业出事,地方政府一般不会主动出手帮助解决,尤其是中石油这种实行集中纳税的中央企业集团,地方政府的关注度很低。而中石油集团、大庆油田都没有维护自身稳定的手段,通过对话要求上访人员走合法途径反映诉求的收效甚微。这样,一开始并不太严重的上访事件越闹越大,并出现了冲击办公楼、堵公路、拦截火车、损毁车辆等违法行为,直到3月下旬事件仍未平息,产生非常大的社会负面影响。

大庆事件引起了中央的高度关注。根据国务院领导同志的指示,3月

23日，国家经贸委主任李荣融带队赴大庆解决问题。我作为国家经贸委企业改革司司长兼维稳工作负责人随同前往，同行的还有劳动和社会保障部、中央企业工作委员会和全国总工会的同志。

工作组先到哈尔滨与省政府领导交换意见。省里的同志对大庆油田事件显然有些看法。一位副省长说，中央企业给了职工十多万元经济补偿金还要闹事，对地方的压力太大了，地方国有企业的经济补偿金也就一万元多一点。当然，省政府也表态，会根据国务院的要求尽快采取措施，稳定住局面。

第二天上午工作组赶赴大庆，当天下午即与上访职工的代表对话。职工代表反映的问题主要是：第一，油田减员增效的操作没有问题，是职工自己提出的申请、签了协议、进行了司法公证；协解虽然是自愿的，但企业误导了职工。第二，协解后找不到再就业的机会，钱越花越少、生活越来越困难。第三，以前油田职工子女都是企业包下来安排工作的，现在取消了这个政策，职工子女就业困难。对话会上职工代表提出的诉求概括起来就是，协解职工中年轻的返回工作岗位，年纪大的享受在职职工待遇。

对话会后工作组立即返回哈尔滨，地方政府开始采取措施恢复秩序。临走时工作组对油田提出的意见是：改革的方向符合国家政策，操作也是规范的，不能退回去；职工有困难想办法通过再就业或帮扶解决。工作组回到北京后给国务院的报告提出了四条意见，主要内容是：第一，充分肯定大庆油田实施的减员增效工作符合国家的政策和改革的方向，不能向后退；第二，大庆油田的改革在工作程序上是规范的，不能否定；第三，企业在改革和调整中要"有情操作"，下岗职工要有人管理，他们的困难要有人帮助解决；第四，要尽快采取措施，恢复大庆油田正常的生产生活秩序。

大庆事件历时20多天，最后平息下去主要是三个方面原因：一是地方政府采取了措施，控制住了局势、恢复了社会秩序；二是大庆油田对下属单位的用工进行了清理，清退了一批临时工，腾出岗位优先安排协解人员再就业；三是大庆市与油田联手加强了社会建设，建立了相关的组织体系，使协解人员有人管理、困难有人帮助。

大庆事件的处理也为日后国有企业改革中处置类似问题定下了一个基调：改革只要符合国家政策就不能向后退，职工有困难通过帮扶解决。

大庆事件是国有企业减员增效工作引发群体性事件的一个典型案例，此后发生的中石化集团胜利油田事件与之基本一样。富余人员问题在国有老企业中非常普遍。中石油集团在油气资源开发的上游环节并不完全是竞争性的，主动减员不是由于直接的生存压力，更多的是企业领导人的责任感，充分竞争领域中的国有企业问题会更加尖锐。一个背负着大量富余人员的企业在市场竞争中必然站不住脚，最后的结果很可能是整体破产；把富余人员减下来企业或许还可以存活，但减员的过程中很可能会出事。在国有企业改革中，经常面临这种难以两全的选择。

2. 3540工厂破产事件

2005年初，地处秦皇岛市的新兴铸管集团所属3540工厂在破产过程中发生了重大群体性事件。4月3日，部分职工在秦皇岛堵塞京沈铁路干线两个多小时，造成拦截火车人员1死1伤；5月底，又有300多名职工到北京群体上访，冲击总后勤部机关、围困新兴铸管集团总部、堵塞了北京丰台南路，产生严重的社会影响。3540工厂事件前后持续了近三个月，可能是国有企业改革中持续时间最长的一次重大群体性事件。

3540工厂是中国人民解放军总后勤部2000年第二批脱钩的军队保障性企业之一。这批"军保"企业有近70户，大都是军队的被服厂和修理厂。军队和武警部队第一批脱钩企业是直接下放地方的，由于这些企业的质量差，地方政府的意见很大。因此，以军保企业为主的第二批脱钩企业没有继续下放，而是采取了整体"打包"的办法，交由原来同样也属于新兴铸管集团管理，由此成为新兴铸管集团的下属企业。

在这批脱钩移交的军队保障性企业中，有14户停产多年、资不抵债、无法继续生存的企业需要实施政策性破产，3540工厂是其中之一。3540工厂是一家生产被服的"小三线"企业，原地处河北省承德县的山沟里，后调迁到秦皇岛市。这个厂有在岗职工3000人左右，由于装备差、负担重、管理不好，产品没有市场，破产之前已经停产了4年，但破产刚起动就出了事。

中央企业出了问题国务院国资委要负责处理。事件发生后，我把负责破产工作的企业改组局全部动员起来，到第一线和新兴铸管集团一起应对。首要采取的措施是三个方向：新兴铸管集团董事长和改组局一位局长赶赴秦皇岛，与市政府配合稳控当地职工，因为除了3540工厂外，秦皇岛还有3524和6444两家军保企业也在操作破产，要防止事态扩大，并为在秦皇岛对话解决问题创造条件；新兴铸管集团的总经理和企业改组局的两位局长在北京与上访职工对话，做劝返工作；我和新兴铸管集团的党委书记赶赴石家庄，与河北省委、省政府紧急沟通，研究共同解决问题的办法。

三个方向的工作都很困难。我在石家庄的沟通几乎谈僵，省里不愿意介入中央企业的事，也不同意派人到北京接回上访的职工。这实际是我去石家庄最主要的目的，化解群体性事件的第一步总是先要把人接回来，然后再谈解决问题的办法。这个难题最后是国务院直接出面解决的。

由于在河北省要操作破产的军保企业不止一家，和省里商定成立一个"驻冀军队保障性企业破产稳定工作协调小组"，这算是一个具体的收获。由于省里坚持，由我担任协调小组组长，河北省分管工业的副省长任副组长。让中央政府的官员负责企业的破产和稳定工作，以前从未有过，我们既无能力也无手段，幸好当时的河北省政法委书记一直靠前指挥，才没有让我们为难。在秦皇岛第一线，由市委、市政府和企业联合组成了企业破产工作组和社会稳定工作组，共同展开工作。经过几个方向的共同努力，直到6月3日下午，上访职工在得到6月6日在秦皇岛对话的承诺后，同意上车离京。

6月6日在秦皇岛市体育馆的对话有上千人参加。由于事先已经有人散布6月6日要制造"流血事件"的说法，为防止出现意外，河北省、秦皇岛市根据国务院的要求采取了周密的安全措施。我在办公室每隔十几分钟与对话现场通一个电话了解情况，然后向国务院报告。对话中，新兴铸管集团董事长全面宣讲了国有企业破产的相关政策，回答了职工提出的问题。这次对话算是一次正面的政策宣讲，但由于职工的要求过高，问题并没有解决。

职工之所以不接受当时全国统一的国有企业破产政策，是因为职工始终认为自己是部队的一部分，所提出的职工安置和保险待遇等要求都比照部队的。职工有这样的想法可以理解，直到破产时，这家企业的正式名称仍是"中国人民解放军第3540工厂"。

由于职工的诉求远远超出了国有企业政策性破产的全国统一政策，为避免出现连锁反应无法退让的状况，工作组只能进一步向职工做政策解释工作。新兴铸管集团为此从全国各所属企业抽调了80多名厂长、书记、处级干部组成工作组进厂帮助工作，逐户向职工宣传政策、听取意见，共走访职工3000多户次。但是工作开展异常艰难，工作组的办公室多次被打砸，工作组成员多次被围困、辱骂、殴打，但工作组不能有过激反应，只能耐心规劝。秦皇岛市则组成了由市委书记、市长为总指挥的应急指挥部，全市抽调了70多名干部来加强维稳工作。

对于涉及的大量政策问题，我们与秦皇岛市和新兴铸管集团商定的原则是，只要不突破全国性的企业破产政策，具体问题能解决的都解决，政策方面由市里负责，经济方面由铸管集团负责。

这些问题都非常具体。如职工提出丧葬费标准从2个月工资改为10个月工资问题，市里的政策是2个月，但企业在部队管理时执行过10个月的标准，市里认可这种特殊情况，费用由集团以困难补助的方式解决；

再如承德分厂职工异地安置房子没落实的问题，由市里调整城市规划，从企业厂区工业用地中划出 20 亩建设经济适用房，经费缺口由市里和集团协商解决；对国有企业政策性破产职工原有可提前 5 年退休的政策，市里把政策范围扩大到女干部，可以比照工人身份提前到 50 岁退休；等等。

为使职工尽早解除后顾之忧，我与劳动和社会保障部商量后，要求秦皇岛市再就业系统提前介入。按照以往的工作程序，企业破产终结后，职工拿到安置费以下岗职工的身份回到社区，再就业系统开始进行帮扶。由于 3540 工厂的情况特殊，破产还在僵持阶段，市区两级劳动保障机构带着 2200 多个再就业岗位信息进厂，与职工签订再就业意向协议。这些措施逐一到位后，职工的对立情绪开始缓解，参与聚集的人数越来越少。

3540 工厂事件持续了近 3 个月，最终彻底平息是在地方政府对上访的组织者采取了措施后才实现的。这是一起典型的由于国有企业破产引发的群体性事件。在国有企业政策性破产工作中，几乎每一户企业破产都出现过程度不同的不稳定问题，3540 工厂事件之所以持续时间长、激烈程度高，与其特殊的部队背景有关。

值得欣慰的是，余下的 50 多户军队保障性企业经过彻底的改革、结构调整和技术改造，经营状况逐步改善，逐步适应了市场竞争的环境。由这批企业组建的际华集团股份有限公司在 2010 年成功上市，成为国内最大的职业装生产企业。际华集团作为军队保障性企业的继承人，承担了多次国家重大阅兵的被服保障任务，得到受阅官兵的好评；在国内历次重大自然灾害中，际华集团都积极投入救灾工作，为灾区的生活保障和社会稳定做出了贡献。这应该是这批军队保障性企业离开部队进入市场后，一个非常好的结果了。

当然，这个好的结果是对这批军队保障性企业整体而言，对其中某一户企业、某一位职工来说不一定如此，整体上好的结果有时是用局部的牺牲换来的。即使是成功的改革也往往要付出代价，聚焦成功还是观察代价，给人的感受可能会完全不同。这可能也是国有企业改革一直争论不休、难以达成一致认识的重要原因之一。

3. 好企业出现的不稳定事件

以往国有企业改革中出现的群体性事件大都与困难企业有关，但前些年一些中央优质企业也出现了不少问题。好企业也出事，这说明了改革过程中问题的复杂性。

案例1：神华集团西三局破产企业职工上访事件

神华集团是中央企业中最优秀的企业之一。其技术、装备和管理水平在国内煤炭行业中都是最好的，体制上是规范的上市公司，每年的净利润均在数百亿元以上。但这样一家优质企业前些年也让下属"西三局"职工的上访搞得一筹莫展。

所谓"西三局"是指内蒙古西部的包头、海勃湾、乌达三个矿务局，原是煤炭工业部的直属企业。由于这三个矿务局都非常困难，1998年下放时没有交给地方，而是划归了神华集团管理。西三局所属煤矿大都是20世纪五六十年代建设的老矿山，资源已近枯竭，2003年列入了政策性关闭破产计划。在神华集团的努力下，西三局的破产工作基本顺利，但一年多后下岗职工开始到北京上访。

一开始我们对这个群体并未重视，认为神华集团的能力和实力足以解决问题，只是提示企业从再就业的角度多想些办法。但问题并没有解决，职工仍一批接一批地到北京上访，第一站到神华集团总部、第二站到国务院国资委、第三站到天安门，成为当年北京市的一个重点上访群体，国家信访局不断催促要求尽快解决问题。我们询问神华集团总部得到的答复是：已经为职工安排了再就业岗位，但职工不去，集团仍在努力想办法。这种情况让我们意识到国资委不出手已经不行了，于是安排与上访职工对话。

对话的结果是，上访职工全部是乌海市的，职工认可神华集团为他们安排了再就业岗位,但地点太远没有办法去。职工给我们算了一笔账:如果再就业地点离家超过40公里,相当一部分收入要花在路费上,再就业就没有意义了。对话后我们认为职工的诉求是有道理的,他们希望在本地再就业,但这样的要求矿山企业做不到,只能靠地方政府。而且,上访职工中有不少"40、50"人员,可能需要安排公益性岗位,这又涉及费用的问题。

在与国家劳动保障部沟通后,我在国资委召开了一个专题会议,参加的有乌海市政府、神华集团、内蒙古自治区国资委、自治区劳动和社会保障厅、劳动和社会保障部。我对内蒙古参会的同志讲,上访人员的诉求是有道理的,他们的难处我们应该帮助解决;这些上访人员是中央破产企业的职工,中央企业要对他们负责任;他们也是乌海市的市民,市里也要对他们负责任;我们要共同想办法把他们的问题解决好。国务院国资委和劳动和社会保障部的意见是,下岗职工的再就业由乌海市负责,涉及的费用由中央企业承担。

由于中央企业准备出钱,乌海市政府没有意见,神华集团也愿意。会议最后商定,由自治区国资委、劳动和社会保障厅与乌海市政府按照国家政策标准测算成本,劳动和社会保障部负责审核,神华集团按审核后的结果支付费用。此后,这个群体再也没有到北京来过。

案例2:四川航天技术研究院退休职工围堵事件

航天科技集团是一家重要的特大型军工企业集团,我国大型运载火箭、卫星、飞船、空间站都出于这个集团之手。四川航天技术研究院是集团下属的主力研究院之一,是一个大型科研生产联合体,地处四川省成都市。

这个院的下属单位很多是原位于四川达县(今达川区)山区的三线企业,从20世纪90年代开始陆续向成都调迁。从深山沟搬到成都市,对企业和职工都是非常好的事,但却引发了其他问题。

2008年前后，部分企业退休职工到研究院上访，封堵了研究院的大门，严重影响了研究院的正常工作。这次上访事件持续了80多天，其间航天科技集团多次派人到成都去解决问题，均无功而返，不得已向国资委报告请求帮助。这次事件我们并未派人到现场，了解到的情况是，这批退休职工原来在达县参保，缴费的标准与成都市不一样，因而拿到的退休金比成都市的同类人员低，上访职工的诉求是要求享受"同城待遇"。

由于问题涉及地方的社保政策，航天科技集团自身无法解决。鉴于四川省与国务院国资委的工作关系一直很好，我直接给当时负责国有企业工作的四川省委副书记甘道明同志打电话，请省里帮忙，甘书记慨然应诺牵头解决。四川省委、省政府出手维稳，恢复了研究院周边的正常秩序；之后协调解决了社保问题，事件才得以平息。

案例3：咸阳华润事件

华润集团是中央企业中一家有特殊影响力的综合性产业集团，实力雄厚、管理严格、机制灵活。华润集团从一家驻香港的专业外贸公司起家，改革开放后进行了大规模的实业化转型，旗下多个业务板块都发展得很成功。

2003年下半年，华润集团旗下的华润纺织准备在陕西咸阳进行系列并购，目标是西北国棉系统的数家企业，收购后准备进行大规模投资，建设西北地区最大的纺织工业生产基地。

对这个收购预案，华润集团的领导到国资委非正式沟通过，我们明确表示了不同意见，进行了风险提示。我们的理由主要是两点：一是纺织行业属于劳动密集型产业，国有企业的用工成本相对较高，没有比较优势，竞争不过民营企业；二是拟并购的企业都是20世纪50年代建厂的国有老企业，富余人员多、历史包袱重、装备老化、机制和观念陈旧，改革改造的难度很大，接收成为中央企业后问题更不好解决。

华润集团没有接受我们的意见，执意收购，国资委也无力阻止。华润集团显然对自己的机制和管理充满信心，但是并购刚刚起步时就出现了问题。2004年9月，被华润纺织收购的西北国棉七厂发生了大规模的群体性事件，工人罢工、上街游行、呼喊口号、堵塞城市交通，游行和围观的人数一度超过了万人。

得到消息我们大感意外。对这项并购的前景我们固然不看好，但这么快就出了事我们完全没有想到。一家中央国有大企业去接手一家困难的地方国有企业，职工应该高兴才对，怎么会上街了呢？国务院国资委紧急研究，决定派工作组去现场。具体任务是了解事件的起因和职工的诉求，同时协调好华润集团和当地政府的关系，各方共同努力尽快平息事件。

当时现场的情况非常混乱，各方面的说法很不一致。为了摸清情况，工作组的一位副司长借了一套旧工装穿上，混入游行队伍中了解职工的想法。这样做实际非常危险，一旦被识破后果很严重，幸亏当时是在晚上。综合各方面情况我们初步分析的起因是：第一，职工对华润集团有误解，认为它是一家香港来的"皮包公司"；第二，职工对华润纺织公布的用工制度不满，认为华润要进行大规模裁员；第三，职工对原来的企业领导有积怨，认为他们搞垮了企业。职工的诉求非常不具体，主要是惩治腐败、赶走华润等。

我们当时调来了华润纺织公布的用工制度文本，内容并无不妥。主要是定员定编、竞聘上岗、重新签订劳动合同等，与华润集团各业务板块的用工制度是一样的；至于留岗职工不进行经济补偿也有政策依据，因为是国有企业接收另一家国有企业，只要厂龄连续计算即可。但这些市场化的制度和办法，国有老企业的职工当时还接受不了。华润纺织自身的问题主要在于：对工作的难度缺乏思想准备，工作不细、操之过急。

咸阳华润事件是一个典型的企业并购后融合不了，制度、观念、文化发生激烈冲突的案例，华润集团引以为豪的市场化机制在传统的国有老企业身上没有行得通。由于被收购企业长期困难、内部的积怨很深，这次事件涉及的职工人数很多、激烈程度较高，省、市两级政府花了很大气力才平息下去；华润纺织的西北扩张计划也因此黯然收场，已并购的企业几年后又交还给地方政府进行处置。显然，华润集团对自己的市场化机制和整合能力估计过高，对国有老企业改革的难度估计不足。

4. 信访工作中的困惑

化解群体性事件与信访工作联系最为紧密。前些年，国有企业改革一直是信访的重点领域之一，国资委是中央信访工作联席会议长期的重要成员，与国家信访局也建立了非常密切的工作关系。

在国务院国资委我一直分管维稳和信访工作，对这项工作的感触颇深。在第一线从事信访接待的同志非常不容易，就像医生每天看到的都是不太健康的病人一样，信访办的同志每天接待的都是愤懑不平的维权者，过激的言辞和行为几乎每天都会发生，缠访和闹访的人也不少，信访工作人员承受着巨大的工作压力和精神压力。

信访工作是在国企改革的过程中，利益调整频繁，社会矛盾较多的特殊历史时期不能不做的工作，也是必须做好的工作。但信访工作中的一些具体问题和要求一直让我们感到困惑。

一是涉法涉诉问题。

前些年，国家层面的信访工作分成几个专项工作小组，分别对应着几个信访的热点问题，如国有企业改革、城市拆迁、农村征地等，还有一个是涉法涉诉。为什么要设定出这样一个上访专项，我们一直感到很不理解。

以往我们在信访工作中遇到难以判断的疑难复杂问题，最后总是建议上访人走司法途径，法院怎么判就怎么执行，把司法当作解决社会矛盾的最后一道屏障。涉法涉诉的信访通道开通后，法院已经结案的问题还可以通过信访渠道继续反映，这就没有尽头了。司法程序有终结的机制，法院终审判决了当事人就得认，尽管对结果不一定满意；而信访没有终结的机制，当事人可以无休止地访下去。我们国家确有司法腐败、司法不公的问题，需要高度重视，大力度地加以解决。但如果因此而转向一种没有终结机制的解决方式，信访的数量可能会越来越多，付出的社会代价将会非常之大。

二是领导接访问题。

前些年非常强调领导接访，这当然体现了国家对信访工作的重视，但我和国资委信访办的同志仔细研究后，没有敢按此执行。主要是担心两个问题：一是第一线的同志不好工作了。一个部门如果有领导接访，上访人员"不见真佛不烧香"，信访办的同志会非常为难。二是会失去工作的回旋余地。上访涉及的问题一般都非常复杂，仅听上访人的一面之词很难做出准确判断。下面的同志接访还可以"向领导请示一下""研究研究"进行缓冲，领导接访时就不好推脱了。当时曾有的领导在接访时认为，上访人员说得很有道理，明确拍板要求解决，结果与实际情况出入很大，造成基层的工作非常被动。

类似的工作要求还有"领导包案"制，这也是当年作为经验大力提倡的。这项制度非正式的定义是：对重要的疑难信访问题，明确由一名领导干部亲自负责处理的一种领导责任制度。有些地方要求，包案领导要包调查、包处理、包息诉罢访；有些地方还明确，领导包案后如果行动迟缓、处理不当造成严重后果的，要被追究责任。包案领导在巨大的压力之下，凭借个人的影响力和资源解决一些具体个案并不困难，但这种方式往往会因为过于急切地想解决问题而突破政策底线，有些不符合政策的诉求也能解决，反而会刺激出更多的上访。

三是"事要解决"问题。

"事要解决"在前些年的信访工作中一直是一个很明确的要求，而且被提高到执政为民的高度。"事要解决"的内涵没有看到正式的说法，我们当时的理解是，标志应该是上访人员息诉罢访，这给基层的同志造成了极大的压力。上访人员的诉求没有满足就不会停止上访，没有息诉罢访就说明事还没有解决，这实际上制造出一种与政府博弈、向我们自己施压的手段。"事要解决"加上各地区信访数量的统计排序制度带来的压力，会诱导出很多短期行为，如"赎买性"的息访、派人常驻北京截访、花钱"销号"等；而且会助长"小闹小解决、大闹大解决、不闹不解决"的倾向，经济代价和社会代价都很大。

至少在国有企业改革领域，由于涉及的群体很庞大，"事"能不能解决一直存在着一个具体个案与全国统一政策的关系问题。一些上访老户的诉求已经远远超过了国家统一的政策标准，解决了一个有可能带出一批，解决了一批有可能拉出一片。这是我们最不愿意看到的情况。

信访工作的政策性很强，国有企业改革工作也是如此。这种性质的工作有一条"铁律"：就是要把国家的政策不折不扣地执行好，否则会有无穷无尽的麻烦。做到这一点后，还要沉得住气、咬得住牙，不因一时的矛盾缓解而动摇国家的政策底线，否则会引发无休无止的连锁反应。

总体上讲，国有企业改革中的政策执行比较严格，尤其是三年改革脱困工作开始以后，基本上是全国统一工作、全国统一政策。严格执行政策一方面是中央的反复要求，另一方面始终存在一个很强的制约因素，就是职工。由于涉及自己的切身利益，职工对政策文件的研究往往比我们还深、还细，想在政策上糊弄职工绝对不会有好的结果，因此大家都不敢在政策执行上马虎。

前些年我们还提出了一个工作要求，要求改革的操作主体把所有改革的原始资料完整地封存、保管好，以备日后核查。当时我们对各地的同志讲得很清楚，这样做既是对工作负责，也是对自己负责，使改革能经得住历史的检验，使自己以后能说得清楚。但即使如此，国有企业改革中还是出现了许许多多的信访问题，因为国家的统一政策不可能满足所有人的诉求。

中国的经济体制改革是一项牵动全社会的利益调整，出现一些社会矛盾和不稳定现象不可避免。在这方面我们需要有一个更高的站位、更大的格局，平衡好眼前和长远、局部和全局的关系。信访作为一个特殊历史时期的重要工作，需要高度重视、全力做好，以维护社会的稳定。但从方向上看，法治化、司法途径应是我们化解社会矛盾和冲突的主要方式。我们应该创造条件尽快向这个方向转化。

九、要关注政府机关的干部人事制度改革

干部人事制度改革是国有企业内部三项制度改革之一，目的是打破"铁交椅"，使企业内部各层级的管理人员能上能下，以优化企业内部的选人用人机制。一般来说，干部人事制度是企业内部三项制度改革之首，如果这项改革推不起来，职工能进能出、收入能增能减都不容易做到，也难以服众。所以，企业在推动内部三项制度改革时，都要以干部人事制度改革为突破口。

早期的企业干部人事制度改革重点是破除僵化的用人机制，打破"铁交椅"。主要方式是任期基础上的聘用制加上竞争上岗，以实现公开、公平、竞争、择优的效果，使庸者能下、能者能上。这项改革在地方国有企业中推进的力度很大，相当一部分中央企业也进行了"全体起立、竞争上岗、重新坐下"的改革，"重新坐下"后的位置可能与原先就不一样了。竞争不上岗位的人也没有推到社会上去，而是在企业内部待岗、培训，准备下一轮次的竞聘。从这项改革推进的情况看，只要改革的方案经过了职代会通过等法定程序，只要制度公开透明、程序公平公正，风险并不是很大。

后期的企业干部人事制度改革更侧重于科学化和个性化，逐步向现代企业的岗位绩效管理和人力资源管理转化，主要方式包括分层次进行科学合理的岗位设置、在细化岗位职责的基础上分类进行岗位管理、全方位进行考核评价并与奖惩挂钩等。有些企业还加上了经理人员的综合素质评价、个性化的职业通道设置等内容，不但要做到能上能下，还要使人才的素质

特点能够与岗位的要求相互匹配。

总体上看，经过30多年的不断改革，国有企业内部的干部人事制度发生了很大变化。其效果之一是，企业内部各层次管理人员的工作状态有了很大改变，竞争上岗、自己要求干的工作态度与改革前完全不一样，任期结束后未完成当初的业绩承诺要下时也无话可说；效果之二是，企业内部的管理效率明显提高，以往领导管不住人、调不动人的情况有了很大变化，企业的指挥管理系统得到了强化。当然，由于企业领导班子仍处在行政管理的体制之下，机制状态的改变不大，这个层面的问题也无法通过企业内部的改革来解决。

尽管我们一直高度重视并持续推进国有企业的干部人事制度改革，但几十年工作中最深切的感受是，更为僵化、更应该改革的是我们行政机关自己的干部人事制度。

无论是作为司长还是副主任，工作中最让人无奈的事之一，是无法对工作团队进行调整和优化。自己主管的单位中如果有人不适合他的岗位，可能是工作能力问题、工作思路问题、工作方式问题、工作态度问题等，但只要他不犯错误，就很难进行调整。唯一让他"动"的办法是到外面给他找可以被提拔或者增加收入的机会，如果外面有机会仍然不去，那就基本没有办法了。

明知道人不合适你还得用，人家坐在这个位子上不给安排工作麻烦会更大。领导对下级既不能奖，也不能罚，调整又调不了，这种僵化的体制正是我们推动国有企业干部人事制度改革所要解决的，但行政机关自己的问题更为严重，政府机关的干部人事制度比国有企业还要"国有企业"。这样的机制状态造成了多方面的问题。

一是难以形成有战斗力的工作团队。

如果一个单位的主要岗位都占满了，这个单位基本就定型了，内部不合适的人调不出去，外面有合适的人也调不进来。由于人员固化、缺乏调整的机制，一些重要工作实际上由并不合适的人在主持；所以，我们的某项工作能否做好存在着一定的偶然性，要看谁恰好坐在操作的位置上。一个单位中能做事的人一般占不到一半，人手不够只能想办法增加编制或借调人员，这会形成一种机构膨胀的机制。但提拔时论资排辈谁都落不下，否则闹起来还得息事宁人，因为后面并没有一套制度为你撑腰；这样的环境促使一些人调离，离开的人一般都是能干的，外面也有人要；不能干的外面没有机会，自己也不愿意走。这又造成了一种干部队伍素质退化的机制。

在缺乏调整、优化的机制下带队伍非常累心。人员的工作思路、业务素质、工作态度都无法保证，严格要求肯定不行，基本是凭面子做事。如果所负责的机构任务很重、压力很大、不好混日子，领导就比较遭罪了，因为体制上并不支持你调整出一个思想统一、素质良好、能打硬仗的工作队伍。这种情况如果出现在战争时期，我们的军队不可能有战斗力。

这种状态有时会出现一些很不正常的情况。在国家经贸委时，某个业务司的一位处长出了问题被带走。一次开会时，我恰好坐在他的司长旁边，按说下属出了问题领导至少应该感到很没有面子，但这位司长非常高兴地对我讲，这个人心术不正，早就想动他，但动不了；这下好了，他自己终于出事了。当时还没有追究领导责任一说，如果这位处长出了问题要追究司长的领导责任，可能会非常冤枉。

二是人浮于事或因人生事。

国务院国资委组建时，由于我正在牵头起草国资委的"三定方案"，李荣融主任找我商量要编制的事。他的原话我记得很清楚："如果让我挑人，200个编制足够了；如果不让挑，500个编制也不够。"最后的结果是，人不让挑，但编制给的不少，不算外派监事会一共给了555个编制。

国务院国资委运行了一段时间后，发现了另外一个问题。这么多人员、这么多机构的积极性都很高，都希望有所作为、做出贡献；于是主动设计出各种各样的工作向下贯彻，对象就是所监管的中央企业。据我的观察，国资委一把手的一项重要任务是把下面提出的过多的、没有必要的工作否定掉。这样的过滤和阻挡要求一把手对业务非常熟悉，而且要底气十足；即便如此，不断挫伤下面的积极性也不是办法，还要考虑分管主任的想法。所以有些事挡住了，有些也没挡掉。一个机构中冗员多了裁减不掉时，会自发地做一些没有必要的事；一些中央企业反映国资委管得过多、过细，和这种情况有一定关系。

三是管理失控、指挥失灵。

由于领导对下属并没有实质性的约束力，时间长了、大家看明白了，行政指挥系统就会出现问题；在一些情况下会出现下级我行我素、完全不听指挥的情况，当领导的也无能为力。

在国资委期间我经历过这样一件事。在2004年前后，由于电力企业职工持股影响了电力市场竞争的公平，社会各方面的批评很多，领导同志也有批示，规范电力企业职工持股成为当时电力体制改革一项很急迫的任务。这项工作由多部门组成的电力体制改革领导小组主持，国资委负责组织实施。

如何清退电力企业职工持股，各部门的意见并不完全一致。国资委的意见是清退到电网公司中层以上管理人员和电网调度人员，普通职工持股暂时不动。理由之一是电力企业职工持股是20世纪80年代末国家集资办电的产物，是政府提倡的，并不违规，强制清退政策依据不足；理由之二是电力企业职工持股涉及的职工人数很多，清退了管理层和调度人员持股已可以解决不公平竞争问题，全面清退触动的面太大，对企业稳定不利。但是，国家能源局作为电力体制改革领导小组的成员单位，意见是必须全部清退，否则就拒绝会签文件。

能源局不会签，文件就发不出去，工作就启动不了，没有办法，我只好去找当时的国家能源局局长协调。局长听了我们的意见后完全赞成。他说，我们既要解决问题又不能自己把事情搅和大了，我们司局的同志太理想化了，我去和他们讲。

一个星期后，国资委再次到国家能源局协商文件会签，相关司局的答复竟然是："你们别听他的，不按我们的意见改我们就不签。"听到这样的答复让我们大为惊讶，"他"可是你们局的最高领导。无奈之下我再次给局长打电话，原话当然不能对他讲，只是说司局还是不同意会签。只听电话另一头局长大人长叹一声"他们太固执了"，显然他也没有办法了。在这样的僵局之中，电力企业职工持股的规范工作拖了整整五年，最后国务院办公厅出面协调，拍板支持了国资委的意见，文件才得以发出，工作才得以启动。

社会上经常有人说，我们的政府部门中存在着"中梗阻"，这在很大程度上与我们的体制机制有关；我"梗阻"了你也拿我没办法，"梗阻"就消除不了。

这些年在工作中的感觉是，我们对下属的约束能力很有限，但下面"折腾"上面并不太困难。写一封举报信、编几件捕风捉影的事几乎没有成本和代价，但产生的不良影响可能会非常大。一些部门的领导同志并不敢严格要求和管理下属，怕得罪人、怕惹出麻烦可能是一个重要原因。

机关的干部人事制度还存在一个问题，就是干部的流动性很差，职业鸿沟很深。机关工作人员往往学校一毕业就进入机关工作，然后在系统内逐步升迁；如果不是赶上机构改革或自己跳槽下海，能在一个单位里一直干到退休。这种"三门干部"（家门、校门、机关门）如果恰巧被分配在一个位高权重但无责任的机构中任职，听到的都是好话和恭维话，自我感觉会越来越好，说话的口气会越来越大，敬畏之心会越来越少。这样的情况对干部的成长并非有利，一旦岗位变动往往很难适应。

前些年政府机关也在推进干部人事制度改革，改革的内容基本上是只管如何上，不管如何下，以推行聘用制和岗位管理制度为重点，也不涉及人员的流动和调整问题。[①] 即使是"如何上"的制度设计，也有一些很让人为难的地方。

当年改革的一个重点是强化民主测评的作用。民主测评的情况非常复杂，其结果因不同的关系格局而异。一般来说，一个单位中如果有几个候选人，民主测评的结果肯定会有差异，但背后的因素很多，测评结果最好的不一定是最合适的。

如果是准备竞争其他单位的岗位，本单位民主测评的结果一般都会是满票；尤其是一些在本单位群众关系不好、干不了事，大家都希望他赶快走的人去竞争外单位的岗位，本单位民主推荐的结果往往非常优秀，这是一个大家心照不宣的默契。民主测评的结果作为干部选拔的一个否决性指标应该可以，作为提拔的依据似有很大问题，时间长了会引导大家都去经营关系，而不是做好工作。

当年改革的另一个重点是推行领导干部公开选拔制度，实际上是公开报名基础上的考试。当时考试的程序设计得非常严密，笔试试卷从中组部考试中心的题库中选取，密封送入考场，考完后封闭阅卷评分；面试时的考官大部分是外请的专家或官员，他们对面试者以往的工作表现完全不了解，只是根据现场表现打分。

这样一套程序不能说不公正，但能做事的人不一定会考试，会考试的人不一定能做事。尤其是一些以往工作表现很好、被大家寄予厚望的人，由于精神压力大、紧张，面试时经常发挥失常；一些原本希望不大，只是为了体验过程、取得经验的人反而发挥得更好。

我们当时开玩笑说，在选拔干部时，分管主任和局长的判断都不可信任，所以要把决定权交给一套程序，然后大家忐忑不安地等着这套程序给我们推出一个什么样的人选。这虽然是玩笑话，但有时程序推出的人选确

[①] 深化干部人事制度改革纲要 [EB/OL]. (2000-06). https://www.gov.cn/gongbao/content/2000/content_60412.htm.

实让我们的工作非常被动。当年我分管的一个业务局通过考试程序选拔了一位副局长,结果很多人不服气,各种各样的负面情绪搞得这个局几年都不得消停。实际上,在一个单位中谁最应该被提拔,大家心中都有一个大致的排序。我知道的一个单位通过考试选拔干部,在大家心目中排名第三的人成绩最好而入选,结果排名第一和第二的人都要求调离,这个单位的工作状态由此急转直下。

对于机关干部人事制度改革中存在的问题,我找国资委人事部门的领导专门谈过。我对他讲:工作压在我们身上、责任压在我们身上,选错了人我们自己受罪,这是最直接的责任约束;我们对下面干部的工作表现最了解,选谁对工作有利最清楚,能不能给我们放一点选人用人权,你们加强监督就是了。这位领导表示完全赞成我的看法,但同时说这是上面的要求,他们也没有办法。

对领导干部的选人用人权要有所限制完全可以理解,推进这类改革的初衷无疑很好。我们内部有"腐败"的问题、"关系"的问题、"打招呼"的问题,而缺乏对权力的外部制衡,不采取一些约束性措施,出现的问题可能会很严重。但是,如果我们把正常的工作行为都搞成机械式的规定动作,这个方面的问题可能减少了,但其他方面的代价可能会很大,其中应该有一个权衡。

这些年我在工作中的感受是,选人用人时最值得信任和依靠的是责任和承担责任的人。把责任和权力放在一起,会产生一种内在的相互制衡;如果把责任和权力分开,对权力的约束会非常困难,管松了没有效果、管紧了副作用太大。由于没有把责任的因素考虑进去,我们一些改革措施的设计非常理想化,脱离了客观实践,也不可能有好的实施效果。好在有些方面的改革推行不下去就算了,我们也不会对工作进行后评估;实际上如果能在改革中建立一种后评估制度,实事求是地把经验和教训都进行跟踪分析和梳理,对提高政府的工作水平和责任心会有很大帮助。

干部人事制度改革对国有企业之所以重要，是因为它能够活化机制、激发潜能、提高效率，避免市场竞争失利导致企业亏损或破产。政府机构没有亏损和破产的问题，问题的短期表现不会很显眼，改革的动力也不足，很可能耽误更大的事。这些年的感觉是，我们的一些重大改革和重要工作完全有可能做得更好，但如果工作团队是无法优化的，团队的业务能力、精神状态、工作思路都就无法保证，在这种情况下事情能不能做好完全没有把握。

如果我们政府机构的干部人事制度改革能够启动起来并取得进展，政府的各项工作可以做得更好、政策制定的水平会更高、国家的治理会更加有效；同时，各种问题也会大大减少。例如，前一段社会上出现了不少"小官巨贪"的问题，贪腐的数额很大、影响极坏。除了对权力缺乏外部监督和制衡，我们的"大官"难以有效管理和约束"小官"可能也是重要原因之一。再比如，我们有时可以看到这样的情况：一个原本并没有多少实权的机构，以某项工作的名义人为划出一个"圈"，在"圈内"安排一些优惠政策，谁能"进圈"需要满足特定条件并要经过评估和审批，于是这个机构便门庭若市了。对这种自我"造权"的做法部门领导未必看不清楚，但由于对下属没有实质性的约束力，难以令行禁止，有时也只能听之任之了。

国有企业原有的内部体制机制僵化和政府机关存在的问题是同源的，某种程度上是从政府机构延伸过去的。国有企业在这方面可以改革，政府机构应该也可以，至少能比现在做得更好一些。国有企业内部改革的实践和一些具体做法，政府机构可以借鉴。

十、世行报告与国有企业改革的思路之争

2012年2月，世界银行和国务院发展研究中心在北京联合发布了研究报告，报告的标题是《2030年的中国：建设现代、和谐、有创造力的

高收入社会》①。这是一篇规格很高、分量很重、内容很丰富的研究报告。当时的世界银行行长罗伯特·佐利克先生还专门举行了研究报告的新闻发布会,说明了世界银行对这份报告非同一般的重视。

但这份研究报告在国内引发了很大争议,佐利克行长的新闻发布会还出现了一位独立学者闹场的局面。根据一些媒体后来的报道,在这份研究报告正式发布前,国务院国资委也曾提出了强烈的不同意见,并促使报告中的一些提法进行了调整,否则报告的观点可能会更激进一些。②

世行报告引发的争议对中国的国有企业改革而言,也具有标志性的意义,因为其性质属于改革的思路之争。这种性质的争论在国有企业改革的中早期很少出现,至多是围绕一些具体问题或某些个案,原因一方面是高层反复在强调"不争论",另一方面也是面对国有企业巨大的现实困难,各方面都不太方便讲话。危局之下思路的争议很容易与解决现实问题联系在一起:你说现在做得不对,你说你有办法,那就上去试一试。在国有企业困难的时候,各方面说话都比较谨慎,这与国有企业经营状态好转后的情况很不一样。

由于委内分工的关系,我没有参与国务院国资委对这份报告的研究,当时国资委提出了什么意见也不清楚,后来读了这份研究报告,感觉这是一篇高水平的、非常具有代表性的报告,值得深入研读,也有必要进行一些讨论。

世行报告是一份发展研究报告,时间跨度很大,涉及的领域很宽。报告力图对中国前一个阶段的改革和发展做一个全面的总结,并对今后若干年中国经济社会发展的内外部环境进行分析,进而提出发展和改革的政策

---

① 文中引用的世行报告内容来自世界银行和国务院发展研究中心于2012年联合发布的《2030年的中国:建设现代、和谐、有创造力的高收入社会》(会议版本)。

② 世行报告发布幕后:国资委强烈反对[EB/OL]. (2012-02-29). http://wei.sohu.com/20120229/n336268761.shtml.

建议。

研究报告的主报告有 8 万多字，其分量与世行每年发表的国别专题报告完全不在一个档次上；看得出，世界银行为撰写这份报告动员了相当多的研究力量，这表明了世行对中国发展问题的高度重视。研究报告的具体内容大致可分为两个部分：发展的路径分析、现状判断和政策建议；改革的路径分析、现状判断和政策建议。前一个部分写得很好，争议并不大；所有争议都在后一个部分，尤其是涉及国有企业改革的内容。

世行报告对中国经济社会发展的分析和判断具有非常高的水准。这个部分大致有三个方面的内容：中国经济前三十年高速增长的因素分析，中国未来经济发展趋势的判断，对中国经济发展实施战略转型的政策建议。

世行报告在总结中国经济实现三十年高速增长时归纳出六个特点：务实有效的市场化改革，谨慎地在发展和稳定之间寻求平衡，地区之间的有力竞争，一体化且多层次的国内市场，宏观经济的稳定，持续稳定地融入全球经济。这样的归纳基本符合中国的实际。

报告中有一些非常精辟的论述。如谈到后发国家的技术进步时说，"值得注意的技术进步新近的形式是，某些在发达国家实验室实现的技术突破，有可能在成本较低或市场较大的发展中国家完成商业化和大规模生产。这样，后发国家有可能同时实现两个意义上的快速增长，一个是通过技术模仿实现传统产业快速的挤压式增长；另一个是直接利用新的技术突破，在一些领域实现跨越式增长。"

对中国未来经济发展的趋势，世行报告认为中国将转入中速增长阶段，"预计中国的 GDP 增长率将从 2010—2015 年期间平均将近 9% 的水平，逐步下降到 2025—2030 年 5%—6% 的水平"。减速的因素大致包括：人口老龄化、劳动力增长放缓，导致储蓄率和投资率下降；人工成本上升，单位劳动力成本低的优势将缩小；随着资本-劳动比率的提高，资本积累对经济增长的贡献率会降低；中国向世界技术前沿靠近，由技术引进和模仿推动的生产率增长速度会下滑；由于发达国家市场增长放缓，中国的出口增长会放慢；等等。

世行报告认为："对于任何发展中国家而言，后发优势的逻辑并非总能够无条件地延续下去。随着发展阶段提升，技术水平和产业结构接近发达国家水平，追赶者日益需要依靠自身力量探索技术和产业升级的方向，这样才能成为技术前沿的开拓者。"报告指出："增长速度的下降可能是平缓的，也有可能会在短期内较大幅度下滑。如果出现后一种情况，那么以前被高速经济增长所掩盖的问题，如银行、企业和各级政府所存在的效率低下和或有债务问题，就会暴露出来。一旦出现这种情况，对社会稳定的影响也难以预测。"这些判断无疑非常具有前瞻性。

世行报告特别强调："当潜在经济增长率下降之后，如果政府不恰当地使用宏观政策刺激经济，试图回到过去的增长速度，而忽略了更为根本的结构性改革，以形成新的增长动力，很可能使短期的经济下滑演变为长期的低迷停滞，落入所谓的中等收入陷阱。"这样的分析非常有道理，与这些年我们国家一直强调的"供给侧结构性改革"在方向上完全一致。

对中国今后一个时期的经济社会发展，世行报告提出了转变发展战略的建议。其要点是："核心在于根据发展阶段的变化，重新界定政府、市场和社会三者之间的关系，建设法治、透明、有限、廉洁、高效的现代政府，基础更牢固、更具有创新与竞争活力的市场经济，广泛参与的、共建共治共享的和谐社会。"

世行报告认为，中国经济社会发展的新战略应具有以下特征：在继续提高收入水平的同时，注重提高增长质量；实现符合新阶段基本规律的大体平衡的增长；在延续原有竞争优势的同时，注重创新能力的成长；更加注重提升人力资本和促进参与；在政府继续发挥重要作用并转换重点的同时，注重法治、意识形态和道德的作用。世行报告还概括出了新战略的六个支柱，其中"让创新成为持续增长的新动力""抓住绿色发展的机遇""基本保障和机会均等""建立与公共服务职能相适应的可持续的财政体系""与世界建立互利共赢的关系"等重要内容，在研究报告中安排专章展开进行了论述。

应该说，世行报告基于对大量国家发展实践的比较研究，站位很高、视野极宽，对中国经济社会发展方面的分析相当到位，相关的政策建议也很中肯，与我国近些年宏观经济政策的取向基本一致。这是这份研究报告在国内产生了很大影响的重要原因。

世界银行在发展研究方面术有专攻，这与世行的机构性质与学术背景有关。世界银行以向发展中国家提供长期贷款和技术援助来帮助其反贫困为机构宗旨，提供研究报告和政策建议是技术援助的主要形式之一。由于政策研究的工作量很大，世界银行各区域机构中都有一批高水平的经济学家，每年会对所属区域中的发展中国家撰写各种专题研究报告、提出政策建议；如果政策建议被对象国家的政府采纳，则是很重要的工作成绩。

世界银行的政策研究有相对固定的思路，私营部门发展、市场机制、减少政府干预是世行始终未变过的研究框架，这一点在世行内部是约定俗成、没有争论的。因此，世界银行的经济学家大都属于西方经济学的主流学派，否则在世行也难以立足。

西方经济学是西方市场经济发展的产物，是一代又一代经济学者对西方市场经济发展规律分析和研究的结晶。西方经济学各个流派之间的竞争，主要看谁能更好地认识和解释西方经济发展的实践和各类经济现象，谁能提出更有效的政策建议。因此，西方经济学对西方市场经济的发展具有实践的意义和价值，并非空中楼阁。

尤其是 20 世纪 50 年代兴起的发展经济学，专门研究不发达国家如何摆脱贫困、实现工业化，对不同国家经济发展路径和规律的比较研究确有独到之处。世界银行对发展经济学非常重视，内部曾专设了一个发展经济学研究部，还有一个全球发展实践局。这种机构设置表明了世界银行对发展问题研究的重视。西方主流经济学加上发展经济学，使世界银行在发展研究方面具有非常高的水准，世行自己对此也非常自信。因此，世行报告对中国经济发展的分析表现出了很高的水平。

国家经济发展研究还有一个特点，就是适合进行远距离的观察，分析的基础是政府公布的宏观经济和产业数据。世界各国经济发展、产业升级的路径和规律大体上相似，加上不同国家国情和比较优势的差异分析，这种国别间的比较研究在华盛顿的世行总部里就可以做得很好。有时，这种过程性的国别发展研究，在时间和空间上离对象国越远看得越清楚。

但在改革的政策建议部分，要求就完全不一样了。首先，要对研究对象的体制现状有非常深入的了解，否则可能无的放矢，更难以对症下药；其次，提出的政策建议要符合对象国家的国情，要有很强的可操作性，否则理论上讲明白了也无法落地。在这种情况下，远距离的研究就不太适应了，需要贴近研究客体；而且由于各个国家的具体国情差异很大，国别之间也难有很大的可比性。

世界银行的政策研究基本以西方主流经济学为框架，潜在的模板实际上是现代西方国家的经济体制和政策，向发展中国家提出的政策建议，简单说就是学习和借鉴西方国家的方式。这些建议初衷经常很好，按照西方经济学理论和西方国家的实践去分析和判断也没有问题，但考虑到不同国家国情、文化和发展阶段的巨大差异，这种体制和政策的移植会非常困难。要把这些源于西方国家的体制和政策成功植入并有效运转，首先要把对象国改造成一个类西方的社会和体制，而创造出这种条件的难度，要远远高于具体政策的实施。

这种情况对于一些宏观层面的政策研究，如财税体制、金融体制等，影响可能会小一些；但对于国有企业改革这类国情色彩很重、操作性要求非常高的领域，会表现得尤为突出。例如，中国市场发育和法治建设的进度经常被估计过高，此时，如果按照美国上市公司的模式去分散中国企业的股权，很可能由于监管缺失而导致失控和混乱。再如，在中国国有企业改革中，职工问题处理的难度可能是世界各国中最大的，具体的分流安置方式都来自第一线的实践与探索，甚至不同的区域都不一样；其他国家的办法都很好，但我们学不了。

对于改革操作性实践研究几乎必然会产生的局限性，世界银行的专家们自己不可能意识到。因而世行报告中信心满满地说："本报告分析中国未来所面临的挑战，指出今后的一些重要选择，不仅包括'改什么'，还将就'怎样改'提出政策建议。"

世行报告对中国未来经济体制改革的政策建议核心是两个要点：一是弱化政府的干预，二是国有企业的民营化。前一个要点在报告第二章中的概括性说法是："政府作用的重点不在于直接配置资源和干预技术和产业升级，而在于创造公平竞争的环境，维护法制秩序，保护知识产权，实施公正的监管。"后一个要点在报告第三章中的典型说法是："在竞争性行业中，国有企业的所有权应该分散化，并最终逐渐转让给非国有部门。事实上，到2030年这些企业应该基本上变成民营企业。"这两个要点是世界银行一直秉持的宗旨性取向。

世行报告对中国国有企业体制现状的判断大致是：虽然国有企业近年来经过改革利润总额不断增加，但仍存在几个重大问题。一是与非国有企业相比，仍然经济效率低下；二是垄断经营，而且形成了既得利益集团；三是国有企业仍受到政府的特殊关照。

这些问题都属于对国有企业的常规性批评，已经说了很多年；但世行报告把问题的性质判定得非常严重，多处强调这是中国下一步改革的最大阻力所在。"政府与大银行和国有企业的紧密联系导致既得利益集团出现，它们可能会阻碍改革，要求继续保留政府对经济的不正常干预"；"对改革施加最大阻力的群体是既得利益者，例如，部分享有垄断利益的国有企业"；"最大的风险在于，既得利益集团会阻挠中国领导层进行结构性改革"；等等。从这样的判断出发所得出的结论是，中国若想通过进一步的改革，建设现代、和谐、有创造力的高收入社会，必须首先把国有企业这堵墙推倒。

对于国有企业的经济效益问题、垄断问题、政企关系问题、"国进民退"等问题，本书后面都有专题讨论，大致的结论是：

第一，在改革的攻坚阶段之后，中国国有企业的经济效益在逐步改善。到 2005 年以后，所有者权益的贡献率已与外资企业相当，与民营企业的差距主要是行业性因素；而且，由于改革尚未到位，国有企业的经济效益仍有进一步提升的空间。

第二，破除垄断、引入市场竞争机制是中国政府推动行业管理体制改革的一条主线已取得了很大进展；在改革推进过程中，从未出现因企业反对而使改革受阻的情况。目前少数仍有政府行业准入限制的领域能否继续放开，是一个可以讨论的问题，但批评企业没有意义，因为行业管理问题不是企业层面能够决定的。而且，在中国的体制之下，国有企业、国有银行都不可能形成能够绑架政府的利益集团。

第三，中国国有企业和政府的关系非常复杂，总的情况是企业希望减少政府的干预，政府部门希望加强对企业的影响力。就具体的财务和资源分配而言，在三年改革脱困的阶段之后，国有企业总体上再未受到政府的特殊关照；即使脱困阶段对国有企业的政策支持，也仅仅在于化解历史遗留问题，这应是政府分内的责任。

特别需要说明的是，研读了世行报告给人的感觉是，世界银行的专家们并没有对中国的国有企业问题进行直接的、第一手的研究。世行报告对中国国有企业问题研究的所有依据几乎都是引用的，因此这部分内容有大量备注，注明了引用的出处；也许是因为语言的关系，这些引用的素材大都是国外发表的文献。这种距离很远的、间接的研究方式虽然并没有什么不妥，但不太适用于中国国有企业改革这种推进速度很快、体制变化很大的情况。尤其是对中国政府正式提出的政策建议，问题的性质又判定得如此严重，相关研究更直接一些，相关依据收集更为稳妥。

至少在竞争性领域，对中国的国有企业进行彻底的非国有化，是前一个时期许多方面很普遍的看法。世行报告对中国国有企业改革的政策建议大体上是重复了当时的主流认识。形成这样的认识有两个方面可以理解的原因。

一是理论方面的原因。改革开放以来，我国的经济学理论基本由西方经济学主导。主流西方经济学以美、英等发达国家的经济体制和企业制度为蓝本，其中并没有国有企业的正当位置。加之改革之前国有企业各方面的弊端非常明显，一个经济学者如果不对国有企业持批判的态度，基本无法在圈子里立足。国有企业搞不好是必然的，搞好了一定有不正常的原因，这种成见根深蒂固。

二是实践方面的原因。在改革的攻坚阶段，国有企业改革是以退出为主的，而且取得了不错的经济效果。国有小企业退出后国有中型企业退，然后是国有大企业退出，最后的结果是"国有经济从一切竞争性领域退出"，这似乎是一个顺理成章的逻辑顺序。加之当时各方面对国有企业普遍没有信心，地方政府又急于甩包袱，一些地方已经开始按照这个方向进行操作。

国务院国资委成立之初就面临这样一种认知氛围和舆论环境，学者们如此，相当一部分政府部门也是如此。由于此事涉及国有企业改革重大的方向性选择，我们当时仔细研究了各方面的观点及一些地方政府操作的案例。大致的结论是：在国有大企业改革的阶段，如果以继续退出为导向会面临这样一个问题：将国有大企业非国有化，准备"化"给谁？国退谁进？这个问题不但涉及国有企业改革的方向，而且还与国民经济和企业的发展密切相关，我们毕竟不是为了改革而改革。

选项之一是退给外资企业。对于很多地方政府而言，这是一个求之不得的最优选项。这种情况在 21 世纪初出现过，在 2003 年前后，一些跨国公司开始收购国内制造业的龙头企业，地方政府出于招商引资的需要都给予了很大支持和优惠。取得控制权是外方收购的一个基本前提，当时已被收购的国有企业包括山东山工机械有限公司、沈阳凿岩机械股份有限公司、鸡西煤矿机械有限公司、合肥变压器厂等。

跨国公司收购国有大企业使之成为自己的制造基地，从背景和动机上讲完全合理，是"中国制造"和"世界工厂"的一个侧面，既可享受低成本制造的红利，又贴近了一个巨大的市场，体制和管理上也是可以做好的。但对于一个制造业大国而言，领军企业都被外国公司控制会失去产业发展的主导权，且不说还有财富流失、产业会进一步转移等风险。地方政府只对本地的经济发展负责，不会对国家的产业发展负责；"靓女先嫁"对某个地方可能是合理的，但对国家整体而言不一定是合理的。

选项之二是退给民营企业。民营企业是我们自己的企业，不存在失去产业发展主导权的问题，在国有中小企业改革中，这是一个主要的退出方向。但我国民营企业主体上还是家族企业，经营管理中小企业的效率很高，但家族企业的治理、文化和管理，对于经营好大型企业来说不确定性较大。

我国封建文化的影响深远。在一个成功的企业家周围，会围上一大批"抬轿子"的人，国有企业是如此，民营企业更是如此。一位民营企业家把企业做大之后，在这种氛围中特别容易膨胀起来，把企业和自己置于风险之中。即使创业一代的企业家极其清醒，企业的发展状态很好，后面的代际传承仍是一道很大的"坎"；第二代愿不愿意接班、能不能接好班都说不清楚，财富可以代际传承，而精神和能力未必。把经营状态尚好的国有大企业卖给家族企业经营，且不说职工能不能接受，其结果往往有很大的不确定性，管理发展不好的案例也不少见。

选项之三是退给经营者和职工。这种退出方式在国有中小企业改革中也有很多，但对于国有大企业来说既不现实，也不合理。不现实是由于企业的资产规模太大，大家凑钱也买不起；不合理在于大企业体制构造的方向是所有权与经营权分离，使经营层充分市场化。由内部人收购企业的演化方向必然是股权向经营者集中，最终成为家族企业，客观上把经营者变成了所有者，同时使经营层固化。这与大企业体制要求的方向不一致，对企业发展也没有好处。

由于几个可能的退出方向都存在一些潜在的问题，在国有大企业改革的阶段，某些个案可以根据具体情况有多种处置方式，但把国有大企业的非国有化作为改革的既定方向去推动，不应该是一个正确的选择。在这个问题上既不能短视，更不能想当然、理想化。国有大企业不但与国家的产业发展密切相关，而且涉及成千上万的职工，贸然退出很可能造成覆水难收的局面。

前些年，感觉我们对改革中一些非常复杂、非常具体的问题有一种学术化和理想化的倾向。例如对民营企业，只要民营企业参与进来，各种关系就都理顺了，一切问题都解决了，这好像也不太符合实际。实际上，西方经济学中的私营部门和我国现实生活中的民营企业似乎还不完全一样。直观地看，前者已经进化成为两个部分：一是家族企业中的私人股份，其状态与我国的家族企业类似，但受到更强的外部约束；二是资本市场中分散的私人股权，这个部分已经被纳入市场和法治的范畴，遵循着一套完全不同的逻辑，这后一个部分经过了上百年的发展，逐步形成了以契约为基础的行为规则、委托代理关系清晰的职业经理人制度、完备的法律体系和法治化的经济社会环境，因而可以发展出规模很大的现代公司。

这些市场和法治方面的"软"条件我们都还不具备，短期内也很难创造出来。正因为如此，由于我们对企业行为的规范和监管能力不强，因而出现了一种反差很大的局面。多数民营企业的发展状态健康，不但对就业的贡献大，在科技创新方面也发挥了重要作用；而同时，有些规模和社会影响力已经很大的民营企业爆出了严重问题，利益相关方损失惨重。两种极端的情况同时出现,这种初级阶段的特征需要我们正视。在大政方针上,支持发展很重要,加强监管和规范同样重要;在改革的实际工作中,更需要具体情况具体分析,不能概念化、抽象化。

具体地讲,我国的家族企业是一个瑕瑜互见的制度。长处在于:所有权与经营权合一,利益关切度高、动力十足;创业者实行家长式领导,权威独断,决策机制灵活、决策效率很高;内部有血缘纽带,忠诚度高、管理成本低。短处在于:内部没有制衡和纠错的机制,决策风险大;外部人难以进入核心圈,高层次人才难以稳定;企业管理的个人色彩过重,制度化的因素过少。而且,独生子女背景下"代际传承"的不确定性太大,创业一代把企业做得很健康,第二代接班后把企业搞"病"了的例子也有不少。因此,家族企业经营管理中小企业效率很高,经营管理大企业存在稳定性的风险。

在这方面我经历过一件值得进一步深入研究的事。在国家经贸委工作时期,我接待过两位世界银行的经济学家,当时国务院刚刚提出了培育一批有国际竞争力的大企业、大集团的目标。这两位经济学家对我讲,确立这样的发展目标完全可以理解,但是根据他们研究的结论,这是一个不可能实现的任务。他们认为,中国的传统和文化决定了中国企业的家族性质,因而世界各地的华人企业都是家族企业,而家族企业很难成为现代意义上的国际化大公司。当时,我国的国有企业改革还处在大退出的阶段,他们的理解是,中国政府准备把国有企业全部民营化,然后再想办法培育起来。

由于在国有大企业改革的阶段无法简单地通过退出来解决问题,就必须在国有的体制背景下探索改革的具体形式,这就是国务院国资委一直在推进的国有大企业的公众公司改革。受国内资本市场的发育程度所限,即使是上市公司也有一些不尽如人意的地方,于是又有了在境内和境外资本市场两地上市的探索。

对于国有大企业的公众公司改革,我曾经和一些国际知名投行的专家专门讨论。这些人都是搞实际操作的，并没有很多先入为主的理论模式；而且他们都有许多帮助中国企业上市的经验，对各类企业的情况比较了解。他们对我讲的感受大致是两点。

第一，把国有企业改造成公众公司的难度要小于中国的民营企业。后者的财务透明度一般较低，老板的想法和行为不好预计，要想"穿透"和约束都不太容易。而且，如果上市后企业的经营"跑偏"，国有背景的公司还可以改组管理团队，民营背景的公司往往很难调整，总不能把实际控制人也换掉。

第二，中国的资本市场和法治环境对市场主体的监管和约束能力不足。由于多了一层出资人监管，国有企业上市后的运作一般会比民营公司更规范、更让人放心。仅仅从监管的角度，他们认为国有资产出资人机构的行为监督加上资本市场的财务监督，可能是中国现实国情条件下一种比较好的搭配。

总体而言，世界银行的研究报告具有非常高的水准，尤其是对中国经济发展方面的分析和预测。其价值主要在于，给我们认识自身的发展提供了一面镜子和一个立足于国际比较的全新视角。

基于西方经济学和发展经济学理论，进行远距离的国别比较研究，这份报告的立意很高、视野很宽，一般的研究机构很难望其项背。当时国内有评论认为"这份报告展示了中外最高级的经济学家对中国经济未来走向的共同看法"，这是有道理的。近几年，我国政府对经济发展提出的宏观指导要点，很多与世行报告的研究结论和政策建议高度契合，如供给侧的结构改革、绿色发展、自主创新等。世行报告对我国经济发展政策的制定发挥了积极的作用，这也证明发展研究确实是世界银行的强项。

即使在经济体制改革方面，包括国有企业改革方面的内容，世行报告在国内的影响实际上也很大。报告第二章的第四节："我们认为，不妨尝试从全新的视角——把国有资产的所有者权益与其具体的实物形态相分离——来看待国有企业改革。国有资产在未来的主要职能，应当是以所有者权益资本的形态，服务于提供广义上的公共产品的目的。"报告第九章的开头："历史经验表明，启动改革可以有两种方式：一种是被危机倒逼的，另一种是主动推进的。前者的特点是容易达成改革共识，但往往成本高昂，而且结局有时难以预料。后者的好处是可以深思熟虑，稳步推进，存在纠错的可能和余地，但容易受到某些利益集团的阻挠，达成改革共识的难度较大。"

前一段的论述包含两重意思：国有资产的形态以及国有资产主要是提供公共服务，再推导一步就是管资本和从竞争性领域退出；后一段论述可以理解为顶层设计，但给人一种"教科书"的感觉，非常书卷气和理想化。在实际工作中，危机倒逼和主动推进并不矛盾，两者往往结合在一起而且互为补充。效果如何也很难一概而论，国有中小企业改革主要是危机倒逼的，现代企业制度试点基本是主动推进的，很难说后者的效果要好于前者。从概念上分析改革的推进方式不是没有必要，抽象一些也没有关系，但研究报告仍要把利益集团拉进来，说明世界银行把这个问题看得非常严重。

具体到报告中引发了很大争议的国有企业改革部分，也是由世界银行本身的固有理念和价值取向所决定的，减少政府干预、私营部门发展对世界银行来说是一种思维定式，这是不会轻易改变的。国内有些评论说，世行报告并没有提出国有企业私有化的建议，这也不符合实际，世行报告对中国的国有企业改革提出了非常明确的私有化建议。这是很自然的，也是必然的；从另外一个角度讲，如果不提出私有化的政策建议，那就不是世界银行了。

也有评论说，世界银行的研究报告是"美国人送给中国的毒药"，这应该也不符合实际。世界银行与中国政府一直有着非常好的合作关系，在中国崛起的过程中给了我们很多帮助，当年"世行贷款"是我国经济和企业界经常提到的概念。作为世界上最大的发展中国家，世界银行一直高度关注中国的经济社会发展，撰写这份重量级研究报告的初衷无疑是希望帮助中国，当然其中也有"指导"的意思，这是我们可以理解的西方的优越感。

而且，正如佐利克行长所言，报告只是建议，最终如何执行还要中国自己决定。对世界银行这样一个重要的、与我们有长期合作关系的国际机构，我们应该非常清楚它的价值取向，以及它擅长做什么、不擅长做什么。概而言之，世行报告发展部分写得很好，表现出世界银行在发展研究领域的高水准，对中国宏观经济政策和发展战略制定的参考价值很大；国有企业改革部分脱离了中国的国情和实际，直接把西方国家的企业模式和西方经济学的结论搬到中国，因而没有可操作性，我们认真看一看就可以了。

十一、国有企业和政府的关系

国有企业一直受到的批评之一，是受到政府各方面的关照和保护，因而对其他所有制企业形成了不公平竞争。对此，世行报告中有一段比较完整的表述："目前的政策仍然对国有企业有利，特别是那些与政府关系密切的企业。国有企业的管理层更易于支持政府官员，并接受他们的非正式指导；相应地，他们较容易获得优惠的银行贷款和其他重要的投入品以及商业机会，并受到一些免于竞争的保护。"

这种看法在国内学界也很普遍，政府肯定会关照自己人，这是不需要证明的。但根据我在工作中的观察，情况可能还真不是如此。国有企业在一定程度上受到政府的关照，但也相应承担巨大的社会责任需要无偿付出。国有企业与政府间的关系错综复杂，在不同时期、不同领域的差异很大，但得到的多还是付出的多，还真不好一概而论。

1. 国有企业与政府的分配关系

我国不同所有制企业的税负水平差异较大。表 2-1 是 2000—2014 年规模以上工业企业百元主营业务收入中税金含量的情况,数据来源于《中国统计年鉴》(2015);由于该统计口径中不含小企业,因此相对可比。表中的数据表明,国有控股工业企业百元主营业务收入的税金含量,大体上比其他所有制工业企业高一倍,而且相当稳定。

表2-1 规模以上工业企业百元主营业务收入含税(2000—2014年)

		2000	2002	2004	2006	2008	2010	2012	2014
国有控股工业企业	主营业务收入(亿元)	42203	47844	71431	101405	147508	194340	245076	262692
	税金总额(亿元)	3470	3983	5437	7543	10651	16378	20372	22421
	百元主营业务收入含税(元)	8.2	8.3	7.6	7.4	7.2	8.4	8.3	8.5
私营工业企业	主营业务收入(亿元)	4792	11972	33487	64818	131525	207838	285621	372176
	税金总额(亿元)	189	464	1221	2346	5501	7693	10113	12867
	百元主营业务收入含税(元)	3.9	3.9	3.6	3.6	4.2	3.7	3.5	3.5
外商投资和港澳台商投资工业企业	主营业务收入(亿元)	22546	31189	65106	98936	146614	188729	221949	252630
	税金总额(亿元)	869	1113	1806	2840	4802	6610	8136	9165
	百元主营业务收入含税(元)	3.9	3.6	2.8	2.9	3.3	3.5	3.7	3.6

数据来源:《中国统计年鉴》(2015)

具体到一个行业,2011年中国钢铁工业协会对国内77家大中型钢铁企业进行过税负水平的数据分析,由于都是同行业的大中型企业,数据也相对可比。最终的结果是:国有及国有控股企业平均吨钢税费为202元,最高的鞍钢为324元。其中中央国有企业为226元,地方国有企业为190

元，民营企业为 135 元。

除正常纳税外，国有企业的税后利润还要通过国有资本经营预算上缴一部分；此外，这几年各级财政还要向国有企业征收各种类型的收益金。这两笔利润上缴都不属于纳税的范畴，在统计上不应被计入企业的税金总额，因此国有企业实际的税负水平比统计数据反映的还要高一些。

由于我国政府早已不向国有企业注入资本金，也不再给国有企业经营性的亏损补贴，上述情况表明，在企业与政府的分配关系方面，很难得出国有企业受到了政府优惠性关照的结论。

2. 银行贷款的取得

国有企业可以以更低的利率、更容易地从银行拿到贷款，也是各方面对国有企业批评很多的问题。大家普遍认为中国存在对国有企业的贷款倾斜政策和对民营企业的贷款歧视政策。

对这种批评，银行方面首先就会不认可。早在 2005 年前后，我国各大国有商业银行都进行了改制上市，改制时大都引入了境外金融机构作为战略投资者。上市后，国有控股的股份制银行的市场化程度要远远高于国有工商企业；在银行内部贷款方向的选择上，早已没有所有制的概念，只有风险大小、信贷资金安全与否的区别。银行与国有企业之间已不是政府和企业的关系，而是企业与企业之间的关系。

在三年改革脱困时期的国有企业改革中，国有中小企业已通过改制退出了国有序列，国有困难企业通过关闭破产退出了市场。这两项涉及大量企业和上千万职工的艰难改革，都与银行改革后停止向困难企业贷款有关。如果银行信贷对国有企业还有制度性倾斜，这两项改革都不可能大规模地推动起来。

国有中小企业和困难企业退出之后，余下的国有企业大部分是状态较好的大型企业；加上国资委成立后强化了改革和财务监督，国有企业的经营状态逐步改善，财务的规范性和透明度相对较高。这些国有大企业中的优秀者对于商业银行而言，都属于要争取的优质客户，贷款取得的便利性和条件自然较好。

目前贷款难、贷款贵的问题主要体现在民营中小企业身上。主要原因大致是这样几个方面：企业的经济实力弱，生存能力较差；企业管理水平低，财务状况的透明度不高；企业的抵押品不足，担保难以落实；等等。银行对小企业贷款的成本高、风险大，积极性自然有限。可以说，如果没有新的风险防控手段出现，小企业贷款困难的问题很难解决。因此，小企业贷款难是一个很普遍的世界性问题，各国都是如此。如果我们国家现在仍有许多国有小企业，其贷款难、贷款贵的情况会是完全一样的。至于银行现行的不良贷款责任认定和追究制度是不是有改进的余地，是一个可以研究的课题，但民营小企业贷款困难显然不应被归结成为是一个所有制问题。

前一段对国有企业融资方面的一些批评，实际指向的是地方政府为当地投融资平台提供信用担保的行为。这些批评是有道理的，此事的后遗症很大，但属于投融资领域的问题。当年，国务院之所以允许地方政府设立投融资平台，是为了解决国家重点建设项目地方配套资金不足的困难，在性质上属于地方政府债务，与国有企业完全无关。但这个口子一开，规模越滚越大，成为地方政府基础设施建设一个重要的资金来源，并已积累起很大的金融风险。当然，这些投融资平台最后大都注册为国有独资公司，这确实有可能产生使平台公司最终演变成为一个国有企业问题。

此事的客观后果是新的难题。在2008年以后，各级地方政府又新建了一大批功能定位模糊、政企边界不清的"新型"国有企业，成为政府投资的政策性工具。但这批企业很可能会成为今后非常不好处理的难题，因为其负债率普遍很高，投入基本没有回报，资产也很难变现，很多地方爆雷、烂尾的大项目都有这些企业的投资。这种情况反映出来的问题是，我们的政府对经济生活的介入仍然过于直接，完全没有政企要分开的规则意识；而且由于官员调动频繁，也没有人会去承担投资的责任。这种行为如果不加以限制，一波又一波的新问题会接踵而来，国有企业改革真要变成一项长期性的工作了。

3. 国有企业与政府间的财务补助关系

1998年在朱镕基总理推动的宏观经济体制改革中，这种补助关系已经被切断。当年进行的财政体制改革以建立公共财政体制为目标，主要的措施之一就是停止对国有企业的经营性亏损补贴；当年进行的金融体制改革目标是国有银行的商业化，使银行成为真正独立的市场经营主体，其主要成果之一就是以往政府干预银行给国有困难企业贷款的行为完全被遏制。

这两项改革到位后，中国政府对国有企业的输血渠道完全被切断，国有企业的预算约束被硬化。这是中国的国有企业改革迈出的关键一步，也是非常痛苦的一步，实际上也是1998年后大量困难的国有企业不得不实施破产的主要原因。如果政府对国有企业还有财务上的关照，无论是财政资金还是银行资金，谁都不会有积极性去操作如此大规模、社会风险和难度极高的企业破产工作。

除税收、信贷外，国有企业和政府之间还有各种各样的复杂关系。正如世行报告所讲的，政府手中还有投入品、商业机会，以及接受政府的非正式指导等。这种复杂的关系很难概括完整，也没有相关数据可以佐证，只能讲一些现实的状况。

世行报告中"非正式指导"一词用得极有水平，以往政府部门对所属的国有企业都是"正式指导"，由此才有政企不分的问题。2003年国家推进了政资分开的改革后，国资委作为企业国资监管机构，隔在政府公共管理部门和国有企业之间，"正式指导"不方便使用了，只能是"非正式指导"。

在政资分开的体制格局下，如果某个政府部门通过"非正式指导"使国有企业受益并发展好了，成绩主要在国资委；如果通过"非正式指导"让国有企业去实现了部门的工作意图，政绩主要在部门。考虑到我国政府部门间非常微妙的关系，这两种情况部门会如何选择显而易见。目前，经过多年政府职能转变的改革，各部门直接掌握的资源都已不多，但都希望在自己的工作方向上多做实事、做出政绩。此时，通过国有企业、利用国有企业的资源去实现部门的工作意图是一个合理的选项。但由于部门掌握的资源有限，对企业往往补偿不足，甚至承诺的补偿完全无法兑现，一些企业因此背上了很重的包袱。

如果以后各级政府面临财政方面的困难，各个部门会有越来越强的动力向国有企业转移责任，应该由政府做的事、应该由政府进行的投入让国有企业来做。如果这种做法成为一种挡不住的行政行为，政企分开的原则就失效了，我们的国有企业恐怕维持不了很长时间。

由于特殊的历史背景，政企分开对于中国的国有企业改革而言，一直是个关键问题和难点问题，不但推进的难度很大，而且特别容易出现反弹。按照世行报告的分析逻辑，其中一定有既得利益的阻碍，但问题好像不是出在国有企业方面。

现实生活中很多经济行为都有特定的利益动机。以往，国有企业确实受惠于政企不分，尤其是困难企业。当时政企不分意味着有可能得到财政的亏损补贴和政府干预的银行贷款，但朱镕基总理在1998年推进的宏观经济体制改革中，这两个体制性的输血渠道都已经被切断，这方面的利益动机已经不复存在。至于政府手中掌握的其他资源，如果需要通过一些"非常规"的手段来取得，对于国有企业而言，受益的是企业，承担风险的是个人，利益动机也不充分。因此，在目前的经济体制状态下，国有企业方面除了一些特殊情况外，并不存在希望保留政企不分体制的内在利益动机。

经过几轮的政府职能转变，政府手中所谓的"商业机会"也非常有限。在这方面，中央政府相对规范，地方政府层面一些有特殊权力部门的运作时有争议，如消防器材等特殊商品的选用等。政府现在能掌握的投入品可能主要是一些矿产资源和土地资源，以往很多人认为，这类资源的分配必然会向国有企业倾斜，但实际情况很可能不是这样，尤其在一些政府廉政建设不是太好的地方。

例如，前些年一些中央大型矿业企业向我们反映，中央企业在地方拿不到资源，矿产资源已经被地方政府卖给了民营企业；一些民营企业拿到矿权后并不开发，而是坐等转卖，转卖一次价格即可翻数倍。这些中央企业认为，这种状况不利于国家资源的合理开发，希望国资委能与有关部门反映和协调。一次开会时，我向有关部门一位负责同志谈及此事，他半开玩笑地对我说："那是你们的国有企业没本事。"这句话的含义现在可以看得很清楚了，一些地方矿产资源领域的腐败案件大量被查处，说明了问题的性质和严重程度。

西方经济学认为，社会资源配置只有两种方式，计划配置或市场配置。计划配置通过政府的指令性计划安排，自然倾向于国有企业；市场配置通过市场机制实现，对各类市场主体都是公平的。这都是非常理论化的概念。在现实经济生活中，我们的一些资源配置既不计划，也非市场，而是按"关系"配置的，这些关系需要建立和维护，在这方面国有企业往往手段不足。在国有资源分配上相对公平的方式是国有土地的"招、拍、挂"制度，这也是以往国有土地协议转让中出现大量腐败问题后倒逼出来的办法。土地拍卖是公开的行为，是价高者得的规则，国有企业也没有优先权。

认为国有企业必然会受到政府的关照，这是一种理论推导的结果，抽象的政府出于"父爱主义"一定会照顾国有企业，这种推导最简单、最不费力。但是，具体的政府是由许多部门组成的，这些部门各有各的责任和利益，和国有企业之间并不存在"父爱"关系；国资委作为企业国资监管机构是个例外，但国资委手中没有行政资源。

例如，财税部门的责任是保政府的收与支，这是绝对优先的目标，因此不会很在意各类企业税负水平的差异。再如，我国政府能源管理的一个重要目标是稳定和降低社会用电价格，因此对上网电价、输配电价、销售电价进行严格的计划管理。但是，上游煤炭行业国有经济并不占很大比重，难以进行价格控制，因而我国"市场煤、计划电"的矛盾一直非常突出。这种矛盾的尖锐化已经出现过好几轮。如 2005 年前后，煤炭价格上涨了两倍多，电力价格只上升了不到 40%，结果是发电企业严重亏损，但出于社会责任不能停止发电。这种状态的后果是，在发电领域出现了真正的"国进民退"，严重扭曲的价格管理会使其他所有制企业彻底退出发电领域。

当然，从总体上讲，目前国有企业的经营环境确实要好于民营企业。原因可能主要是两个方面：第一，国有企业由于受到较严格的监管，经营手段相对规范，一般不会用行贿的办法去影响政府的审批、套取政府的资源。在中央强力反腐的大环境下，政府官员与国有企业打交道的风险较小。第二，国有企业经营的合规性和财务的透明度相对较高，作假、欺诈的行为较少，金融机构向国有企业放款安全性较高。这两个方面是长时间推进改革和加强监管的结果，如此基础上较好的经营环境似乎应给予肯定。

我国经济体制改革开始后，在政府与国有企业的关系方面，可以看到一条非常清晰的线索：在国有企业进入市场尤其是陷入了困境之后，各个系统都在与国有企业进行切割，努力摆脱对国有企业的制度责任。通过 1984 年的"拨改贷"、1998 年的财政体制改革和金融体制改革，国家对国有企业的资本金注入、财政对国有企业的经营性亏损补贴、政府干预下的银行贷款渐次停止。在国有企业的体制问题、历史负担问题都还没有解决的情况下，这些"釜底抽薪"的措施都加剧了国有企业的困难。

从推进改革的角度，这种制度性的切割完全合理，不如此各级财政负担不起，银行的坏账减不下来，国有企业也不可能成为真正的市场竞争主体。但是，在这样的背景之下，仍认为政府在保护国有企业，总让人感觉依据不足。

如果仅仅从政府和国有企业之间付出和取得的关系考察，我个人的判断大致是：在国有企业困难的时期，政府的付出要大于取得，这是大量群体性事件闹出来的结果，也是国家为化解企业历史遗留问题应尽的责任；在国有企业经营状态好转后，政府的取得要大于付出，这是传统政企关系的惯性以及一些政府部门的政绩取向所决定的。

尊重企业、尊重企业的自主权，应是社会主义市场经济体制和现代市场经济一个最基本的规则，也是国有企业改革能够推进起来的一个前提条件。但中国一直是个官本位社会，做到这一点并不容易，在政府面前国有企业始终是弱势的一方。一些政府部门习惯于把国有企业看成自己的下级和实现部门目标的工具，对企业的自主意识缺乏应有的包容；国有企业也习惯于把政府部门看成自己的领导，"政府机构再小也是政府，企业再大也是企业"，这是国有企业经常告诫自己的一句话。这种思维惯性极其强大，笼统地认为中国的国有企业一直受到政府的关照，恐怕与实际情况不符。

十二、国有企业的垄断问题

垄断问题一直是国有企业被批评和指责最多的话题之一。批评者认为，国有企业的效益改善完全是由其垄断地位造成的，垄断对民营企业造成了不公平竞争，制约了民营经济的发展。世行报告第三章也明确指出，"有相当大比例的国有企业利润来自少数垄断企业和寡头垄断企业"。而且世行报告中不止一处指出，国有垄断企业形成的利益集团是中国下一步改革最大的阻力所在。

毋庸讳言，在我国经济体制改革的初期，在一些重要行业，国有企业确实是垄断经营的。但是，随着破除垄断、引入市场竞争机制的行业管理体制改革不断深化，这种局面在21世纪初就已基本被打破。在国务院国资委监管的中央企业范围内，民航体制和电力体制改革是最为典型的案例。

民航体制改革。 我国民航系统原由军队管理，1980年改由国务院领导。在 1987 年之前，中国民航总局是政企合一的，既是主管民航事务的政府部门，又以"中国民航"的名义直接经营航空运输业务，处于绝对垄断的地位。

1987 年，国务院决定进行以航空公司与机场分设为主要内容的民航体制改革，组建了由民航总局管理的国航、东航、南航、西南航、西北航、北方航六家航空公司，开始自主经营、平等竞争。2002 年，国务院决定对民航业再次进行重组，六家航空公司重组为中航、东航、南航三大航空公司；民航总局直属的服务保障企业合并重组为中国民航信息、中国航油、中国航材三大服务保障集团。这六大集团组建后与民航总局脱钩，交由中央企业工作委员会及之后的国务院国资委管理。同时，民营和股份制航空公司也有很大发展，如海南航空、奥凯航空、春秋航空、吉祥航空等。由此中国的民航业转变成为一个国有航空公司、民营和股份制航空公司多元化发展的竞争性行业。

电力体制改革。我国电力体制改革以政企分开、公司化改革、建立市场竞争机制为主要内容。1998 年之前，我国电力工业由电力工业部直接管理和经营，其间为解决全国性缺电问题，也进行了一些市场化性质的改革，如集资办电、实行多种电价等，局部性地引入了市场的机制。1998 年，电力工业部被撤销，电力工业的政府管理职能并入了国家经贸委，同时成立国家电力公司，迈出了政企分开、进行公司化经营的第一步。这次改革中成立的国家电力公司拥有全国大部分发电装机和绝大部分电网资产，厂网一体化使之成为一家超级垄断的集团公司。

2002 年，国务院发布了《国务院关于印发电力体制改革方案的通知》，决定实施以"厂网分开、竞价上网、打破垄断、引入竞争"为主要内容的新一轮电力体制改革，国家电力公司被拆分成五大发电集团、两大电网公司、四家电力辅业集团。这一轮改革到位后，五大发电集团加上其他中央企业的电力板块和地方发电企业，在发电领域已经形成了投资主体多元化的竞争格局，市场竞争极大地促进了中国电力工业的发展。

2003年，国务院国资委成立时，这两项重要的行业管理体制改革都已到位，竞争的格局已经形成。需要说明的是，这些行业性改革由于涉及大量资产和人员的拆分重组，复杂程度都很高，但阻力并不大；基本上是国家提出了改革的要求，企业就执行了，从未出现由于企业方面的阻碍而使改革无法推进的情况。

为对日后可能继续推进的行业性改革有所准备，我们对当时监管企业的经营性质进行了分析和研究。在当时国务院国资委监管的中央企业中，还有一些企业的经营具有垄断的性质，典型的企业包括中石油、中石化、国家电网、南方电网、中国移动、中国电信、中国联通，以及具有专营权的中盐总公司。这八家企业中，除两家电网公司属于自然垄断外，其他都属于政府实施的行政垄断，即政府为实现某个特定目标对行业进行了准入限制。我们当时研究的结论是，政府的准入限制还是有道理的。

中石油、中石化处于垄断地位的是石油勘探和开采环节，下游的炼化、销售环节已经放开。石油勘探和开采属于国家重要资源的开发，我国石油资源严重不足，自给率不断降低，政府对这种稀缺资源进行控制性开发是必要的。如果完全放开，众多主体一拥而上，最后的结果很可能是资源环境被破坏、回采率低、资源浪费严重；这种情况在一些地方煤炭资源的开发中看得很清楚，而且政府根本管不住。实际上，世界各主要产油国除美国之外，大都实行国家石油公司的体制，由国家石油公司代表政府控制油气资源的开发。

电信行业有禁入的是上游的基础电信业务，下游的增值电信业务已经放开。基础电信网络建设投资巨大，不是一般投资主体能够承受的，我国三张基础电信网已经不少，有行业专家认为已经有了重复建设问题；而且，基础电信网运营涉及国家安全，政府要进行控制也是合理的。中盐总公司的专营据说是为了食盐加碘，以消除碘缺乏症。国家电网和南方电网都属于自然垄断的性质，再投资建设一个电网与之竞争是不经济、不合理的。

地方国有企业尤其是市一级的国有企业中，有相当数量与民生相关的特殊企业，如供水、供气、公共交通、垃圾处理、城市公用设施运营等，这些企业大部分处于垄断经营状态。在前一段地方国有企业改革中，由于对国有企业的性质还没有进行过分类，这些企业中有的也进行了改制。从地方政府的角度，出发点是希望引入市场机制激活城市公用事业，当然也有减少财政补贴压力的动机。这种性质的国有企业改制有些引发了社会问题，迫使一些地方政府采取补救措施收回专营权，重新交由国有企业运营以保证公共服务。

无论是中央企业还是地方国有企业，这些具有垄断性质的企业大都有这样一些特点：第一，产品或服务关系国民经济发展和人民生活最基本的保障条件，国计民生的性质显著；第二，政府对行业有准入限制，企业经营中存在不同程度的垄断因素，有些是寡头竞争，有些是独家经营；第三，产品或服务的价格由政府直接管理，企业自身没有定价权，因此不可能利用垄断地位取得超额利润；第四，企业的社会效益高于经济效益，都承担着明确的保供给责任，为实现政府特定的经济或社会目标，企业有可能承受政策性减利甚至亏损。

对这样的特殊行业、特殊企业，在中国现实的国情条件下，主要应该是加强监管，而不是打破垄断、简单放开的问题。通过有效的行业监管，促使企业通过降低成本、改善服务，更好地实现社会公益目标，并防止企业利用特殊的经营地位谋取不正当利益。同时，政府要对企业进行合理的政策性补偿，使企业为社会的服务可以持续。对一些特殊的领域或资源，垄断很难简单地打破，但如果用私人垄断代替国家垄断，结果则可能会更糟糕。

国务院国资委没有行业管理和行业改革的职能，但我们很关注中央企业中垄断企业的情况，因为这些企业的社会责任和社会影响力都很大，而且很容易成为舆论批评的对象。2011年时，我们对中央企业的财务数据按企业的经营性质做过一次比较分析：2003—2010年这8家垄断企业的营业收入年均增长18.2%，实现利润年均增长14.0%；其他企业的营业收入年均增长22.7%，实现利润年均增长29.5%。

这种情况并不是说这些垄断企业的工作做得不好，而是中央政府不断出台降费让利的政策，对企业的经济效益影响很大。这实际是日后提出国有企业需要进行分类改革监管的重要原因之一。对这些社会责任很大、产品或服务价格由政府直接管理的企业，与竞争性企业一样去考核其经济效益的增长幅度是不公平的。

在具体工作中，国务院国资委对垄断企业主要是加强收入水平管理、抑制职工收入过快增长，这是以往社会舆论反映比较突出的问题；同时，要求企业加强社会责任管理，更好地为社会和公众服务，逐步确立企业良好的社会形象。

2010年，国资委对监管的8家垄断性企业的收入分配状况进行了阶段性分析。这8家企业2009年职工年平均工资为54944元，是中央企业平均工资水平的1.06倍，差距并不很大，而且呈现逐步缩小的趋势。2003年至2009年，这8家企业职工平均工资年均增长10.7%，同期中央企业职工平均工资年均增长为13.6%，全国城镇单位职工平均工资年均增长为15.2%。这样的控制结果基本实现了预期目标。

在为社会和公众服务方面，这8家企业都建立了内部的社会责任管理体系，努力改善经营和服务社会的质量。例如，两家电网公司在各自区域都是独家经营的，是最典型的垄断企业，以往社会负面反映较多，被称为"电老虎"。在中央企业的社会责任建设工作中，国家电网和南方电网都是积极的实践者。它们提出的目标包括：确保国家电力供应，保证电网安全运行；保护生态环境，促进清洁能源消纳，实现绿色发展；为社会提供优质供电服务，为客户创造价值；加强合规性管理，提高运营的效率和透明度；等等。国家电网从 2006 年、南方电网从 2007 年开始向社会发布年度社会责任报告，接受公众监督。近些年，我国电网没有发生过重大事故，保证了全国的电力供应；通过自主创新，电网建设和运营技术已居世界前列；没有利润回报的贫困地区农村电气化取得了很大进展；供电服务的质量和企业的社会形象也明显改善，社会上的负面反映已经很少。

应该说，国务院国资委在抑制垄断行业职工收入过快增长和企业社会责任建设方面的工作效果还是可以的，但分类考核一直没有实现，原因主要是缺乏行业监管方面的配合。对垄断性国有企业的考核需要设置一些专业性的非财务指标，如特定业务的完成情况、社会和消费者的满意度、特定业务的成本控制等，国资委没有这方面的专业能力和工作渠道。我国对特殊行业的监管职责始终不够清晰，即使成立了专门的监管机构，往往更注重价格管理权、项目审批权等"硬"职能，真正的行业监管似乎一直没有破题。

国务院国资委并不是负责行业管理和行业改革的部门。但我们直观地看，目前中国主要行业的开放程度基本是适度的。政府目前仍存在行业准入限制的领域能不能继续放开，涉及具体行业的市场结构和政府现实的监管能力边界，需要进行非常具体的研究。在这个方向上，我们不能大而化之，也不能简单地照搬其他国家的模式。

例如，放开石油行业上游的勘探开发业务能不能保护和利用好国内有限的油气资源，允许民营企业以参股形式开展基础电信运营会不会有足够的积极性，电网进行输配分开能不能真正形成竞争的格局，铁路系统路网与运输分离能不能保证有效管理，食盐加碘从全民健康的角度还有没有必要，等等。这些都是可以研究和讨论的问题，但批评和指责企业没有意义。这些涉及行业管理和改革的重大决策，都不是企业层面能够决定的。企业只是在政府划定的政策范围内经营的市场主体而已。

如果从反垄断的角度观察，我国真正应给予高度关注的是某些特殊领域中的企业垄断，因为在这些领域中政府并不进行价格管理。例如，我国化学原料药中，相当一部分品种只有一家或两家企业生产，一些品种由此出现了数倍甚至数十倍的价格上涨，生产企业或中间商利益巨大，但严重损害了医保系统和患者的利益，也影响了药品的市场供应[①]。这种情况表明，我国的化学原料药的生产资质审批和反垄断工作严重不相衔接，这是需要尽快改变的。

前些年社会上有一种说法，垄断的国有企业已形成了一个"游说"能力很强的既得利益集团，绑架了政府、阻碍了改革，甚至会导致"权贵市场经济"。世界银行也把这个问题看得非常严重，在世行报告的政策建议中明确提出，要打破石油石化、电网、电信等产业部门的垄断和寡头格局。这样的说法给人的感觉是，提出者完全不了解中国的国情和国有企业的实际，这些企业的负责人听到这种说法恐怕只能用"苦笑"来回应之。

这种情况在西方国家有可能出现，大型企业都是私有或公众的性质，政府没有直接的控制力；企业家的社会地位很高，一些大公司还可能是政治家的金主，可以通过各种方式影响政府的政策制定。但中国是一个行政力量极为强大的国家，国有企业长期处于政府的领导之下，从未形成独立的经济和社会影响力。作为行业中重要的发展主体，国有企业可以对行业管理问题发表意见，但绝无绑架政府的可能性。国有企业的负责人都是由政府选任的，如果企业想要阻碍政府的改革，一纸免职通知即可解决所有问题。在中国，是政府在驾驭国有企业，完全不可能形成国有企业、国有银行绑架政府的局面。

破除垄断、引入市场竞争机制是改革开放以来我国行业管理体制改革的一条主线，在这个方向上已经取得了很大进展。市场竞争促进了行业的发展，也促进了企业的发展。我国的行业管理体制改革肯定还要进一步深

---

① 破除原料药垄断壁垒 从体制机制源头审批制度入手 [EB/OL]. (2018-03-09). https://m.21jingji.com/article/20180309/47248c5726ac25c78f67a18dec670215.html.

化，但那种一讲国有企业就必然是垄断，只要是垄断就必然是错的，就必须去打破，是一种过于简单化的思维逻辑，不符合实际，也对工作无益。在这个方面我们需要建设性的意见，需要深入、客观和具体的行业分析。

十三、国有企业的经济效益问题

国有企业的经济效益差、投资回报率低是各方面对国有企业批评最多的问题之一，这也成为"国有企业要退出竞争性领域"一个很重要的理由。世行报告中也多处提到这一点："近年来，国有企业利润总额不断增加，但资产利润率指标仍然明显落后于非国有企业"，"在2003年到2009年这6年中，国有企业的股本回报率与民营企业的股本回报率之比下降了一半以上，从93%降至45%"，等等。

世行报告在这方面的判断大都不是世行经济学家自己计算和研究出来的结果，而是引用了其他国外研究者的结论，因而我们无从得知其具体的数据来源和计算方法。但国有企业的投资回报率低可能是各方面研究者一个共同的认识，即使是一些想要维护国有企业的学者们，在谈到这个问题时也感到底气不足，因而有"不能只从经济角度看待国有企业功能"的说法。

经济效益低下在很大程度上源于人们长期以来对国有企业的直观感受。如果一个企业中冗员众多、吃"大锅饭"、各个层面都没有责任心，无论如何也无法让人相信这样的企业会是有效率的，因而完全没有必要再用数字去证明。但是，我们用国家统计局发布的数据进行了比较分析发现，在改革之后，国有企业的投入产出比并不像外界通常认为的那样差。这是一个很重要也很有意思的结论。

以往用来评价国有企业投资回报率的常用指标，是全口径的企业资产利润率。采用这个评价指标存在两个方面的问题：第一，国有企业中有大量公益性企业，这类企业的资产规模都比较大，但收益一般都很低。极端的情况如各城市的地铁公司，由于政府的票价政策几乎全部处于亏损状态。公益性的国有企业越多，国有企业总的资产回报率就越低，其他所有制企业中基本没有公益性企业，因而不完全可比。第二，企业的实现利润只是企业一定时期纯收入中的一个部分，还有给国家上缴的各项税金，以前"利税总额"的概念还是有道理的，只把实现利润作为收益指标不够完整。

在我国的统计体系中，工业统计相对完整，企业分类也更加具体，而且其中的公益类企业较少，相互比较更客观一些。用规模以上的国有和国有控股工业企业、规模以上的私营工业企业、规模以上的外商投资和港澳台商投资工业企业的指标进行对比，是有可比性的。

在国家统计局的工业统计中，"总资产贡献率"是一项很方便进行比较的统计指标。国家统计局对"总资产贡献率"的指标解释是："反映企业全部资产的获利能力，是企业经营业绩和管理水平的集中体现，是评价和考核企业盈利能力的核心指标。"其计算公式为：

$$总资产贡献率 = \frac{利润总额 + 税金总额 + 利息支出}{平均资产总额} \times 100\%$$

为了排除负债率不同对企业股本收益的影响，我们用"所有者权益合计"指标替代"平均资产总额"指标，可以计算出企业的"所有者权益贡献率"，这个指标可以相对准确地反映出企业股本全口径的回报率水平。需要说明的是，"总资产贡献率"指标在1999年才开始出现在《中国统计年鉴》中，其中私营企业的数据在2005年才开始有；但在2014年之后，这个指标在《中国统计年鉴》中又找不到了，因此数据不够完整，但已经能够说明问题。表2–2是我们计算的结果，所有数据均来自《中国统计年鉴》（2014）。

表 2-2 不同类型企业的所有者权益贡献率

		1999	2001	2003	2005	2007	2009	2011	2013
国有	资产总计（亿元）	80472	87902	94520	117630	158188	215742	281674	342689
	总资产贡献率（%）	6.77	8.17	10.09	11.87	13.79	11.29	13.69	11.93
	所有者权益合计（亿元）	30567	35741	38381	50625	68569	85187	109233	130538
	所有者权益贡献率（%）	17.8	20.1	24.8	27.6	31.8	28.6	35.3	31.3
私营	资产总计（亿元）				30325	53305	91176	127750	174771
	总资产贡献率（%）				13.85	17.18	18.33	22.45	19.86
	所有者权益合计（亿元）				12286	22185	40384	57479	81398
	所有者权益贡献率（%）				34.2	41.3	41.4	49.9	42.6
外资	资产总计（亿元）	23019	28354	39260	64308	96367	124478	161988	185611
	总资产贡献率（%）	8.01	9.83	11.46	10.55	12.59	13.08	14.98	13.13
	所有者权益合计（亿元）	9730	12794	17473	27771	41199	54251	69702	81552
	所有者权益贡献率（%）	19.0	21.8	25.7	24.4	29.4	30	34.8	29.9

数据来源：《中国统计年鉴》（2014）

从表中的数据可以看出，在 2005 年之前，国有控股企业的所有者权益贡献率低于外资企业，2005 年之后已与外资企业基本相当。私营企业的所有者权益贡献率较大幅度地高于国有控股企业和外资企业，与其涉足的行业特征有关。

工业领域中，轻资产行业和重资产行业的所有者权益贡献率的差距很大。在国家统计局划分的主要工业行业中，纺织业、农副食品加工业、食品制造业是典型的轻资产行业，2013 年三个行业的所有者权益贡献率分别为 39.3%、42.5%、44.5%；黑色金属冶炼和压延加工业、电力热力生产和供应业、铁路船舶航空航天和其他运输设备制造业是典型的重资产行业，三个行业所有者权益贡献率分别为 22.1%、25%、24.2%。在前一阶段国有企业改革的过程中，国有经济已经基本退出了轻纺行业，外资企业在轻纺行业中的份额也不是很大，这两类企业的所有者权益贡献率低于私营企业有行业的因素。

这样的数据比较表明，改革后国有企业的股本回报率已有明显改善，这反映出改革带来的经济效果。当然，中国的国有企业改革仍在过程之中，还远远没有到位。如果下一阶段的改革能更有效一些，能够继续破除长期束缚国有企业发展的体制机制和思想观念方面的障碍，国有企业的经济效益仍有进一步提高的空间。

实际上，用股本投资回报率来评价国有企业的经济效益仍有些不够公允。国有企业的资产配置格局相当部分是计划经济时期特殊历史背景下形成的，当初的投入不一定合理，也不一定符合市场竞争的要求。这种情况与一笔可以任意选择投资区域、行业和项目的资金，在性质上还是不大一样的。

有些学者在研究中也注意到了，一些国有企业集团整体的经济效益指标并不很理想，但控股的上市公司指标较好，他们把这种差别归结为企业上市后运作更加规范、透明度较高。实际上这种差别的原因主要在于，国有企业在上市时都进行了较彻底的内部重整，把无效资产、辅业、办社会职能、富余人员等历史包袱都剥离到了集团公司，而这些包袱其他所有制企业基本是没有的。

因此，由于历史原因，用国有工业企业整体的投入产出指标进行对比，也不太具有可比性。但即使如此，改革后国有企业的投入产出效率并不像人们普遍认为的那样低下，而且随着改革的继续深化，还有进一步提升的空间。这是我们考虑未来国有企业改革方向时必须看到的一个重要基点。

十四、"一股独大"等问题的讨论

"一股独大"一直是国有及国有控股企业被诟病的一个话题，被认为是一个亟待改变的弊端。这种看法几乎已经成为一种无需论证的思维定式，对我国理论界和政府的政策制定影响都很大。问题是，在中国现实的国情条件下，"一股独大"是不是一个能够改变，而且必须改变的状态，这还是需要深入研究的。

1. "一股独大"问题

"一股独大"必然不好，潜台词是股权分散是合理的，后面的参照系实际是美国的上市公司模式。美国上市公司的股权高度分散，但其公司治理的成熟程度和效率公认是很高的。国内对美国上市公司的股权结构和治理机制有很多研究，基本结论是：美国上市公司治理的有效性主要依赖于其特定的市场环境和法治环境[①]。

由于股权分散，美国上市公司的所有权和经营权高度分离，所有者对公司直接的约束能力有限，小股东的行为更多的是"搭便车"，在股票市场上买入卖出获取收益。股东方面对公司无法形成有效制约，真正能够约束公司及经理人员行为的主要是四个因素：一是发达的市场体系，尤其是资本市场和经理人市场；二是靠诚信在市场上立足的中介机构；三是基于完备法律体系之上的严格监管；四是可诉性极强的司法体制。

美国的资本市场由机构投资者主导，其高度专业的分析能力对上市公司形成了非常直接的制约；美国的法律和市场监管机构对上市公司有严格的监管和约束，要求其及时准确披露信息，对制造虚假信息和欺诈的行为严格依法制裁；美国的上市公司不设监事会，靠会计师事务所的审计保证公司财务的真实性，这些中介机构在财务上可能是有限责任的，但市场信誉和法律责任实际是无限的；美国的律师业很发达，法律的可诉性很强，一旦公司行为不端，自然会有人出于利益动机发起诉讼；企业如违规经营或业绩不好会导致股价下跌，吸引并购者采取行动，公司被并购后首先要改组董事会和高管团队，负有责任的董事和高管人员在经理人市场上的身

---

① 李凯. 美国上市公司治理制度的百年变迁及其启示 [J]. 管理学家, 2009（5）.

价会大大贬值。

在前些年美国的安然事件中，这样一套基于市场和法治的监管机制的运行可以看得很清楚。

美国安然公司曾是全球第一大能源交易商，《财富》世界500强企业榜上一度排名第16位，是全球知名的跨国公司。2001年，安然公司造假案轰动全球。一开始是机构投资者对安然的盈利模式和财务信息提出疑问，而后美国证券交易委员会开始调查，最终造假案做实导致安然公司破产，安然的相关高管被判有罪入狱。同时，作为安然的外部审计机构，世界五大会计师事务所之一的安达信，由于出具严重失实的审计报告并销毁原始文件被美国司法部指控；3个月后联邦大陪审团裁定其"妨碍司法"罪成立，导致安达信解体倒闭。

一个上市公司的造假案，导致一家世界顶级能源公司破产、一家世界顶级会计师事务所倒闭，可见这套机制的运作效率和威慑力。安然事件发生后，美国政府颁布了《萨班斯-奥克斯利法案》，目的是进一步加强对资本市场的监管。

美国上市公司这套监管机制应该说非常有效，而且是"外化"在企业的经营环境之中的，多种经济和社会要素交互作用构成了一个企业运行的"外部框架"。所以人们看到的是：企业受到的直接约束很宽松，在框架之内企业家自主发挥的空间很大；但同时，企业受到的间接约束很硬，企业的行为如果出"框"则代价巨大。这种间接约束一方面表现为法律的约束，背后是严密的法律体系和庞大的律师行业；另一方面表现为商业道德的约束，背后是发达的经理人市场。这个复杂但有效的框架显然是一个长期发展和优化的结果，可能就是成熟的市场机制的"境界"。

这样的外部框架我国还不具备，离有效约束还相当遥远。资本市场以散户投资者为主体，热衷于跟风炒作；上市公司的不规范行为很多，有些企业造假的金额比重已不低于安然；中介机构的诚信意识薄弱，有些为招揽生意不惜与客户一起合谋造假；市场监管远不够严格，有些监管机构的官员还可能被收买；相关的法律很不完备，尤其缺乏可诉性；司法系统公正性暴露出来的问题不少，律师去行贿法官的事也时有所闻。这样的现实环境使我们几乎不可能在短期内复制出这套基于市场和法治的外部监管模式。即使我们表面上做到了，真正运行起来也不会是预期的状态。

从这些年我国法治环境和资本市场建设的实际进展看，创造出这样的外部框架是一项工作量极大的艰巨任务，不但有"硬件"问题，还有大量"软件"问题。在这样的现实条件下，如果我们把美国上市公司制度作为中国国有企业改革的目标模式，去推动企业股权的分散化，很可能会出现一批股东管不了、市场管不了、法律也管不了的公司，监管基本失效，完全由经营者内部控制。这种状况带来的问题有时会很严重，尤其是对国有企业和国有资产。

在这样的情况下，如果必须做出改变的话，首先不是要去分散股权，而是要加强市场建设和法治建设，逐步创造出股权可以分散的条件。但可以预见的是，即使我们的努力方向和具体措施都把握对了，这也必然会是一个相当长期的过程。

所以，"一股独大"有可能会带来弊端，但也许是现实国情条件下一种合理的选择，因此中国的上市公司或是国有"一股独大"，或是民营"一股独大"。一个与此相关的例证是，德国公司和日本公司以大银行和公司法人持股为主，持股相对集中，股权流动性不高，经理人市场也不发达，这说明即使在西方国家，企业制度也具有国情的特点。另一个与此相关的例证是，十多年前淡马锡对新加坡航空公司的持股比例，高的时候约57%，低的时候约54%，也是"一股独大"的，但并未妨碍新航高效率的市场化运营。上述情况表明，为了转换经营机制就必须破除"一股独大"的论断是不成立的，问题的关键不在于持股的比例，而在于持股主体的性质和行为的方式。

2. 产权经营社会化问题

与美国上市公司模式相关的还有一个产权经营社会化问题。一些国内学者对美国上市公司进行研究后发现，其投资者所有权是不断分散化的趋势，而企业资本的所有权、资本的经营权和企业的经营权实际是"三权分离"的。

在"三权"之中，最重要的是资本经营的层次，实际上是一批投资基金、养老基金、共同基金、保险公司、慈善机构等金融性的机构投资者。这些机构投资者把社会上分散的私人资本集中起来，交由一批职业经理人运营投入企业，并对所投资企业行使出资人职能；在把社会储蓄转化为投资的同时，对投资人承担收益回报的责任。由于机构投资者的发展，美国资本市场上的资本所有权在不断分散化，但资本的经营权却出现了集中化的趋势。[1]

一些学者认为，这种模式应是未来中国国有大企业改革的目标模式。按照这样的模式，我国国有企业中国有资本的管理和运营将是一种全新的格局：国家把国有企业中的国有股权委托给机构投资者管理，由这些投资机构对企业行使出资人职能，并对企业实施市场化的监督与控制；政府的任务主要是对机构投资者进行监管和评价，并择优委托。这样就实现了国有资本进行市场化经营的转换。

从"两权分离"到"三权分离"，这样的概括无疑加深了我们对美国上市公司产权状态和运营模式的认知，与以往人们普遍的理解的确有所不同。把这种模式作为我国国有企业改革和国有资产管理未来的方向也很有新意，由此可以从理论上避开私有化的陷阱，同时实现国有资本的市场化运营。但是，这种模式什么时候具备实施的条件，要充分考虑到不同国情间的差异。

---

[1] 张晓刚. 产权的社会化选择与公有制实现——兼论产权流通价值的经济学意义 [D]. 吉林大学，2007.

美国的资本市场发展了上百年，相关的法律和市场监管体系已比较完备，对各类市场主体行为的规范能力较强，如专门针对机构投资者的《投资公司法》《投资顾问法》等。在这样的市场环境下，美国的资本管理行业经过了长期的竞争、淘汰和发展的过程，无论是投资机构还是职业经理人群体都已经逐渐发育成熟。

美国的机构投资者内部都聚集了一大批专家，可以对各类上市公司的现状和长远发展进行专业化的分析，在市场上进行较理性的长线价值性投资或成长性投资。这些投资机构内部都形成了稳定的投资理念、风险控制和严格的管理制度，其专业能力和基于回报的信誉对社会上普通的非专业投资者产生吸引力，因此能够在美国上市公司股权中占到70%左右的份额，成为美国资本市场上起主导作用的力量。这明显是一个长期的市场发展和市场选择的过程。

我国机构投资者的发展始于20世纪90年代，支持其发展一直是国家金融体制改革的一项重要任务。对于培育机构投资者，各方面曾寄予厚望，希望能够借此改变我国资本市场以散户为主体的不成熟状态，并改善上市公司的治理结构。但现实中的差距似乎很大，机构投资者在我国上市公司股权中所占比重一直不高，而且出的问题好像并不比企业少。一些投资机构从业者的自律和诚信意识较差，时常爆出老鼠仓、内幕交易等问题；一些投资机构的运作不规范，操控市场坐庄牟利的违规行为不少；我们对投资机构和从业人员行为的法律约束和监管能力也明显不足。

而且，由于我国资本市场本身也处在发展的初级阶段，一些上市公司的信息披露不真实，经常爆出造假、欺诈等行为，市场上的投机氛围浓厚。在这样不很规范的市场上运作，为了追求收益，机构投资者很容易偏离价值投资的方向去追求短期利益；因而我国机构投资者的持股期限普遍不长，短期投资的特征比较明显，实质性地参与公司治理的积极性反而不高。

由于涉及我国资本市场的发育、上市公司质量的提高和职业经理人队伍的成长，涉及构建有利于机构投资者健康和规范发展的法律环境、诚信环境和市场环境，需要建立健全一系列最基本的游戏规则并得到有效执行，我国机构投资者的培育不会是一个短期性的任务。想要把美国机构投资者的模式移植到中国来改善国有企业的治理，显然不是一件很容易的事。

因此，把国有产权经营社会化作为国有企业改革的远期目标模式很有启发意义，可以进行深入研讨，但短期内还不会具备实施的条件。远水不解近渴，我们不能把未来可能会有的资源当作现实可以依靠的资源来使用。

3. 关于划转国有资本充实社保基金问题

划转部分国有资本充实社保基金问题，在某种程度上也与"一股独大"有关。2017年11月，《国务院关于印发划转部分国有资本充实社保基金实施方案的通知》（国发〔2017〕49号，以下简称"49号文件"）发布。文件中的说法是："通过划转实现国有资本多元化持有，但不改变国有资本的属性。"即使是国有资本，也不能由一家持有，要构造出多个持股主体。这种看法对我国学界和政府政策制定的影响都很深，其根源仍是不接受、想改变"一股独大"的状态。

划转国有资本充实社保基金，从道义上和道理上都没有问题。由于存在历史欠账、加之人口老龄化加快，我国社保资金存在巨大缺口，一些老工业基地已经入不敷出，用企业国有资产补充社会保障是一个可行的选项。

而且以往我们经常听到这样的抱怨：国有企业经营得不错，但老百姓没有得到实惠，并经常听到一些很激进的说法。例如，很多人认为，对国有企业每年上交利润的比例应该大幅度提高；有一些人提出国有企业不但要向政府多交利润，而且要给全民现金分红。但另一方面，国有企业要维持稳定发展需要的投入量很大，企业扩大再生产、进行结构调整、推进自主创新都需要投入，处理历史遗留问题也需要改革成本，把国有企业的利润分光吃净也不可持续。

如果讲清楚，企业的国有净资产就是老百姓日后基本生活保障的来源，国有企业当期的投入越多、经营得越好、国有净资产越多，老百姓的保障就越充分，这样的争论就没有什么意义了。实际上，由于有严格的监管，国有企业创造的利润是拿不走、分不掉的；企业的国有净资产除了补充社会保障之外，也不应该再有别的用途，但如何操作效果更好需要深入研究。①

很多圈内的同志都知道，在部分国有资本补充社保基金的划转方式上，国务院国资委和社保基金理事会的意见并不一致。国资委的意见是，从每年国有资本经营预算收入中确定一个比例，直接划转给社保基金理事会，哪怕为此把中央企业上缴利润的比例再调高一些也可以。国资委的理由主要是：第一，这样运作比较规范、与现行体制衔接得最好，国有资本经营预算制度已处于正常运行的状态，国有企业已经习惯了一定比例的利润上缴；第二，社保基金理事会拿到的是现金，这正是补充社保资金所需要的，没有任何风险，国家也比较容易管理；第三，避免使国有企业的管理关系复杂化，与党的十六大后建立的企业国有资产管理体制发生矛盾。

社保基金理事会的意见则是要直接持有国有企业，尤其是上市公司的国有股权。这种想法当然可以理解，任何一个政府背景的机构都希望自己掌握的资源多一些、运作的空间大一些。49号文件也明确，"条件成熟时，经批准，社保基金会可以组建养老金管理公司，独立运营划转的中央企业国有股权"。在这种情况下，社保基金理事会的工作内容就会非常丰富，因为"条件成熟"很难界定，也不难做到。一些部门之所以支持这种意见，就是希望通过这种方式可以实现国有股权的多头持有，解决国有股"一股独大"的问题，这一点在文件的表述以及有关部门对文件的解释中表达得非常清楚。但实际上，这样运作的远期效果不确定性很大。

应该说，49号文件对划转的国有股权的运作限制还是较多的。划转

---

① 国资划转社保基金存难题 有国企自己都交不上社保[EB/OL]. (2016-08-24). https://www.163.com/news/article/BV7MD5KD00014AEE.html.

的国有资本的承接主体被定义为财务投资者，"享有所划入国有股权的收益权和处置权，不干预企业日常生产经营管理，一般不向企业派出董事"，"承接主体原则上应履行 3 年以上的禁售期义务"，等等。做出这些限制显然是担心对国有企业的管理出现混乱。这些限制性要求很有必要，但都是有期限的，或经批准可以改变的。

　　作为企业的股东，不派董事、不参与公司治理，自身的权益很难维护，从我国《公司法》的角度也不合理；而且，通过国有股权的多元化行使，实现公司治理中相互制衡的初衷也无法实现。可能正因为如此，49 号文件同时规定，"必要时，经批准可向企业派出董事"。如果社保基金理事会准备向持股企业派出董事，就需要建立相应的管理机构、招聘足够的专业人员、建立相关的制度，这会使理事会成为一个很大的实体，类似于当年的金融资产管理公司。

　　但是，20 多年前金融资产管理公司作为债转股企业股东的运作并不很顺利，与企业原有股东产生矛盾的情况非常普遍，因为股东的性质不一样。企业原有股东更像是战略投资者，更关心企业的长远发展，希望少分红让企业多投入；金融资产管理公司是财务投资者，希望多分红，更关心收益的兑现。两类投资者的目标不一样，不一致难以避免，如何协调两者关系当年曾是个很让人头疼的问题。好在当时债转股工作是阶段性的，也没有很严格的考核制度；而这次划转国有资产补充社会保障不会是短期的，涉及的体制构造需要从长计议。

　　"一股独大"必然不好，多个股东才会有制衡，这是很多人的看法。但在我国的现实条件下，这种股权结构的实际运行效果是不是真的好，似乎还有些疑问，不知道这种认识是来自理论的推导还是实践的总结。如果运行效果确实很好，市场的力量应该能够把相当数量的民营企业引导到这个方向，但现实中好像没有看到这样的趋势，或许这种股权结构的顺畅运行也需要特定的法律和市场环境来支撑。

我国目前各类行政主体、经济主体的规则意识都不强，对履职行为、经营行为的外部监管更为薄弱，很多时候就是一种因人而异的个人行为。在这种情况下，我们的体制构造要尽可能简单明快，避免人为制造出各种复杂关系，否则会把我们自己缠绕在里面。尤其对国有企业而言，目前的管理格局已经不很简单，能够介入的主体不少，很多股东权力是不到位的，责任也不清晰；此时再加入一个直接持股的国有背景的主体，如果只在市场上进行资本运作问题不大，一旦想实质性参与企业治理，就会增加新的矛盾。

十五、"国进民退"问题

在 2010 年前后，社会上出现了一波批评"国进民退"的风潮。背景是经过国资委成立后的改革和结构调整，国有大企业的经营状况和治理状态有所好转，在市场竞争中的表现稍有改善。

世行报告中也指出："最近几年国有企业在竞争领域的大范围的扩张也引起了广泛的争论。"在 2012 年各方面热议世行报告时，一位著名高校教授直言："我国的国有企业比重曾有过下降趋势，而近几年来却不断上升，这不是好现象，是改革迟缓的一种表现。"[①] 当时批评的声音很大，但是一直没有看到相关的统计数据。

我国的国家统计局早已不再发布不同所有制经济每年创造的国内生产总值数据及比重构成。在现行的国家统计体系中，工业统计比较完整，而且有不同所有制企业的分类数据。由于各方面批评的"国进"主要是在竞争性领域，因此工业统计数据可以说明问题。表 2-3 是我们根据《中国统计年鉴》（2015）整理出的相关数据。其中营业收入数据可以直接查到；税金总额数据是主营业务税金及附加与应交增值税之和，这是统计指标解释中定义的。

---

① 世行报告引争议 国企改革路何方 [EB/OL]. (2012-03-01). https://www.time-weekly.com/post/16235.

表 2-3　各类工业企业营业收入和税金占比

		2000	2002	2004	2006	2008	2010	2012	2014
规模以上工业企业营业收入（亿元）		84152	109486	198909	313543	500020	697744	929292	1107033
其中	国有及国有控股企业（亿元）	42203	47844	71431	101405	147508	194339	245076	262692
	占比（%）	50.2	43.7	35.9	32.3	29.5	27.9	26.4	23.7
	私营企业（亿元）	4792	11972	33487	64818	131525	207838	285624	372156
	占比（%）	5.7	10.9	16.8	20.7	26.3	29.8	30.7	33.6
规模以上工业企业税金总额（亿元）		5119	6238	9529	14453	23968	33656	44030	50940
其中	国有及国有控股企业（亿元）	3470	3982	5437	7543	10651	16378	20372	22422
	占比（%）	67.8	63.8	57.1	52.2	44.4	48.7	46.1	44.0
	私营企业（亿元）	189	464	1221	2346	5501	7693	10113	12868
	占比（%）	3.7	7.4	12.8	16.2	23.0	22.9	23.0	25.3

数据来源：《中国统计年鉴》（2015）

表 2-3 的数据展示出与"国进民退"的批评完全不一样的图景。至少在 2010 年前后，规模以上国有工业企业在产出和市场占有方面并没有"进"，虽然"退"的速率稍有减缓，这应该是改革初见成效的反应，纳税方面的比重则大体稳定。

在具体工作的层面，各方面批评"国进民退"主要是指两件事：一是国资委 2006 年发布并经国务院办公厅转发的《关于推进国有资本调整和国有企业重组的指导意见》（国办发〔2006〕97 号，以下简称"97 号文件"）；二是山西省 2009 年开始进行的煤炭资源整合。

这两件事世行报告中均有提及："2006 年，中国确立了由国有经济保持'绝对控制力'的七大战略产业部门，即军工、电力电网、石油石化、电信、煤炭、民航和航空业。在这些部门中，大部分市场份额为几家国有企业所拥有，产业壁垒阻止了新企业加入，给它们提供保护。中国政府还确立了若干'基础性和支柱'产业领域，包括装备制造、汽车、电子信息、建筑、钢铁、有色金属、化工等，要求国有经济在这些部门中保持较强的控制力。这些产业正式的进入壁垒可能不高，但民营企业感受到的政策信号是，它们进入所带来的竞争并不受欢迎。""值得关注的一个现象是，近些年来，由省一级（以及省以下）政府控制的国有企业，特别是资源性行业的国有企业迅速扩张，并由它们推动'行业整合'，引起与民营企业的冲突。由此引发了有关'国进民退'的争论。"

97号文件的研究制订我是当事人之一。制订这个文件的背景是，在国务院国资委成立之初，中央企业的产业布局结构和业务构成还相当散乱，产业分布过宽、企业的规模和状态参差不齐、主业不突出、核心竞争力不强，企业之间和企业内部的整合是必须进行的。由于中央企业特殊的地位，不是想动就可以动的，国资委要推进这样的整合需要一个权威性文件作为工作依据，说明整合的必要性、整合的方向和整合的措施。这就是制订97号文件的初衷。

97号文件提出的调整和重组目标是："进一步推进国有资本向关系国家安全和国民经济命脉的重要行业和关键领域集中，加快形成一批拥有自主知识产权和知名品牌、国际竞争力较强的优势企业"。"重要行业和关键领域主要包括：涉及国家安全的行业，重大基础设施和重要矿产资源，提供重要公共产品和服务的行业，以及支柱产业和高新技术产业中的重要骨干企业。"由于这个文件的内容主要是针对中央企业的，因此把李荣融主任提出的中央企业整合的目标写了进去，"到2010年，国资委履行出资人职责的企业调整和重组至80~100家"，目的是给企业施加压力、推动重组。文件由国务院办公厅转发则是为了提高文件的权威性。

97号文件明确的主要政策措施包括：加快国有大企业的调整和重组，推动国有企业的股份制改革，大力推进改制上市，积极鼓励引入战略投资者，促进部分企业非主业资产向主业突出的企业集中，加快国有大企业内部的重组，等等。

上述政策措施都是开放性的，并没有排他性。如主要政策措施中明确："鼓励非公有制企业通过并购和控股、参股等多种形式，参与国有企业的改组改制改造。对需要由国有资本控股的企业，要区别不同情况实行绝对控股和相对控股；对不属于主要行业和关键领域的国有资本，按照有进有退、合理流动的原则，实行依法转让，防止国有资产流失。"政策措施还强调："除了涉及国家安全的企业、必须由国家垄断经营的企业和专门从事国有资产经营管理的公司外，国有大型企业都要逐步改制成为多元股东的公司。"这些政策目标和要求与当时中央文件的说法完全一致，否则国务院办公厅也不会转发。

在研究起草97号文件时，国务院国资委内部曾经讨论这样一个问题：重要行业和关键领域是中央文件的提法，我们的文件是不是应该更具体一些，比如具体到行业层次。我当时明确表示不可以。理由主要是两点：第一，在市场经济的环境下，国有企业在某个行业能够发挥多大作用是市场竞争的结果，无法人为事先设定，写具体了很容易造成被动。第二，具体到行业层次必然会引发争议，这是有过前车之鉴的。

由于规划发展是我分管的业务范围，大家接受了我的意见，最后文件只写到产业性质的层次，而且没有对某些行业要"绝对控制"或"较强的控制"的说法。实际上，当时国务院国资委刚刚成立不久，我们对中央企业能不能改革好、能不能在市场竞争中站得住脚都还没有把握，并没有底气说一些比较"硬"的话。

国务院国资委没有行业管理职能，以往工作中对具体行业也没有进行过很深入的研究。97号文件的内容都是方向性、原则性的，并不涉及具体行业，文件引发了争议让我们十分意外。后来看了新闻报道，才知道李荣融主任就97号文件接受记者采访时谈到了具体行业，于是便有了"国有经济要对七大行业保持绝对控制力"之说①。新闻报道中接受采访的主体一开始还是李荣融主任，后来变成了"根据国资委的部署"，最后是"中国官方宣布"。

李荣融主任讲行业问题是有缘由的。他以前长期负责技术改造和基本建设投资的项目管理工作，对行业问题非常感兴趣，也有相当的研究；而且，他的行事风格比较率性，也比较敢说话。当时的情况很可能是，接受采访时谈得兴起，在97号文件之后，又讲了他自己对国有经济行业布局结构调整的想法，而记者发稿时把正式文件的内容和受访者个人的看法混在一起了。

这件事应属于一次不完全准确的报道，但产生的影响很大。2013年，国内一位著名经济学家对此有过一段影响很大的评论："到了2006年，国资委发布了一个文件，据他们说是国务院批准的文件，要求加强国有企业的控制，要在7个行业绝对控制，要在9个行业有较强的控制。这以后，'国进民退'论就加剧了。"经他这么一说，国资委推进"国进民退"就成了铁案，尤其是对七大行业"保持绝对控制力"的说法在社会上流传甚广。但这些涉及具体行业的内容在97号文件中根本没有，世界银行在引述时也没有核对一下文件的原文，这其实并不困难，因为97号文件是公开的。

山西省煤炭资源整合的情况我大致了解一些。由于当时社会舆论对此事是"国进民退"的负面反应很大，我们约了山西省国资委的同志专门讨论过一次。

山西国资委的同志向我们介绍的情况大致是，山西省煤炭工业多年来"多、小、散、乱"，尤其是大量小煤矿遍地开花，造成了几个方面非常严重的问题。

一是安全生产事故频发。很多小煤矿是个体经营，为了赚快钱、赚大

---

① 国资委：国有经济应保持对七个行业的绝对控制力 [EB/OL]. (2006-12-18). https://www.gov.cn/jrzg/2006-12/18/content_472256.htm.

钱，安全方面的投入严重不足，安全生产条件很差，群死群伤的重大事故经常见诸报端，政府防不胜防，工作非常被动。以至山西生产的煤炭当时被称为"带血的煤"。

二是生态环境破坏严重。很多产煤区被挖得千疮百孔，大量耕地、林地被毁坏，造成严重的水土流失和次生地质灾害。煤老板们暴富以后可以到北京买楼、到海外置业一走了之，给当地老百姓留下的是一片狼藉的生态环境。

三是造成了严重的资源浪费。山西省国有大矿的资源回采率一般在50%以上，而很多小煤矿进行掠夺性开采，只挖最容易采、最优质的资源，回采率只有15%左右；一些整装煤田被挖得千疮百孔，极大地浪费了不可再生的宝贵资源。山西国资委的同志说，"这等于把子孙后代的饭碗都砸了"。

除了安全、环保、资源等方面的问题外，乱采乱挖带来的社会问题也非常突出。由于违规开采的利益巨大，一些小煤矿已出现了黑社会化的苗头，到政府反映问题的群众被雇用的"护矿"人员拘禁、打伤的情况经常出现，引发的社会矛盾日益尖锐化。而且，由于矿主用大量资金行贿，一些地方官员已经不是睁一只眼闭一只眼的问题，而是主动为煤老板们通风报信、保驾护航；"官煤勾结"一度成为山西官场的一大毒瘤，使山西省的政治生态严重恶化。

山西煤炭行业当年的情况表明，对任何一个行业、任何一类市场主体，对经营行为的法治化约束和政府的有效监管都是必需的，是经济和社会能够健康发展的一个基本前提。如果连起码的规则和秩序都维护不了，市场经济、市场主体在逐利动机下不良的一面会充分表现，不但实现不了我们所期望的发展效果，而且会诱发各种各样后果严重的问题，甚至把政府的公权力都腐蚀掉。

由于当时国家已经开始狠抓安全生产和环境保护，山西省委、省政府压力巨大,因而从 2009 年开始推动大规模的煤炭资源整合,依托大矿整合小矿,并明确了具体的产能、安全和环保标准。山西国资委的同志对我讲,山西省的煤炭资源整合不是"国进民退",而是大进小退、优进劣退、守法的进不守法的退。

由于山西省煤炭资源整合在安全、环保、资源方面取得了非常明显的成效,受到高层领导的肯定。2010 年时,马凯国务委员曾说,山西煤炭资源整合、煤矿兼并重组在中国煤炭工业史上是值得大书特书的一页[①]。但是,由于煤炭资源整合触动了煤老板的利益,阻断了一些人的暴富之路,整合的阻力很大、反弹很强烈。老板们的能量都不一般,请学者发声、找媒体报道都不困难。发难时具体问题都回避了,直指"国进民退"。一时间产生很大的社会影响。

到现在,山西省煤炭资源整合已过去了 10 多年,回过头去看,大家对这个事件会有更客观、更公允的看法。但这件事给人留下的"定了性"的影响并不太容易消除,以致世界银行都将此专门写进研究报告里,作为"国进民退"的例证。

在我国经济体制改革很长的一段时间里,"国"和"民"都是一个敏感话题,而且经常带有情绪化的色彩,这反映出西方经济学在中国的巨大影响力。从西方经济学的理念出发,借用以往政治运动的说法,"民"的一方"根红苗正","国"的一方"出身不好",所以后者无论怎么做都要受到批判。实际上,从体制的角度观察,只要是平等竞争、优胜劣汰,谁进谁退都不重要,都不值得反应过度。在三年改革脱困的攻坚阶段之后,国家再也没有出台针对国有企业特殊的优惠政策,所有制问题已经不再是市场竞争中需要特别关注的因素。

从产业布局结构的具体层面讲,经过 10 多年被动的破产退出和主动

---

① 翟红. 山西资源整合:煤炭行业一场革命 [N]. 经济参考报, 2011-02-28.

的布局结构调整，国有企业和民营企业在国民经济大的结构分布上已经基本错开，逐渐显现出一种基于各自比较优势的天然分工，互补的、相互促进的共生格局已经初步形成。即使在一些相互重叠、存在竞争关系的领域，具体的竞争过程和结果也往往比较正常，并没有把所有制问题牵扯进来。这方面比较典型的案例当数我国电信设备制造业的"巨大中华"之争。

在 20 世纪末，巨龙通信、大唐电信、中兴通讯、华为技术是我国电信设备制造领域的四家明星企业。这四家企业的成功崛起结束了进口产品垄断国内电信设备市场的历史，奠定了中国电信设备制造产业大发展最初的基础。这四家企业中，巨龙和大唐是中央背景的国有企业，中兴是股份制企业，华为是民营企业。在而后的市场竞争中，华为和中兴胜出了，巨龙竞争失败彻底退出了市场，大唐基本退出了设备制造环节而专注研发。

当年我们远距离观察着这场竞争，感觉结果很正常，完全可以理解，虽然也有些无奈。华为和中兴都是新企业，地处深圳特区，体制机制灵活，基本没有历史负担；巨龙和大唐都是国有老企业的底子，在体制、机制、观念上就已经输了一筹。另外一点实际上也很重要，电信设备制造业在当时是典型的高收入行业，国有企业的薪酬制度一直受到平均主义的牵制，即使推进了内部改革，领军人才的收入也很难追得上市场的薪酬水平。高层次人才吸引不来也留不住，企业当然很难保持竞争力，在这方面仅靠情怀和觉悟是不够的。

特别需要说一下的是，在"巨大中华"之间相当长的市场竞争过程中，谁也没有把问题提升到"国"与"民"的高度上去看待，也没有一个政府部门打算介入进来对其中的国有企业给予帮助。大家都理解这是企业之间正常的市场竞争，竞争失利者退出就是了，优胜者必然是更好的。从产业属性的角度，通信设备制造业在当时应当属于高新技术产业，是国有经济应该"进"的领域。这个案例也说明，在市场经济的环境下，国有企业如果不能解决好自身的竞争力问题，也不是想"进"就可以进的。这样的市场竞争案例在很多行业中都可以看到。

回顾这些年国家经济发展和市场竞争的历程，会发现一个很值得深思的反差。在现实经济生活中，对于具体企业之间的竞争，大家把"国"与"民"的问题都看得很淡，几乎无人提及，各方面的反应都比较理性；一旦上升到抽象的、概念化的层面，则剑拔弩张、争论不休。这也说明当年邓小平同志反复强调"不争论"确实极其英明，这种抽象的、概念化的争论永远无法达成共识，而且很容易转移人们的注意力，对国家发展的大事业无补。

看来，如果真是想要形成共识，必须从抽象的概念之争转向现实的经济生活。一旦转入这个层次，人们会发现实际情况远不像理论之争那样单纯和绝对，反而比较容易形成一致的看法。

对于现实经济生活中的市场竞争，我们国家确实有一个规范市场竞争手段和秩序、抑浊扬清的紧迫任务，其目的是实现真正的优胜劣汰，防止出现劣币驱逐良币的逆向调节。这个目标对于所有市场主体都适用，也不是一个所有制的问题。回到"国"和"民"的话题，2010年前后发生的对"国进民退"的声讨，很可能是一起"错案"。

十六、国有企业改革要从国情和实际出发

国有企业改革一直是一项争议很大的改革，从改革的方向到具体的政策措施，各个方面的看法差异非常大，直到现在仍是如此。由于国有企业改革是一个公认的世界性难题，没有成功的经验可供借鉴，也没有成熟的理论可以指导，改革过程中出现各种各样的看法不可避免，应该说也不是坏事。

但是，各种意见中哪些只可参考、哪些可以被接受并转化成为我们的政策，需要非常慎重。因为这毕竟是一项事关数千万人和国家经济社会长远发展大局的改革，事关重大、风险巨大，基本没有改得不好重新再来一

遍的机会。

在这个方面，我们可能需要有一个判别标准：我们是从某些理论、某些国家的模式出发，还是从我国国有企业改革发展的实际和实践出发。或者换一个角度讲：我们推进改革是要解决国有企业存在的大量体制和结构问题，努力争取好的经济和社会效果，还是为了实践某些理论、构建某种模式。

1. 关于理论与实践

关于理论与实践的关系，比较完整的理解应是两个方面：其一，实践是理论的基础。任何理论都来源于对特定历史条件和环境下实践的总结；其二，一旦对实践的总结上升为科学的理论，就会对实践产生积极的指导作用。这里特别需要注意的是，理论与实践的相互作用，在时间和空间上应该是高度对应的。特定实践范围内产生的科学理论可以指导特定范围内的实践，如果空间和时间错位，指明方向也许可以，指导实践就很难做到了。

改革开放后，出于建立社会主义市场经济体制的需要，我们大量引入和学习西方经济学理论，这是完全必要的，客观上起到了市场经济启蒙的作用，对我们认识市场经济的一般规律非常有帮助。但西方经济学源于西方国家，主要是美国市场经济的实践，把西方经济学的结论直接拿过来指导中国的经济实践，尤其是改革的实践，必须非常小心。离开了特定的国情土壤和社会环境，任何经济学理论和模型都难以放之四海而皆准。

理论与实践问题还经常派生出一个市场经济一般规律与中国特殊国情的关系问题，这也是一个容易引发争议的话题，尤其是在概念层面。简单化的理解可以是两个极端：尊重市场经济的一般规律就意味着我们必须恪守西方经济学的理论，效仿西方国家的模式；从中国的国情出发就意味着我们可以放手使用非市场的办法，完全无视市场经济的规则。纯粹概念之争的结果只能是两方截然对立、争论不休，但基本无解。但如果我们实事求是地转入具体问题的层面，会发现两个方面的结合才有意义，而这恰恰最有价值于我们的改革。

中央早已明确了建立社会主义市场经济体制的改革目标，要使市场在资源配置中起决定性作用，因此我们的各项改革必须符合和顺应市场经济的一般规律；但同时，我们实现改革目标的具体措施又必须从现实的国情出发，否则完全没有办法操作。

例如，前面曾经讨论的，美国上市公司外部监管模式的真正基础是市场和法治环境，股权分散只是结果。培育市场体系、加快法治建设都是建立社会主义市场经济体制的本质要求，我们无疑应该学习和借鉴西方国家的实践。但是，由于我国历史、文化和发展阶段的局限，我们几乎不可能在较短的时间里建立起这样的监管模式并有效运转，这又是我们必须正视的国情。

事实上，一个国家的经济制度不但受到体制现状和路径依赖的影响，还与一个国家的传统文化背景有关。例如，中国几千年的农耕社会以家庭为生产和消费的基本单元，因而家族企业在我国文化中的根基深厚，想要在家族企业中嵌入一些外部因素并不容易。再如，我们国家长期是具有人身依附关系的等级社会，而且在人际关系方面讲究"和为贵"，所以大家都要维护好与上级的关系，至少不能让领导难堪。在这种现实的社会关系中，靠企业内部监事会、靠下级去监督上级不可能有效；而部长级的稽查特派员派出后效果之所以立竿见影，原因就在于我国有长期的"官本位"文化，政府的威慑力强大。类似的情况仔细分析起来还有很多。

如果完全不考虑传统文化的影响力，直接把其他文化背景国家的制度搬到中国来实施，大概率的结果是水土不服、南橘北枳。这并不是说，我们的体制构造必须迁就传统文化，因为其中既有财富也有糟粕。尤其是在我们的传统文化中，有一些与现代化大生产和社会主义市场经济体制并不完全相符的东西，需要我们逐步扬弃；但这种极深层次的改变无法在短期内实现，只能在我们的制度建设中有针对性地加以防范。因此，在研究中国的改革如何推进的时候，传统文化也是一个需要高度重视的背景。

与自然科学不同，社会科学有着极强的国别属性；由于国情条件、传统和文化背景的差异，理论和实践都不可以照搬。在改革的方向上遵循市场经济的一般规律，在改革的操作上只能从现实的国情条件出发。这样的结合，是我们建立具有"中国特色"的社会主义市场经济体制的客观要求，也是保证我国的经济体制改革能够有效、有序推进的合理基础。这种结合是不是真正做到了，不在于理论上如何阐述，唯一的判断标准应该是实践的效果。

也许，在我们强调理论指导实践的同时，还应该做一些反方向的研究，即从改革的实践效果出发对相关理论进行验证，看看哪些判断或认识大体上符合国情、哪些有较大的距离，在此基础上创建符合中国国情和文化的企业理论。

2. 现实的市场经济和具体的市场主体

中国经济体制改革的目标是建立社会主义市场经济体制，这是中央早已明确的方向，也是我们一直在努力实现的目标。但在目前，我国的社会主义市场经济体制仍在建设的过程之中，现实的体制状态不能估计过高。

社会主义市场经济体制应该有健全的法治，能够有效规范市场主体的经营行为和维护市场竞争的规则；社会主义市场经济应该有良好的社会信用，市场主体诚实守信、依法经营；社会主义市场经济应该有规范的政府行为，政商边界清晰，政府依法行政、公正执法。这些要求我们目前还不能完全做到，很多方面还有相当的距离，我国的社会主义市场经济体制建设仍是任重道远。

如果我们不能对当前我国市场经济体制的现状理想化，也就不能对现实生活中的市场主体理想化，包括国有企业，也包括民营企业。

改革开放后，在国家政策的支持下，我国的民营经济有了很大发展，涌现出一批优秀的民营企业和民营企业家，为中国经济的高速增长做出了贡献。但同时，民营企业出的问题也不少，一些企业的经营行为不规范、竞争手段不规范，前一阶段国家大力支持发展的民营医院也与社会的期望值有较大距离。

除了经营行为方面的问题外，我国当前还不存在西方发达国家那种已被纳入了现代市场经济体系的私营部门，我国私营经济的主要载体是家族企业。家族企业的行为基本是老板个人的行为，有时老板的一念之差就可以使一家很好的企业发生重大变化。由于涉及的面很大，我们不得不采取一些通融性的措施，尽可能减少对经济发展的负面影响。如最高检要求，以更大的力度保护民营企业和企业家的合法权益，依法切实做到能不捕的不捕，能不诉的不诉；对民营企业为开展正常经营活动而给付"回扣""好处费"的行为涉嫌行贿犯罪的，要区分个人犯罪和单位犯罪，因国家工作人员不作为而不得已行贿的，要依法从宽处理；等等[①]。

"国家工作人员不作为""不得已行贿"的说法在法律上是否可以准确界定我们不得而知，但在当前非常强调依法治国的大背景下，这些说法背后反映出的问题需要我们正视。在规则方面的退让是不可持续的。社会的健康发展和市场经济的正常运转都要有底线，退让得多了、社会负面反映太大了，政府仍要出手规范，但那时工作的难度和阻力会更大，搞不好会付出很大的经济和社会代价。

随着我国社会主义市场经济体制的不断完善，我国民营企业的治理和管理水平也会不断提升，但这个过程可能不会太短。在21世纪初，民营企业建立现代企业制度曾是一个很热的研究课题，我也参与了一些讨论。当时研究的结论大致是：民营企业建立现代企业制度要分两步走，第一步是引入职业经理人，第二步是使家族的股权分散化。几年后，我利用出差

---

① 王治国，徐日丹. 最高检明确规范办理涉民营企业案件执法司法标准[EB/OL]. (2018-11-15). https://www.spp.gov.cn/spp/tt/201811/t20181115_399230.shtml.

机会回访了一些当年参加课题研究的民营企业家，结果是第一步几乎都不成功，第二步则完全没有动。

这些企业家向我介绍的情况基本一样：他们都曾引入了职业经理人，但一些职业经理人是诚信不足的，在把企业的产品、技术、市场都了解清楚后，就开始跳槽创办自己的企业，回过头与原企业竞争，使老东家损失惨重；由于法制不健全，这些民营企业家基本无法保护自己的权益。而从职业经理人的角度则是另外一种说法：他们认为在家族企业中任职得不到真正的信任，也难以按照自己的想法来经营管理企业，离开、自己干也是无奈之举。

由于这种复杂的情况，这些民营企业家都对职业经理人敬而远之，转而下大的力量培养自己的子女准备接班。这意味着，这些民营企业会长时间处于所有者和经营管理者合一的状态，这种状态对一些规模较大的企业而言存在风险。国人大都有"再苦也不能苦孩子"的潜意识，我们的孩子大多在"呵护"的氛围中长大，这一点与西方文化有很大不同。由于成长环境存在巨大差异，我国民营企业的第二代可能很难具备创业一代的吃苦耐劳精神、经营能力和社会经验。

这些情况给人的启示是，由于涉及全社会的诚信建设和法治建设，也许还有传统文化的影响，我国民营企业建立现代企业制度不会是一项短期的任务。

我国的国有企业改革仍在过程之中，需要解决的问题仍然很多。前些年，对国有企业的"长子"之说、"执政基础"之说曾引发了很大争议。我没有参与这样的争论，因为从实际工作的角度，国有企业的功能和作用基本上取决于经营状态。国有企业经营得好，社会效应和政治效应都是正面的，确实可以撑起这个"家"；如果搞不好，也可能成为"败家子"。国有企业的发展状态好，是国家和政权稳定的基础；如果状态不好，也可能成为社会的包袱和政府的麻烦。这些"也可能"的情况，我们在国有企业困难的时期看到了很多。而国有企业经营状态的好与不好，又完全取决于改革的效果；如果脱离如何推进改革这个现实的基础，概念层面的争论没有多大意义。

在具体问题的层面，国有企业不符合市场经济要求的"痼疾"仍然很多。从外部讲，国有企业特别容易受到行政力量的干预，经营行为容易"跑偏"，这种情况有时还不一定完全是被动的。在企业内部，僵化、惰性的体制机制和"大锅饭""铁交椅"等问题还没有完全消除，改革稍有松懈这些毛病就会回归；由于人员流动性差、非经济因素干扰多，企业的内部关系错综复杂，由此造成的内耗很大。而且，国有企业发展的动力很大程度上要靠有效的激励和约束制度，这些方面的工作不到位企业发展也会受到很大影响。

但在经营的合规性和企业的诚信方面，国有企业的市场表现相对要更好一些。这实际上也是监管出来的结果。由于我国并不存在有效的外部监管机制，除了法律和市场之外，国有企业多了一层企业国资监管机构的约束，组织约束弥补了法律和市场约束的不足。这一点可能是中国现实的国情条件下，国有企业存在的重要价值之一。

西方国家市场经济的规则和秩序是逐步建立起来的。早期西方的市场经济也非常混乱，有很多丑恶的东西，马克思和恩格斯对此有过深刻的揭露和批判。但当时市场经济的规模和影响力还有限，一定范围的失序尚不致对整个社会造成颠覆性的后果。

我国的经济体制改革则是要在一个相对较短的时间内，把一个庞大的经济系统从计划经济转轨到市场经济。在这样的转轨过程中，需要建立一整套市场经济所需要的法律、规则和秩序；如果规则不明确、监管不到位，在逐利的动机下，各类市场主体的行为都可能失范。此时，如果众多的市场主体都不讲竞争规则和商业道德，泥沙俱下、法难治众，对社会整体的破坏力将非常大。所以，在经济转轨的过程中，中国特别需要有一批行为相对规范的企业，能够形成一种示范和引领，至少政府还不是完全无可选择；当然前提是，这些企业首先要在平等的市场竞争中站得住脚。

国有企业要发展好需要创造出一系列条件，如要有效推进改革、调整好结构、减轻历史负担、建立激励约束机制等，工作量很大，需要付出艰苦的努力。所以有些人可能会觉得，与其要费这么大气力，不如退出算了，一了百了。但问题是，民营大企业要健康发展也是需要一系列条件的。企业内部有治理问题、管理问题、诚信问题，企业外部有市场建设问题、法治环境问题、政商关系问题、有效监管问题等，难度和工作量也不小，有些方面还需要一个较长期的发展过程，不太容易人为去加速。

我们在这方面遇到的问题，与我国的农业农村改革有很大不同。我国农村改革见效很快，重要原因之一是过于超前的集体经济解体后，向后一靠就是小生产和小农经济。家庭经营基础上的小农经济在我国有上千年的历史和积淀，动力机制和观念文化都是现成的，坐实了马上就可以迸发出活力，的确有可能"一包就灵"，虽然远期的问题会比较多。

大型企业则是社会化大生产体系中的组成部分，无论其所有权是集中还是分散。市场经济基础上的社会化大生产需要一系列重要的条件和要素，如一些最基本的规则和意识，以及维护这些规则、培育这种意识的社会能力，这些方面我国目前的差距还比较明显。因此在大企业的领域，我们很难找到"点石成金"的办法，"一招就灵"不太容易做到，这对于国有企业和民营企业都是一样的。

我国市场主体目前存在的问题很多与国家法治环境和政府监管能力方面的欠缺有关。如果外部监管是有效的，可以迫使所有的市场参与者通过辛勤劳动和努力创新取得利益；如果监管是失效的，违规收益可能更容易获得，整个社会的生态和道德风气将会出现严重问题。从这个角度看，西方国家的模式很容易给我们造成误导。

西方国家尤其是美国的企业制度很容易给人造成一种完美的错觉，并由此形成一种制度崇拜。用这样的制度模板来评价中国的国有企业及其改革，批评和非议自然会很多，而且可以讲得非常有道理。但正如前面所分析的，美国上市公司制度的运行完全依赖于特定的市场和法治环境，属于一种只能产生于成熟市场经济中的外部监管。即使不考虑历史、文化和社会制度的影响，我们也不能想当然地认为，我们可以在不太长的时间里把这套监管模式复制出来，因为这显然是一个长期发展和完善的过程。外来的访问者看到的往往是最表层的企业运行状态，而没有很多机会探究其背后深层次的经济社会背景和复杂的运行机理。

在我国现实的国情条件下，如果我们硬性照搬发达国家的企业模式，又难以同步复制出相应的市场监管机制，市场主体的行为完全管控不住，对国家的经济和社会生活都可能造成很大冲击。例如，对个人收入征税是西方市场经济国家的一项基本功，在很多国家早已是主体税种，也是调节社会收入分配的主要手段。但我国偷漏个税的范围和数额经常超出人们的想象，说明相关基础工作和税务管理存在巨大漏洞，后果是全社会收入分配的严重分化。个税征管问题相对还比较单一，我国用了二十多年时间也没能把基础打好；对企业的外部监管机制涉及的问题更加复杂，显然不可能在短期内收到成效。

对任何性质的市场主体，我们既要激发活力，也要加强合规性监管，两者缺一不可；如果监管缺失，谁都可能出现大问题。以往国有企业中的损公肥私问题、经营不规范问题都曾非常严重，从外部得不到有效制约。而后，外派监事会、国资委陆续组建到位，出资人对国有企业的外部监管逐步加强，情况才开始好转。在国家法治和政府监管效力不足的现实环境下，企业国有资产出资人角度的约束部分弥补了这些方面的欠缺。所以对国有企业而言，建立和加强国家股东的监管是合理有效的方向，也是符合国情的企业监管模式。

我国民营家族企业出资人和经营者是一体化的，没有外部再加一层出资人监管的可能性，此时市场监管和法治约束就特别重要。如果外部环境存在瑕疵，不但企业的经营行为难以规范，还可能会出现严重的逆向选择。倘若监管部门可能被收买，如果司法系统可能徇私枉法，如果给个人回扣就可以拿到贷款，如果政府掌握的资源在分配上存在黑洞，最后的结果很可能是，那些守规矩的、有些底线的企业反而更容易被边缘化，而且对经济和社会生态的破坏力巨大。

法治环境和有效监管不能解决民营企业的治理问题和代际传承问题，但可以规范企业的行为，企业的社会形象也会更加正常，减少很多"嫌疑"。人之初，善恶的基因都有，外部环境的缺欠很可能放大了我国民营企业不规范的一面，而遮盖了其应该被肯定的部分。

一个与企业类似的例子是，我国公立医院目前体制机制和管理方面不尽如人意的地方不少，需要进行改革。民营医院效益和效率是优先的，如果我们对医疗行业的监管有效，其管理水平和服务质量很可能为公立医院的改革提供借鉴；但如果行业监管跟不上，其逐利的动机与救死扶伤的目标就可能产生很大冲突，过度医疗等弊端很难避免。

从这个角度讲，如果要实现我国民营经济的健康发展，我们首先要把企业发展的法治环境和监管环境建设好。当然这会是一个长期的过程，需要做出扎扎实实的努力，不是发几个文件、提出几方面的工作要求就能够做到的。

任何一种经济体制都要有特定的规则和秩序来保障运行。计划经济必须维护好国家指令性计划的权威性和严格的行政纪律，否则计划经济根本无法运转；市场经济同样依赖于特定的规则和秩序，这相当于市场经济的"基础设施建设"，否则市场化的副作用也不会小。因此，我们在强调引入市场机制的同时，必须高度重视市场经济规则、秩序的建立和维护，无论是决定性作用还是基础性作用，都要靠规则明确、秩序良好来保障。

我国社会主义市场经济体制和市场主体的现状都是现实的国情，对此我们要有非常清醒的认识，不应贬低，也不能拔高。经济体制改革是要实实在在操作的，改革实践的立脚点只能是真实的国情，而不是理想化的市场经济和理想化的企业。

相比较而言，在我国农村改革领域，有一批学者非常重视乡村调研，他们的研究能够从实际出发、很接地气，确实为我国农业农村改革的政策制定提供了扎实的研究基础。但在国有企业改革领域，至少没有形成这样一种学术氛围。很多研究只是简单地重复西方经济学的常规结论：国有部门必然不好、私营部门天然合理，或者用发达国家的体制模式作为参照系，对中国的现实进行批评。这样的差异也许是因为中国农村和农业的情况太特殊，无法照搬其他国家的模式，但实际上企业制度也无法照搬，也要从国情出发。

所以，在建立社会主义市场经济体制的改革过程中，我们的学者应该把市场经济的一般规律、中国的国情、社会制度和传统文化结合在一起，努力创建出中国自己的社会主义市场经济理论，并对国家的改革实践提供理论支持。这将是中国的学者们在为社会做出贡献的同时，在学术上取得成就的合理方向。

在国有企业改革和发展的实际工作中，我们看到了不同方向的理想化思路。有理想化的市场崇拜，也有理想化的行政崇拜，后者也是脱离国情和实际的。

对行政办法理想化的思路高度肯定国有企业的地位和作用，但所有的思维方式和管理办法都是行政化的，与政府机关、政府官员完全一样。这种理想化的行政崇拜也行不通，且不说这样的办法对政府机关、政府官员的管理是否有效还有待证实。国有企业也是企业，也要面对残酷的市场竞争，其中有产品和服务的竞争，也有人才的竞争；国有企业早已没有财政资金的支持，职工的工资要自己挣出来，国家还等着要税收，亏损了无法自救也会破产。如果我们无视国有企业市场竞争主体的属性，不用企业的办法、市场的办法来认识和处理企业问题，国有企业在市场竞争中也会站不住脚。

十七、问题导向与实际改革的推进

中国的国有企业改革没有照搬任何国家的模式，而是紧紧贴住国情和实际，表现出鲜明的"问题导向"的特征。出台的改革措施大都聚焦于国有企业迫切需要解决的突出问题，指向非常清楚；解决问题的办法大都来自改革一线的成功经验，实施效果都比较明显。回顾国有企业改革的过程，改革推进最快、效果最明显的时期，在思想方法上都是问题导向的。

正因为如此，在我国前一阶段的国有企业改革中，"翻烧饼"、做"无用功"的情况很少，这一点绝非偶然。实践证明，探索性的改革要想取得实实在在的成效，一定要立足于解决现实问题，否则很容易脱离实际、无的放矢，甚至可能带来很大风险。

"问题导向"是推进改革一个重要的方法论，尤其是对国有企业这类操作性要求非常高的改革。国有企业改革所谓的世界性难题不在于理论的层面，而在于实践的层面。从理论的角度描述一下未来应构造的体制模式并不困难；而改革实践要考虑的往往是现实的约束条件：我们有多少可以利用的经济和社会资源，各方面的承受力和容忍度有多高，现阶段能把问题解决到什么程度等等，这通常是很难的选择。因此在很多情况下，理论研究与改革的实际推进在思路和逻辑上有很大的不一样。这是特别需要注意的。

其一，理论研究更多的是从合理性出发，注重学术上的严谨与完整，不必去考虑各种限制条件；而改革的推进首先要找到能走通的路径，注重现实的可行性，障碍克服不了时只能变通和妥协，特别要避免陷入不必要的争议和麻烦。

例如，国有经济的布局结构调整是国有企业改革领域研究最多的问题之一。理论研究的一般逻辑是：从西方经济学市场失效的理论出发，如自然垄断、公共产品和服务等，结合中国转轨时期法治不完备、市场发育不充分的国情，研究国有经济在哪些领域需要发挥作用、发挥什么作用。这种研究的结论一般都很具体，可以精准到行业的层次，即哪些行业需要有国有企业、哪些行业不需要。这样的研究无疑非常具有理论价值，尤其当一个国家的政府准备投资兴办企业促进本国经济社会发展时，这样的研究对实践也有指导意义。

但对于中国的国有企业改革而言，国有经济的初始布局是计划经济时期早已完成的既成事实，因而在推进国有经济布局结构调整时是另外一种思路。一是明确必退的领域，一般都是国有经济不具备比较优势，在市场竞争中必然站不住脚的，如劳动密集型产业、中小企业等；二是明确必保的领域，一般都是其他所有制经济不愿或不能进入但对国计民生影响重大的，如提供公共产品和服务、涉及国家安全的领域等。在这两个领域之外，只能交给市场，进行模糊处理。

之所以要模糊处理，一方面是因为具体企业和行业的情况非常复杂，说得太清楚了反而对工作不利；另一方面也是因为无法预计改革能够推进到什么程度，国有企业未来的竞争状态还难以预判。

一个具体行业的例子是，钢铁工业在我国已属成熟产业，一些民营钢铁企业的规模已经很大。如果按照前些年流行的说法，国有企业应该从这样的行业退出，以避免"与民争利"和"挤出效应"。但这在实际工作中没有办法操作。像宝钢、鞍钢这样的特大型国有钢铁企业，仅仅由于民营企业有进入的意愿国有经济就要退出去，这样的理由干部和职工能否接受，真要退出了对企业和行业的发展是否有利，这些情况都面临一些非常不好回答的问题。当然也有学者认为，钢铁行业属于重要行业、关键领域，仍需要国有经济发挥主导作用；但前些年一些国有钢铁企业由于经营困难已经被其他所有制企业接手，这也是当年国有困难企业脱困的重要途径之一。

另一类产业的例子是，高新技术产业是国有经济应该发挥产业引领作用的重要领域。到目前为止，国有企业在一些需要大团队创新的领域，如航天、高铁、核电等，发挥的引领作用明显，这得益于改革后国有大企业加强了管理和研发，以及企业内部的收入分配制度改革。但在近几年发展很快的信息类产业中，国有企业并没有人们所期待的表现。其中的原因非常复杂。直观地看，如果企业的内部机制、薪酬和激励制度不能改革得更加灵活，对企业家的创新精神和创新活动不能更加包容，对企业的监管不能更加符合高新技术企业的特点，这类新产业也不是想做就能做好的。

所以，除了必退的和必保的领域之外，在尽可能加快国有企业改革的前提下，把其他领域的进退交给平等竞争、优胜劣汰的市场机制，使国有经济的布局结构调整转化成为一种自然的市场过程，可能是改革操作中比较现实的选择。

前些年国务院国资委受到这样的批评：中央企业的布局结构调整进展迟缓，应该以更大的力度退出传统产业，把竞争性资源集中配置到高新技术产业领域。这种说法没有错，但按此操作的风险很大。国有经济要从经营状态正常的企业硬性退出，有可能导致企业的混乱和职工的不稳定，大规模进入高新技术产业领域也未必能站得住脚，搞不好会是"鸡飞蛋打"的结果。

其二，理论研究需要在理论构架或者结论上不断"出新"，否则就没有创新点，也没有学术价值；而改革的推进要顾及工作系统现实的跟进能力，需要保持政策的稳定性和工作的连续性，不能频繁地变换说法。

例如，国有企业内部的三项制度改革从徐州市"破三铁"开始已进行了近四十年，这期间，改革的提法和具体的工作要求都没有改变，就是要能上能下、能进能出、能增能减。几十年锲而不舍地做一件事，但到现在为止，也不能说这项改革已经推到位了，而且还经常面临"倒回去"的风险。国有企业的一些问题是群体性观念和意识造成的，而且在特定的氛围中会自我强化，非常不容易改变；解决这类问题往往需要很长时间，有些甚至需要整整一代人。

在这样的过程中，改革的方向不能动摇，改革的具体要求也不能轻易改变。国有企业改革的工作系统非常庞大，从中央政府到具体企业的工作链条很长；而且，任何一项改革要真正做到位，都需要解决很多操作中的具体问题，不可能是一个很短期的过程。政策如果出得太多、要求变得太快，上一件工作还没做完，下一项任务又到了，基层的操作主体没有办法跟得上。出台了多少新文件、提出了多少新概念是文件起草工作的成果，不是改革推进的标志，有时文件出得越多下面的工作越不好做。

对理论研究而言，几十年不出新不可接受；对于实际工作而言，政策创新太多、要求变化太快，工作系统无法适应。两者的内在要求是不一样的。国有企业改革是一项需要踏踏实实、埋头苦干的工作，用一种不太具有宣传效应的方式来推动；认准一个正确的方向，几十年持续不断地努力、逐一解决问题，逐渐从量变促成质变。面对一个庞大的企业群体和一个世界性的难题，我国前一阶段的国有企业改革之所以能取得比较扎实的进展，重要原因之一，就是基本保持了政策的稳定性和工作的连续性。

从理论的模式去评价实践很容易挑出毛病，但要用理论的思维去推动工作可能会非常困难；理论研究都需要预设一些边界条件，否则推导不出结论，但实际工作必须面对众多现实条件的约束。如果市场主体的行为都很规范，经济生活中法制健全，政府的监管公正有效，市场经济可以运行得很好；如果政府部门都自觉自律，不去干预企业的事务，国有企业的干部职工都以国家的事业和企业的发展为重，不计较个人的经济得失，用行政的办法同样可以搞好国有企业。问题是，这些理想化的边界条件在现实生活中似乎都不具备。

现在回想起来，当年小平同志反复强调"不争论"是极英明的，那些自带边界条件或预设前提的理论之争永远也讨论不清楚。同样值得回味的是,"实践是检验真理的唯一标准"。

中国的国有企业改革无疑需要深刻的理论突破和创新,但由于涉及一个庞大的企业和职工群体,经济风险、社会风险和政治风险交织在一起,改革容不得出现任何闪失。对这样一场难度和风险都很大的社会实践,只能把实践的效果放在第一位,这是这项改革的内在要求,也应是我们看待各种不同意见的判断标准。

"问题导向"的思想方法除了与改革的效果正相关外,客观上还有利于缓解一些紧迫问题可能引发的社会冲突,从而减少改革的风险。当然,我们也可以有另外一种选择:设计出一个系统性的大方案,一揽子解决所有问题。这种方式从理想化的角度可以高瞻远瞩、把问题考虑得更加周全,但搞不好会导致全局性的问题,就像苏联"500天计划"①所造成的结果。考虑到改革涉及一个国家经济、社会、政治、文化等一系列高度复杂且相互影响的因素和变量,事先很难完全把握清楚,这种一揽子解决问题的大方案不成功的可能性非常之大。

如果我们稍微展开一点,"问题导向"的思想方法还涉及这样一个很重要也是很现实的问题:"问题导向"不仅仅是要提出问题,更是要扎扎实实地去解决问题。

近几年有一种倾向应该引起关注:我们的一些重要工作出现了"文字化"的趋势。我们经常看到这样的情况,对某个领导关注的重大经济或社会问题,我们的文件发出得很快。文件的基本内容第一都是要高度重视,然后要求发文对象"要"如何、"不能"如何、"严禁"如何,这似乎已是一种行政套路。文件发出去了,部门的责任就尽到了,白纸黑字足以向领导交账,能不能做到、如何落实是另外的事;如果领导日后问起来,可以用文件为依据到下面进行检查,然后以检查了多少个地方、批评和处理了

---

① 1990年8月,由叶利钦、盖达尔的苏联政府推行的激进改革方案。包括实行完全市场经济,大规模进行私有化,中央政府分权给各共和国政府等措施。

多少人向领导再交一次账。

这基本是一种自我保护的官场行为。从部门的角度，责任被推出去了；从国家的角度，问题并没有解决，而且会越积越多。更深层次的后果是，这种行为方式会扭曲上下级的关系和基层的工作生态。

这种只提正确的要求、不考虑可行性的办法在程序上并没有很大瑕疵，但基层干部经常会处于被检查和问责的状态，这就非常难受了。因为文件提出的某些要求目前还做不到，最常出现的情况是工作要求都很好，但下面没有资源或条件去实现。有些问题则更加复杂。例如，各部门对国有企业重大决策发的文件不少，工作要求基本一样，要科学决策、民主决策，不能一个人说了算。这样的要求无疑很正确，但在一把手负责制的体制背景下，这样的工作要求基本上做不到；而要改变一把手负责制，在中国的国情条件下绝非易事，背后有历史的、文化的、体制的等多方面深层次的根源。

对于政府部门来说，发一个文件、提几点正确的工作要求是很简单的事，但真正做到可能非常不容易，这一点才真正考验部门的业务能力和水平。从这一点出发，如果我们想改变目前文山会海但大量现实问题无人解决的"空转"状态，可能需要调整一下对政府部门工作的评价机制。评价的依据不是这个部门发布了多少文件、召开了多少会议、进行了多少次检查，而是提出的工作要求实现了没有、问题解决了没有。如果问题没有解决，也没有找到能够解决问题的办法，不是要问责基层，而是要批评政府部门。批评的理由是，由于发布了无法实施的文件，影响了国家政策的公信力。

若如此，政府部门发文的数量和召开的会议会大大减少，文件的效力也会提高，并会推动政府部门转变工作作风，更加务实、更加重视调查研究。而且，这样做还会改善基层的工作生态，创造出一种宽松的、上下级相互信任的工作氛围。以信任为基础的管理是最高效的；频繁检查和问责是一种监控式的管理，不但成本巨大，而且会使基层干部失去安全感。人在不安全的时候只有躲避的本能，不会产生大胆探索、做好工作的动力。

问题导向式的改革看起来并不十分"高大上"，也很难概括出一些新概念，但却是最实际、最稳妥的办法。我们的国家太大，各个区域的经济发展水平、社会观念文化的差异巨大，沿海地区的改革措施在内地和东北地区不一定适用。在这样复杂的国情之下，改革的顶层设计只能明确方向和边界，具体的政策和办法不可能考虑周全，需要给基层放出足够的、宽松的空间，以便能从本地的实际情况出发解决问题。只要对改革的大方向心中有数，只要对改革的实践有敬畏之感和探索之心，一个问题、一个问题地解决，摸着石头向前走，就会越来越趋近于改革的最终目标。

十八、管人、管事、管资产一体化问题

2002 年，党的十六大提出，"继续调整国有经济的布局和结构，改革国有资产管理体制，是深化经济体制改革的重大任务"。"国家要制定法律法规，建立中央政府和地方政府分别代表国家履行出资人职责，享有所有者权益，权利、义务和责任相统一，管资产和管人、管事相结合的国有资产管理体制"。这一论述所概括出的"三结合、三统一"的企业国有资产管理体制的改革目标，是我国经济体制改革中一个具有里程碑意义的突破，把国有企业改革带进了一个全新的阶段。

如果没有企业国有资产管理体制的改革，就没有国家所有权的具体化，就没有国有资产管理的责任主体对企业去加强监管和推动改革，中国的国有企业想要稳定住、发展好基本没有可能。

"三结合、三统一"的企业国有资产管理体制的确立，为国有企业改革破解了两个在企业层面解决不了的难题。

在体制层面，这项改革通过政府内部的政资分开，实现了对国有企业的政企分开。正式的说法是"行使公共管理职能的部门不再行使国有资产出资人职责，国资监管机构不再行使公共管理职责"。这是以往改革中一

直未能解决的难点问题，实际工作中只能在"一放就乱、一管就死"的循环中找不到出路。政资分开了，才能够在政企分开的同时保证对企业国有资产有效的出资人管理。

在工作层面，这项改革通过企业国有资产管理职能的一体化和实体化，解决了以往国家所有权"虚置"的问题。在改革后的体制下，国家所有权不再是一个抽象的概念，而是转化成为一套对企业负责人明确的工作要求和经营责任。同时，明确了国有企业改革发展工作的责任主体，理清了政府系统内部的工作关系，减少了部门间的扯皮和内耗，提高了工作效率，加大了工作力度。

正因为如此，这项改革实施后的效果非常明显，国有企业的改革和结构调整加快了，国有企业的经营状态发生了重大变化。实践证明，这项改革是正确的也是成功的。这一步如果迈不出去，对国有企业谁都可以发号施令，国有企业经营得不好谁都没有责任，国有企业在市场竞争中很难有站得住脚的理由。

但是，在企业国有资产管理体制改革取得重大进展的同时，对这一体制也出现了一些似是而非的批评。前一段有一种典型的说法是：管人、管事、管资产就是管企业，这就错了，应该是管资本；同时还提出了一个"授权"的概念。这实际上提出了另外一套企业国有资产管理模式，以取代"三结合、三统一"的体制。由于事关重大，有必要对这个替代模式进行一些讨论，探讨其合理性和可行性。

1. 关于管企业和管资本

"管人、管事、管资产就是管企业"的说法，实际上存在一个"概念层次错位"的误区。

管人、管事、管资产一体化是政府监管层面的改革，目的是通过政资分开实现政企分开，把政府中原有的企业国有资产管理职能分离出来集中行使，解决长期以来国家所有权概念化、监管责任无法落实的问题；同时，理清政府机构之间的权责关系，解决多头管理、无人负责、内耗严重、效率低下的问题。一体化后，才能够实现政府社会公共管理职能和企业国有资产管理职能的分离，企业国有资产的监管责任才能够清晰，权责才能一致，工作才能做好。

至于一体化之后，企业国资监管机构对国有企业"管"什么，则是另外一个层次的问题，两者不在一个层面上。

企业国资监管机构可以只管资本，也可以不只管资本，要看企业的状态和需要，要看是否有利于国有企业的改革与发展。中国的国有企业大都从计划经济转轨而来，存在着许多不符合市场经济要求的历史性痼疾，需要进行彻底的改革和改造。"管资本"是改革最终的状态，国有企业的各种问题都解决完，并实现了完整的资本化之后，才具备"管资本"的条件，但这在改革过程中是做不到的。

如果必须按这种划分方法去概括，"管企业"应是改革之前的状态，"管资本"应是改革完成后的状态。在这两者之间，必然有一个很长的阶段，政府要全力推进国有企业的改革和调整，去解决国有企业存在的大量体制、结构和历史问题。这是一个跳跃不过去的阶段，到现在已持续了40多年，没解决的问题仍然不少，有些已解决的问题又出现了反复；如果这个阶段的任务完成不了，我们永远也创造不出可以只"管资本"的条件。

实际上，用"管企业"和"管资本"来概括国有企业改革和企业国有资产管理的诸多举措，很难解读清楚中国国有企业改革的实际。国有企业改革中有很多非常具体的工作，如推进企业的重组、操作困难企业的破产、化解群体性事件、推动企业的内部改革、分流企业富余人员、分离企业办社会负担等，都说不清楚是在"管企业"还是在"管资本"，但这些工作都是必须做的。而且，由于国有企业的很多问题都形成于特定的历史和体制背景，并不是企业自己造成的，在企业层面也很难解决；推动这些工作的责任主体只能是政府，包括政策制定、工作协调和风险处置。这些

"事"都很麻烦，但政府不能不"管"。

前些年有学者提出，国资委只应成为国有资产的监管者，只负责国有资本的配置和保值增值，而不宜介入具体企业的事务。如果真能这样，企业国资监管机构的工作量将会大大减轻。但问题是，国资委抽身去当监管者、只管资本了，哪个机构应该到第一线去推动这些具体的工作、去解决大量复杂的难题？这些非常具体的问题处理不好，企业中的国有资产不可能转化为可以优化配置的资本，其保值增值也无从实现。

当然，对任何一个概念，都可以有不同方向、不同程度的解读。如果"管资本"是指企业国资监管机构不能用行政的办法，而是要用出资人的方式去管理企业，这是有道理的；如果是指企业国资监管机构要根据企业状态的变化调整优化监管方式，这也是有道理的；如果是指企业国有资产管理未来应该演进的方向，这同样是有道理的。但如果用"管资本"来否定集中统一的企业国有资产管理体制，那就为回到多头管理的格局开了路，带来的问题就很严重了。

2. 关于授权经营

"授权经营"涉及一整套制度设计，与国有资本投资公司、国有资本运营公司是联系在一起的。正式文件最初的提法是："改革国有资本授权经营体制，组建若干国有资本运营公司，支持有条件的国有企业改组为国有资本投资公司"。[①]

组建国有资本投资公司、国有资本运营公司的工作要求提出后，改革一线的同志大都感到困惑。一是这两类公司在功能上有什么区别，这在很长时间里众说纷纭，在后来的文件中又被归并成一个统一的概念，即"国有资本投资、运营公司"；二是这两类公司与现有的国有大型企业集团有什么不一样，因为资本投资功能、资本运营功能这些大集团都具备。尤其

---

① 中共中央关于全面深化改革若干重大问题的决定 [EB/OL]. (2013-11-15). https://www.gov.cn/zhengce/2013-11/15/content_5407874.htm.

是，组建两类公司显然不是一个改革中亟待解决的紧迫问题，忽然提上工作日程让人感觉摸不着头脑。指导性文件提出的工作要求让第一线的操作人员看不明白，这种情况在以往问题导向的国有企业改革中很少出现过。

后来，牵头这项改革的部门负责同志正式解读，"现有的企业集团主要是产业集团，本身从事生产经营活动；国有资本投资、运营公司是国有资本市场化运作的专业平台，本身不从事具体的生产经营活动"①。大家这才搞明白，这是要在现有的、从事具体生产经营活动的国有大型企业集团之上，再组建一层国有资本投资、运营公司，形成企业国有资产管理的三层构架。

但是，这样的操作会涉及这样几个问题：

第一，以往实践三层构架的体制构造并不成功，人为搭建出的中间层并不必然会按照理想化的方向运行。深圳市曾组建的国有资产经营公司事实上成了改革的"中梗阻"，而且把企业国有资产管理中的工作关系搞得非常复杂，最后不得不撤销，回归到两层构架。

第二，拟组建的国有资本投资、运营公司的行政级别不能低，至少要到副部级，否则约束不了行政级别都不低的中央企业。同时，其市场能力、管理水平要优于划入的大型企业集团，否则也难以服众和管理，做到这种境界并不容易。而且，构造中间层次会与现行对国有企业的管理体制产生很多矛盾，其职权很难到位。

第三，国有资本投资、运营公司组建完成后，要把资本投资和运营职能从现有大企业集团中剥离出来上收，让大企业集团专注于产业发展。这基本上只是一种理论分析层面的"说法"。这些职能如何切分出来、没有资本投资和运营功能支撑的产业发展会是一种什么状态，以往在工作中从来没有尝试过，理论上也还没有论证清楚。

---

① 财政部有关负责人详解推进国有资本投资、运营公司改革试点 [EB/OL]. (2018-08-02). https://www.gov.cn/zhengce/2018-08/02/content_5311156.htm.

最重要的是，当时中央企业和地方国有大企业改革后的发展状态总体上正常，经过系列化重组后，这些大型企业集团的功能已经趋于完整，除仍在搞实体经济、仍然具有产业发展功能外，本质上就是国有资本投资、运营公司。此时，在这些大集团之上人为再加上一层专司资本经营的、更"高"的层次，还要分解和调整现有企业集团的职能，这样的操作既让人看不出有紧迫的现实需要，而且会造成很多矛盾，要冒很大的风险。

应该说，构建国有资产管理的三层构架不是不可以进行探索，但显然不是一个眼下就要完成的急迫任务，最好能依托一个较自然的过程。例如，最好有待于资本投资和运营功能在现有大集团中充分发育出来。目前大多数企业集团的资本功能和产业功能是混在一起的，在其上面新设层次或人为剥离职能都会产生很多矛盾。再如，最好有待于对国有企业管理办法的进一步改革。目前对国有企业的管理都是直接对到企业的，这种管理方式不改变，构建出的中间层次极有可能处于被架空的状态，而且会使国有企业的管理关系变得更加复杂。

"授权经营"是1992年提出的概念[①]。其内涵是：国有资产管理部门把企业集团中紧密层企业的国有资产统一授权给集团核心企业经营和管理。当年之所以提出授权经营的概念有很现实的需要。当时我国的企业集团建设还处在"核心层""紧密层""松散层"的认知阶段，集团内部也还没有建立起产权关系，授权经营是构建母子公司体制的一种重要方式。但在这之后，由我国《公司法》规范的产权概念已经相当普及，企业集团内部的产权关系已经非常清晰，授权经营的原有内涵已失去了现实意义。

前一阶段，再次提出授权经营概念的真实意图是，准备推出一套新的企业国有资产管理模式，以取代"三结合、三统一"的体制。其结果是，企业国资监管机构将被撤销。

---

① 国家国有资产管理局，国家计委，国家体改委，国务院经贸办.关于国家试点企业集团国有资产授权经营的实施办法（试行）[Z]. 1992-09-11.

根据这样的模式设计，国有资本投资、运营公司组建完成后，可以由国务院直接授权经营，这样中间就没有必要夹着一个企业国资监管机构了。正式文件的说法是："政府直接授权国有资本投资、运营公司对授权范围内的国有资本履行出资人职责。国有资本投资、运营公司根据授权自主开展国有资本运作，贯彻落实国家战略和政策目标，定期向政府报告年度工作情况，重大事项及时报告。政府直接对国有资本投资、运营公司进行考核和评价等。"[①] 其中的"政府"，显然不是指企业国资监管机构，否则就不"直接"了。正因为如此，"授权"的概念一提出，社会上就盛传国资委将被撤销，国务院国资委内部也是人心惶惶。

实际上，"授权体制"潜在的问题非常多，写入正式文件之前好像也没有仔细研究过。大约在2014年，一位国务院领导同志召开了一次范围很小的座谈会，我当时已转岗到了全国人大财经委，是会议参加者之一。会上领导点名让我谈谈对"授权"的看法。

我在发言中讲，拟组建的国有资本投资公司、运营公司也是国有独资企业，也存在一个国有资产出资人到位的问题。对这样的企业很多"权"是"授"不下去的：一是企业经营者的选任权"授"不下去，不能让企业负责人自己选任自己；二是对企业的考核权"授"不下去，不能让企业自我考核；三是企业负责人的薪酬决定权"授"不下去，不能让企业自定薪酬；四是企业本级资产的处置权"授"不下去，母公司可以出售子公司，但不能把自己卖了；五是对企业的监督权"授"不下去，不能让企业自己监督自己。唯一可"授"的是企业的重大决策权，这个权目前已经在企业董事会了。

这些"授"不下去的权力总要有部门去行使，因为国务院不可能"直接"行使如此多方向的具体职权。如果用授权的体制把企业国资监管机构

[①] 国务院关于推进国有资本投资、运营公司改革试点的实施意见 [EB/OL]. (2018-07-14). https://www.gov.cn/gongbao/content/2018/content_5313948.htm.

撤销掉，我们势必要重新分权，这就回到了政企不分、多头管理、无人负责的状态。而且，如果撤销了国资委，一个非常现实的问题是：如果再有国有企业出现了危机，哪个部门应该到第一线去解决问题，因为国家经贸委十年前就已经被撤销了。

我感觉，我的发言把问题讲清楚了。我不知道，这个发言对国资委最后没有被撤销是否起了作用。

现在回过头去看，如果当时各级国资委真的被撤销了，中国国有企业改革发展的工作格局会发生重大变化：政府内部国有企业改革发展工作的责任主体没有了，工作层面第一线解决问题的操作主体不存在了，国有企业与政府公共管理部门之间的隔离层也消失了。历史过程不能假设，我们不能妄断这样的格局变化会带来什么样的结果，只能说，中国国有企业改革发展的前景将面临很大的不确定性。用老百姓的话说，这么做是很"悬"的。

对我们以往发布过的文件的具体内容，可能也要有一种历史的、唯物主义的态度。这些文件都很重要，但反映的是特定时期我们对特定问题的看法。随着实践的发展，这些看法会有变化、会实事求是地与时俱进，尤其是一些探索性的工作。如果把以往文件提出的要求都绝对化，会使我们的工作非常被动。具体到国有企业改革，如果以前的文件都要对我们形成硬约束，很多方面的改革现在都不方便再做了，因为中国国有企业"比较完善的现代企业制度"至少在十多年前就应该已经建立了。

如果用"授权"体制取代党的十六大提出的"三结合、三统一"的企业国有资产管理体制，我们就回到了党的十六大之前多头管理的体制状态。这种大家都有权力、都没有责任的体制运行起来会是一个什么样的结果，在二十年前已经看得很清楚了。虽然，通过长期艰难的改革和结构调整，国有企业的经营状态已经有所改善，但是改革还在进行过程之中，很多问题还没有解决彻底，各种关系还远没有理顺，此时撤销第一线的工作机构，解散第一线的工作团队，客观上有很大风险。

3. 多头管理与部门关系

从改革的过程中很难找到要改变监管模式的理由，因为国资委成立后改革的成效非常明显，是改革开放后国有企业发展最好的一个时期。以往对国资委的批评主要来自自由市场经济的方向，认为国资委是中国国有大企业非国有化的障碍，而这种观点高层是不接受的。在这样的背景之下，改变监管模式只能理解为要照顾部门之间的权力平衡。

例如，国有资本投资、运营公司改革试点被认为是"深化国有企业改革的重要组成部分"。在正式文件中，国有资本投资、运营公司改革试点的组织实施是这样安排的："中央组织部、国家发展改革委、财政部、人力资源社会保障部、国务院国资委等部门按照职责分工制定落实相关配套措施，密切配合、协同推进试点工作。"① 这可能是重新回归的多头管理体制第一次见诸正式文件。

除了中组部和国资委外，其他机构都属于政府公共管理部门，以往从未操作过国有企业改革，在这项改革中并没有过"职责分工"；而且，这些部门与企业隔得很远，对国有企业发展的好坏也不承担任何责任。这样的工作安排是否有利于国有企业的改革发展，是需要慎重考虑的。如此重大的体制变化，之前并没有广泛听取意见或研究讨论，来说明我们为什么要回到多头管理的体制，它有什么好处，这种情况曾让我们感到非常困惑。

其实对于中国的国有企业而言，由哪个部门管理并不重要，国资委撤销与否也不重要，重要的是什么样的管理体制可以保证国有企业能够改革好、发展好。这个前提事关国家经济和社会发展的大局，其分量要远远重于部门之间的权力平衡。而恰恰在这一根本问题上，多头管理的体制存在

---

① 国务院关于推进国有资本投资、运营公司改革试点的实施意见 [EB/OL]. (2018-07-14). https://www.gov.cn/gongbao/content/2018/content_5313948.htm.

重大隐患。

对国有企业多头管理的体制之所以不可行,是因为两个"老"问题,一是政企不分,二是责任不清。

政企问题一直是中国国有企业改革中的一个难题,政企不分的倾向在国有企业经营状态好转时会变得尤为突出。三年改革脱困时期没有人去争工作的位置,大家担心引火上身。一旦通过改革使企业的经营状态好转,国有企业变成了能做些事的优质资源,各方面都希望能够施加影响力。而且为了避责,此时部门的干预往往是口头方式,不会有书面的东西,事情做成了是部门的业绩,出了问题则完全说不清责任,这种情况并不很少见。

当然,由于国有企业特殊的属性,完全、彻底地实现政企分开可能也不大现实,只能通过体制上的自我规范和限制,把问题控制在一定的限度之内。在这方面,最好能有一个明确的规则和程序,并接受各级人大的监督。如果谁都可以发号施令,各个方面都要照顾到,国有企业不可能搞好。

政企不分另外一类潜在的问题是各种"关系"介入企业事务。"关系文化"和"人情社会"是我们不能不正视的国情,而且有些所谓的"关系"根本无法也不能去核实,这会使我们的工作环境更加复杂。这种文化层面的国情是我们建立社会主义市场经济体制和法治社会面临的一个很大的挑战。中国的传统文化重视人情和关系,不讲契约精神也没有规则意识,"熟人好办事""有事先找人"在现实生活中相当普遍,在熟人和关系面前制度往往很难严格执行。

缺乏制衡的公权力、关系文化与市场经济下强烈的逐利动机相互结合,其侵蚀的效应对国家的经济秩序和政权建设会造成极大威胁,因为所有的"关系"都要互惠互利,具有交换的性质。

国有企业的经营和投资并购涉及大量资金和资源,是很多人重点盯住的目标,国有企业的经营活动如果与人情和关系搅在一起不会有好的结果。根据前些年的观察,无论是中央企业的负责人还是国资委的领导,如何应付各种"关系"和"招呼"都是非常头疼的事，稍有不慎，碍不住人情和面子就可能被拖带下水。近年来，中央多次强调要警惕"关系网"和"圈子文化"，与这种国情应该有很大关系。

在这种现实的社会背景之下，我们相关的制度建设必须足够"硬"，需要"断然"一些，不如此挡不住人情和关系的冲击。实际上，"硬"一些、"断然"一些的制度规定，对于守规矩的人来说是一种解脱。

具体到国有企业领域，国有企业与政府公共管理部门之间必须有明确的区隔，必须把责任的约束非常清晰地加进去，不能过于原则和模糊；政府高层决定国有企业的事务也要履行特定程序，并要有书面依据；企业内部要有严密的管控措施和手段，不能怕得罪人，不能留任何通融的余地。这种体制上的自我管理能不能有效，政企分开的原则能不能坚持住，将是国有企业经营状态好转后我们自己面临的一大考验。

责任不清涉及两个方面的问题：一是改革动力问题，二是部门关系问题。

国有企业改革由于涉及数量众多的企业和庞大的职工群体，操作难度大、社会风险大，没有足够大的动力推不动这样的改革。国有企业改革的推动主体只能是政府，因而这种动力的来源只能是责任的压力。这种情况在之前的国有企业改革中看得很清楚。2003年之前，地方国有企业改革推进的力度很大，但中央企业的改革明显滞后，原因就在于背后的动力机制完全不同。

地方国有企业改革的动力在于责任明确和事实上的"三结合、三统一"。这种结合和统一不是体现在某个具体部门身上，而是体现在地方党委和政府的主要负责人身上。

地方政府和中央政府不同，发展经济、增加就业和税收几乎是唯一目标，因而地方政府对本地企业的关注程度非常高。地方国有企业对地方政府来说，如果发展状态好，会成为地方经济和社会发展正面的推动力，社会效应、政治效应都是正面的；如果搞得不好，会给当地带来上访、群体性事件等一系列麻烦，社会效应、政治效应都是负面的，地方党委和政府自身就不得安宁。在这样的责任压力之下，地方党委和政府会全力以赴推进本地的国有企业改革，甚至愿意冒很大的风险，这实际上是国有企业三年改革脱困工作能够取得进展最重要的动力来源。

对于中央企业而言，由于是多部门分权管理，各个部门都没有明确的责任；虽然国家经贸委当时是改革主要的操作部门，但国家经贸委对国有企业整体的改革发展也是没有责任的，其责任主要在于要完成好国务院交办的任务，如操作国有企业的破产、某家困难企业的危机处置、某项具体工作的牵头组织等；没有国务院的交办或授权，国家经贸委不能擅自行动，而且也协调不动其他部门。因此在中央政府层面，国务院之下并没有推进国有企业改革的部门责任主体，这样的工作格局不可能形成足够大的责任压力和改革动力。

地方党委和政府对于当地中央企业的改革和发展既无责任也无权力，职工上访一般是去北京，对地方党委政府的直接压力不大。正因为如此，以往即使在同一个城市，有时甚至是一墙之隔，中央国有企业和地方国有企业改革状态的差异往往非常之大。当然，地方党委和政府这种性质的"三结合、三统一"没有科学的体制保障。企业困难时改革的动力很大，效应基本是正面的；企业状态好时，行政干预的动力也很大，效应如何就很难说了。

除了出了问题说不清责任之外，多头管理造成的另一个问题是各个部门相互牵制、内耗巨大；跨部门的工作哪一家说了也不算，谁都不好主动做事。这是一个运行成本极高的体制。例如，在国务院国资委成立之前，中央企业是没有业绩考核制度的。我们当时感觉，这么多大型企业、这么多国有资产，每年经营下来不能连个目标要求都没有，实在有些说不过去。当时国家经贸委开会时研究，能不能和各相关部门商量一下，几家共同给中央企业下达一个年度经营目标。但协调的结果没有一个部门愿意响应，此事只能作罢。涉及多部门的工作想有些改变是很困难的。

我国的政府职能转变和部门关系调整也是一个需要改革的领域。一方面，我国政府机构设置和运行的法治化程度不高，尤其缺乏对每个机构权限和履职行为的严格规定，自主作为的空间很大；另一方面，我国政府部门数量偏多、分工偏细，部门之间的职责交叉不少，特别容易造成部门矛盾。尤其是，由于我国政府机构内部的体制机制僵化，上级并不总能有效约束下级，部门之间的关系更加复杂，高层沟通好了到下面仍然办不通的事很多。

正因为如此，这些年国家一直在推动大部制改革，目的是尽可能减少部门间的职能交叉，解决责任不清、政出多门、协调困难的问题，以提高行政效率、降低行政成本。前一段推行面很大的"河长制""湖长制""林长制"等，大体上也是这个思路。

部门关系是我国行政体系中一个非常敏感的问题。在前些年的工作中，我们看到了太多的部门矛盾，凡涉及多部门的事，很少有办得快、推得顺的。电力企业职工持股的清理办法协调了近五年，电网公司主辅分离工作部门之间协商了六年，解决企业职教、幼教退休教师待遇问题也耗时六年。虽然这些工作我们都是牵头部门，但协调过程困难重重。

有人这样概括政府部门之间的关系：一个部门总是点头别人就不把你当回事，经常摇头的部门才有地位，这样的说法极缺乏境界，但不是完全没有道理。

这些年我们在进行政府机构改革时经常强调一个原则："一件事由一个部门负责"，这是非常正确的，应该成为一条最基本的行政规则。一个部门负责才能够把责任压实，才能够减少内耗和部门间的扯皮，才能够提高行政效率，才能把工作做好。

党的十六大提出的建立"三结合、三统一"的企业国有资产管理体制，实际就是这个原则的一个具体体现。国务院国资委成立后，体制运行的成本瞬间下降，效率马上提高，中央企业的改革和结构调整才能启动起来，使中央企业抓住了中国经济高速增长最后一个八年的窗口期。如果不是党的十六大及时做出这一重大决策，仍然维持当年多头管理、无人负责的状态，哪个部门都无法做事，中央企业的改革会长时间拖延下去，中国的国有企业很可能不是现在的状态。在部门之间的体制关系并没有调顺的背景下，贸然回到多头管理的体制，然后简单说一句"密切配合、协同推进"，工作风险极大。

4. 国资委的权与责

国务院国资委成立后，外界都认为国资委是一个权力很大、很强势的部门。但我个人的体会是，国资委实际上是一个很弱势的机构，有很多外界难以体味到的难处和苦衷。

其一，国资委在政府序列中并没有一个稳固的位置，与财政部、农业部、教育部是不一样的。而且，我国政府机构的设置一直缺乏法制的规范和保障，变动过于频繁；每次遇到政府机构改革，这类机构的风险都很大，内部的业务骨干也不容易稳定得住。

其二，国资委组建时"三结合、三统一"是"统一走了"其他部门原有的权力，相关部门总觉得原本属于自己的东西被"抢"走了，并随时准备索回。把权力拿回来最有效的办法是把这个机构撤销掉，因而国资委的部门关系一直非常微妙，工作环境一直不太好。

其三，国资委要解决大量中央企业出现的具体问题，但在很长时间里"手无寸铁、身无分文"。有些问题涉及稳定，但国资委和中央企业都没有维护稳定的手段，只能求各地政府帮忙，但不是所有的地方政府都愿意帮忙；有些问题的解决需要成本，但在很长一段时间里，国资委不掌握任何可用于解决问题的资金，有时不得不向其他中央企业借钱，来解决困难企业的燃眉之急。

反观国务院国资委监管的对象。中央重要企业一把手的管理权和查处权都不在国资委的职权范围内，国资委对这批企业的影响力有限；即使是国资委能够管理的企业负责人，很多也是背景深厚，国资委也不能过于严格要求。但另一方面，国资委要对所有这些中央企业的改革、发展、稳定负全部责任。

有一次，一位中央企业的负责人对我讲：根据他几年的观察，国资委推动中央企业的工作基本靠"哄"。这句话不是完全没有道理。当然，中央企业负责人都不是一般人物，"哄"是哄不了的，但至少不能强制。总体上讲，前些年国务院国资委和中央企业之间的互动配合还比较好，基本上能够相互理解和支持。做到这一点主要不是靠机构的地位，而是靠说服、感召和以理服人。

在国务院国资委工作十年总的感觉是，空间有限、条件有限，但责任非常明确。全国的国有企业改革发展工作做不好，国资委要负责任；中央企业如果出了事，或是具体问题没有解决好，国资委也要负责任。在这样的状态下，能够以很大的力度推动多方面的改革和结构调整，完全是责任到位压出来的结果。

前些年，一些人吐槽国资委的权力太大，说明很多人并不习惯权责一致的状态，而这一点恰恰是我国政府机构改革亟待解决的一个重大问题。在一个缺乏外部制衡的制度系统中，纵向的、基于责任的压力对于做好工作至关重要。例如，我们有些重要工作或改革的成效明显不是很好，社会上的非议不少，但没有看到某个部门为此受到了批评或承担了责任；如果上一件工作没做好，就接着做下一件事，那么下一件事也未必能做好。

如果一个部门是不担责的，权力越大出问题的可能性越大；如果责任与权力相一致，情况会完全不同，责任是对权力最有效的约束。在国务院国资委工作十年的感受是，国资委的责比权大。

对于众多的政府机构，如何把每个部门的行政责任压实，如何使机构的权责对等，是我国行政管理体制改革中特别需要深入研究的问题。在我们的体制内，有些部门的权力很大，但从不承担责任，即使在一个部门内部也有类似的情况。这种有权无责的工作一般都做不太好，因为缺乏责任的约束和压力；而且，这样的机构一般都自我感觉良好，口气都特别大，扩权的动力很强，从来不嫌权大，背后的原因就是不必担责。

这些年经历过多轮的政府机构改革，由于涉及职能的调整，部门之间争权争得很厉害，这让高层领导和主持工作的机构很头疼。如果政府部门的定位是先划清责任，再围绕责任配置职权，情况可能会大不一样，有些职权可能不会有人去"抢"，而是会向外"推"。也许我们以后的政府机构改革需要围绕"首先明确责任"来进行。

根据这些年的观察，部门争权的原因，一方面是一些政府机构的责任界定确实不易；另一方面是这类工作往往带着一个向上报告、由更高层次批准的程序。例如，投资额多少以上的项目必须报一个更高的层次审批。更高的层次往往也很愿意有这样一个程序：重大事项向我报告了，由我决定了。但是，更高的层次开一次会要过许多个项目，不可能审得很细；如果项目以后出了问题，更高的层次很难进行追责，则因为项目是上过会的，是自己同意过的。

重大事项向上级报告、由上级决策的程序没有问题，但前置的操作部门应该负什么责任需要梳理清楚。否则，结果必然是下面在行使权力、上面在承担责任，很多重大事项的决策责任就会悬空。

毋庸讳言，国务院国资委成立后自身的工作也存在一些不足和问题，大致可以分为三种类型。

一是一些监管办法不够完善。例如，企业经营业绩考核办法中规模因素的权重过大，客观上造成了企业的规模偏好；主业管理有阶段性控制过严的问题，不利于企业进行产业结构调整。还有一些监管方向一直没有找到较为周全的管理办法。如企业收入分配总规模的控制，管松了担心超额分配，管紧了影响企业内部分配的调节余地；国有企业的工资与利润并不存在对立，而且企业负责人的选任要经过民主测评，慷企业之慨为自己换取选票也是经常出现的情况。

二是行政化的倾向。企业国资监管机构与政府机关的行为方式应该有所不同。我们自己曾经非常理想化的说法是：国资委的岗位是不能当"官"做的，职能是不能当"权"用的。但国资委也是由行政官员组成，管理体制与内部机制与政府机关完全一样，也是能进不能出、能上不能下，激励和约束机制都不到位。如此组建出的机构，无论定义成什么性质，其行为方式都必然具有行政化的倾向。

三是承担的非出资人职能。国务院国资委虽然定位于企业国资监管机构，但部门职能的单一化并未完全实现，仍承担了不少归口性质的非出资人工作，如安全生产、节能减排、组织各种活动等。这些工作的要求大都很具体，定期还要上报详细的情况，这就很容易"管得过细"。还有一些属于无奈的事。例如，2009年国务院国资委曾发了一个有关中央企业对外捐赠管理的文件，规定中央企业子公司对外捐赠要经集团公司批准并到国资委备案，超过一定限额还要经国资委同意。按说公益捐赠是企业自主的行为，国资委不应该介入；但如果不设置一些帮企业挡驾性质的程序，各个层次、各个方向的摊派性捐赠要求会纷至沓来，企业谁都得罪不起，根本无法招架。

上述问题的根源一是国资委的业务能力建设问题，二是国资委的机构定位和内部机制问题。这两个问题都有很大的改进和改革的余地，但与大的体制格局无关。

前些年，有学者批评国资委对国有企业的管理仍然是政企不分。这种批评对于某些监管方式可能是有道理的，也确实需要改进；但对于大的体制格局而言，则模糊了一个重大的体制差异。

国资委并不是具有公共管理职能的"政"，而是企业国资监管机构。

这种承担着国有独资公司股东会职能的机构，不能像政府公共管理部门一样，与所出资企业完全分开，甚至不能离得太远。如果完全分开了，国家所有权就"虚置"了，政府就失控了。而且，国资委承担着国有企业改革发展工作非常明确的责任，这与一般意义上的政企不分有本质的区别，以往我们政企不分的"政"从不承担任何责任。

如果认为国资委的工作需要改进，可以要求国资委进行自我改革；如果自我改革做不到，可以对机构进行改组，换一批人来做这项工作，而不能把一个合理的体制废弃。

党的十六大提出建立"三结合、三统一"的国有资产管理体制，是中国国有企业改革历史进程中一个重要的里程碑，理论意义重大、实践效果明显。但是，企业国有资产管理体制改革涉及部门之间权力和利益格局的调整，从不同部门的角度，看法和说法会完全不一样，学者们也会有各种各样的意见。这就需要我们有一种大局观和非常清醒的判断。判断的标准只有一个：是否有利于国有企业的改革和发展。

如果我们轻易地放弃一个已被实践证明是合理、有效的体制，转换到一个并没有经过实践检验的、不确定性很大的体制模式，国有企业改革和国家的经济社会发展可能会付出很大代价。中国的国有企业当年能够摆脱困境并转入良性发展非常不容易，是付出了艰苦努力和巨大成本的，今后这些企业仍要在我国的经济和社会发展中承担重大责任。国有企业对中国经济、社会和政治的影响力非同小可，涉及国有企业的改革绝不可随意，必须慎之又慎。

十九、关于混合所有制改革

混合所有制并不是一个完全新的概念，与其内涵相近的股权多元化改革已进行了二十多年。这两个概念在层次上还有区别。

1999年，党的十五届四中全会通过的《中共中央关于国有企业改革和发展若干重大问题的决定》的表述是："积极探索公有制的多种有效实现形式。国有资本通过股份制可以吸引和组织更多的社会资本，放大国有资本的功能，提高国有经济的控制力、影响力和带动力。国有大中型企业尤其是优势企业，宜于实行股份制的，要通过规范上市、中外合资和企业互相参股等形式，改为股份制企业，发展混合所有制经济，重要的企业由国家控股。"由此可以看出，混合所有制主要是说明经济的属性，股权多元化主要是指企业的组织形态。

在具体工作中，股权多元化改革很早就进行了探索。1992年诸城国有小企业改革的主要形式就是股份制，虽然为了使职工易于接受借用了股份合作制的名义，但其中并没有"劳动联合"的成分。在地方政府推动国有中小企业改革的过程中，国家经贸委曾试图引入股份制对特定目标企业进行改制，虽未能成功，但也说明了一些问题。

当时瞄准的改制目标主要是一些经营状况较好的国有中型企业，调研过的企业包括湖北的"劲酒"、广西的"两面针"等。这些企业都有一定的规模，产品有不错的市场接受度，但也存在机制僵化、观念陈旧等国有企业的通病，需要进行彻底改革。我们当时提出的改制建议是，国有股不需要全部退出，保留40%左右，但承诺不参与经营管理。这样操作可以降低企业改制的成本，同时为地方政府保留一块优质的国有资产，也不妨碍企业通过改制转换经营机制；一旦企业改制后有了更好的发展，国有股增值的空间很大，可以为地方政府提供更多的改革成本去解决困难企业的问题。

开始时各方面对这个建议兴趣很大，认为经济上合理、可以操作，但有一个我们回答不了的问题造成了逆转。记得座谈中一位准备接手的投资人提出这样一个问题：对一些状态较好的国有企业，政府经常进入企业开展各种活动、进行各种检查，对企业的生产经营影响很大；如果改制企业保留了国有股份，政府能不能承诺改制后不再有这样的事？我们把投资人的问题转述给地方经贸委,他们都不敢做出承诺,因为这些活动和检查大都不是地方经贸委组织的,他们承诺了也不算数。最后的结果是,国有股如果不退干净,就没有人愿意接手企业。这种情况说明,股份制在现实生活中的影响因素非常复杂,有经济因素,也有非经济因素,不能理想化。

需要特别说明的是,在实际的改革工作中,国有企业的股权多元化有两种不同的性质和目标。一种是国有企业改革的措施,希望通过股权多元化改变企业的体制机制,这种性质的多元化一般仍是国有控股;另一种是国有企业退出的措施,由于职工一时还难以接受等原因,先把国有股退成参股的状态,待企业发展正常后再择机退出。这两种股权多元化的方向和目标完全不一样,不可一概而论。

国务院国资委成立后,把公众公司改革作为中央大型企业股权多元化的主要方式。之所以如此选择,一方面是因为这是各国通行的做法,另一方面也是因为其他方式的不确定性太大,不宜作为普遍性的工作要求来提出。

发达国家在进行国有经济机构改革时,都是先进行企业化改制,待企业经营状况改善后上市变为公众公司。这些国家与我们的主要区别是,企业上市后政府把国有股卖掉了,而我们没有卖,这种差别是国情所决定的;而且,如果市场和法治环境对企业尚不能形成有效约束,大股东退出对企业发展未必是好事。以往的改革实践证明,公众公司改革的效果是不错的,公众公司成为国有大企业改革的突破口。通过其他方式实现股权多元化在政策上也是鼓励的,但没有作为工作的要求来推动。

至于有些人批评的国有企业之间的股权多元化,在实际工作中并不是很多,改革的效果因不同的情况而异。企业自主决策得好一些,尤其是政府为了特定产业或社会目标组织起来的股份公司,企业根据政府的要求投资入股,投资者对自己的出资并没有很强的关切度,股东也没有相关权利。例如,中国商用飞机有限责任公司2008年组建时,由国务院国资委、上海市政府通过上海国盛公司、中航工业集团、中国铝业集团、宝钢集团、中化集团共同出资；虽然这是一家股份制企业，但政府的管理与其他中央管理企业完全一样。这种股份公司的实际意义是，各有关方面和中央企业为国家的大飞机项目"众筹"资本金。

但是前一段有一个说法，国有企业改制上市、国有企业之间的股权多元化都不算了，混合所有制改革必须引入其他所有制企业。文件中的正式说法是"国有资本、集体资本、非公有资本等交叉持股"[①]，非常强调出资方不同的所有制性质。由于我国的集体企业大都是中小企业，在以往的改革中基本已经退出了，外资企业不能控股就没有参与的积极性，可能的混改对象只剩下了民营企业。

在以往的国有企业改革中，引入民营企业作为战略投资者的股权多元化并没有政策上的障碍。从效果上看，这样的改革在改变国有企业内部机制方面往往立竿见影，"大锅饭""铁交椅"可以很快被打破。除此之外，传统国有企业一个很大的弊端是非经济因素过多、内部关系错综复杂，从领导到员工都缠绕在关系网里，谁也做不成事。此时如果有一个好的外部投资主体进来，把原有的内部关系彻底打破，效率优先、唯才是用、业绩说话、奖惩兑现，企业的内部关系立刻简单化，原有生产要素的潜能马上被释放，经济效果会非常明显。这是我们以往在改革中经常能看到的情况。

我国民营家族企业的长处在于有着充分的基于经济利益的动力机制，内部有很高的管理效率和很强的激励约束，不确定性在于控制人的行为和决策走向难以预计。例如，前些年一些被称为某某"系"的民营集团型企业，资产规模和社会影响力都已经很大，但其运作方式和最后的结局完全让人想象不到。在国有大企业改革的阶段，由于涉及企业的长远发展以及职工能否接受等现实问题，情况就更加具体和复杂。因此，除了被提倡的

---

① 国务院关于国有企业发展混合所有制经济的意见 [EB/OL]. (2015-09-23). https://www.gov.cn/gongbao/content/2015/content_2946696.htm.

公众公司改革外，股权多元化的决策权一直放在企业层面，因企业的具体情况而异，基本上是"因企制宜"，政府从未硬性推进。其原因大致是这样几个方面。第一，一个大股东带着一个或几个小股东的股权结构在国外也不多见。小股东不能控制企业，也不易保护自己的权益，除了以上市退出为目标的财务投资者外，投资入股的积极性并不高，此事不能强求。第二，民营企业的行为基本是实控者个人的行为。由于内部和外部都不存在有效的制衡机制，其经营行为和经营状态特别不好把握，不可预测性较大。第三，企业与企业之间能不能合作好涉及许多复杂的因素，股东之间由于经营理念、利益诉求不一致发生冲突的情况并不少见，有时两个企业经营者彼此间的个人看法都可能成为决定性因素，其中有很大的不确定性。

正因为如此，选择战略投资者的行为应该交给企业、交给市场，由企业自主决策、自担责任和风险；政府离企业和市场太远，不宜介入过深。

如果政府把这样的混改作为有期限的改革任务来推动，会造成几个方面的问题。第一，合适的战略投资者不是想找就能找得到的，一时找不到合适的，为按时完成任务只能退而求其次，潜在的后遗症会比较多。第二，众多国有企业都去找混改对象，相当于一起买或一起卖，这会自贬身价，客观上造成国有资产的贬值。第三，现实工作中，国有企业还有不少不利于混改的制度或政策，比如过于频繁的企业负责人调动，经常会延伸的各种审计和检查，严重不对称的激励与问责等，都会影响混改主体的预期和信心。这个方向要求混，其他方向上的障碍克服不了，这种情况反映出多头管理的体制下，不同部门和方向的政策在企业中形成的矛盾与冲突。

由于目前各个方向对国有企业的管理方式与混合所有制改革的要求差异太大，理想化的混改在实际工作中很难推得动。在正常情况下，我们的政策应该及时调整，适当往回"收一收"，给一线的工作多留出一些空间和余地，但一些部门反而提出了更加激进的改革要求。

一是准备让出国有控股权。在十三届全国人大二次会议上，国有企业混合所有制改革牵头部门的一位负责人在回答记者提问时有这样一段话:"将推出第四批混合所有制试点,打开民企进入混合所有制改革的大门,允许民营企业在混合所有制改革中控股。"① 这样的要求已经不是国有企业改革的概念,而是国有经济退出的概念。

二是要求国有大企业在二、三级公司加快混改的步伐。② 在下属企业推动混改的难度会小一些,但这样的要求也应有严格的限定条件,即混改的应是完整的产业发展平台。国外大型集团企业的母公司一般是多元化的,下属企业大都是独资的,主要是为了保证大公司内部的控制力和资源调配能力。如果一个产业发展平台的下属企业都是多元化的,都有不同的外部投资者,都有自己的董事会,母公司对下属企业的控制能力必然会降低,内部资源的调动会变得非常困难。这对于大企业的发展并非有利。

这样的要求已经不是把改革的效果放在首位,而是以混合为目标,为了混合而不惜代价。由于混合所有制改革的牵头权已经不在国有企业改革的系统内,这样的工作要求给国资委和中央企业造成的压力很大,执行还是不执行都很为难。当然,有关部门也强调:"混"不是目的,"改"才是目的,要以混促改。这个说法本身并没有错。但如果仔细考察一下"改"的内容,基本上都是公司治理的规范化改革加上企业内部的市场化改革;这些方面的改革已经推动了许多年,从来没有遇到过不混合就不能改革的问题。因而为了加快改革而必须混合的理由是不成立的。

目前,在改革工作中还有一个说法,对混改企业可以实施市场化的差异管控。这个办法当然很有智慧,客观上确立了一种动力机制,仅仅是为了规避行政性管控也要进行混改。例如,某些地方国有企业推进混改的

---

① 国家发改委:将推出第四批混合所有制试点 [EB/OL].(2019-03-06). https://baijiahao.baidu.com/s?id=1627226010339224770&wfr=spider&for=pc、.
② 国务院关于国有企业发展混合所有制经济的意见 [EB/OL]. (2015-09-24). https://www.gov.cn/zhengce/content/2015-09/24/content_10177.htm.

真实动因，实际上是为了规避企业主要负责人任职时间过长必须调离的规定。再如，混改企业一般都对管理团队和骨干员工实施了市场化的激励措施，包括高管和骨干员工持股，这当然会极大地调动积极性，所以大都能取得不错的经营效果。

但是，这种情况实际上反映出一种很不合理的状态。一方面，多头管理的体制使国有企业承受了一些并不符合企业发展规律的行政性管控；另一方面，再要求企业通过混改去规避这种管控，甚至有可能为此而失去控股权。这种左右手互搏、自己和自己过不去的状态，发生在一个工作体系之内，明显是不合理的。如果市场化的管控措施确实有利于企业的发展，那么对所有同类型的国有企业都应该实施，无论其是否进行了混改。在中国的社会主义市场经济体制已处于全面建设的阶段，我们显然不能再人为制造出一种"管控双轨制"，把我们的管理体制搞得越来越复杂。

如果准备让出国有控股权，外资企业和民营企业都会有参与的积极性，"混改"的步伐确实有可能加快。但如果按照这个方向走下去，国有经济将从竞争性领域完全退出。这是不是国有企业混合所有制改革要实现的目标，是一个需要认真考虑的问题。

这样的改革思路以往国内一些学者讲过很多。其基本的出发点是：国有企业负责人不可能对不属于自己的资产具有关切度，因此需要把民营企业的投资拉进来，利用其对自己资产的关切度改造国有企业，使国有资本能够"搭车发展"；由于不让渡控股权民营企业就没有进入的积极性，所以允许民营企业控股是改革推进的一个必要条件。但是，这种说法应用于大型企业存在两个方面的问题。

第一，即使在西方国家，这种理论也只适用于一些规模较小的家庭企业。国外大型公众公司的职业经理人经营管理的也不是自己的资产，他们的行为并不是源于所有者对自己资产的关切，而是由激励约束机制及市场和法治环境所决定；否则西方不会有大型公众公司出现，西方的公司治理也不会有委托代理问题。而且，如果一种所有制经济只能靠"搭"别人的车才能发展，这种所有制是没有希望的。所以，解决这个问题需要探索建立符合中国国情的、对国有企业负责人有效激励和约束的制度。

第二，这里说的民营企业都是抽象的、理想化的，没有家族企业的概念，没有治理结构的缺欠，也没有外部监管的不足。抽象的、理想化的市场主体参与进来，当然一切都顺了、一切都合理了。这种情况经常使改革一线的工作特别不好把握：抽象的民营企业都很好，应该引进来帮助国有企业进行改革；但现实生活中每家民营企业后面都有一位具体的老板，情况就很难一概而论了。把目前状态不好的国有大企业改制成为老板控制的企业，客观上存在很大的难度和风险，我们显然不能把如此重大的改革寄托在一个抽象化的概念身上。

前些年在工作中一直有个感觉，对以往我们制定的一些重要政策、推动的一些重点工作，有必要建立一种反思性质的后评估制度。定期回头看一看，哪些事决策对了，实现了预期的目标；哪些没有考虑周全、实施的效果不理想。建立这样的制度并不是要追究责任，而是要给我们自己树立一面镜子，有一条工作效果的反馈渠道，有助于我们加深对现实经济和社会生活的认识，并促使我们更加认真、更加谨慎地制定政策、布置工作。如果建立了这样的制度，对我们提高政府的政策制定水平和执政能力，都会大有裨益。

二十、国有企业负责人的薪酬问题

国有企业负责人的薪酬政策，可能是国有企业改革中最敏感、最复杂，也是争议最大的问题之一。至今也没有找到一个各方面都认可的办法，今后仍是一个很大的难题。

改革之前，国有企业负责人的待遇是比照同级别公务员的，企业经营状况如何与企业负责人的待遇没有很直接的关系。国有企业改革开始后，如何调动企业经营者的积极性成为各方格外关注的一个焦点问题。20世纪80年代之所以推行企业承包经营责任制，很大程度上就是使企业经营者的收入与经营成果挂钩的一种尝试；当然，承包制下企业经营者的收入往往取决于与政府一对一谈判的结果，由于信息严重不对称，不确定性很大而且很不规范。

在实行企业承包经营责任制的后期，各地已开始探索实施更加规范的企业经营者年薪制的办法。1992年，上海市开始对英雄金笔厂等几家国有企业进行年薪制试点；1995年4月，广东省发布了《广东省国有企业经营者年薪制试行办法》，这可能是省级政府第一个有关年薪制的正式文件；1995年10月，《湖北省国有企业经营者年薪制试行办法》正式出台；1998年9月，浙江省政府发布了《企业经营者年薪制试行办法》。年薪制开始在地方国有企业中大范围试行。

1999年9月，党的十五届四中全会通过了《中共中央关于国有企业改革和发展若干重大问题的决定》（以下简称《决定》），这个重要文件对国有企业试行年薪制给予了谨慎的正面回应。《决定》指出："建立与现代企业制度相适应的收入分配制度，在国家政策指导下，实行董事会、经理层等成员按照各自职责和贡献取得报酬的办法"。"建立和健全国有企业经营管理者的激励和约束机制。实行经营管理者收入与企业的经营业绩挂钩"。"少数企业试行经理（厂长）年薪制、持有股权等分配方式，可以继续探索，及时总结经验，但不要刮风"。这应该是中央文件第一次对国有企业经营者年薪制的正式表态。

在十五届四中全会之后一年多的时间里，各省（区、市）级政府以"可以继续探索"为依据，大都发布了本地国有企业经营者试行年薪制的文件；虽然名义上都还是"试行"，实际上已经全面推开了。各地的基本制度安排十分接近：国有企业经营者的年薪由基本年薪和效益年薪组成，基本年薪根据企业规模和经营难度确定，效益年薪与企业的年度经济效益指标挂钩。

但在中央政府层面，《决定》中提到的"国家政策"始终没有出台。出现这样的情况应该也属正常，当时中央政府层面对国有企业仍是多部门在管理，年薪制涉及的方面很多，大家的看法都不一样，部门之间的协调很难通得过。

到2003年时，地方国有企业已经普遍实行了经营者年薪制，但对中央企业既没有说法，也没有文件，企业对这种"没人管"的状态意见很大。这就是国务院国资委成立时的情况，中央企业负责人的薪酬管理成为国资委成立后遇到的一个难题。

在国务院国资委，我一直分管企业收入分配工作。与企业分配局研究后的感觉是：实行年薪制恐怕是大势所趋，否则中央企业在市场的人才竞争中会非常被动；但由于中央企业特殊的位置和影响力，年薪不能定得太高，而且要控制得很好。

当时国资委召开过一次主任办公会，主要研究中央企业负责人的薪酬问题。会上的意见很不一致，一位副主任对年薪制没有提出具体意见，但坚决反对国资委管理中央企业负责人的薪酬。由于意见不一致，主任办公会要求我和分配局先做两方面工作再进行研究：一是对中央企业负责人的薪酬状况进行一次全面摸底；二是对一些典型企业进行调研，听取企业的意见。

全面摸底的办法是让企业自报2003年底准备支付给企业主要负责人的年度薪酬数据，并要报外派监事会知晓。摸底的结果是，由于中央企业负责人的薪酬没有明确的政策规定，企业负责人的薪酬大都是自定的，而且差距很大。半数以上的中央企业套用地方政府的年薪制标准确定经营者收入，年薪水平大约在40万~60万元；有些企业似乎连地方的政策也没有遵循，一家规模并不很大的企业自报的年薪已超过了100万元；一些特大型企业的薪酬反而不高，中石油、中石化报出的年薪都在10万元上下。

而且，由于当时中央企业还没有建立业绩考核制度，"年薪"实际上是旱涝保收的固定收入。

按照当时并未废止的工作程序，中央企业主要负责人的工资标准应该报劳动和社会保障部审核批准。但真正报批过的企业很少，没报批的劳动和社会保障部也没有办法。摸底的情况表明，中央企业负责人的薪酬发放已经相当混乱了。

调研中企业的看法非常一致，几乎所有的企业都反映，市场上的薪酬水平对骨干员工的稳定冲击很大。一位套用了地方政府年薪制政策的企业负责人对我讲，这样做也是没有办法，地方国有企业都实行了年薪制，民营和外资企业给业务骨干的待遇更高，我们要不采取措施，技术人才和管理骨干就都跑光了。

在鞍钢了解到的情况更加具体。当时民营钢铁企业处于大发展的初期，正在大量吸引国有企业的骨干员工，招聘广告就刊登在《鞍山日报》上。钢铁企业最重要的生产骨干是高炉炉长，鞍钢尽了最大努力把炉长的年收入提高到2万元出头，而民营企业开价是年薪20万元再送一套住房，致使一大批业务骨干流失。鞍钢的领导在调研结束时拉住我的手讲，希望国务院国资委赶快想些办法，"要不然我们在第一线就守不住了"。

调研和摸底的情况促使国务院国资委下了决心，推进中央企业负责人的年薪制建设。当时的形势下，如果不进行制度规范，一方面中央企业自定薪酬的情况会越来越多，将会出现完全失控的局面；另一方面，守规矩的企业扛不住市场薪酬的冲击，人才流失不可避免，企业发展会越来越困难。国有企业负责人的薪酬管理是企业国有资产管理体系中一个非常重要的组成部分，是国务院国资委想躲也躲不开的，尽管这确实是一个风险很大的难题。

建立中央企业负责人年薪制主要涉及两方面问题：一是具体的制度设计，二是年薪总水平控制。为了合理确定中央企业负责人的薪酬水平，我们对当时企业经理人员的市场薪酬状况进行了摸底。由于没有这方面正式的数据，我们请了两家国内知名的人力资源公司，各选了十几家大型外资企业和大型民营企业进行了薪酬调查。最后的结果是：外资企业聘用国内人员担任总经理的，年薪低的80多万元、高的400多万元，平均165万元；大型民营企业聘用的职业经理人，年薪低的40多万元、高的200多万元，平均108万元。当然这只是个背景情况，中央企业负责人的薪酬不可能过于靠近市场的水平。

2004年6月，《国有资产管理委员会关于印发中央企业负责人薪酬管理暂行办法的通知》（国资发分配〔2004〕227号，以下简称"227号文件"）发布。文件的具体内容与地方政府的政策办法大同小异，企业负责人薪酬由基薪、绩效薪金和中长期激励单元构成，但中长期激励由于争议很大并未按时出台。基薪主要根据企业经营规模、经营管理难度、企业所在地区和行业的平均工资、本企业平均工资等因素综合确定，按月支付；绩效薪金与经营业绩考核结果挂钩；绩效薪金的60%在年度考核后兑现，其余40%延期到任期考核结束兑现。2004年是中央企业负责人实行年薪制的第一年，当年中央企业一把手的平均年薪为税前39万元。

227号文件是中央企业负责人年薪制最基本的政策文件。之后的工作主要是在这个基础上进一步完善，如规范职务消费、研究中长期激励办法、对科技型企业进行分红权的试点等。2013年我离开国务院国资委时，中央企业一把手的平均年薪为税前84万元。

从2004年到2013年，中央企业实现利润增长了4倍，上缴税金增长了5倍，企业负责人的年薪增长了1.2倍。应该说，这样的控制结果还是可以的。但在此期间，中央企业负责人年薪的增长速度已经远远跟不上房价的上涨。从2004年到2013年，北京中心城区的房价上升了7倍。

前一段社会上对中央企业负责人的薪酬有一些误传，原因应该是薪酬数据没有正式对外公布。虽然我们一直认为国有企业对公众应保持很高的透明度，但公布之后的社会效应如何我们拿不准，搞不好副作用会很大。这个年薪水平对市场上的高收入者来说可能完全不屑一顾，但对普通工薪阶层可能会造成很大的心态不平衡。由于数据没有正式公布，外界的传闻不少，前些时候，在网上看到一篇很严肃的文章，其中讲到中海油董事长的年薪是1140万元，但这是不可能的。

中央企业负责人实行年薪制，是国务院国资委成立后出台的一项重要举措。由于各方面的意见很不一致、争议很大，对这项制度的正面讨论不多，但实际上这项制度建设的意义重大。

第一，这项制度完全扭转了以往大部分中央企业自定薪酬的混乱局面，使中央企业负责人的收入分配初步进入了一个制度化、规范化的轨道，成为企业国资管理制度体系中一个不可或缺的组成部分，由乱到治的效应非常明显。

第二，年薪制与业绩考核制度相结合，使中央企业负责人的收入与经营业绩直接挂钩，业绩升则收入增，业绩降则收入降，不再是"干好干坏一个样"。在国务院国资委成立后的8年中，累计有超过200位中央企业负责人因未完成业绩考核目标而被降薪，企业负责人的收入分配成为中央企业发展一个正面的促进因素。

第三，年薪制推动了中央企业内部的收入分配制度改革，缓解了市场薪酬对国有企业的冲击，初步稳住了企业的骨干员工队伍。这一点可能最为重要，如果业务骨干大量流失，中央企业在市场竞争中很难站得住脚。从这个角度讲，实行年薪制应该是中央企业日后改革发展状态能够不断改善一个重要的制度基础。

但另一方面，实行年薪制也使国资委自身付出了巨大代价，尤其在国有企业领导人员一直被当作党政干部管理的背景之下。国资委和中央企业的工作环境、舆论环境一直不太好，很大程度上与实行年薪制有关。

实际上，国资委当年决策实行年薪制时，对其中的风险有思想准备，但似乎没有别的选择。不去触碰中央企业负责人的薪酬问题，国资委自己不会惹出很大麻烦，但中央企业很难稳定得住，后果可能非常严重而且无法挽回。如果不是责任明确的压力，任何行政机构都不会去做这种与官场规则相悖的事，国资委的选择可能就是"三结合、三统一"的体制把工作责任明确到位的一个结果。

中央企业负责人年薪制实施后，体制内的负面反应很大。党政官员方面普遍的看法是，国有企业负责人都是我们选拔任命的，他们的收入不应该比我们高这么多。这种看法完全可以理解，但这不是全口径的判断。一位中央军工企业集团的董事长对我讲过这样一件事。一次他去参加一个规模不大的业务会议，参加者不多但级别都较高。正式会议开始之前，参会的官员们都在指责中央企业负责人的年薪制，话讲得很不好听；他实在坐不住了站起来说："你们都住着国家分的房子，我们是没有人给分房的，我要住到你们的面积需要花多少钱？"他讲完后，会议室里再也无人说话。

国有企业负责人的薪酬问题在目前的体制状态下非常复杂，一头接着行政管理，一头接着市场竞争，行政因素和市场因素搅在一起，非常难于兼顾。我们的文件中也有要把组织选人用人与市场化选聘结合起来的说法。这个概念从理论上可以讲得非常有道理，但真要做起来很不容易，国务院国资委在这方面做过尝试，但基本不成功。

例如，国资委在向社会公开招聘中央企业高管时，允许实行"谈判工资"，即市场上来的人可以享受市场的待遇。这样，一个班子内部就有了两种差别不小的薪酬水平，这种差距不是由于岗位的重要性或者贡献不同，而仅仅在于身份不一样。市场招聘来的高管一般都是副职，正职都是行政任命的；承担责任大的人待遇低，责任小的人待遇高，班子内部的关系非常别扭。一位招聘来的中央企业高管对我讲："你拿着高薪，开会时别人看你的眼神都不一样。"这种模式运行了一段时间后的结果是，大部分招聘来的高管最后离开了中央企业回归了市场，少部分人主动放弃了市场薪酬，和其他副职拿一样的待遇进入了行政体系。

从中央企业负责人年薪制度本身看，国资委所做的工作仅算是一个开头，离科学化、合理化差得很远。社会上的一些批评是有道理的，但受制于内外部压力和各方面的条件难以进行调整。

例如，有批评认为，国有企业的领导人员都是行政任命的，并不是职业经理人，因而年薪制改革的起步就是错的。这个批评显然有道理。但问题是，我们不知道职业经理人制度的改革什么时候能够启动，如果年薪制必须停在这里等的话，也许企业负责人管理方面的改革还没有动起来，中央企业的业务骨干就已经流失完了。

再比如，有批评认为，国资委作为一个行政机构，靠一批政府官员去管企业负责人的薪酬是越权了，也管不好，应该交给董事会去管。这个批评显然也是对的。此事我和许多中央企业的董事会及其薪酬委员会讨论过，没有一个企业的董事会愿意接受这样的职责。给我的答复基本上一样：中央企业负责人的薪酬是个政治问题，我们管不了，国资委定多少我们就认多少。

前几年中央企业负责人开始限薪，领导班子成员大致限到税前年薪60多万元，税后50万元上下。考虑到前些年对中央企业负责人薪酬非常大的负面反应，出台这样的措施完全可以理解，停顿一段时间深入研究一下这个敏感问题也很有必要。所幸的是，这次限薪只限到集团领导班子成员，没有层层向下延伸，还是为企业内部的市场化改革留下了一定空间；否则中央企业短期内就会出现大规模的业务骨干流失问题，搞不好会出现"塌方"的局面，因为我们对体制外的薪酬水平并没有进行限制。

但是领导班子成员限薪后，所有中央企业都出现了收入倒挂，职务高、责任大的人收入低，不但影响积极性，企业的内部关系也出现了新问题，有些企业已经出现了不愿被提拔进班子的情况。这种状态时间长了会产生很多问题。

中央企业负责人的薪酬是不是过高了，各方面的看法差距很大，关键是和哪个方向比较。

与市场的方向比较，中央企业负责人的薪酬肯定是不高的。2018年，我国A股公司董事长年薪在500万元以上的有44人，按收入高低排序，第100位的年薪是334万元；A股公司董事会秘书收入排第100位的年薪也有208万元。一些高科技企业的薪酬水平普遍要更高一些，如网上报道，华为公司2018年全员平均工资为110万元，腾讯公司员工的平均工资为84万元，这些企业员工的年平均工资都要高于中央企业主要负责人的年薪。

与政府官员的方向比较，名义收入肯定是高的，但没有考虑住房的因素。住房问题在前些年房价不高时不太突出，这些年房价持续上涨之后，有没有住房方面的福利性安排就成为一个重要的收入因素。在房价较高的城市，各级政府都在想方设法为公务员提供一些购房或住房方面的优惠，否则党政机关也留不住人。中央企业负责人早已没有福利分房制度，也没有购房优惠，住房需要自己到市场上购买。

2004年中央企业开始实行年薪制时，北京市中心城区商品房的平均价格是每平方米不到7000元，中央企业主要负责人三年的税后年薪大致可以购买一套100平方米的商品房。目前，北京中心城区商品房的价格已经超过每平方米11万元，中央企业领导班子成员限薪后，买一套100平方米商品房大约相当于中央企业主要负责人20年的税后年薪，而这位主要负责人很可能是一家世界500强企业的董事长。这种情况在市场薪酬已经很高的背景下是有隐患的。近些年，一些中央企业高管或高端人才离职的理由大都是"还不了房贷"，这样的理由之下很难不让人离开。

限薪和住房问题在短期内还不会很突出，老一代中央企业负责人在房价较低时大都购买了住房，但以后矛盾会越来越明显，因为新提拔的年轻同志必然会面临这个问题。当然有同志也曾提出，可以给中央企业负责人比照其级别分房。这样的安排且不说中央政府有没有足够的房源，即使能够实施也会使国有企业的领导岗位进一步固化，以后进行优化调整会更加困难，与中央要求的改革方向也不一致。所以，在目前高房价的背景下，国有企业负责人的薪酬待遇必须把住房因素考虑进去，而且应该是市场化、货币化的。

中央企业领导班子成员的限薪措施应该是一个过渡性的安排，问题并没有得到解决，以后仍将是一个难点。国有企业负责人的收入应该比市场低，因为国有企业负有缩小收入分配差距的社会责任；但也不能低很多，因为国有企业的各类人才也面临着市场薪酬的诱惑和其他所有制企业的竞争，也会有留不住人的问题，包括企业的高管。我们不能一方面希望中国的国有企业能够在市场竞争中稳定住、发展好，同时又不能接受国有企业实行符合市场竞争要求的薪酬制度，而不考虑两者之间的因果关系。

其实即使在目前，国有企业负责人的薪酬政策并非完全没有优化的空间。例如，可以借鉴新加坡公务员待遇管理的办法，为国有企业的领导人员建立一种"廉洁和业绩积金"的制度。在职期间如果廉洁从业方面没有问题，任职企业的发展状态又很好，退休后可以得到一笔报偿性的收入，资金来源可以从国有资本经营预算中解决。当然，如果廉洁方面有问题，或者事后证明企业没有做好，这笔钱就没有了。这样一方面可以避免在职期间薪酬过高引发社会的不平衡，同时又可以形成较强的长期性激励。目前，国有企业领导人员退休后的待遇并不高，这个方向上有提高的空间。

这些年在工作中感觉到，国有企业负责人的薪酬和激励制度可能也要从国情出发，不能照搬国外的模式。例如，对国有企业负责人的长期激励，以往各方面比较一致的看法是引入股票期权制度，这是美国广泛采用的激励措施，也确实能使股东利益最大化。但我们研究后不敢操作。中国资本市场的政策性因素影响太大，某项政策出台可以引发股票市场的巨大波动，远远超过企业自身的变化；而且，我国资本市场又是一个散户为主体的消息市场，"市值管理"很容易变为股价操纵。在我国上市公司的真实状态和股价有可能严重背离的情况下，股票期权制度一旦实施，发现效果不好时很难再收回来，对企业不好交代，对资本市场也不好交代。

因此，对国有企业负责人的长期激励很可能要采取一种比较"笨"的、不太市场化的办法，就是在企业负责人任期结束或退休后，由企业国资监管机构做出评价，给予合理补偿，具体办法当然需要进行非常细致的研究。我们之所以对"廉洁和业绩积金"之类的办法有兴趣，还因为有一些很现实的问题需要解决。前些年，有不少好企业的负责同志被派到困难企业任职，实际上是去帮助"救火"的。这些同志到困难企业任职只能拿现企业的薪酬，个人在经济上是有损失的；如果任务完成得很好，而国资监管机构没个说法、不进行相应补偿，以后可能不会有人再愿意到困难企业工作了。

现在的问题是，在企业国有资产出资人的相关职能被重新分解后，掌握政策的部门由于对国有企业发展的好坏没有直接责任，缺乏内在的关切度和积极性；不会为了国有企业能够发展好而给自己带来风险，并没有主动去研究和调整政策的动力，这与国资委组建后的责任动力机制完全不同。如果高层没有明确的说法，国有企业负责人薪酬政策的优化很可能被长时间拖延下去。如果出现这种情况，对国有企业的长远发展将会非常不利。

国有企业负责人的薪酬水平始终是一个敏感话题，在现在的体制格局下几乎找不到一个各方面都能接受的办法。但如果我们扩大一点视野，有一个相关问题可能非常重要：要进行有效的、覆盖全社会的收入分配调节。

近些年，我国全社会的收入分配和财富分布出现了严重分化，而且分化的速度非常之快。根据2021年3月的媒体报道，居住在中国的、财富超过 10 亿美元的企业家达到了 1058 位，数量居全球第一，超过了第二三四名美国、印度、德国三国之和。①这么快的个人财富积累，说明我国全社会收入分配调节的效果很不好；加上我国的遗产税、赠与税都未开征，财富存量调整困难，长远的后遗症将非常严重。

这种情况已经造成了一种全社会焦虑、浮躁和急功近利的心态，这样的社会氛围极不利于企业、科研和国家经济社会的健康发展，也诱发了体制内大量的腐败行为和高端人才流失。我国目前经济和社会生活中的很多乱象大都与此有关，其中潜伏着巨大的社会风险。

我国经济体制改革的方向是建立社会主义市场经济体制，这就需要发挥市场在资源配置中的基础性作用。市场经济可以通过竞争促进经济发展，但不可能合理地分配财富，顾及社会的公平；因此需要政府有效进行调节，以防止社会过度分化。

发挥市场的基础性作用，有效调节社会收入分配，应该是社会主义市场经济体制两个核心性的要求。但在后一个方面，我们重视得不够，工作的力度也远远不够，因而问题非常突出。在全国人大财经委的一次会议上我曾提出一个问题：在我们的政府机构中，究竟是哪个部门在负责全社会的收入分配调节工作？但没有人回答我。

当然，近几年国家也不是没有讲过要加强收入分配调节。但实际操作基本上是只管体制内、不管体制外，这样的调节会使体制内外收入分配的不平衡进一步加大。在一个共同的市场之中，如果不同性质经济主体之间在税收缴纳、竞争手段、收入分配等方面的监管力度存在过大差异，时间长了能管住的部分就会逐渐萎缩，我们等于自己挖空了自己的墙角。

出现这种情况背后的原因，很可能就是部门责任不清晰，没有人对工作的结果负责。对我们的政府部门来说，直接管理的方式大家轻车熟路，

---

① 中国10亿美金级富豪数量超美德印之和[EB/OL]. (2021-03-03). https://money.hexun.com/2021-03-03/203121665.html.

分资金、批项目之类简单的事大家都会抢着干；纯政策性工作不但业务素质要求很高，也缺乏内在的积极性。而这种性质的工作恰恰是进入市场经济后，政府最重要、最核心的任务。这种性质的工作如果不把责任压实，没有人会上心、着急。所以，国家若真想有效调节全社会的收入分配，首先要做的一件事，就是先把这项工作的部门责任明确到位，并赋予其必要的协调地位和工作手段，工作没做好就要有个说法。

如果展开一点分析，可能还涉及这样一个问题。前些年，也许是过于急切地想要发展，我们在解放生产力、调动积极性的方向上高度重视，工作成效显著，但是在建立规则、规范行为方面的重视程度和工作力度都不够。这种明显欠均衡的工作状态，短期发展的效果可能很明显，但时间长了后遗症会非常严重；如果一些不合理的行为形成了某种利益格局，日后调整起来的阻力和代价会很大。收入分配失调、社会分化只是我们看到的后遗症之一。

前些年，国有企业负责人的薪酬标准一直让市场和房价牵着鼻子走，总也跟不上，非常被动。有时市场上的高薪酬尤其是金融类企业开出的年薪，会使想要搞好国有企业的人产生极大的挫败感，对政府官员的冲击会更大。目前，由于体制内外财富和薪酬的巨大反差加上高房价，我国体制内各个系统都有很强的不平衡感。官员不平衡，就可能有贪腐；医生不平衡，就可能有红包和回扣；法官不平衡，就可能徇私枉法。对这些方面的问题国家都采取了有针对性的措施，很多措施的力度不可谓不大；但如果攀比的源头不动，即使问题一时压住了长远也未必有效，而且会形成一种非常不好的心理暗示。

从世界各国社会收入分配的角度观察，东亚一些国家和地区以及一些北欧国家，全社会收入分配的差距并不是很大，而我们似乎已不自觉地走上了美国的模式。从长远看，美国模式下的财富分化对中国社会来说可能很难承受。因此，有效调节全社会的收入分配刻不容缓，如果坐视两极分化加剧很可能导致严重的社会后果，这已经不仅仅是国有企业负责人薪酬制度面临的问题。

如果我们在这个方向上能够取得实质性的进展，体制内外的收入分配差距能够控制得小一些，如果国有企业领导人员与党政干部的管理能够适度分开，国有企业领导人员的薪酬问题可能会好解决一些。否则，国有企业负责人的薪酬放在什么水平上都不合适。

二十一、国有企业领导人员的管理问题

国有企业领导人员的管理也是一个敏感话题，以往对国有企业改革的研究很少涉及这个问题。一般认为，"管人"是一项实实在在的权力，坊间说"谁管帽子就听谁的"并非没有道理，关系到权力格局的事特别不方便进行研究。

但同时，国有企业领导人员的选任又是一个非常重大的责任：一个成功企业中必然有一位优秀企业家，加上一个搭配合理的管理团队；一个企业之所以失败的主观原因，大都与主要负责人不称职或决策失误有关。由于企业领导人员的选任和管理事关重大，国有企业要改革好、发展好，这是一个绕不过去的问题。

长期以来，我们一直把国有企业的领导人员当作党政干部进行管理，这是一个历史的惯性，在改革开放初期问题也不太大。但是随着其他所有制经济的快速发展和市场竞争的加剧，大量国有企业由于经营不善而破产的残酷现实使人们认识到，国有企业负责人这种"官"也不是谁都能干的，需要具备一些与党政干部不同的、与企业经营和市场竞争相关的特殊素质要求。

正因为如此，我们的文件多次强调，要建立区别于党政领导干部、符合市场经济规律和企业家成长规律的国有企业领导人员管理机制。但在这个方向上，我们的实际进展十分有限。

1. 关于建立职业经理人制度

为了建立"区别于"的体制机制,中央文件实际上已经有了很大突破,这就是要"建立职业经理人制度,更好发挥企业家作用"。[①] 这样的制度安排可以理解为,党政干部的管理仍然按照现行体制进行,国有企业领导人员的选任则要更多地交给市场,按照市场化的规则选聘和管理。由此,建立"区别于"的体制机制。

建立职业经理人制度无疑是国有企业领导人员管理体制改革的方向,写入正式文件显示出很大的魄力,但近期很可能不具备大范围推进的条件。原因之一是,职业经理人制度要与经理人市场相互匹配。经理人市场以人的无形资产为基础,在这个方面我们的差距很大、问题很多;相关的法律法规和信用环境缺失,市场的评价、约束、淘汰的功能都不完善,猎头公司等中介机构发育不足。原因之二是,目前市场的生态与国有企业的文化差异过大,体制内外高端人才的收入差距也过大。从市场上选聘的经理人到国有企业中任职未必能适应,国有企业的员工也未必能够接受。

因此,职业经理人制度在一些国有大集团的下属企业中推进应无问题,在某些地方国有企业中也有探索的空间,但短期内不大可能在中央企业领导人员中实施。但在国有大集团下属企业中推进的意义有限,因为这些企业的领导人员原本就不在行政管理的范围之内,严格意义上应属于企业内部三项制度改革"能上能下"的范畴。

建立职业经理人制度是一项非常超前的改革要求,无疑指明了国有企业领导人员管理体制改革的方向,但与现实还有不小的距离。正因为如此,如果我们把建立"区别于"的管理体制和机制完全寄托于建立职业经理人制度,很可能会长时间堵在这里无法起步,这项极为重要的改革任务也就无限期被搁置了。

---

① 中共中央关于全面深化改革若干重大问题的决定 [EB/OL]. (2013-11-15). https://www.gov.cn/zhengce/2013-11/15/content_5407874.htm.

2. 探索可能的过渡方式

在国有企业领导人员管理体制改革的方向上，我们可能需要探索一种过渡性安排，就是在体制内形成党政干部和国有企业领导人员两支干部队伍，实行差异化的分开管理。这个过渡期可能还不会太短。两支干部队伍之所以要分开管理，大致是由于几个方面的原因。

第一，企业领导人员和党政干部的素质要求不一样。

中央文件中经常强调，要培育企业家，弘扬企业家精神。优秀的企业家与优秀的党政官员基本是两种不同类型的人才，除了政治素质方面的要求一致外，很多精神特质方面的要求是很不一样的。

一个党政官员只是国家执政链条中的一个环节，贯彻好上级意图，不出偏差是首先要做到的，个人不宜过于进取；最重要的品质是服从和执行，遇事多请示汇报，不能自作主张；善于协调和处理各方面的关系，个性也不能太强。企业家则是企业的主心骨，要对企业的生存和发展负责任；面对高度不确定性的技术和市场，企业的竞争性决策没有上级领导可以为你做主，必须敢拍板、敢担当、敢进取；最突出的精神特质是创新和冒险，一般都比较有个性。

由于岗位的性质不一样，精神素质的要求不一样，用选拔党政干部的办法来选拔企业家很难准确。以往在工作中经常看到这样的情况：一个有想法、敢做事的人，在民主测评、群众推荐中的得票往往不是最高的；而让不是最高得票者当选，我们的干部部门自身会承担很大风险。这种情况我和一些企业的同志讨论过，他们认为很正常。参与测评和推荐的一般都是中层干部，他们的选择有很多现实的考虑。一个想要大力度推动改革和管理的人上位，会有一些人的利益受到影响，跑票不可避免；一个谁也不得罪的老好人丢票的概率较小，这样的人对企业不一定有利，至少对自己无碍。但前者恰恰是国有企业改革发展所需要的。这种情况在党政干部的选拔中一般不存在。

如果长期用选拔党政干部的办法去选拔企业负责人，或是直接把党政干部调过来担任企业负责人，国有企业领导人员的思维方式必将日益官员化，国有企业的行为方式必将日益行政化，企业的主动性和活力会越来越差，开拓创新的精神会越来越弱。若如此，国有企业在激烈的市场竞争中会日趋被动，中央提出的培育企业家精神的要求也不可能实现。

第二，国有企业领导人员与党政干部的管理机制不应该一样。

企业领导人员管理的一个重要方向，是能够根据市场竞争和企业发展的需要，灵活地进行调整、优化和组合。职业经理人要从市场中来、向市场退出，这一点目前还很难做到；比较现实的近期目标是在保证政治素质的前提下实现契约化的岗位管理，能上能下、岗薪联动，先解决能动态调整的问题。只要做到能上能下、岗薪联动，风险就清晰了，就不会有很多人攀比，与党政干部之间的关系也比较好处理。党政官员的来源与调整与市场竞争无关，只要不犯错误，现在的岗位不合适组织上会按级别安排其他工作。

党政官员的通用性较强，除一些特殊业务部门外基本没有专业问题。经营管理企业对企业负责人的专业素质要求很高，对本行业的技术发展和市场竞争状态要有非常深入的理解，否则无法领导企业做强实体产业，也没有底气拍板决策。由于对企业负责人有专业要求，企业家又是企业经营管理的核心，只要企业的发展状态正常，只要外部监督能够保证企业数据的真实，企业负责人要有相对的稳定性，不能过于频繁地调动，否则无法保证企业发展战略的长期性和管理文化的持续性，尤其不利于企业长远的科技创新。

实际上，对企业负责人的管理应该非常灵活。企业家是社会中宝贵的稀缺资源，世界各国都一样。能够为国家把国有企业经营管理好的人，任职时间长一些、年龄大一些都不应是问题。当然，这要求管理主体有很好的体制责任和业务素养。

如果用管理党政干部的办法管理企业负责人，会出现一系列不相适应的问题。国有企业负责人如打不开"能下"的通道，仍和党政干部一样由组织按级别安排工作，企业领导班子的优化调整会非常困难，不合适的人如何安置也是个难题。如果不考虑企业负责人的专业要求、跨行业调动，企业会时常处在外行领导的状态，技术和市场决策的专业能力和反应能力必然被削弱。企业发展需要有一种产业情怀和使命感，如果企业负责人任职超过一定时间必须调离，大家都是阶段性负责，保证自己任职期间不出事的短期行为很难避免；在这种情况下，企业长远发展的战略方向、短期难以见效的研发投入不会有人考虑，因为超过任期的事考虑了也没有用。

由于对人才的素质要求不一样，管理机制也应不一样，两支干部队伍在管理上要分开，两种性质的职业通道之间要有适度区隔。如果两支干部队伍之间没有制度化的区隔措施，混在一起管理，会带来一些很不好解决的问题。

例如，在以往的工作中我们经常听到这样的抱怨：某某人在机关里表现不好、什么都干不了，调到中央企业后工资翻了几番。这可能是政府官员们对中央企业薪酬制度最强烈的反应之一。这种情况确实存在。但有两个问题需要说明：一是这些干部调到企业去都不是企业想要的，而是政府部门压给企业安排的；二是这些干部大都是在机关解决了住房之后，才向企业调动的。

这样的人员调动客观上为党政机关开通了一条很大的干部分流渠道，为机关人员的调整优化解决了一个大的难题。但这种先在机关解决了房子再到企业拿年薪的情况，对两个方面都不好。对党政机关而言，会影响公务员队伍的稳定；同意调出的干部一般都有一些原因，能干事的、工作离不开的人领导不会轻易放行，这种情况对机关优秀干部的稳定有负面影响。对企业而言，调入的机关干部大都不好安排。党政机关干部的行政级别都不很低，企业需要按级别安排职务；而我们的官员大都没有企业工作经验，上了岗也未必能很好履职，而且会堵塞企业干部的提升通道。

再比如，在国务院国资委进行董事会试点时，为加强董事会建设，也为解决外部董事人手不足问题，建立了专职外部董事制度，并希望这些人能成为各企业董事会的中坚。当时专职外部董事瞄准的是一批中央企业55岁以上的优秀副职，这些同志经验丰富，但由于年龄原因已没有提升的空间。把他们调整出来担任董事，一方面可以发挥他们的经验优势，同时也可以为年轻同志腾出岗位，有利于企业管理团队的年轻化。国有企业的高管没有特殊情况很难调整，大家都在一线岗位上坚持到退休，对企业发展未必有利。

由于要引导他们转岗，专职外部董事最初定的待遇较高，大体上相当于他们在原岗位的薪酬水平。早期的专职外部董事各方面反应很好，对企业的经营管理和风险防范很熟悉，确实发挥了决策制衡的作用。但由于专职外部董事收入较高，一些人开始通过各种关系想办法进入，大都是机关中没有再提拔机会的司局级干部。这些从行政机关转岗过来的专职外部董事工作很努力，但由于完全没有企业经验，在董事会上很难讲出有价值的意见，企业的反应就不好了，他们自己履职时也很难受，而且对董事会制度产生负面影响。如果这种背景的专职外部董事占比过高，董事会制度基本就"失效"了；最后的结果很可能是，国资委由于建了一套没有效用的制度而受到各方面的批评。这是一个典型的"多输"的结果。

上述情况实际上就是两支干部队伍没有分开管理、之间没有制度化的区隔措施造成的。尤其中国是一个讲究人情和关系的社会，这也是一个不能不正视的国情。在这样的社会背景下，一些通过关系上位的个案造成的损失可能非常之大。正因为如此，我们的一些现行制度不一定合理，但也不得不如此。例如，目前规定正部级以下党政干部到60岁必须退休并不一定完全合适，如果以往任职业绩良好、身体允许、本人愿意、工作需要，在二线岗位上多留一段时间，带一带年轻同志对工作有好处。但这个口子只要一开，各种人情和关系就会一拥而上，谁都把不住关，也应付不了，最后只能制度化地一刀切到60岁，于是谁都没话说，什么事都没有了。

与一刀切的退休制度类似，如果两支干部队伍之间没有制度化的区隔措施，哪个方向有好处就向哪边转，关系和人情的介入就难以避免，"招呼"满天飞，靠个人去挡、去得罪人是靠不住的。这是国有企业特别容易出现的问题。人选如果不合适，好企业也可能被做垮，好的制度设计也不一定有好的结果。实际上，"打招呼"大都不是领导想做的事，但碍于情面不能不应付一下；有些甚至就是打着领导的旗号招摇，下面又不方便去核实。如果我们的制度规定切得"硬"一些，对领导同志来说也是一种解脱。

把党政官员和国有企业领导人员两个职业通道分开是可行的。对于党政官员，志向是为官一任、造福一方；待遇虽然不是很高，但只要不犯错误，职业的安全性和稳定性较好。对于国有企业的领导人员，目标是把企业做强、做大，提高中国产业和企业的国际竞争力；综合待遇可能会高一些，但面临能上能下的职业风险。两个通道的目标都很宏大，都会有足够的成就感和吸引力。

根据这些年的观察，国有企业负责人的个人志向差异很大，有些人向仕途发展意愿很强，有些人非常不愿意进入官场，人各有志的说法确实有道理。这两类人的经营风格和行为取向也有很大不同，我们作为旁观者可以看得很清楚。而且，如果以仕途为目标去经营企业，对企业自身未必有利；仕途发展需要关注领导，做好企业需要盯住市场，两者的着眼点是不一样的。如果把两支干部队伍分开，在自愿选择的基础上各归其位，愿意从政的直接转入党政干部序列，愿意做企业的留下来，大家都可以心无旁骛地做自己想做的事，而且也避免了相互攀比，纠结不清。

企业家的产生和成长不仅仅是个别人的选拔问题，还要形成一种群体性的精神和文化。在这个群体之中，循规蹈矩、不思进取的人没有市场，敢担当、有作为的人会受到大家的推崇。这样一种氛围如果形成了，优秀企业家会一批又一批地涌现出来，为企业的发展不断注入活力。这种群体性的氛围和文化如何能够形成需要专题研究，但可以肯定的是，这一定不是一种官场的氛围和官场的文化。

当前，我们面对着极严酷的国际竞争，国家与国家之间的产业竞争很大程度上是企业家与企业家之间的竞争。如果我们的国有企业领导人员都是一种官员的心态，上级领导没有明确的说法就不敢动、不敢试、不敢闯，企业的市场反应速度可能会变得非常迟缓，企业就有被淘汰出局的危险。我们靠一批官员型的企业领导人去和国外的企业家争夺市场，胜算不会很大。这样的情况对国家的经济发展不利，显然不是我们希望看到的。

3. 关于管理主体问题

如果国有企业领导人员与党政干部能够分开管理，下一个问题必然是国有企业领导人员由哪个主体管理，这又是一个涉及权力配置的敏感话题。一个原则性的答案是：要由承担责任的机构管理，要由熟悉企业工作和企业情况的机构管理。

在国有企业三年改革脱困期间，我作为国家经贸委企业脱困办的主任，带队到一个中心城市调研；当时国有企业改革脱困工作都是地方党委在牵头，和我们主谈的是市委书记。除了当地企业脱困工作的进展和问题外，他专门给我们讲解了该市国有企业领导人员管理的情况。他认为，这是国有企业改革中必须解决的一个重要问题，因为企业负责人选得好不好，对企业的生存发展影响太大。

当时这个市的国有企业还有很多，市委直接管理的国有企业领导人员有近千人。"市委不可能管这么多，具体由市委组织部管；市委组织部也不可能管这么多，更具体的由组织部的工业科管。工业科一共有 5 位年轻同志，都没有在企业工作过，对企业的情况也不了解。这些同志按程序提出人选的排列组合，形成一个建议名单，逐级审核后报到市委常委会。"这位书记讲，在常委会上看到名单，绝大部分人不认识，当然也提不出意见，大家都没意见就通过了。如果选人不当出了问题，也无法追究任何人的责任，因为名单上过会，人选是常委会同意的。这位市委书记的结论是：这样的制度不合理，需要改革，应该由承担责任的机构去选人。

责任问题在实际工作中非常复杂，一些很具体的责任有时很难追究。例如，近些年不断有贪腐的官员被查处，在这类新闻报道后面的评论中经常可以看到这样的说法：应该查一查此人是谁考察、谁提拔的，应该追究提拔者的责任。但实际上，这种具体的选人用人责任很难追究，除非确有权钱交易等问题。

人是最难识别的，我们常用的民主测评和推荐的办法都不能保证对人的准确判断；而且人是会变的，要判断出是提拔之前就是如此还是提拔后才变的，这非常困难。有时候，工作内容的改变也可能导致人的行为变化。例如，一位国家信访局的原副局长与我们工作接触很多，2013年，他被查处时让我们非常意外，因为信访部门是个典型的清水衙门。后来听说，他出事主要是因为收钱帮人家"销号"；试想，如果当时没有建立各地信访数量的统计排序和公布制度，他也没有可能做这样的事。由于人的复杂性，如果提拔了一个人日后出了问题要被追责，组织部门将会成为最高危的工作部门。

正因为一些具体的责任难以追究，需要实事求是、有合理的容错性，这就需要有一种更加广义的机构责任，使机构在行使权力时受到最终结果的约束，不敢随意。如果具体的责任不好追究，机构也不承担后果和责任，权力的使用受不到任何约束，不但工作做不好，还可能出现其他问题。

对国有企业领导人员有效选任和管理是一项专业性和专注度要求很高的工作。首先要对目标企业的情况非常了解，企业的状态如何，面临哪些重大问题，需要什么思路和风格的人来管理，使企业的状态和人选的特点尽可能相互匹配。其次要对相关人选非常了解，长处和短处、经营风格和管理能力，甚至还有性格特点，搭配出的班子既能合作好，业务上还能互补。这些要求决定了，除了对结果要有关切度外，管理主体要熟悉企业工作，而且和企业不能离得太远。

实际上，一位企业领导人能不能把一家企业搞好，事先很难完全说得清楚，尤其难以定量化和程式化。企业的类型不同，发展的阶段不同，面临的问题不同，对企业领导人的要求是不一样的，这一点也是企业负责人与党政干部的一个很大区别。其中唯一可以说清楚的是，选拔主体要对选拔的结果承担责任，选错了人后果自负，有"切肤之痛"，这种"痛感"只能来自对企业工作直接的责任。这实际上是企业国有资产管理体制改革最希望实现的效应之一，即掌握权力的机构要对权力使用的结果负责。只要做到了这一点，尽管对人的判断很难完全准确，尽管选人用人方面的失误不可能完全避免，但最后的结果不会出现太大的偏差。

在选拔企业领军人物方面，国内外都有一些经典的案例和故事，大都是长期考察、反复比选、有计划培养等，其中涉及的因素非常复杂，大多数时候就是靠直觉和经验来判断。这些故事的主体和细节都不一样，但是有两点是共同的：一是选拔主体对结果非常关注，事实上有很大的责任压力；二是选拔主体距离企业很近，对目标企业和相关人选的情况非常了解。对于我国的国有企业而言，如果企业领导人员和党政干部能够分开管理，这两点可能相对容易做到；如果仍然混在一起管理，既没有直接责任又是远距离，专业性和关注度很难保证，做到的难度可能会比较大。

二十二、关于外派监事会制度

外派监事会制度源于1998年4月国务院向国有重点大型企业派出的稽察特派员制度，2000年正式过渡为外派监事会；直到2018年政府机构改革决定不再设立，职能转隶到审计署。这项国有企业的外部监督制度运行了近20年，其实践和得失值得总结和研究。

在稽察特派员派出之前，政府对国有企业的监督大体上是企业内部监督加上行业管理部门行政监督的模式。在企业内部，由企业党委的纪检部门负监督的职责；企业改制后大都建立了内部监事会，监事会主席一般由企业的纪检书记或工会主席担任。这样的内部监督制度对下属企业或许有效，对企业本身则属于自己监督自己、下级监督上级。由纪检书记监督党委书记，靠工会主席监督董事长，在多数情况下不可能有实质性的效果。

我国的行业管理部门一直有管理和监督企业的职能，因而有主管部门之说。如冶金工业部当年直接管理宝钢、鞍钢、武钢、攀钢四家企业，其他国有钢铁企业由地方冶金工业厅局管理。应该说，主管部门对所管理企业实施的监督是比较"实"的，也相对专业，但这种监督是计划体制下政府对企业进行行政管理的组成部分，监督权源于管理权。当政府准备推进政企脱钩、撤销行业管理部门的改革时，这种外部的行政监督体制将失去载体。1998年3月，国务院机构改革方案将九个国家工业部改组为国家经贸委管理的国家工业局，最大的变化就是国家局不再具有管理企业的职能，主要职责限定在制定行业规划和实施行业管理，而且只有三年的过渡期。

在这样的管理体制变革的背景下，一旦行业管理部门被撤销，只剩下一个不可能有效的内部监督制度，监管缺失几乎不可避免。事实上，在稽查特派员派出之前，一些国有企业的问题已相当严重，管理混乱、财务失真、亏损严重，已经到了非治理不可的程度。

所以，稽察特派员制度在1998年开始实施，既与当年进行政企分开的机构改革密不可分，也与当时一些国有企业出现的严重问题直接相关。当然从另外一个方面讲，行业管理部门撤销也有大量机关干部需要重新安排工作，这正好为稽查特派员制度的设立提供了人员保障；毕竟这些同志大都有长期的行业管理经验，这种专业背景对企业监督工作十分重要。

我国的稽察特派员制度明显借鉴了法国政府向国有企业派驻国家稽查员的制度。法国政府的国家稽查员由经济和财政部派出，主要职责是监督国有企业遵守各项财务制度，检查企业的账目是否合乎规定，向政府提供企业的各种信息，同时对企业的经营提出建议；国家稽查员可以国家代表的身份列席董事会，有发言权但没有表决权。通过财务监督使企业财务真实、合规经营，是法国政府对国有企业监督的主要目标。

建立稽察特派员制度是朱镕基总理当年的决策，是先派出、后制订工作条例的。这在顺序上看似乎有些问题，但在实际的改革操作中，尤其是比较急迫的重大改革，往往是先出手解决问题，然后再逐步规范。"谋定而后动"在实际工作中有时很难做到，当然这要求改革的决策者有相当的眼光和判断力。

1998年4月，第一批稽察特派员由国务院任命并派出。1998年7月，国务院发布了《国务院稽察特派员条例》（国务院令第246号，以下简称《条例》），这个文件奠定了政府对国有企业实施外部监督工作的基础。

该《条例》的要点包括：稽察特派员由国务院派出，对国务院负责，一般由部级、副部级国家工作人员担任，代表国家对国有重点大型企业行使监督权力；稽察特派员的主要职责是加强对国有重点大型企业的财务监督，对企业主要负责人的经营行为进行检查，对其经营管理业绩进行评价，提出奖惩、任免的建议；稽察特派员与被稽察企业是监督与被监督的关系，不参与、不干预企业的经营管理活动；稽察特派员可以查阅企业的会计资料，可以向企业职工了解情况、听取意见，可以建议审计机关对企业进行审计；等等。

2000年2月，国务院通过并发布了《国有企业监事会暂行条例》，这个条例对原有《国务院稽察特派员条例》的细节进行了进一步完善，基本精神和原则没有变化。至此，稽察特派员制度正式过渡为外派监事会制度，使国有企业的外部监督体制与我国《公司法》的要求相一致。

稽察特派员及外派监事会制度对国有企业进行外部监督所遵循的一些原则非常重要。

第一，外派、高配。在国有企业原有的内部监督体制下，监督者和被监督者在一个单位共事，监督者是被监督者的下级，其职级、待遇由被监督者决定，这种事实上的依附关系使监督很难有效。真正有效的监督只能由政府从外部实施，"外派"保证了监督的独立性；在我们国家行政力量强大、官本位意识浓厚的国情下，国务院派出部级干部会产生很大的威慑力，"高配"保证了监督的权威性。

第二，专司、专业。外派监事会形成了一个专司对国有企业进行财务监督的系统，独立于对党政机关进行监督的体系之外，这一点在实际工作中非常重要。企业的经营、管理和决策与党政机关运作的性质完全不同，需要进行专业化的监督。为此，监事会工作人员大都具有经济工作的业务背景，并进行了财务方面的专业培训。

第三，事后监督。事后监督的制度安排非常明智。企业经营面对着瞬息万变的市场，要在过程中判断决策正确与否很难做到，只能导致大量无解的争议。事后监督让时间先做出了证明，判断的难度降低，争议也会减少。而且，事后监督在监督主体与工作主体之间留出了必要的空间，如是实时的贴身监督，工作主体就不好工作了。

第四，不参与、不干预。按照朱镕基总理的话说，监事会主席到企业去只带眼睛和耳朵、不带嘴。这种限制非常必要，监督不能影响企业正常的生产经营和决策。监事会工作人员以前都是政府官员，习惯于指导工作、提出要求，这种行为方式适合于领导、不适合监督；角色转变了，工作习惯不会马上改变，需要有所约束。

第五，监督与评价并重。无论稽察特派员还是外派监事会，对企业都是财务监督和业绩评价并重的。评价是重要的正向激励，到企业查找问题并不困难，进行客观的业绩评价则很不容易，需要对企业的过去和行业的现状非常清楚。每届外派监事会在一家企业的任期一般为三年，有条件对企业和行业的情况进行比较深入的了解。

稽察特派员和外派监事会制度的创建，也是我国国有企业改革中一件值得思考的事情。在我们当初的现代企业制度体系设计中，是没有这项制度的。在公司的内部监事会完全不起作用且企业中出现的各种问题已经相当突出的情况下，如果我们固守原来设计的体制模式不动、不采取措施遏制，很可能造成非常严重的后果。稽察特派员一派出，问题马上开始减少，威慑的效果立竿见影。这可能也反映出理想化的模式设计和问题导向的改革思路之间的差异。

当然，稽察特派员及外派监事会制度也存在一些固有缺陷。

第一，对监督主体个人的判断依赖过大。监事会成员的业务能力有差异，对改革的认识和价值取向也不一样。同样的问题，由不同的监事会主席去评判，结论可能会有很大不同。所以很多企业说，遇到一位开明的、高水平的监事会主席，是企业的福分。从这个角度看，事后监督、不参与、不干预都是很有道理的限定；而且，稽察特派员或外派监事会都不得向企业透露检查报告的内容，而是要直报国务院，由国务院批转给有关机构研究处理，这也是一种必要的缓冲。当然，这也说明准确的人员选任非常重要，其中不但涉及业务水平、对改革的认识，甚至还有性格特点。

第二，业务能力的限制。监事会工作以财务监督为核心，但这是一项非常专业和繁复的工作。尽管监事会的工作人员上岗前都经过短期业务培训，但一位监事会主席带着七八位专职监事，要对三至五家大型企业直接把账目查清楚，可能是做不到的事。从财务监督的角度，外派监事会可能更适合在会计师事务所审计的基础上开展工作，对可能出现问题的重点领域进行抽查，并对会计师事务所的工作质量和诚信做出评价，形成制衡。若如此，对中国会计师行业的诚信建设和业务建设也会有很大帮助。任何监督都不可能事无巨细、明察秋毫，外派监事会可能更适合作为一种"尚方宝剑"性质的威慑，促使企业自觉地不做假账、合规经营。

在第一批稽查特派员派出后，中央企业中的各种问题已经开始减少；国资委成立后，外派监事会的工作有了一个实体性的依托，运转可以更有效率一些。但是，外派监事会工作的效果不会是很明显的，因为无法估计没有外派监事会的监督可能会出现多少问题、造成多大损失，外派监事会工作的效果应该体现在中央企业整体的运行质量上。前些年，中央企业的运行状态一直比较稳定，也没有出现重大的财务失真问题，朱镕基总理当年提出的"不做假账"的要求基本实现了，外派监事会尽到了自己的职责。应该说，中央企业前些年的稳健发展包含了外派监事会的工作成果。

当然，在对国有企业实施外部监督的过程中，一些重要的工作原则也出现过摇摆。

例如，事后监督问题。2006年国务院国资委发布了《关于加强和改进国有企业监事会工作的若干意见》，提出了"加强当期监督，提高监督时效"的任务。文件要求，外派监事会从2007年开始逐步调整为监督检查当年的情况，随时掌握和跟踪企业重要的经营管理活动。"当期监督"是作为一项改革措施提出来的，目的是要改变事后监督损失已难以挽回的局面。这个出发点无疑很好，问题是有效的当期监督并不容易实现，而且与"不干预、不参与"的原则不一致。

企业的经营和决策面对着随时变化的市场，其正确与否在某一个时点上很难判断。而且，当外派监事会和企业决策组织的意见不一致时，非常难于协调处理，此举客观上是国资委给自己出了一个很大的难题；这后面实际上还有一个哪个主体应该对企业负责的问题，是企业的决策和执行组织还是监事会主席。各个监事会的工作风格不一样，一些比较谨慎的监事会主席并不愿意介入企业日常的经营活动，看到重大风险主要是进行风险提示；但一些比较进取的监事会可以依据这个文件，对企业当期的经营和决策发表非常具体的意见，这种情况往往使企业非常为难。

再如，外派的问题。2000年，国务院开始向国有重点金融机构派出监事会，具体的管理机构是中央金融工委①。但在2004年，国有银行的外派监事会都改为内设监事会，外派的监事会主席转任成为银行的党委副书记，监事会工作人员由公务员转为银行的内部职工。这一改变使监事会工作人员的收入大幅度提高，当然皆大欢喜；但监督效果有无变化没有看到正式的说法，由党委副书记监督党委书记在关系上好像就比较勉强。

这一改变的原因据说是为了适应国有银行上市的要求，但这是不是一个充分的理由需要研究。我国的《公司法》规定，股份有限公司监事会成员应当包括股东代表和适当比例的职工代表。股东代表完全可以由外派监事会的成员担任，"外派内设"可以解决这个问题。对国有企业是靠外部监督还是靠内部监督，是一个重大的原则性判断。如此重要的问题说变就变了，而且变到一个道理上都讲不太通的状态；这说明我们一些重大的改革原则并没有形成共识，一些重要的体制变动也没有经过深入的研究和论证。

2018年3月，第十三届全国人大审议通过了新的国务院机构改革方案。方案明确不再设立国有重点大型企业监事会，其职责划入审计署。外派监事会之所以不再设立，据说是两个方面的原因。

一是重复监督和检查。这个问题确实存在，有时一家国有企业里同时有几个系统的检查组在工作。这些检查组之间互不通气，信息也不共享，都是各干各的，都要从头做起；一些监督检查要持续几个月时间，都要求企业领导给予重视，提交材料、进行汇报，给企业造成的负担和压力很大。重复检查、劳民伤财效果肯定不好，因而当时曾有"整合外部监督资源、建立监督工作会商机制"的说法。但哪一种性质的外部监督更符合企业的特点，更有利于国有企业的改革和发展，似乎还需要有一个更深入的比较分析。

---

① 中华人民共和国国务院.国有重点金融机构监事会暂行条例[Z].国务院令第282号，2000-3-15.

二是一些重大问题尤其是一些国有企业领导人员的腐败问题不是外派监事会查出来的，让人感觉监督效率不高。这涉及一个职责和权限问题。外派监事会以财务监督为核心任务，无论稽察特派员还是外派监事会的工作文件，都没有赋予其查处腐败的职能。反腐败当然人人有责，外派监事会以往在工作过程中发现了腐败问题的线索，都及时按程序上报。但一些国有企业领导人员个人的腐败行为能否通过财务监督检查出来，外派监事会是否具有反腐败所需要的手段，还待有更专业的说法。

实际上，对前一个阶段国有企业腐败的状况要有一个客观的判断。在中央强力反腐之前，我国的腐败问题已相当严重，凡有实权、有寻租机会的领域都是重灾区。在全社会的各个系统之中，国有企业每天都有大量经营活动，时时受到体制外私人财富快速积累和高收入的诱惑，属于"离钱很近""常在河边走"的，比起其他不直接从事经营活动的系统，如军队、公安、司法等，出问题的危险性更高。

但另一方面，企业处在优胜劣汰的机制之中，腐败的企业在市场竞争中基本无法存活，这与其他类型的机构是很不一样的。企业没有外部资金供养，如果内部腐败盛行，企业的风气会严重恶化；结果是人心必散、管理必乱、内部必然失控，在市场竞争中很快会被淘汰。当年许多国有企业之所以不得不破产，管理混乱、损公肥私也是一个重要原因。而一个有财政资金保障的机构如果出现了腐败，其行为可能会变异，履职不可能公正，但机构的生存不会有问题。

由于企业腐败了就无法存活，国务院国资委一直非常重视国有企业的反腐败工作。除了依靠外派监事会加强监督外，通过董事会建设防止一个人说了算，企业内部建立健全各项管理制度，都具有遏制腐败的效应。当然，这些措施只能抑制整体性的问题，效果也是相对的，并不能根除个人的腐败。但这些年我们看到，一些中央企业领导人员个人的腐败行为，基本没有导致企业出现系统性的后果，某个领导人被查处对企业的正常运转影响不大，这说明制度性的防范措施还是发挥了作用，在这方面外派监事会的贡献也很大。

另外，国有企业的反腐败工作还有一些自身的特点。以往我们经常强调，反腐败工作的重点是管住"关键的少数"，这主要是靠外部监督。这个重点无疑很正确，但国有企业每个层级都有经营活动，能"靠企吃企"的不仅仅是少数人；前一段不少地方的粮库主任出了问题，这些人在企业中的层级不高，无论如何也算不上"关键的少数"。企业经营活动中的腐败如果治理不好，内部千疮百孔、四面透风，后果有时会更加严重。企业内部经营中的腐败治理靠外部监督无法防范，只能靠企业自身加强管理、完善制度建设来实现，这对所有企业都一样，国外的大公司尤其重视。

因此，国有企业的反腐败工作是两件事：靠外部监督管住"关键的少数"，靠"关键的少数"加强企业管理、建立健全各项规章制度。

企业管理是一种自上而下的行为，企业负责人想不想管、敢不敢管大不一样。对国有企业来说，加强管理经常是得罪人的事，触动了既得利益会产生反弹效应，甚至带来举报。如果企业负责人怕得罪人、怕被举报，不敢推进改革、不敢严格管理，企业内部的腐败治理很难做到位。所以，国有企业反腐败工作既要考虑如何管住"关键的少数"，也要考虑保护好企业负责人的积极性，使他们愿意而且敢于严格管理。国有企业的领导人员都是我们自己考核、选任的，对他们首先要信任，要维护好他们的权威，支持他们为国家把企业改革好、管理好。

外派监事会不再设立，标志着企业国资监管体制的一个重大调整，对国有企业的外部监督职能与国有企业改革发展的整体工作开始分离。但这种职能分离可能会带来几个方面的问题。

第一，外部监督的专业化问题。国有企业作为市场竞争主体，与党政机关的工作性质有很大不同。市场和技术随时在变化，存在很大的不确定性，企业的经营和决策完全不出现失误几乎不可能，自主创新的风险更大。

此时，容错还是问责要有非常专业的判断。如果市场的不确定性超过了决策者的能力边界就应当免责，有错必查、功不抵过的原则用于企业经营的副作用很大。

对于国有企业而言，决策对了国家受益，决策错了个人担责，如果没有合理的容错机制，行为主体自然会回避决策，这对企业的长远发展非常不利。而且，国有企业要发展好，推进内部改革、加强企业管理是必须做到位的，这些工作都涉及利益的调整；为了搞好国有企业会得罪人，可能会有反弹或举报，这与党政机关也很不一样。如果有了举报就要被调查，谁也不敢再去抓改革、严管理；这种状态如果时间长了，以往"大锅饭"、"铁交椅"、上面管不住下面、管理松懈的弊端又会回归，这对于国有企业的长期发展更为不利。

因此，对企业的监督必须符合企业经营的规律和特点。这就需要培养一支了解企业、具有足够业务知识的专职监督队伍。让对企业工作完全不熟悉的人去判断企业经营管理和改革中的是非曲直，是非常困难的事。

第二，外部监督的稳定性问题。对企业进行监督一方面要查找问题，同时要做好整体性的业绩评价，这可能更为重要。代表政府对企业进行评价是一种导向，实事求是地肯定成绩是一种正向激励。如果只查问题不谈成绩，不好的企业问题一堆，好企业也是一堆问题，对优秀企业和企业负责人是不公平的，会使努力工作的人产生挫败感，严重挫伤企业改革发展的积极性，更谈不上培育企业家精神。

要做好对企业的业绩评价，一方面要求监督主体比较专业，同时也要求监督主体相对稳定，以便能从企业的历史发展和行业的角度进行比较全面的分析和判断。如果监督主体不稳定，这次是一批人、下次再换一批人，对企业进行客观公正的业绩评价就很难做到。

第三，外部监督的责任平衡问题。对国有企业进行监督不是目的，是为了促使企业发展得更好、更加健康。外派监事会对企业的监督是有明确责任的，而且客观上存在着一种责任的平衡。这种责任的平衡非常重要。

企业的财务和经营的合规性有问题没有查出来，监事会负有责任；如果监督过度干扰了企业的正常工作，影响了企业发展，监事会也不好交代。这种责任的平衡由监事会主席个人去把握，国资委也有介入和调整的余地，一般不会出现很大偏差。如果为监督而监督，只有单方向的动力机制，没有责任的平衡，外部监督只是去查问题，而且查出的问题越多成绩越大，监督工作很容易用力过猛。监督过度会导致工作主体消极、不作为，对企业的发展同样会有伤害。

第四，出资人机构的功能缺失问题。企业国资监管机构的功能一直是相互补充的两个维度。一个维度是横向的，各业务司局的职能按工作划分，定位于政策制定和推动相关工作，并不针对特定企业，对具体企业的情况也不十分了解；另一个维度是纵向的，外派监事会直接面对企业，对具体企业的了解比较深入。

外派监事会除要对企业进行财务监督外，实际上还发挥着这样几个方面的作用：掌握具体企业的情况，发现重大风险及时报告，这是一条极重要的独立信息渠道，否则企业有重大隐患国资委可能完全不知情；与国资委有关司局一起对企业进行业绩考核，并对董事会和董事的履职情况进行监督评价；督促企业落实重点工作，如发现政策制定或者工作设计不合理要向国资委反馈，这是一条重要的工作效果的反馈渠道；如果企业出现了危机，要代表国资委督促企业解决问题，并帮助企业协调各方面的关系，三九集团危机处置中监事会主席就发挥了关键作用。外派监事会不再设立后，企业国资监管机构的纵向功能会出现重大缺失，掌握情况、推动工作、解决问题的能力会被大大削弱。

由于国有企业要从事经营活动、要参与市场竞争，其属性和运作规律与党政机构完全不一样，对国有企业的外部监督在内容和方式上与党政机构也必然有很大不同。因此，在今后的国有企业改革中，我们很可能需要重建专司对国有企业进行外部监督的系统，监督者不一定是部级干部，但其专业性和权威性需要得到保证。

二十三、重建集中统一的企业国有资产管理体制

在实现了举世瞩目的三十年高速增长之后，中国经济发展进入了一个全新的关键性阶段。今后一个时期，我们面临着错综复杂的内外部环境和巨大的产业挑战。

目前，支撑了中国经济前一个阶段高速增长的上几代支柱产业已经增长乏力，要素成本上升，市场竞争力下降，国内市场饱和，国际市场上的贸易摩擦不断，而且受到后发国家的成本挤压。在这种转折性的阶段，我们必须实现国内产业结构的进一步升级，培育和发展新一代支柱产业，来承接国民经济持续增长的责任。这应该是国民经济发展新阶段的产业内涵。新产业发展需要建立在新一代产业技术的基础之上。在当前极其严峻复杂的国际环境下，我们已不大可能从国外购买到相关技术。因此，自己解决产业升级所需要的技术来源问题，在自主创新的基础上发展新一代支柱产业，是我们今后一个时期必须完成的产业使命。

自主创新能力不足一直是我们的短板，关键技术受制于人是国家经济发展中最大的痛点。企业是自主创新的主体和新产业发展的主体，即使我们通过新型举国体制在科研方面取得了进展，产业化和市场开发仍然要靠企业来完成。所以，在我国新的经济发展阶段，中国的企业承担着无可替代的重大历史责任。这一点似乎没有必要强调。但我国曾长期是一个由政府主导的计划经济体制，历史惯性和传统思维使我们一些政府部门的自我感觉非常好，潜意识中并不尊重企业，也不重视研究企业的问题。这种观念需要改变。

目前，我国民营企业的状态不是很好，投资意愿不高，原因既有现实困难，也有经营环境方面的顾虑，这需要我们努力优化营商环境、稳定政

策预期，尽快恢复民营企业的信心。今后一个时期，外资仍是中国经济发展的推动力量，但在西方国家联手对中国进行技术封锁的背景下，期望外资企业带进来我们不掌握的先进技术已不现实，在这样的环境下，国有企业在稳定经济增长、实现自主创新、促进产业升级方面的作用就显得非常重要。尤其是我国竞争性国有企业目前仍主要布局在传统产业，如果没有技术进步和产业升级，不但发挥不了带动作用，自身的生存都会面临风险。

除了产业发展责任外，今后一个时期国有企业的社会责任也将更加重大。今后若干年，我国各级政府的财政会非常紧张，特别需要有稳定的优质税源，国有企业每年上缴的各类收益金也会增加。随着社会老龄化加剧，我国的社保压力也会与日俱增，各方面都寄希望有更多优质的企业国有资产来支撑社会保障。

在这样的大背景下，国有企业将是未来我们国家一个极重要的稳定因素，无论在经济方面还是社会方面。因此，今后一个时期我国的国有企业必须稳定住、发展好，绝不能出现问题，否则我们可能会面临很大风险。

国有企业改革脱困工作已经过去了二十多年，人们对这个时期的印象已经逐渐淡漠。没有亲身经历过这个阶段的年轻人可能会认为，国有企业一直就很好，而且就应该好。然而，国有企业当年的困境很多老同志还历历在目：一些困难企业不但交不了税，还要靠政府和银行的钱发工资；一些国有企业严重资不抵债，破产时需要外部补助职工的安置费用。国有企业当年能够摆脱困境，得益于党中央、国务院的坚强领导，是千千万万人付出了艰辛努力和巨大代价才换来的改革成果，是非常不容易的事。

我国的国有企业改革还没有完成，我们切不可认为国有企业的发展之路已经走通顺了。目前，国有企业在结构上还没有完全调整到位，管理体制上还有不少难点问题没有解决，内部的传统观念和僵化机制、外部的政企不分和行政干预很容易重新回归，国有企业的状态还远远不能高枕无忧。国有企业如果搞得不好，不但交不了税、补不了社会保障，还要靠外部来保职工的基本生活。这种情况二十年前曾经很多，而且不是不可能再次发生。

近几年，我国一些规模很大、社会影响力也很大的高校企业陆续出现了危机，这些企业在性质上都是国有控股企业；辽宁的华晨汽车集团控股有限公司、天津的渤海钢铁集团有限公司前一段都出现了严重问题，这些企业都是地方政府高度重视的大型国有企业集团。这些情况表明，国有企业如果不能保持好的改革发展状态、抓不住市场机会，目前相对较好的局面并非没有逆转的可能。在当前传统产业普遍市场饱和、产能严重过剩、市场竞争极其激烈的环境下，企业一旦倒下去很难再翻身，这与二十年前的情况还是很不一样的。

在我国新的经济发展阶段，由于国有企业要承担比以往更加重大的经济责任和社会责任，我们必须尽一切努力为国有企业建立一个科学合理的管理体制和政策环境，以确保国有企业的良性发展，不能出现任何闪失，否则代价会大到我们承受不起。这是我们必须高度重视的战略问题，是国家经济社会长远发展大格局的要求，是我们无论如何都要保证实现的目标。

从目前我国国有企业改革发展的现实情况看，要实现这样的目标有两个重大问题需要研究解决：一是重建集中统一监管的企业国有资产管理体制，二是企业国资监管机构的专业化建设。这两个问题如果能够解决好，国有企业的改革和发展会有比较好的前景，虽然仍要付出艰苦的努力；否则，隐患巨大。

集中统一监管的企业国有资产管理体制在具体工作中有两层含义：第一层是对国有企业的国有资产出资人的相关职能要集中行使，第二层是原由各政府部门分别管理的国有企业要转由企业国资监管机构统一监管。其中第一层含义的要求是前提性的，否则第二层含义的要求即使做到了，监管效果也不一定能够保证。

党的十六大之后，在推进政资分开、政企分开的改革背景下，我国已初步形成了对企业国有资产出资人职能集中统一行使的体制格局。这一关键性举措极大地推动了国有企业的改革和结构调整，并取得了显著的经济效果，也为之后我国国有企业能够持续稳定发展奠定了最重要的制度基础。这一体制之所以能够取得好的工作成效，原因是对四个重大问题找到了解决的办法。

第一，通过分离政府公共管理职能和企业国有资产出资人职能，实现了国有企业的政企分开，这是以往改革中一直未能突破也是在企业层面解决不了的难题。如果政企不分开，政府可以干预国有企业而不负任何责任，国有企业的市场竞争主体地位就无法保证，企业的经济责任也说不清楚。概言之，国有企业改革一个最基本的前提条件就是政企要分开；而政资分开对于国有企业来说，是政企能够分开的唯一途径。

第二，初步形成了对国有企业相对独立的监管系统，探索了一套符合企业经营规律的管理办法。国有企业要在市场上从事经营活动、要参与市场竞争，其属性与党政机关完全不同。如果把国有企业当成党政机关、把国有企业负责人当作党政干部进行管理，企业的行为必然会行政化、企业领导人员必然会官员化。若如此，企业的活力和竞争力必然退化，在市场竞争中很难有大的作为。

第三，明确了国有企业改革和发展工作的责任主体。企业国有资产管理体制改革使国有企业的改革发展工作转化为明确的行政责任，国有企业的问题如果解决不好，国有企业如果发展得不好，责任主体无法向国家和社会交代。责任明确可以转化为巨大的工作动力，使责任主体不敢懈怠，而且要保证工作能取得好的效果；如果众多的参与主体都有权力而没有责任，不但部门矛盾难以避免，工作效果也无法保证。

第四，简化了工作关系，减少了部门间的扯皮内耗，提高了工作效率。由于法制和行政规则不健全，我国政府部门之间关系复杂，横向协调非常困难；涉及多部门的工作即使没有部门利益的因素，职责不同、认识不一样,协调一致也非易事。政资分开的改革使国有企业的工作关系简单化了,才能使一系列重要的改革措施在短时间内密集出台并付诸实施;否则,任何一个部门有不同意见都会使一些紧迫的改革任务长时间拖延,从而贻误改革的时机。

这些问题能够解决,完全得益于政资分开的企业国有资产管理体制改革。实践证明,对国有企业多头管理没有出路,党的十六大明确要建立集中统一的企业国有资产管理体制是合理的。如果多头管理的体制回归,国家所有权的整体性必然被削弱,行使的效能必然降低,这些已经解决的问题又会重新成为我们的难题。

当然,改革都具有阶段的性质。在改革的不同阶段有着不同的任务和重点,因而对改革工作格局的体制要求是不一样的。如果回顾一下国有企业改革的过程,几个工作力度最大、具有突破意义的时期会给我们提供一些有价值的线索。

在国有企业改革的攻坚阶段,改革以建立优胜劣汰机制、调整国有经济的布局结构为目标,总体上是在退出,不如此国有企业无法摆脱困境。具体工作无论是困难企业的关闭破产还是国有中小企业改制,利益调整带来的社会风险都非常之大;改革的难点在于风险防范和化解群体性事件。要推动这样的改革,任何一个部门都无法单独胜任,地方党委和政府的主要领导必须负总责,一把手必须上到一线指挥,否则无法调动资源来化解社会风险。在这个改革阶段,地方党委和政府功不可没。

在国资委成立后的改革阶段,改革的任务主要是国有大企业的体制构造,推动企业的结构调整,化解各类历史遗留问题。这样的工作需要解决大量复杂的具体问题,仅有领导重视是不够的,"搞运动"的办法也不适合,在第一线一定要有一个负责任的、比较专业的操作部门,而且这个部门还不能受到过多牵制。此时,政资分开的改革和各级国资委的成立恰恰满足了这样的条件。正因为如此,这个阶段的改革才能够解决大量复杂问题，使国有大企业尤其是中央企业的状态发生了巨大变化。在这个改革阶段上，各级国资委功不可没。

这样的分析并不完全是一种事后的演绎，而是有内在的逻辑。真正的改革都意味着剧烈的社会变革。一场大规模的改革能够启动起来并取得成效，其中一定有某种必然性和深刻的道理。

目前，我国国有经济大的布局结构调整已经基本到位，国有大企业的结构问题、历史遗留问题大部分已经解决；对国有企业的管理体制和企业治理仍存在难点，还需要进一步探索。但可以预见的是，随着各项工作的进一步推进，我国国有企业的改革和发展将会转入一个新的阶段。这个新的阶段很可能是以国有企业的高质量发展、发挥好国有企业的经济和社会功能为主要任务。

在未来新的阶段，对国有企业改革发展工作格局的体制要求还需要深入研究，因为只有工作体制的构造合理了、工作关系理顺了，改革才能有效率地向前推进。但是，借鉴历史的经验和教训，其中一些重大原则还是可以进行初步的探讨。

第一，国有企业与政府公共管理部门之间的隔离层可能仍是需要的。在我们国家，政府干预国有企业、政企不分的惯性很大，各方面的规则意识，自律意识都不强，政府"越位"是特别容易出现的事情，尤其是在企业经营状态比较好的时期。如果各个政府部门都可以介入企业的事务，国有企业最基本的经济责任就说不清楚，国家股东的一系列监管措施都会失去基础。

第二，国有企业改革发展工作的责任主体可能仍是需要的。对于我们国家来说，国有企业要改革好、发展好是一项重大的经济、社会和政治责任，在国有企业脱困的时期是如此，发展的时期也是如此。这样一项极重要的工作，如果没有一个明确责任的主体，或是把责任直接推溯到高层，事情没有做好都不知道该批评谁，这样的工作一般不会有好的效果。

第三，保证各个方向对国有企业政策的一致性仍然是需要的。国有企业的相关政策是一个大体系，涉及许多方面，包括领导人员的选任和管理、考核评价办法、薪酬制度、监督机制等；这些方面的政策需要方向一致、共同发力，才能保证企业能够发展好。如果各方面的政策指向不一致，政策效应很可能是相互抵消，这种自我消耗会使企业发展付出很大的代价。

第四，国家股东控制权的统一性仍然需要保证。现代企业理论认为，两权分离的大公司都存在着内部人控制的风险，与企业的经营状况无关，好企业和困难企业都有可能是内部人控制的状态。因此，国家股东必须保持对公司的控制权，包括企业领导人员的选任权、公司收益的分配权、对企业的监督权等。股东的控制权是一个整体，只有统一行使才能是有效的。

如果上述几个原则成立，在未来国有企业改革发展新的阶段，我们可能仍然需要一个有权威、有效率的企业国资监管机构，而不是一种大家都有权力却都没有责任的多部门共管格局。这个机构的主要功能应该是：承担国有企业改革发展明确的工作责任，阻隔政企不分和行政干预，通过有效监管防止内部人控制，保证各个方向的企业政策形成合力，组织实施跨企业的资源调动和结构调整等。

这个机构归属于哪个系统并不重要，是不是、叫不叫国资委也不重要，是准政府机构还是公司形态还可以进一步研究探讨。重要的是，这个机构要存在并能发挥作用，机构的职权和功能要完整，机构的能力要与其功能相适应。

集中统一的企业国有资产管理体制之所以需要重建，还与国有企业的一个特殊性质有关。与私营的家族企业不同，国有企业发展的原动力并不是内生的，不是直接基于经营者个人经济利益的追求，而是政府从外部嵌入的，体现在对企业和企业负责人的考核、激励、约束等相关制度。如果政府设定的政策导向不合理，国有企业的行为和发展必然会走偏。正因为如此，保证国有企业的健康发展，政府对国有企业的管理必须是集中统一的，不能大家都介入指挥，而且这种管理必须是高水平和专业化的。

目前，多头管理的大格局已经回归，当然具体的体制状态与二十年前还是有所不同。重要企业领导班子的管理、对企业的外部监督、企业的薪酬政策、重要改革的牵头责任等相关职权分散行使后，国资委并未撤销。从理论上讲，这种管理格局下的责任主体仍然存在，因此有学者把目前的管理体制概括为"多头管理，有人负责"。但问题是，把重要的权力分散行使了，但在第一线留下一个承担责任的主体，显然不是一个能把工作做好的合理体制，而且目前政策方向不一致的问题已经非常突出。

国有企业的改革和发展是一个复杂政策系统运行出来的结果，需要各个子系统内在一致、形成合力，任何一个方向的政策出现偏差都无法实现总体目标。如果我们把涉及国有企业的管理职权都分解开，由不同的部门去行使，这些部门都不是做企业工作的，对企业的情况不了解，而且只是在行使权力且不承担最终的责任，会出现什么后果非常让人担心。在国有企业改革几十年的过程中，我们从来没能把单项权力的责任分解出来过，这基本上是做不到的。

可以预见到的情况是：出台的政策只是简单地把对党政部门的管理办法搬过来，并不符合企业参与市场竞争的性质和需要，而且没有研究和优化政策的动力；企业中各方向政策的矛盾难以避免，各行各事、各说各话会是常态，企业夹在中间会左右为难；部门之间的协调会重新成为困难的事，各个部门之间相互不买账，工作效率又会大大降低；企业国资监管机构的效能会被严重弱化，重要企业领导人员的选任没有话语权，重大政策说了不算数，推进工作会困难重重；等等。这些情况我们将会看到很多。

例如，现在规定国有企业负责人任职达到一定期限必须调离，这种要求对党政干部也许是合理的，但对企业发展可能很不利。杰克·韦尔奇在通用电气公司任总裁二十年，把通用电气发展成为当时世界上最有价值的公司；张瑞敏主政海尔集团三十七年，把一家濒临倒闭的小企业打造成全球知名的家电公司；任正非1987年创办华为公司，目前还在掌舵的岗位上。如果这些企业家任职超过一定年限必须离开，企业的发展和个人的成就很可能不会是后来的样子。对不称职的企业负责人无疑必须调整，而且越快越好，但对优秀企业家显然不能一刀切；一家经营状态良好的企业，仅仅由于任职期限的原因要调整一把手，接任者对企业的情况不了解，有时还不是本行业的，其中的风险非常大。

再比如，建立"容错机制"问题已经讲了很多年。但到目前为止，问责和容错基本上还是各说各话，具体政策界限在实际工作中始终讲不清楚；而且，往往强调容错的是一个系统，实施问责的是另外的系统，系统之间并没有协调的机制。最后的结果是，容错是虚的、问责是实的，大家担心被问责只能少做事、不做事。目前政出多门、相互矛盾的情况在国有企业中并不少见，如在中央反复强调反对形式主义的大背景下，什么是形式主义、如何消除形式主义也是莫衷一是，结果是形式主义事务耗费了企业各层级人员的大量精力。

实际上，目前国有企业改革发展工作中困扰我们的难题，几乎全部源于多头管理的体制格局，如企业领导人员的管理问题、企业负责人的薪酬问题、外部监督中的容错机制问题等；而且在现实的格局下找不到解决的办法，只能往后拖，关键是当前激烈的国际竞争会不会留给我们足够长的时间。这在客观上等于在一条已经基本走通的道路上挖出一个大坑，把我们自己陷在里面。

如果我们梳理一下，近几年我国政府公共管理部门发出的有关国有企业改革的文件不少，这在以往是不合规的。以前的规则是：社会公共管理部门发布的文件一定不是特指国有企业，企业国资监管机构发布的文件一定不是对全社会各类企业有效。这实际上是政府的工作系统内部在打一场"乱仗"。在这样的权力配置格局下，如果国有企业出了问题，由国资委承担责任恐怕很难落实，因为相关职权并不在国资委手中，对改革进行指导的也不仅是一家，我们又会回到多年前谁的责任都说不清楚的状态。

责任要明确、权责要一致，应该是一条做好工作最基本的行政规则。对于国有企业改革发展工作而言，就是要坚持企业国有资产出资人相关职能的集中统一行使。在相关职能集中统一行使的体制下，我们至少知道国有企业搞好了应该表扬谁，搞坏了应该批评谁，否则所有的工作结果又会是一笔糊涂账。

有人可能会说，如果各个部门相互协调好，思想一致、行动一致，工作也能做好。这种说法当然是对的，但只是一种理想化的状态；不是不可能实现，但缺乏制度保障。而我们在以往的工作中看到了大量并不理想的状态。原因很简单，即使没有部门利益问题，各个部门的价值取向和对问题的看法也不会完全一致；即使部门领导能从大局出发，下面也未必是同样的想法，而我们政府机关目前的内部管理体制，并不能保证部门领导能够有效约束下属的行为。

我们的体制构造和政策制定显然不能从理想化的状态出发，而恰恰要立足于防止出现不理想的状态。一个很现实的例子是，如果我们的领导干部都能严格要求自己，都能全心全意为人民服务，没有贪官、没有腐败，纪检监察工作就不会像现在这样重要。对国有企业不能多头管理的情况与此完全一样。

综上所述，由于权责一致、责任明确才能把工作做好，由于公共管理部门介入企业事务政企就无法分开，由于多部门管理互相掣肘、扯皮难以避免，由于企业经营和参与市场竞争的性质与党政机关完全不一样，对企业国有资产实行集中统一监管，把国有企业事务与社会公共事务分开管理是非常重要和必要的。否则，国有企业今后在市场竞争中能不能改革好、发展好存在重大隐患。

从前些年国有企业改革的经验和教训看，国有企业要改革和发展好，有一个责任明确、职能完整的企业国资监管机构是一个非常重要的前提条件，对外能挡得住各种行政干预，对内能够监管到位。我国高校办企业之所以出现这么多问题，重要原因之一是这些高校中并没有一个有权威、有能力的校办企业资产监管机构和一批稳定的专业人员，也没有外派监事会之类的外部监督制度，校办企业基本处于内部人控制的状态。

所以，要保证今后一个时期我国国有企业有好的发展态势，在国家经济和社会发展中履行好重大责任，在政资分开的基础上对企业国有资产实行集中统一监管是必须坚持的一个原则。这应该是国家改革发展大政方针中一个重要的组成部分。

当然，如果认为涉及机构的职能调整动作太大，也可以采取逐步过渡的办法，建立一个类似于部门联席会议制度的政策协调机制，与国有企业管理有关的部门参加，由一位高层领导同志主持。联席会议制度至少可以部分实现部门之间的信息共享，有重大的政策想法可以事先通气，避免部门之间制定的政策方向不一致。

实际上，对于我国的国有企业而言，属于哪个系统、由哪个部门管理并不重要。但要有两个前提：第一，管理不能多头，多头管理必然导致扯皮和内耗，谁都管不好；第二，管理者要承担责任，企业出了问题要到第一线去收拾烂摊子。有了这两条，由哪个主体管理都比多头管理要好。

所以，无论从当前理顺国有企业改革发展的工作关系出发，还是从国有企业的长远发展考虑，下决心重建集中统一监管的企业国有资产管理体制，为国有企业创造出一个符合企业发展要求的体制和政策环境，为国有企业放出一块相对大一点、相对宽松一点的发展空间，都是极重要的战略任务。这是保证中国的国有企业能够持续稳定发展的一项必备的制度基础。

但是，推进这些改革又涉及部门之间权力的调整，各个部门都有自己的利益和想法，于是又会产生很多不同的意见和说法。这些意见和说法无论听起来多么有道理，只有国有企业能够发展好，才是有意义的；如果国有企业的发展状态不好，基础被动摇了，这些意见和说法都没有意义了。

因此，要重建集中统一监管的企业国有资产管理体制，一方面要做大量的解释工作，另一方面需要高层下大的决心。

二十四、企业国资监管机构的专业化建设

集中统一的企业国有资产管理体制会使责任清晰、权责一致，是做好国有企业改革发展工作的体制前提。但要真正把工作做好，还需要实现企业国资监管机构的专业化。这些年的感受是，国有企业涉及的问题高度复杂，推进国有企业的改革发展是一项对业务素质要求很高的工作，客观上要求负责推进的机构有与此相适应的专业能力。

当然，在国有企业改革发展的不同阶段，对主持机构的能力要求是不一样的。在改革的攻坚阶段，由于涉及职工利益，必须善于做群众工作，能妥善处理好各个群体的合理诉求；在国有大企业改革的阶段，企业各个方面体制建设的细节都要考虑周全，结构调整、化解历史问题涉及的大量具体工作都要心中有数；在未来国有企业进入高质量发展的阶段，解决问题方面的能力要求可能会有所降低，但驾驭市场、洞悉产业发展方面的能力可能更加重要。

要做好这样的工作，负责推进的机构不可能高高在上、坐享其成，大量工作需要自主判断、主导操作。因此，企业国资监管机构必须是一个专业化的机构，要有一批熟悉经济工作、了解企业运作的高素质人员。否则，出资人职能集中行使后也不能保证把工作做好。

在我国目前的国家治理构架中，企业国资监管机构属于政府序列，是准政府机构的性质。企业国有资产管理如何从政府层面转换到市场层面，学者们曾设计出一些不同的模式，一般都是在企业国资监管机构与国有企业之间构造出一个转换层，具体形式或是组建国有资本投资、运营公司，或是借助于市场上的机构投资者。从目前我国资本市场和机构投资者的现实情况看，后一个选项近期不会具备实施的条件；前一个选项构造出的国

有资本投资、运营公司仍是国有独资企业，仍有一个需要国有资产出资人监管其运营的问题。

从这些年改革的实际情况看，企业国资监管机构直接面对大型企业集团，通过集团公司董事会实现政企转换，可能是近期一种比较现实的选择，这样的模式本质上就是企业国资监管机构面对国有资本投资、运营公司。在这样的转换模式下，企业国资监管机构仍然需要具备相当程度的专业化，因为即使国有企业大规模的改革和结构调整已经推进到位，国有企业已处在稳定发展的阶段，下面几项职能仍是企业国资监管机构需要行使的。

一是企业相关人事的选任。集团公司董事会建设和董事的选择要有很强的针对性，某个企业存在的问题是什么，需要什么业务背景和特点的董事，需要非常专业的判断。企业管理团队的选任从方向上要交给董事会，但从目前我国经理人市场和猎头机构的实际情况看，董事会的视野和选择余地都很有限，在尊重董事会最终决定权的前提下还需要企业国资监管机构与董事会共同完成。某个企业需要什么风格的人来管理，领导团队如何搭配、组合，靠个人履历和民主推荐的票数远不足以准确判断，这就需要对企业的状态和人选的特点有非常深入的了解，需要有经验，需要人力资源方面的专家。

二是国有经济的布局结构调整。有进有退、有所为有所不为的结构调整将是国有经济布局优化和产业升级的常态，方向是退出不具备比较优势的领域，加强国民经济的重要行业和关键领域，发挥出国有经济的功能和优势。企业内部的调整当然由企业自主操作，企业之间的资源整合要由企业国资监管机构组织实施。操作这种布局结构调整，需要对国民经济的结构状态和国家的产业政策有非常深入的了解，同时要对国有经济布局结构调整涉及的大量具体问题比较熟悉，如债权债务处理、人员的分流安置、资本市场的有效利用等，在企业需要的时候能够出面给予支持或协调。

三是企业的反腐败建设和外部监督。由于涉及大量、多层面的经营活动，国有企业是腐败的高危领域；企业经营中的腐败只能靠科学的管理制度建设来防范，使相关程序严密、透明、可追溯，各个环节之间相互制衡，这是企业反腐败治本的措施，也是对业务能力要求很高的工作。对国有企业的外部监督一方面要查处腐败行为，还要对企业经营中的重大失误追责；由于技术和市场的不确定性而个人的能力有限，哪些失误必须问责，哪些失误应当容错，需要高水平的专业判断。

除上述职能外，对企业负责人的激励制度设计、企业治理结构的调整完善等工作，都非常考验主持者的专业素质。作为企业国资监管机构，如果没有相当的业务水平，不熟悉经济、不了解企业，与企业对不上话，制定的政策不够专业，就不可能履行好这样的职责，机构的权威也维护不了。最后的结果很可能是：主观上希望把国有企业搞好，但客观能力做不到；应该做的事做不好，不该管的事越管越多，工作的效果越来越差，企业的意见也会越来越大。

当然，前些年也有学者提出，企业国资监管的政策制定、政策执行和监管的职能要分开，由不同的机构行使，不能既制定规则、又当裁判员和运动员。[①] 这意味着，企业国资监管系统还要进行机构和职能的拆分。这种说法听起来很有道理，但都是理想化的思维逻辑，真正实施起来实际运行中会产生很多矛盾。制定政策的机构不管执行、执行机构决定不了政策、监管机构只管结果，如果工作效果不理想，是政策制定问题、政策执行问题还是监管问题会纠缠不清。这三类机构之间出现矛盾几乎不可避免，而且非常不好解决。

政府公共管理部门具有制订市场规则、维护市场秩序、保证公平竞争的职能，如市场监管、税务、反垄断等；这类机构以公共管理者的身份处理市场不能解决的问题，确实不能下场参加比赛。因而在政企不分、政

---

① 陈小洪，赵昌文. 新时期大型国有企业深化改革研究——制度变革和国家所有权政策 [M]. 北京：中国发展出版社，2014.

资不分的体制下，裁判员、运动员的问题确实存在。政资分开的改革之后，企业国资监管机构已没有公共管理和市场的职能，与所出资企业之间已不是裁判员和运动员的关系，更类似于球队的体能教练与球员，此时已经无法"吹黑哨"帮助自己。

而且，企业改革和国资监管是一个需要不断实践和探索的领域，和一些已成定式的社会公共管理也有很大不同。在这样的特殊领域中，政策制定和政策执行不能完全分开，以便能够根据执行的效果不断调整和优化政策。由于最终责任是清楚的，企业国资监管机构要对国有企业改革和发展工作负全部责任，政策制定和政策执行结合在一起只会相互促进，不会扭曲市场的运行。当然，国家对企业国有资产管理工作的监督、评价职能需要加强，而且需要专业化，比较好的方式是发挥各级人大的作用，把人大的国有资产管理职能做实、做强。

党中央经常强调，中国的国有企业要成为有国际竞争力的世界一流企业。要实现这样的目标，客观上要求企业国资监管机构的业务素质与之相匹配，至少不能差得太远。国资监管机构如果专业素质不高，很难设想所监管的企业会是高水平的；国资监管机构如果没有活力，很难使所监管的企业活力十足。企业国资监管机构的业务素质越高，国有企业改革发展的工作效果就会越好；反之亦然。

国务院国资委成立时，被定义为国务院直属特设机构。对"特设机构"的概念以往的研究不是很深入，关注较多的是职能的特殊性，如与一般的政府机构不同、不承担社会公共管理职能等。从这些年实际运行的情况看，职能的特殊性固然是一个重要方面，但更为重要的可能是对机构的专业化要求，以及为保证专业化和高素质所需要的内部机制和管理制度。这实际上是目前我们还没有解决好的另一个体制难题，以往在这个方向上的研究和探索都不充分。

近些年，我国政府机关业务骨干流失的情况比较突出，干部队伍的整体素质在降低，这种趋势应引起我们的高度警觉。在我国目前的国情条件下，除制定和实施国家治理的大政方针外，政府在一些重要领域的具体作用还无可替代。例如，现在经常说要"集中力量办大事"，这无疑是正确的，历史上我们也有成功的经验。但是，这些"大事"都需要科学的规划、高效率的组织，如果规划和组织机构的人员素质无法保证，我们在这个方向上也未必能说到做到。

政府部门的人员素质和工作效果大都难以准确测度，尤其难以定量化，这在很大程度上掩盖了我们的问题。政府部门干部队伍素质降低的短期后果不会很明显，尤其在经济社会运行比较正常、复杂情况不多的状态下；但企业国资监管机构与之不同，如果机构的履职水平不高，对国有企业的市场表现会有很大影响。我国相当一部分国有企业还处在竞争激烈的市场之中，如国有的汽车生产企业，一项技术跟不上、一个产品失败就可能面临生存风险。

所以，应从企业国资监管机构这个政府"特设机构"入手，进行政府机关管理制度和内部机制改革的探索。如果这方面的改革能够真正动起来，不但对搞好国有经济和国有企业会有直接的推动，也会为我国政府机构的内部改革探索道路，意义将十分重大。如果我们想要实质性地提升国家的治理水平，提高干部队伍的整体素质和改善工作状态无疑是必须首先解决好的问题。在这方面，"特设机构"的意义和价值应该等同于可以先行先试的经济特区。

改革开放后，随着市场因素的大规模引入，我国的经济和社会环境发生了深刻变化，政府的执政能力面临巨大挑战。由于我们的改革是要在一个较短的时间内完成一个庞大的经济和社会系统的转轨，我们没有足够的时间学习和适应，而一系列全新的治理难题需要快速做出反应。例如：要有效约束市场主体的行为，规范市场经济的秩序；要有效调节全社会的收入分配，避免两极过度分化；要在逐利的环境中保持一个相对健康的公众文化，营造良好的社会风气；要搞好政府的反腐败建设，防止自己被侵蚀掉；等等。除此之外，新技术、新业态的不断出现也会使政府的市场监管面临各种新问题。

这些挑战我们之前从未遇到过，用以往编计划、批项目、发文件的办法也很难应对。这些挑战的应对大都与市场机制的作用方向相反，属于规范市场行为、防范市场机制副作用的性质，因此不可能是一个水到渠成的自发过程，只能靠政府主动作为。这一点可能是我们进入市场经济后，对政府执政能力的一个巨大考验。此时，我们的学习能力和反应速度与政府的管理水平和效率正相关。

新的执政环境和执政要求给政府带来的挑战我们似曾相识，与改革开放初期国有企业刚刚进入市场时遇到的挑战十分类似。政府和国有企业都不是抽象的概念，而是由一大批具体的人员所组成。这些人员靠什么样的体制机制组织在一起，这种体制机制能不能调动人的积极性、是不是有效率，是国有企业改革首先碰到的问题。

当时，人们直观地看到，国有企业传统体制机制突出的外在表现是"大锅饭"和"铁交椅"、出工不出力，人际关系错综复杂、内耗巨大，上面管不住下面、指挥失灵。这些弊端非常明显，不用分析也可以看出，这样的企业在市场竞争中绝无生存的可能。因此，国有企业的内部改革启动的最早，比公司治理改革、结构调整都要早很多。当时大家共同的感觉是：不先把这个问题解决好，后面的事都无从谈起。

目前，我们在政府机构内部看到的情况，至少在现象上与当时国有企业的情况非常相似。虽然政府部门不会有亏损和破产的风险，但内部体制机制僵化会严重影响政府的执政效能，使我们难以有效应对经济转轨后政府执政能力所面对的巨大挑战。

最近一段时间以来，中央多次提出要"全面提高国家治理能力和治理水平"，这是非常切中时弊的目标要求。要把中央的要求落到实处，改革政府机构内部的管理体制和运行机制是首先要做到的事。如果这项改革能够启动起来并取得成效，公务员的工作状态和精神状态改变了，政府的政策制定和执行水平实质性地提高了，很可能为国家带来新的一轮改革红利。

政府机构的内部机制和管理制度如何进行改革，需要进行专题研究和规划。从前些年国有企业改革的情况看，一是要保证合理的待遇，二是要建立能够流动、调整和优化的机制。这两个方面还要作为一个整体来考虑，只动一个方面都有副作用。

政府官员的待遇无疑也是个敏感话题。我们一直不认可"高薪养廉"的说法，没有制度约束的高薪确实不能保证"养廉"，但市场经济环境下的低薪很难保证素质，尤其在北京这类房价畸高的城市。在这个问题上，高房价的副作用可以看得非常清楚，全社会的商务成本都在上升，包括政府的运行成本。

国有企业内部改革的要求是干部能上能下、职工能进能出、收入能增能减，这样的要求对政府机关不一定合适，但让人流动起来是有可能做到的。国有企业以往在进行内部改革时，由于社会上的就业压力和企业的社会责任，减下来的人员也没有真正离开企业推到社会上去，企业内部的劳务市场、竞争不上岗位的员工进行待岗培训的办法政府机构可以借鉴。只要人员能够流动起来，只要能实现一定程度的优化组合，只要是自己主动竞争上岗，人的工作态度和工作状态会完全不一样，机构的指挥系统也会得到加强。

从以往国有企业改革的情况看，推进这样的改革并不很复杂。只要注意两个问题：一是方案要公开透明，程序要公平公正，能经得起历史的检验和利益主体的质疑。二是要给第一线的负责人撑腰做主，凡真正的改革都会涉及观念和利益的调整，告状的、举报的都可能出现，对此要有思想准备，更要扛得住。

我国当前政府建设中还有一个需要关注的问题，就是公务员队伍的来源和构成。目前，至少在中央政府部门中，"三门干部"的比重越来越高，再过若干年可能全部是这种类型。这些同志与一线隔得太远、历练有限，或许能胜任宏观经济管理工作，做企业工作可能有距离。在以往的国有企业改革中，出了大力的是一批地方政府工业系统的官员，这些人的阅历大都很丰富，在企业干过，在政府也干过，非常熟悉情况，知道如何解决难题；相比较而言，我们的一些"三门干部"工作也很努力，但缺乏实际经验，不太容易找到感觉。

因此，如果企业国资监管机构能在内部管理制度改革上进行探索，应该把人事制度放得更开一些，打破人的身份界限，能够根据工作的需要灵活进行调整和组合。对于国有企业而言，我们特别需要让一些在企业当过领导、在基层实战过的"老家伙"参与进来，帮助政府把国家所有权行使好。这样的探索如果能够做起来，对我国的政府建设也会很有价值。

实际上，只要能做到高素质和专业化，企业国资监管机构的规模不一定需要很大，运行成本也不一定很高。在国务院国资委工作时，我访问过瑞典瓦伦堡家族的投资管理公司。由于北欧国家的家族企业大都是稳定持股的，与国资委的业务性质有些类似，我们希望能有所借鉴。瓦伦堡家族拥有和管理的资产规模很大，当时一些知名的跨国公司，如ABB、爱立信、北欧航空、阿斯利康制药、富世华等，瓦伦堡家族均是第一大股东。但根据他们的介绍，这家投资管理公司只有22个人，这让我们深感意外。

当然，两个国家的国情很不一样，这家投资管理公司的功能单一，我们的很多工作他们是不做的。所控股公司董事会成员主要靠猎头公司推荐，他们只是比选确认；评价指标主要是股票价格和走势，高管薪酬都是市场化的；财务的真实性主要由审计事务所保证，也没有外部监督问题。投资管理公司的主要功能是根据全球产业和技术的发展趋势确定投资策略，进行资本布局结构的调整；市场能解决的都不自己干，因而人员队伍可以非常精干。我国的情况与之没有很大的可比性，市场目前能够解决好的问题有限。但这个案例至少说明，只要保证素质、不养闲人，资产管理机构并不一定要非常庞大。

我国是一个社会主义国家，我们通过改革要建立的是社会主义市场经济体制。这样的社会制度和基本国情决定了，国有企业在我国经济社会发展中要发挥重要作用，没有国有经济和国有企业的健康发展，国家一系列重大的经济和社会目标都难以实现。国有企业必须改革好、发展好，这是中国的大局。

由于国有企业非常特殊的经营和竞争的属性，由于国有企业领导人员非常特殊的企业家特质的要求，从中国经济和社会发展的大局出发，我们为这个庞大而重要的经济系统建设一个相对独立的管理体系、制定一套符合企业发展规律的政策制度，完全是必要的，也是值得的。有研究者曾建议，中国需要明确国家所有权政策，这很值得考虑。[①] 当然，国家所有权政策不仅仅是企业功能分类等企业层面的政策，还应有完整的国家所有权行使层面的政策，包括国家所有权的行使方式、机构设置、职责任务、与其他党政机构的关系、考核评价、监督问责等，以保证国家所有权的行使能够规范、有效率。

如果我们能够重建集中统一的企业国有资产管理体制，明确了责任、激发了动力、减少了矛盾和内耗；如果企业国资监管机构的内部改革能够真正动起来，保证了专业素质和敬业精神，中国国有企业的改革和发展必将出现一个全新的良好局面。中国的国家发展和人民的福祉将极大地受惠于此。

---

① 陈小洪，赵昌文. 新时期大型国有企业深化改革研究——制度变革和国家所有权政策 [M]. 北京：中国发展出版社，2014.

参考文献

1. 王忠禹. 国企改革攻坚纪实 [M]. 北京：企业管理出版社，2010.
2. 邵丁，董大海. 中国国有企业简史：1949~2018[M]. 北京：人民出版社，2020.
3. 陈清泰. 陈清泰文集：全4卷 [M]. 北京：社会科学文献出版社，2023.
4. 中华人民共和国国家统计局. 2015中国统计年鉴 [M]. 北京：中国统计出版社，2015.
5. 李荣融. 遵循规律办企业 [M]. 北京：中国经济出版社，2013.
6. 蔡昉，等. 中国经济改革与发展：1978~2018[M]. 北京：社会科学文献出版社，2018.
7. 陈佳贵. 中国企业改革发展三十年 [M]. 北京：中国财政经济出版社，2008.
8. 邵宁. 国有企业改革实录：1998~2008[M]. 北京：经济科学出版社，2014.
9. 张卓元，郑海航. 中国国有企业改革30年回顾与展望 [M]. 北京：人民出版社，2008.
10. 罗伯特·劳伦斯·库恩. 中国30年：人类社会的一次伟大变迁 [M]. 吕鹏，李荣山，等译. 上海：上海人民出版社，2008.
11. 湖北省政府赴首钢考察团. 首钢承包制考察报告 [J]. 冶金管理，1991(6)：7-11.
12. 胡迎节. 真抓实干 果敢推进——考察徐州市破"三铁"的调查报告 [J]. 兰州学刊，1992(3)：53-57+91.
13. 福载. "诸城模式"：国有小型企业改革的成功探索 [J]. 改革与开放，1996(10)：25-26.
14. 国家国有资产管理局政策法规司. 国有资产管理法规汇编（一九九五年版）[M]. 北京：经济科学出版社，1995.
15. 罗放良. 跨越：长沙国企改革"两个置换"纪实 [M]. 北京：中国经济出版社，2008.
16. 余信红. 国企改制中的职工流动（1986—2000）[M]. 广州：暨南大学出版社，2013.

17. 百家现代企业制度试点企业调查课题组. 建立现代企业制度的现状与分析——对百家试点企业的调查 [J]. 管理世界, 2000(2): 67–73.

18. 蒋黔贵. 国有大中型企业建立现代企业制度和加强管理基本规范读本 [M]. 北京: 中国经济出版社, 2001.

19. 经济合作与发展组织. 公司治理: 对OECD各国的调查 [M]. 张政军, 付畅, 译. 北京: 中国财政经济出版社, 2006.

20. 托尼·兰顿, 约翰·瓦特肯森. 公司董事指南 [M]. 李维安, 牛建波, 等译. 北京: 中国财政经济出版社, 2004.

21. 艾哲明, 李睿. 治理在觉醒: 中国公司治理进化史 [R]. 北京: 亚洲公司治理协会, 2018.

22. 国务院国资委企业改组局: 国有企业兼并破产工作指南. 2004.

23. 国务院国有资产监督管理委员会产权管理局. 企业国有产权管理制度汇编 [M]. 北京: 经济科学出版社, 2010.

24. 国家经贸委企业改革司: 国有企业分离分流有关法律法规文件汇编. 2003.

25. 国务院国有资产管理委员会政策法规局. 国有资产监督管理政策法规汇编 [M]. 北京: 中国经济出版社, 2004.

26. 刘贯学. 再就业服务中心: 当前一项具有中国特色的社会保障制度 [J]. 中国社会保险, 1998(11): 20–21.

27. 王元. 大企业结构优化中的冗员问题 [J]. 管理世界, 1997(2): 140–146, 150.

28. 熊志军: 国有企业薪酬体系过去今天与未来 [EB/OL]. (2010-12-08)[2023-12-03]. http://finance.sina.com.cn/hy/20101208/17009076142.shtml.

29. 王小鲁. 灰色收入与发展陷阱 [M]. 北京: 中信出版社, 2012.

30. 徐乐江. 宝钢董事会运作实践 [M]. 上海: 上海人民出版社, 2013.

31. 白英姿. 中央企业并购整合案例精选 [M]. 北京: 中国经济出版社, 2013.

32. 周放生. 国企债务重组 [M]. 北京: 北京大学出版社, 2003.

33. 刘文炳. 中央企业国际竞争力研究——并购重组的视角 [M]. 北京: 中国经济出版社, 2011.

34. 李荣融. 机制创新与三项制度改革: 许继经验指导手册 [M]. 北京: 中国经济出版社, 2001.

35. 国家经济贸易委员会企业改革司: 企业物资采购管理暨推广亚星经验指导手册. 1999.

36. 中央企业管理提升活动领导小组 . 企业全面风险管理辅导手册 [M]. 北京：北京教育出版社，2012.

37. 中央企业管理提升活动领导小组 . 企业反腐倡廉管理辅导手册 [M]. 北京：北京教育出版社，2012.

38. 2004 年—2016 年中国经济出版社出版的《中国国有资产监督管理年鉴》。

39. 白英姿，马正武，张政军 . 国有企业功能定位与分类治理 [M]. 北京：中国财富出版社，2015.

40. 罗新宇 . 国有企业分类与分类监管 [M]. 上海：上海交通大学出版社，2014.

41. 胡湘建，袁云光，陈银娥，等 . 淡化官性：造就职业企业家 [M]. 武汉：武汉大学出版社，1999.

42. 李志祥，张应语，薄晓东 . 法国国有企业的改革实践及成效 [J]. 经济与管理研究，2007(7)：84–88.

43. 叶祥松 . 意大利国有企业管理体制及其启示 [J]. 学术研究，1997(3)：22–25.

44. 世界银行联合中国财政部，国务院发展研究中心 . 世行报告：2030 年的中国 [EB/OL]. (2012-03-09)[2023-12-10]. https://economy.caixin.com/2012/shbg2030/.

45. 谭安杰 . 中国企业新体制——督导机制与企业现代化 [M]. 北京：商务印书馆（香港），1998.

46. 郑海航 . 中国企业理论五十年 [M]. 北京：经济科学出版社，1999.

47. 国家经贸委企业改革司课题组 . 中国国有大中型企业改革与发展若干重大问题研究 [M]. 北京：人民出版社，2001.

48. 国务院国有资产监督管理委员会研究室 . 探索与研究：国有资产监管和国有企业改革研究报告（2006）[M]. 北京：中国经济出版社，2007.

49. 王计 . 亲历国企改革 [M]. 北京：中国文史出版社，2019.

50. 吕政，黄速建 . 中国国有企业改革 30 年研究 [M]. 北京：经济管理出版社，2008.

51. 刘纪鹏 . 大道无形——公司法人制度探索 [M]. 北京：中国经济出版社，2009.

52. 高明华，等 . 深入推进国有经济战略性调整研究——基于国有企业分类改革的视角 [M]. 北京：中国经济出版社，2020.

53. 宁向东 . 公司治理理论 [M]. 2 版 . 北京：中国发展出版社，2006.

54. 吴晓灵 . 中国金融体制改革 30 年回顾与展望 [M]. 北京：人民出版社，2008.

55. 陈小洪，赵昌文 . 新时期大型国有企业深化改革研究——制度变革和国家所有权政策 [M]. 北京：中国发展出版社，2014.

附录：你的任务已经完成了

——《启思录》自序

2013年8月，国务院发文免去我国务院国资委副主任的职务。虽然按规定还不算退休，但工作岗位已转到了全国人大财经委。这是我人生中又一个重大转折。这意味着什么呢？一位前些年已转到全国人大工作的老同志找我谈话：免去你一线的职务任命到人大来，说明你的任务已经完成了。看来，这次转折是一个句号，而不是一个分号了。

我们这一代人命运坎坷，生活的道路上有太多的偶然性，也有许多重大的方向性选择。但我一路走到今天，冥冥之中似有一种力量在导引。把我从很远的地方一步一步引导过来，又悄然把我引导出去。一切都似有安排。

"文化大革命"开始时，我在北京二中上初二。早年毕业于西南联大，新中国成立后一直在纺织工业部搞技术工作的父亲未能躲过"文革"这一关，被戴上"漏网右派"的帽子，家门口贴满了大字报，我也随之成为一名"可以教育好的子女"。1969年初，我们班大部分同学响应号召到陕北延安插队，正式身份变成了农民。至此，我的社会地位和政治地位都到了社会最底层。这是我经历的第一次重大的命运转折。

离开北京去插队当时对我是一种政治上的解脱，质朴的陕北老乡给了我平等的温暖。但陕北实在太艰苦，最大的问题是吃不饱、无法自己养活自己。平均一年 300 斤毛粮应付重体力劳动根本不够，馍馍里加麸子、糠皮是经常的，老乡们日常的干粮基本以糠窝窝为主。我们村四个知识青年最多时一年出了 1000 多个工，挣了 8000 多工分，年终算下来总共分了 24 元钱，还不够一个人回一次北京的单程路费。

插队是我们这一代人的宿命。大多数知青后来被当地招工，极少数幸运者有可能被推荐成为工农兵大学生，但出身不好的人是没有机会的。在这种情况下我开始自学，至今我还清晰地记得在陕北的窑洞里、昏暗的油灯下看书苦读的情景。我的这种自学当时并没有明确的目的，也许是和命运赌气，也许是一种无奈中的自我安慰。受父亲专业的影响，我从初、高中课程补起，方向是大学机械类的课程。到 1977 年邓小平拨乱反正、恢复高考时，我已基本修完大学二年级机械类的专业基础课，无意中为抓住机遇做好了准备。1977 年"文化大革命"后的第一届高考，我考入清华大学机械工程系。这是我人生第二次重大的也是最为关键的一次转折。

在清华上学的几年是我一生中最阳光的时期，从个人到国家都充满正能量。我们这一代人能上大学实在是珍惜得不得了，勤奋努力自不必说，整个国家也开始在改革开放的道路上欣欣向荣。四年半的本科读下来，我各科考试平均成绩在 93 分以上，加上担任系团委副书记等社会工作，毕业时我被评为清华大学优良毕业生。

本科没有学够，我又考上本校于震宗、童本行两位老师的硕士研究生，研究方向是造型材料。研究生期间除课程学习外，课题研究也取得了重大进展，我的硕士论文当时在清华是最"厚"的，导师评价"完成了两个半硕士的工作量"。研究生临近毕业时，学校给我确定的去向是：先留校取得教师身份，担负一定量的学生工作，同时读在职博士。于震宗教授作了具体安排：用一个硕士的工作量应付硕士答辩，剩下一个半硕士的工作量再加一些内容，博士学位就拿到手了。

应该说，学校对我的安排是非常好的。一个插队知青能成为清华大学的教师，这是我在黄土高原上做梦都不敢想的事情。但此时，我正在谋划着改行搞经济工作。熟悉那一段历史的人会理解，当时中国正处在改革开放初起的大潮中，经济领域是主战场。对于我们这些在社会底层浸润日久且又书生气十足的人来说，能够为国家和人民做"大"一些的事情，是更加令人向往的选择。清华园之外风起云涌的改革大势，显然比书斋生活更有吸引力。尤其是时任国家经委综合局副局长的朱镕基1981年在清华的一次演讲，更让我们跃跃欲试、激动不已。而且当时自己的一个认识是：理工科需要实验条件自学不易，而文科是可以自学的。

这是我人生道路上又一个重大转折。现在回想起来，这一步是跨大了，很有些不知深浅。转行搞经济工作我既无知识的准备，也没有人脉的背景，是完全没有把握的选择。好在当时各方面都需要人，并不太在意你是学什么专业的。我离开清华后的第一站是国家经委，先在办公厅、后到综合局，这是当年朱镕基同志工作过的机构，但此时他已成为国家经委副主任了。当时的国家经委主任吕东同志倡导成立了一个青年研究小组，组长是研究室副主任任克雷，我是成员之一。这个小组是当年企业承包经营责任制的主要研究者和提倡者，这是我第一次接触到国有企业问题。

1988年政府机构改革，国家经委被撤销，各业务局按职能分别划归国家计委、国家体改委、外经贸部、物资部等。我和国家经委综合局的四位同志进入了国家计委综合司。

国家计委综合司是个非同一般的机构，有人说它是"中国政府第一司"。计划经济时期，年度计划编制和最终平衡在这个司；转向市场经济后，以计划执行为载体的宏观调控政策制定也在这个司。由于职能重要，这个司配备的干部大都是精兵强将，日后被提拔重用的机会也多。我进入综合司时司长是王春正同志，他后来成为国家发展改革委常务副主任、中央财经领导小组办公室主任。

国家计委综合司的主要业务工作是年度计划编制、经济运行分析、提出相关的政策建议等，我所在的预测处是主要的分析单位之一。计委综合司的工作压力很大，要求也非常高，定期向国务院上报的经济形势分析报告大都出自这个司，加班加点是经常的事。一个搞经济工作的人，有机会在这样一个核心业务部门工作，会得到很好的锻炼。但时间不长我就发现一个问题：我以前把经济工作看得太简单了，自己在经济方面的知识储备完全不足以满足综合司的业务要求，长此以往将是一个坐吃山空、越掏越空的状态。于是，在综合司工作了11个月之后，我提交了调往国家计委经济研究中心的申请。

从国家计委第一重要的业务司转到二线的研究机构坐"冷板凳"，是我进入经济领域后一个不大不小的转折。事实证明这个选择是对的，因为我有时间补课了。我在经济研究中心工作的7年等于重新上了一次大学，周围有一批老一辈专家，也有一些思想活跃的青年学者，有问题我可以随时请教。这期间我主要的研究方向是短期经济运行分析和中长期发展战略，这是为国家计委的工作服务的。除此之外，我尽可能拓宽研究领域，包括农业经济、产业政策、财政、企业集团等。在国家计委的这段工作经历使我受益匪浅，其宏观的视野、结构的意识在别的地方是学不到的。以后在研究处理国有企业问题时，我就有了更深入、更具全局性的视角。

1996年，刚刚组建不久的国家经贸委希望加强国有企业改革战线的力量。作为原国家经委的"老人"，我是被推荐的主要人选。当年8月，我以国家计委宏观经济研究院综合研究部副主任的身份平调到国家经贸委企业局任副局长，时任局长是蒋黔贵同志，分管主任是陈清泰同志。一年后，蒋黔贵同志升任国家经贸委副秘书长，我接任企业局局长。至此，我经历了人生道路上又一个重大转折。从事国有企业改革是我职业生涯最终的归宿，在这个领域我工作了17年。

我调入国家经贸委时，正是国有企业最困难的时期。1997年全国国有独立核算工业企业中，亏损企业的亏损额达到831亿元，比1987年上升了12倍；盈亏相抵后实现利润只有428亿元，比1987年下降了42%；作为"二国有"的集体企业情况更糟。当时发不出工资、发不出退休金的困难企业到处都是。困难职工闹事的情况此起彼伏，各级政府疲于应付、焦头烂额，国有经济已经出现了全面瓦解和溃败的苗头。当时大家一个共同的感觉是，在市场竞争激烈的环境下，国有企业怕是没有办法、没有希望了。问题的严重性还在于，由于之前国有和集体企业并没有做实质性的退出，大体上还维持着上百万家企业、1亿职工的规模。这个庞大的经济体系如果轰然倒下，经济、社会和政治后果不堪设想。

1997年下半年，时任国务院副总理的朱镕基同志在东北视察时提出了国有企业三年改革脱困的设想。随同视察的陈清泰副主任回京后向我们进行了传达。坦率地讲，当时我们的反应是"愕然"。国有企业几十年积累的多方面问题要在三年中解决，大家都认为是一项不可能完成的任务。尽管当时并不理解，但作为第一线的工作机构，我们仍在陈主任的主持下写出了国企改革实现三年两大目标的第一个初步方案。

1998年，国务院又进行了力度很大的机构改革，10个国家工业部被撤销，转为国家经贸委管理的国家局。国家经贸委的班子和内设机构也进行了调整：王忠禹同志升任国务委员、国务院秘书长，盛华仁同志接任；陈清泰副主任升任国务院发展研究中心党组书记，郑斯林同志短期过渡后由蒋黔贵同志接任分管改革的副主任。

盛华仁主任上任后第一项工作就是抓三年实现两大目标，他称这是"国家经贸委第一位的任务"。为加强工作力量，委主任办公会要求我再组建一个临时机构——企业脱困工作办公室并兼主任，但没有行政编制。我从委外请了两位有研究能力的官员，周放生和熊志军任副主任参与筹建，其余20多人都是借调的。国家经贸委企业改革司司长兼企业脱困工作办公室主任，以致一位同事和我开玩笑：如果三年两大目标实现不了，第一个应拿谁是问是最清楚不过的。

党的十五届一中全会正式提出的国有企业改革和脱困目标是："从1998年起，用三年左右的时间，通过改革、改组、改造和加强管理，使大多数国有大中型亏损企业摆脱困境，力争到本世纪末大多数国有大中型骨干企业初步建立起现代企业制度。"这个提法是定性的，各方面关注的是"大多数"需要摆脱困境的亏损企业如何具体化。这一问题在国家经贸委内部的争论就很大。有一种意见非常激进，提出要使国有企业的亏损面下降到20%，并曾正式上报国务院。

当时，国有企业不计潜亏的亏损面是39.1%，其他所有制企业大约是30%。记得我在一次主任办公会上和持有这种意见的同志发生了激烈争论，我说要把国有企业的亏损面压到比其他所有制企业还低，除非大规模做假账，否则根本完成不了，这样不留余地设定目标的实际效果是给领导设"套"。经过上上下下、反反复复的沟通，最后在吴邦国副总理的主持下，明确了脱困的具体目标。所谓"大多数国有大中型亏损企业"是指1997年底亏损的6599户国有及国有控股企业中的大多数。这个目标尚有一定的弹性和余地。

目标确定后，作为第一线的工作机构，我们的责任是要把工作做实。具体是这样几个方面。

一是把普适性改革措施的效应尽可能放大。当时这类改革措施包括国有中小企业改革、国有困难企业关闭破产、下岗职工再就业工作、企业内部三项制度改革、加强管理等。通过总结、推广各地和企业的好经验、好做法放大改革措施的效果。

二是单项政策尽可能对准。当时为支持国有企业三年改革脱困，国家出台了一系列有针对性的政策，如纺织压锭、困难行业的企业下放、债转股、减员增效、技改贴息等，是解决特定企业、特定行业问题的。这些单项政策要摸清适用范围并对准目标。

三是脱困责任要尽可能落实。困难企业自身当然是脱困的责任主体，但政府也要承担帮扶的责任。我们在与各级政府协商的基础上，为每一户重点脱困企业明确了一个政府部门作为帮扶责任主体，同时每个季度向全国通报一次脱困进度。

应该说，在当时的政策条件下，这样一套工作体系把脱困工作"砸"得比较实了，但工作推进的过程异常艰难，因为这一组改革非常"伤人"，加上改革成本准备不足、补偿有限，对社会稳定的冲击很大。企业破产会造成职工全部下岗，尽管后面还有再就业工作帮扶，但对职工生活的影响仍然很大；即使是国有中小企业改制，要从国有体制转到非国有体制，职工也是不情愿的。因而操作过程中不断出现群体性事件，几乎成为这个阶段国有企业改革的一个标志性特征。

那些年，各级政府为解决企业和社会的稳定问题做了大量工作。第一批上去疏导的工作组基本都会被围困，多少个小时不能吃饭、不让上厕所，打不能还手骂不能还口，只能耐心做政策解释工作。当时我们都非常理解，职工可能需要闹一次，等他们发泄了之后再做工作效果会好一些。当时，全国上下都在"挺"，"挺"过改革的阵痛。大家都理解：改革必然涉及利益调整，痛苦是不可避免的；而且大家都相信，这种痛苦将是一次性的。

三年改革脱困是一场改革的攻坚，过程很艰难，但措施很有效，因而经济效果非常明显。到2000年末，全国国有和国有控股工业企业实现利润恢复到2000亿元以上，亏损面下降到27.2%；包括纺织行业在内的五个重点行业整体扭亏；重点锁定的6599户亏损企业中有4799户通过多种途径摆脱了困境。年底盛华仁主任向全国人大报告："经过三年的艰苦努力，国有企业改革和脱困取得了明显成效，中央提出的三年目标已基本实现。"

盛主任宣布后，主流媒体的反映当然是正面的，但社会上仍有不少质疑声，认为公布的数字造假。最后，是时间说明了一切。随着2000年后国有企业经济效益的持续好转，质疑的声音没有了。大家开始意识到，三年改革脱困确实实现了中国国有企业改革的一个重大转折，并为之后的改革打下了一个好的基础。现在回想起来，朱镕基总理确实伟大，他敢于在自己的任期内把矛盾都挑开，把解决问题的责任和风险留给自己，把改革的成果留给后人，展现出一位伟大政治家的胸怀和风范。

三年改革脱困工作的成效被社会逐步认可，但各方面对这项工作本身的看法并不一致。一种典型的说法是：三年改革脱困是政府用行政手段强力推动的，应该更多地采取市场化的办法。实际上，当时对于中国这样一个组织力量强大而市场发育不足的国家，这恰恰是一剂对症的良药。

三年改革脱困为中国的国有企业改革创造出三个方面的条件。第一，它使国有企业改革从一项分管领导主持的部门工作，变为各级党委、政府必须向中央交账的"一把手工程"，工作位置不一样了。第二，各级党政一把手上到改革一线后，各个相关部门会主动跟进制定配套政策，改革的政策环境大大改善。第三，各级党委、政府的号召和推进，各层级的积极响应，创造出一种理解和支持改革，甚至可以为改革做出必要牺牲的舆论氛围。这三点对于改革的大规模推进都是必不可少的条件。

国有企业改革脱困的这几年，是我在工作中压力最大、最紧张的时期，但也是工作最舒畅的一段时间。能够在镕基总理的领导下直接参与国有企业改革，亲手解决国有企业面临的难题，是人生一大幸事，周围的同志都非常有成就感。这一段也是国企改革工作推动比较顺畅的时期。当时在管理体制上可以指挥国有企业的部门不少，但在巨大的困难面前，大家都不会主动介入。在死马当活马医的时候，各方面的宽容度是最高的，相互掣肘是最少的。

在改革的具体工作层面，特别要提到国有企业改革的工作团队。这个团队形成并稳定了近二十年，从而保持了改革方针和具体工作的连续性和稳定性。陈清泰主任应是这个团队的第一代负责人，蒋黔贵主任是第二代，我算是第三梯队了。有意思的是，我们三个人都是工科出身。许多经济学者在研究国有企业改革，但在第一线负责操作的却是一批学工科的人。这是一件很值得玩味的事。也许工科思维更适合做操作方案设计和组织实施工作，我们确实像做工科实验一样筹划着改革的推进。由于没有先入为主的理论或模式的束缚，我们对改革的实践充满敬畏感，更多地从改革一线寻找解决问题的办法，总结、推广地方和企业行之有效的改革措施是最主要的工作方式。自然科学的态度有助于实施方案的可靠性和可行性。

朱镕基同志任国务院总理的五年，是中国国有企业改革推进力度最大、企业状态变化最大的时期，之前和之后完全是两个局面。回顾一下1998年之前国有企业问题的严重程度和蔓延的速度，这轮大力度的改革很可能使我们的国家避免了一场由于国有企业问题集中爆发而导致的社会危机。

到了2003年，改革的形势逐渐清晰：国有中小企业改革和国有困难企业的关闭破产工作都到了扫尾阶段，余下的国有企业主要是经营状态尚好的大型企业。由此，中国的国有企业改革进入以国有大企业改革为重点的阶段。

当时对国有大企业的管理体制有两个特点：一是政府的管理非常直接和具体，如对企业投资活动的行政审批制度；二是政府对企业的管理是多头的，管人、管事、管资产分属不同系统。当年我们解剖过一家陷入困境的大型中央企业集团，对其有正式管理职能的至少有8个正部级的党政机构，大都是重要的强力部门，因而当时有"九龙治水"之说。

这样的管理体制造成的后果，一是责任说不清楚。企业的经营责任说不清楚，因为企业的重大事项都是政府决定的；政府的管理责任也不清晰，因为许多部门都从不同的方向实施管理。二是多个部门共管一项工作，相互掣肘、彼此牵制，谁也协调不动谁，大家都做不成事。三是各个部门对改革的认识不一致，对企业提出的工作要求各不相同，企业夹在中间无所适从。概言之，这是一个政企深度不分的体制，是非常不科学、不合理的。

从改革阶段性衔接的角度，党的十六大决定启动国有资产管理体制改革是非常及时的。党的十六大报告中有一段经典论述："国家要制定法律法规，建立中央政府和地方政府分别代表国家履行出资人职责，享有所有者权益，权利、义务和责任相统一，管资产和管人、管事相结合的国有资产管理体制。"这是中央文件第一次清晰地描述待建立的国有资产管理体制，即集中统一监管的体制模式。

国务院国资委是按党的十六大精神组建的企业国有资产出资人代表机构，组建后从相关部门手中转移、集中了大部分对国有企业的出资人权利。当然，这种集中不是简单地相加，而是经过认真的梳理和改革，把应该由企业行使的权力交还给企业，把国资委的职能定位在《公司法》中国有独资公司股东会的职能上。这一关键举措在政资分开、政企分开的方向上迈出了重要的步伐。

国资委成立后，政府对国有企业监管的工作格局发生了重大变化。主要的效应是：第一，国有企业的改革发展工作在政府层面第一次有了明确的责任主体，而责任明确是做好工作的第一步；第二，集中统一的监管体制消除了政府部门间的掣肘和内耗，创造出一个能够干实事的环境；第三，对国有企业的行政干预减少，而且不再是多头指挥、多方向的要求，国有企业的外部关系简单化了。当然，这也是一项"得罪人"的改革，国资委集中的是别的部门原有的权力，属于"动了人家的奶酪"。这会给以后的工作留下隐患。

国务院国资委由四个系统组建而成：中央企业工委全部、国家经贸委的大部分业务局、财政部管理国有资产的两个司、中组部有关国有企业领导干部管理的半个局。国资委创始阶段的两位主要领导人是李荣融和李毅中，都是有长期企业工作经验的业务型干部。两个人风格不一样，但能力都很强，都足以独当一面。荣融主任精明、干练，思维超前、大胆；毅中书记沉稳、持重，思维务实、慎密。国资委组建前，蒋黔贵主任已转到全国人大任职，我被任命为国资委副主任，分管企业改革局、企业改组局、企业分配局、维稳办，毅中书记调离后又把规划发展局交给了我。

国资委成立时，如何开展工作谁也没有经验，企业国资监管工作是一片空白，国资委在一张白纸上做出了一系列重要的开创性工作。第一个工作方向是建立企业国有资产管理和对企业经营者的激励约束制度。具体工作包括：清产核资、摸清家底，明确主业、制定发展战略，建立年度和任期的业绩考核制度，依据考核结果建立年薪制，职工收入总水平管理，规范国有产权转让管理，加强外部监督，建立国有资本经营预算制度等。第二个工作方向是围绕企业整体改制上市的目标，加快国有企业的改革和结构调整。具体工作包括：推动企业改制并在境内外资本市场上市，启动规范的董事会建设，推动企业内部三项制度改革，通过企业之间的重组完善功能、加强大集团，推动企业内部重组优化资源配置，主辅分离、辅业改制，国有资产经营公司试点，分离国有企业办社会职能，推进企业各层级领导人员的公开招聘、竞争上岗等。

应该说，国资委在企业国资监管制度建设、市场化改革和结构调整方向上所做的工作内容非常丰富，每一项工作都对应着一类国有企业需要解决的特定问题，是一种全方位的推进。之所以能在不太长的时间中推进这么多工作，关键是管理格局理顺了，消除了部门之间的掣肘。

这些工作积累起来的总体效应是两个方面：第一，企业和管理团队受到方向非常明确的激励，要把企业改革好、发展好；第二，国有企业在体制和结构上向市场化的方向迈出了大的步伐。正因为如此，这一系列改革措施的经济效果非常明显。2002—2012年，也就是国资委成立之后的10年间，中央企业的营业收入从3.36万亿元增加到22.5万亿元，年均增长20.9%；实现净利润从1622亿元增加到9247亿元，年均增长19.0%；上缴税金从2927亿元增加到1.9万亿元，年均增加20.6%。地方国有企业的经营状态也是同样的趋势。国资委成立后国有企业的经营状态表明，这一时期的改革是富有成效的。

当然，对这一时期国有企业的表现有些人批评是"国进民退"。事实上，"国进民退"并没有统计上的依据，这一时期"国"也进了、"民"也进了，国有企业和民营企业共同支撑了中国经济的快速增长。国有企业市场表现的改善主要是因为改革和结构调整，使国有企业开始逐步融入和适应市场经济和市场竞争。

这一时期，国家没有出台任何针对国有企业的优惠政策或保护措施，国有企业是靠改革、靠竞争站住了脚。这对于国家来说是一件大好事。民营企业是中国的企业，国有企业也是中国的企业，中国的企业搞好了，中国经济的国际竞争力提高了，是国家之幸、人民之幸。在国民经济目前的发展中，我国一些重要产业主要以国有企业为载体，如核电、高铁、航天、军工、基础设施建设等领域。这期间国有企业对社会的贡献也在增加，2002 年中央企业上缴的税金占全国税收总收入的 16.7%，到 2012 年这个比重上升到 18.9%。在一些重要和关键的时刻，如重大自然灾害救援、海外人员危机撤离等，国有企业的动员能力和对政府号召的执行力都给人留下深刻印象。事实证明，通过改革和结构调整把国有企业搞好了，是中国经济和社会发展的正能量。

中国的国有企业改革还没有结束，还有大量任务需要完成；国资委自身的工作也存在不足和遗憾，需要不断调整和完善。但在目前的改革深度上，前景已经可以看得比较清楚了。下一阶段的国有企业改革很可能是从分类改革入手，明确不同类型的国有企业的功能定位及其与市场经济最终的融合方式。具体地讲，目前承担公共服务责任的公益性国有企业，很可能通过改革加监管的路径，成为市场经济中受到专门法律约束和社会监管的特殊企业；那些处于竞争领域的商业类国有企业，很可能通过资本市场改制上市的方式，实现国有企业的多元化和国有资产的资本化，成为市场经济中规范的公众公司。我们离这样的目标已经不是很远了。在一些经济较发达、改革和结构调整推进较快的城市和地区，国有企业改革已经接近了这样的目标。

国有企业改革一直被认为是一个世界性难题，对原计划经济国家来说尤其如此。经过30年不懈的探索、艰难的努力，中国的国有企业一部分退出了市场，一部分初步实现了与市场经济的融合，从经济发展的包袱、社会稳定的隐患变为国家经济社会发展正面的积极因素。这是一个了不起的成就。

中国的国有企业改革完全是从国情出发、从企业的具体情况出发，体制的改革、结构的调整、人员的分流安置是结合在一起进行的，大量丰富的实践筑就一条具有中国特色的改革道路。在目前的改革阶段上，我们甚至可以认为，如果下一阶段举措得当，中国完全有可能成为世界上第一个完整地解出这道难题的国家。

但对于我个人来说，已经没有时间了。2013年8月国务院发文免职时，我已经超期服役一年，应该是退出舞台的时候了。真是要感谢命运的安排：在事业需要的时候，把我从很远的地方一步步地引导过来，并放在能够发挥作用的位置上；在适当的时候，又悄然把我引导出去，给了我急流勇退的机会。一个曾在黄土高原上躬耕劳作、吃不饱肚子的知识青年，历经多次人生道路的选择，能够如此深入事关国家和民族的改革大事业之中，已经是非常幸运了。一个人能做的事都是有限的、阶段性的，从这个角度讲，我可以说我已经尽力了，我能够完成的任务已经完成了。

邵宁

2016年3月

后 记

从国有企业改革的工作岗位上退出之后,一直感觉自己应该写些什么,但各种各样的杂事仍然不少,心总是静不下来。疫情防控期间,各种社会活动大量减少,也不方便出外走动,客观上使自己进入了可以静下心来动笔的状态。之所以感觉应该写些东西出来,是因为这十几年参与国有企业改革有两个方面很深的感受。

第一个方面的感受是:中国的国有企业能摆脱当年的困境,改革能做到目前的程度非常不容易。

中国国有企业改革的起点,是上百万家国有和集体企业、上亿职工,这些企业和职工原本属于相对"安全"的计划经济体制,与市场竞争、优胜劣汰完全没有关系。从计划经济转向市场经济,是一场极深刻的社会变革,利益调整幅度之大、社会风险之大前所未有。面对这个庞大的经济系统和一个世界性难题,国有企业改革的过程中出了很多"事",但没有停滞或翻车,也没有偏离既定的方向,最终实现了国有企业和市场经济的初步融合。

历史上改革失败的案例要远多于成功者。中国的国有企业改革涉及的社会面非常大,改革如果不成功,经济和社会后果将极其严重。经过痛苦的改革和结构调整,国有企业从以往经济发展的包袱、社会稳定的隐患,逐步成为国家经济和社会发展正面的促进因素。我们的国有企业改革能够"扛"过来、能取得这样的成果非常不容易,这个艰难的改革过程应该记叙下来。

对这场规模空前但又相当痛苦的社会变革,外界的一些看法和解读并不很准确。这方面我经历过这样一件事。

大约在 2008 年,一位美国经济学家到国资委访问我。他说他只有一个问题想搞清楚:中国的改革究竟是如何过的国有企业这一关。据他讲,之前他周围的很多学者都认为,国有企业是中国经济体制改革最难过的一道关口。原因主要在于:中国的国有企业数量过大,职工人数过多;国有企业的体制、结构与市场经济的要求距离太大,转型困难;国有企业已严重亏损多年,改造这个系统需要巨额资金,中国政府的财力不够,准备也明显不足;推进这样的改革风险非常大,社会很难承受,搞不好会引发动乱;等等。这也是那个时期"中国崩溃论"的一个重要依据。

我把国有企业改革攻坚阶段国有困难企业的关闭破产、国有中小企业改制、职工下岗分流再就业的情况向他做了介绍,当然也说明国有企业这一关我们还没有真正过去。他听完后颇为感慨地说:国外都说中国的改革是渐进式的,但中国的国有企业改革绝对不是渐进式的,烈度不亚于"休克疗法"。

外界很多人认为,中国改革的成功得益于渐进式改革。但至少对国有企业改革而言,这个判断是不完整的。渐进式改革最主要的特征应是基本不动既得利益格局下的增量改革,很多时候表现为"双轨制"。中国的国有企业改革也有过这样的阶段,但到 1998 年前后这条路就已经走不下去了;不碰既得利益、不动存量的"轨",问题已无法解决。国有困难企业的破产、国有中小企业改制都属于存量改革,都伤及了上千万人的利益,这反映出改革非常痛苦的一面。当然,中国的国有企业改革与"休克疗法"还是很不一样的。"休克疗法"是美国经济学家远距离为其他国家开出来的药方，中国国有企业改革的举措则是成千上万第一线的改革者在自己的土地上艰难探索出来的办法。

第二个方面的感受是：前些年奋斗在国有企业改革第一线的同志们非常不容易，他们为改革做出了重大贡献。

国有企业改革这样大规模的经济和社会变革不是少数人能做下来的，也不是靠某一个层级能够设计和完成的；参与改革的工作者数以万计，从中央到地方有多个层级在频繁互动。这些改革的参与者当时是一种什么样的精神状态和工作状态，各个层级之间是一种什么样的工作关系和工作氛围，也是值得记述和研究的事情。

我们看到的情况是：在国有企业改革推进最快的时期，从中央到基层都是一种说真话、干实事、研究问题、解决问题的氛围，说官话和套话、做表面文章的行为方式基本没有市场。由于涉及数千万职工的切身利益，国有企业改革中几乎所有问题都躲不过去，矛盾只能直面和解决，为此有许多人在扎扎实实地迎难而上、努力工作。

客观地说，这场难度极大的改革我们基本上是仓促应对，思想准备、政策准备、资金准备都不足。在极为被动的形势下，各级政府发挥了极大的主动性和创造性，大量的、各种各样的矛盾被化解在基层。改革中很多问题事先想不到，文件中也不会有说法，如果第一线的官员不主动想办法解决，遇事向上请示，不但问题解决不了，中央政府连答复都困难。正是这样的工作氛围，正是这些同志的主动作为和担当，我们才能啃下这块改革的"硬骨头"。但对于很多一线的同志而言，他们的努力工作得到的并不都是肯定和表扬，在很多时候面对的是批评和责难。在这方面我的直观感受也比较多。

在国家经贸委时期，由于我兼任企业脱困办主任，我的办公室经常是各地负责企业脱困工作的同志"倒苦水"的地方。一次，四川省一个地级市的经贸委主任到国家经贸委办事，到办公室对我讲了他的经历。当时，这个市有一家地方军工企业破产引发了群体性事件，职工阻塞了铁路干线。他带领工作组上去做工作被扣押，闹事职工把他五花大绑捆在铁轨上，幸亏火车事先接到通知停在了远处。之后，政府出动警力才把工作组解救出来，脱险后他稍加整理还要返回去做工作，因为他是工作组组长，事件没有平息是不能下撤的。说到难受之处，这个40多岁的汉子失声痛哭。

对他的委屈我完全可以理解。这家军工企业和他本人没有任何关系，企业立项上马时他还是个孩子，之后也没在这家企业上过一天班；他与这家企业的关系仅仅在于，作为市经贸委主任，他要负责组织实施企业的关闭破产，还要维护社会的稳定。这样的事在国有企业改革的过程中发生了不少，很多地方经贸委、地方国资委和中央企业负责改革的同志都有过类似的经历。工作中的委屈只能自己忍受，这样的事件是不可以追查的，因为闹事职工也有很多的委屈和愤懑，他们同样为改革付出了巨大的个人代价。

实际上，在国有企业改革相当长的一段时间里，我们自己也感到信心不足。需要解决的难题太多，头上悬着意识形态问题、脚下踩着社会稳定问题，改革成本、社会保障等配套条件完全没有准备好；工作中感觉在走一座很长的独木桥，不知道在什么时候、在什么地方会掉下去。三年改革脱困时期，一位省经贸委主任在国家经贸委的正式会议上发言："我们没有枪、没有炮，只有一把冲锋号。"当然，各级党委和政府都是国有企业改革战线的后盾，但对于具体工作而言，这位主任说的是实情。

国有企业改革还是一项争议很大的改革，过去是如此，将来可能还是如此。但据我个人的观察，很多不同的看法是由于看问题的角度不一样。任何一个复杂事物都有不同的侧面，从不同的角度看进去，感受和结论会完全不一样。

例如，国有企业改革被批评最多的是改革的攻坚阶段，尽管这个阶段的改革使国有企业摆脱了困境、扭转了颓势，并为之后国有企业的较好发展奠定了至关重要的基础。被批评的原因主要是，这一阶段的改革中有大量国有困难企业关闭破产、大量国有中小企业改制，导致了上千万职工下岗，这对于所涉及的职工来说是极为痛苦的经历。这些批评反映的都是真实情况，虽然国家采取了再就业帮扶等措施，但也仅仅是补救而已。

但是从我们的角度观察，则同时看到了另外一个过程。这些国有和集体企业之所以会破产、要改制，大多属于在非常困难状态下的无奈之举。这些企业陷入困境的具体原因不完全一样，但对于其中的大多数企业来说，除了内部体制机制僵化、历史包袱沉重外，一个相当共性的原因，是受到我国农村工业企业的成本挤压。

改革开放初期我国农村就开始了工业化进程，最初是乡镇企业，而后是民营企业，几乎全部从资金、技术门槛较低的劳动密集型产业起步。农村工业形成规模后，就与城市中同行业的国有和集体企业形成了竞争的关系。劳动密集型产业大都是成熟技术，最重要的竞争要素是人工成本，而城市企业使用全民或集体正式职工与农村企业使用离土不离乡的农民，用工成本的差异巨大。

此时城市中的国有和集体企业无奈地发现，即使没有机制、观念、历史负担问题，自己的产品成本也难以与农村企业竞争，这种趋势还无法扭转。最终，这些城市中的劳动密集型企业全部变成了困难企业，其中就包括上海、青岛那些管理得很好、历史上曾做出很大贡献的国有纺织企业。

这批困难企业最后不得不通过破产退出了市场，或者进行了改制。即使企业改制，虽然企业名义上还在存续，但结果都是用工数量减少、职工的工作量增加而收入降低，而且企业开始越来越多地使用进城的农民工来替代原企业的老职工，这实际上是努力与农村企业在用工成本上"看齐"，否则这些改制企业也维持不下去。

这个过程实质上是我国产业布局结构的一次重大的全局性调整，劳动密集型产业向生产成本更低的农村地区转移，倒逼城市工业进行结构升级。

产业布局结构的调整必然导致就业格局的变化，农村的工业就业岗位增加、城市工业中的劳动密集型岗位减少，后果是城市企业的职工大量下岗；仅在上海市属国有纺织工业一个行业中，这一过程就造成了50万职工下岗。

这一轮产业布局结构调整应该是我国产业布局结构优化的过程，其宏观效果是在较长时间中保持了中国制造业成本较低的国际竞争优势。但是，这个优化的过程伴随着巨大的社会痛苦，尤其是对城市中劳动密集型工业企业的数千万从业者。

从这个角度分析，要避免这样的情况发生也不是完全没有可能，最直接的办法是不让农村工业发展起来，也不让农民进城与城市职工抢岗位。若如此，很多国有和集体企业确实不致陷入困境，也不必破产或改制，大量职工也不会因此而下岗。但真要这么做，对农民群体可能是不公平的。我不知道这样的观察是否符合实际，但至少是另外一个角度。对改革过程不同角度的看法也值得记叙下来。

由于改革的复杂性，对问题的不同看法不仅有个角度问题，还经常有个"时差"问题。例如，现在争议很大的国有中小企业改革，当年推进时争议并不大。原因是面对大量亏损企业和困难职工，谁也拿不出更好的办法，大家只能认可地方政府的操作；如果当年有人愿意挺身而出，救这些企业于水火，无论地方政府还是企业职工都会非常欢迎，但没有人这样做。改革中有些需要解决的问题太紧迫、太现实，各种意见的可行性很容易被验证出来，此时争论不会很多，大家说话都很谨慎；只有时过境迁、意见已无法验证的时候，争论才大量出现。对这些事后的批评，我们的判断一定要非常小心。

从我1996年由国家计委调入国家经贸委开始，我在国有企业改革战线工作了17年，算是干的时间比较长的，而且经历了国有企业改革几个最重要的阶段，有很多现场的感受。正因为如此，作为这项重大改革的一个参与者和见证人，我感到有责任把经历过的情况尽可能完整地写出来，包括个人的一些认识。这一方面是对这项改革的历史负责，也是对那些为改革做出了艰苦努力或付出了巨大代价的人们负责，正是他们的奉献和牺牲成全了这项改革。

当然，前些年国内有关国有企业改革出版的书籍不少，但大都是学者们的理论性著作，出自实际工作者的很少。实际工作与理论研究的角度完全不一样，这样的缺失对于完整地记录一项重大改革来说是一个很大的缺憾，对国有企业改革这类实践性要求很高的改革来说尤其是这样。正因为如此，我希望能补上这方面的缺憾，当然我不知道自己的业务积累能不能完成好这样的任务。

在具体层面，我希望通过本书给读者论述两个方面的内容。

一是国有企业改革中的一些具体情况。在前些年的改革中，一些重大政策出台的背景，希望解决哪些方面的问题；政策制定时的一些考虑，有什么样的不同意见；政策实施过程中遇到了哪些困难和障碍，是如何解决的；等等。

国有企业改革的过程非常复杂、非常艰难。有些工作看上去比较简单，我们自己事先也没有感觉很难处理，但上了手才知道其中的复杂性；这种情况碰到了不少，大的方面如分离国有企业办社会职能，具体工作如解决企业退休教师待遇问题等，了解这些情况有助于理解改革的难度。也有一些问题社会上的看法与我们很不一样，例如对"国进民退"的批评以及"央企地王"风波等，这些事也应该从我们的角度谈谈认识，否则容易形成某种思维定式，而且时间隔得越长越看不清楚。

例如，有些学者认为，只要国有企业存在，就会对其他所有制企业构成不公平，就破坏了市场的规则。如果这个判断成立，国有企业和市场经济就是水火不容，除了私有化之外没有别的出路。但我们认为：国有企业可以和市场经济融合，但要满足几个条件。第一，政府公共管理部门和国有企业要进行制度隔离，政府不应照顾也不能干预国有企业的经营；第二，要切断财政和银行对国有企业的补助关系，政策性亏损的保障性企业要有严格的核算，补贴要接受社会监督；第三，竞争性的国有企业如果资不抵债、不能清偿到期债务，也要破产清算。只要做到这几点，只要是平等竞争、优胜劣汰，国有企业的存在不会对其他所有制经济产生不利影响，相反会共同提升中国经济的规模和层次，实现优势互补基础上的共同发展。

二是为国有企业改革的研究者们提供一个实际工作的视角。理论研究和实际工作的着眼点不一样。理论研究更多的是揭示经济现象的内在规律，指明改变的方向；实际工作则是要解决问题、实现改变，这就要找到能走通的路径，因此必须考虑各种现实的约束条件。对研究者们来说，能够看到另外一个视角的观察内容应该是有价值的。

例如，国有企业改革一个很重要的问题是阶段划分，我们的角度和学者们很不一样。我们看到的很多划分方式是：某个重要文件提出了一个重要的概念，标志着改革进入了一个新的阶段。从我们做实际工作的角度，重要文件提出的重要概念确实可以解放思想、指明方向，但有些并不能立刻促成大的改变；相反，有一些文件中完全没有说的事倒有可能带来重大变化。

例如，1998年的财政体制改革和金融体制改革与国有企业并没有直接关系。但是，财政体制改革停止了政府对国有企业的经营性亏损补贴，金融体制改革遏制了政府干预银行对国有困难企业的贷款，这两个举措切断了政府对国有企业的输血渠道，硬化了国有企业的预算约束，国有企业搞不好只能破产。由此，国有企业的后路完全被切断，以往被掩盖着的矛盾迅速表面化和尖锐化，国有企业问题完全失去了继续向后拖的可能。这两项改革实际上是国有企业改革被推入攻坚阶段的真正动因，但在国有企业改革的文件中从未被提及。

按照实际工作的阶段划分，我们可以清晰地看到国有企业改革深化的过程。1998年，在渐进式的启步阶段改革已经难以为继，国企改革转入以"三年改革脱困"为标志的攻坚阶段。通过这个阶段极为艰难的退出性调整，国有企业几十年积累的问题开始被逐一化解，避免了矛盾集中爆发而把国家拖入一场社会危机。到2003年时，国有经济退出性任务大体上已经完成，企业国有资产管理体制改革又使国有企业改革转入了国资委主导的阶段。此时，如果政资分开、出资人到位的改革不及时启动，国家所有权仍然"虚置"，对国有企业仍然没有考核评价、薪酬激励和结构调整，我国竞争性国有大企业很可能维持不到今天。正是这种适时的阶段性转换，推动了改革的不断深化。

在改革的实际工作中，还有一个很重要的问题在以往的研究中似乎没有引起足够重视，即改革的动力机制问题。改革当然首先要明确方向、制定政策，这是理论研究和政策研究需要解决的问题；但对于具体工作而言，改革能不能真正推动起来，关键还在于改革的操作主体有没有足够的动力。是实实在在地推进改革，还是在做表面文章应付差事，工作状态和工作效果会完全不同。

如果改革的动力不足或者没有动力，表面看可能热热闹闹、声势不小，但几年后发现问题并没有真正解决，这种情况我们也看到过不少。这种状态如果成为一种普遍的行为方式是很糟糕的事。文件发出去了，开会讲的也不少，领导看上去事情已经在做了，但操作主体并没有真正动起来；如果工作层面只说不做，改革一步都推进不了。改革的思路和政策大体上属于经济研究的范畴，动力机制往往涉及的因素更多，但通常更具有前提性。因此在设计改革方案时，保证形成足够强的正向动力、避免负面激励是一个需要认真考虑的问题。

当然，中国的国有企业改革是一场规模空前的、深刻的社会变革，任何个人所能经历和观察到的都仅仅是一个侧面，局限性不可避免，本书也不会例外。除对改革过程的回顾性内容，我在书中还对国有企业改革面临的一些问题进行了探讨。这些观点和看法不一定对，只是一家之言，但出发点是希望我们的国有企业能够持续稳定发展，以履行好在国家发展中应该承担的经济和社会责任。其中的不妥之处还希望各方面能够包容。

另外，本课题的完成还要特别感谢深圳创新发展研究院和张思平市长的支持。把国有企业改革问题列入研究院的委托研究项目，客观上给我确立了一个动力机制，为按时完成任务也要打起精神、抓紧时间，没有一些责任压在身上，人很容易懈怠。

是为后记。

邵宁
2024.6

中国道路丛书

学　术
《解放生命》
《谁是农民》
《香港社会的民主与管治》
《香港社会的政制改革》
《香港人的政治心态》
《币缘论》
《如何认识当代中国》
《俄罗斯之路30年》
《大国新路》
《论企业形象》
《能源资本论》
《中国崛起的世界意义》
《美元病——悬崖边缘的美元本位制》
《财政预算治理》
《预见未来——2049中国综合国力研究》
《文明的互鉴——"一带一路"沿线伊斯兰智库、文化与媒体》
《强国经济学》

译　丛
《西方如何"营销"民主》
《走向繁荣的新长征》
《国家发展进程中的国企角色》
《美国社会经济五个基本问题》
《资本与共谋》
《国家发展动力》
《谁是世界的威胁——从历史的终结到帝国的终结》

智库报告	《新时代：中国道路的延伸与使命》
	《新开局：中国制度的变革与巩固》
	《新常态：全面深化改革的战略布局》
	《新模式：走向共享共治的多元治理》
	《新征程：迈向现代化的国家治理》
	《新动能：再造国家治理能力》
	《全面依法治国新战略》
	《大变局——从"中国之制"到"中国之治"》
企业史	《与改革开放同行》
	《黎明与宝钢之路》
	《海信史（2003—2019）》
企业经营	《寻路征途》
	《中信创造力》
专　　访	《中国道路与中国学派》
	《21世纪的中国与非洲》
	《"一带一路"拉美十国行记》
人　　物	《重读毛泽东，从1893到1949》
政　　治	《创新中国集体领导体制》
战　　略	《国家创新战略与企业家精神》
金　　融	《新时代下的中国金融使命》
	《中国系统性金融风险预警与防范》
	《新时代中国资本市场：创新发展、治理与开放》
	《本原与初心——中国资本市场之问》
管　　理	《中国与西方的管理学比较》
改 革 史	《艰难的变革——国有企业改革的回顾与思考》